■2025年度高等学校受験用

成蹊高等学校

収録内容一

★この問題集は以下の収録内容となっています。また、編集の都合上、解説、解答用紙を省略させていただいている場合もございますのでご了承ください。

（○印は収録、一印は未収録）

入試問題と解説・解答の収録内容		解答用紙
2024年度	英語・数学・国語	○
2023年度	英語・数学・国語	○
2022年度	英語・数学・国語	○
2021年度	英語・数学・国語	○
2020年度	英語・数学・国語	○
2019年度	英語・数学・国語	○
2018年度	英語・数学・国語	○

★当問題集のバックナンバーは在庫がございません。あらかじめご了承ください。

●凡例●

【英語】

≪解答≫

〔　〕 ①別解
②置き換え可能な語句（なお下線は置き換える箇所が2語以上の場合）
(例) I am〔I'm〕glad〔happy〕to～

(　) 省略可能な言葉

≪解説≫

1, 2… 本文の段落（ただし本文が会話文の場合は話者の１つの発言）

〔　〕 置き換え可能な語句（なお〔　〕の前の下線は置き換える箇所が２語以上の場合）

(　) ①省略が可能な言葉
(例)「(数が) いくつかの」
②単語・代名詞の意味
(例)「彼（＝警察官）が叫んだ」
③言い換え可能な言葉
(例)「いやなにおいがするなべにはふたをするべきだ（＝くさいものにはふたをしろ）」

// 訳文と解説の区切り

cf. 比較・参照

≒ ほぼ同じ意味

【数学】

≪解答≫

〔　〕 別解

≪解説≫

(　) 補足的指示
(例)（右図１参照）など

〔　〕 ①公式の文字部分
(例)〔長方形の面積〕=〔縦〕×〔横〕
②面積・体積を表す場合
(例)〔立方体ABCDEFGH〕

∴ ゆえに

≒ 約、およそ

【社会】

≪解答≫

〔　〕 別解

(　) 省略可能な語

＿＿ 使用を指示された語句

≪解説≫

〔　〕 別称・略称
(例) 政府開発援助〔ODA〕

(　) ①年号
(例) 壬申の乱が起きた（672年）。
②意味・補足的説明
(例) 資本収支（海外への投資など）

【理科】

≪解答≫

〔　〕 別解

(　) 省略可能な語

＿＿ 使用を指示された語句

≪解説≫

〔　〕 公式の文字部分

(　) ①単位
②補足的説明
③同義・言い換え可能な言葉
(例) カエルの子（オタマジャクシ）

≒ 約、およそ

【国語】

≪解答≫

〔　〕 別解

(　) 省略してもよい言葉

＿＿ 使用を指示された語句

≪解説≫

〈　〉 課題文中の空所部分（現代語訳・通釈・書き下し文）

(　) ①引用文の指示語の内容
(例)「それ（＝過去の経験）が ～」
②選択肢の正誤を示す場合
(例)（ア，ウ…×）
③現代語訳で主語などを補った部分
(例)（女は）出てきた。

／ 漢詩の書き下し文・現代語訳の改行部分

成蹊高等学校

所在地	〒180-8633 東京都武蔵野市吉祥寺北町3-10-13
電　話	0422-37-3818(事務室)
ホームページ	https://www.seikei.ac.jp/jsh/
交通案内	JR線・地下鉄東西線・京王井の頭線 吉祥寺駅徒歩約15分 その他，吉祥寺駅・三鷹駅・西武柳沢駅・武蔵関駅・保谷駅・大泉学園駅より バスあり

普通科

男女共学

くわしい情報は
ホームページへ

応募状況

年度	募集数		受験数	合格数	倍率
2024	推薦	20名	22名	22名	1.0倍
	一般	60名	166名	94名	1.8倍
	帰国	若干名	57名	33名	1.7倍
2023	推薦	20名	35名	24名	1.5倍
	一般	60名	209名	72名	2.9倍
	帰国	若干名	61名	31名	2.0倍
2022	推薦	20名	22名	22名	1.0倍
	一般	60名	166名	103名	1.6倍
	帰国	若干名	31名	30名	1.0倍

試験科目　(参考用：2024年度入試)

[推薦入試]

適性検査(国語・数学・英語)，面接

※英語はリスニングを含む。

[帰国生・一般入試]

国語・数学・英語(リスニング含む)，面接

※帰国生入試の国語は，古典を含まない。

教育方針

本校は人格教育に重点を置いている。

成蹊という校名は，司馬遷の「李将軍列伝」(史記)第49の「桃李《とうり》ものいはざれども下おのづから蹊《こみち》を成す」ということわざに由来している。これは，すぐれた人間の下には自然と多くの人が雲集するという意味であり，これがそのまま本校の教育方針となっている。

施設・環境

武蔵野の美しい森と林に囲まれた広い敷地には，ホームルーム棟，理科館，造形館，特別教室棟などを備え，中央館には，食堂，コンピュータ教室などが設けられている。そのほか，野球場，サッカー場など，運動施設も充実している。

本校の特色

学習指導

２年生から，生徒個々の能力や適性，進路，興味や関心に応じられるよう，必修選択科目を設置している。英語と数学においては，習熟度別少人数クラスを編成。３年生では19ものコースからなる選択科目を設定することで，きめこまかな教育指導を行い，学習効果の向上を図っている。

留学制度

アメリカのセントポールズ校へは，1949年から留学生を派遣しており，現在では相互交流が実現している。1970年からは，オーストラリアのカウラ高校との間にも交換留学生制度を設けている。

また，イギリスのケンブリッジ大学ペンブルック＝カレッジへの短期留学や，デンマーク・スウェーデンの私立高校との交流も実施するなど，さまざまな国際理解プログラムを体験できる。

進路状況

本校では，毎年３割程度の者が推薦によって成蹊大学に進学している。一方，国公立大学や成蹊大学以外の私大への進学希望者も多く，海外の大学へ進学する者もいる。

◎主な大学合格状況　〔2023年４月／現役のみ〕

東京大３名，京都大１名，北海道大２名，東北大２名，一橋大１名，東京工業大１名，東京外国語大１名，東京農工大２名，千葉大２名，早稲田大21名，慶應義塾大26名，上智大26名，国際基督教大６名，東京理科大11名，立教大26名，中央大20名，青山学院大12名，明治大29名など。

編集部注一本書の内容は2024年3月現在のものであり，変更されている場合があります。正確な情報は，学校のホームページ等で必ずご確認ください。

出題傾向と今後への対策　英語

出題内容

	2024	2023	2022
大問数	4	4	4
小問数	34	39	34
リスニング	○	○	○

◎大問３～４題，小問数30～40問である。試験時間が放送問題を含めて60分で記述式ということを考慮すると，量が多く難易度は高い。出題構成は，放送問題１題，長文読解１～３題，文法・作文が１～２題である。

2024年度の出題状況

Ⅰ 放送問題

Ⅱ 長文読解総合

Ⅲ 長文読解総合

Ⅳ 作文総合

解答形式

2024年度	記　述／マーク／併　用

出題傾向

長文読解の大問には，一つ一つは短めだがさまざまなジャンルの複数の長文が出題されている。設問も多様で内容理解だけではなく，語形変化や整序結合など文法要素が強い問題も含まれている。英作文は完全記述式で，記述する量が近年増加傾向である。放送問題は選択肢から選ぶ形式や記述形式など年によってばらばらである。

今後への対策

まずは単語と文法をきちんと押さえよう。教科書の重要構文は全文暗記してしまおう。長文問題は問題集を１冊決めて，何度も読んで英文に慣れておこう。放送問題はテレビやラジオ講座を利用し，毎日英語にひたろう。仕上げに過去問題集で問題の形式や時間配分を確認し，間違えた問題は二度と間違えないようにしておこう。

◆◆◆◆◆ 英語出題分野一覧表 ◆◆◆◆◆

分野		年度	2022	2023	2024	2025予想※
音声	放送問題		●	■	■	◎
	単語の発音・アクセント					
	文の区切り・強勢・抑揚					
語彙・文法	単語の意味・綴り・関連知識					
	適語(句)選択・補充					
	書き換え・同意文完成					
	語形変化					
	用法選択					
	正誤問題・誤文訂正					
	その他					
作文	整序結合			●	●	◎
	日本語英訳	適語(句)・適文選択				
		部分・完全記述	●			△
	条件作文		●	●	●	◎
	テーマ作文		●	●	●	◎
会話文	適文選択					
	適語(句)選択・補充					
	その他					
長文読解	内容把握	主題・表題				
		内容真偽	●	■	●	◎
		内容一致・要約文完成		●	●	◎
		文脈・要旨把握	●	●	●	◎
		英問英答	■	■	●	◎
	適語(句)選択・補充			●	●	◎
	適文選択・補充		■		●	◎
	文(章)整序				●	△
	英文・語句解釈(指示語など)			●		△
	その他(適所選択)		●			△

●印：１～５問出題，■印：６～10問出題，★印：11問以上出題。
※予想欄　◎印：出題されると思われるもの。　△印：出題されるかもしれないもの。

出題傾向と今後への対策　数学

出題内容

2024年度

大問５題，15問の出題。1は小問集合で６問。数と式，方程式，図形，箱ひげ図からの出題。2は連立方程式の応用。商品の販売個数に関するもの。3は関数で，放物線と図形に関するもの。正方形や直角三角形など図形の知識も要し，応用力を要するもの。4は平面図形で長方形と円を利用した計量題２問。5は空間図形で，正四角錐の容器を題材とした計量題３問。相似な三角形を利用できるかがポイント。

2023年度

大問５題，18問の出題。1は小問集合で６問。数と式，方程式，図形，確率，箱ひげ図からの出題。2は関数で，放物線と直線に関するもの。平行線の性質や相似など図形の知識も要し，応用力を要するものであるが，頻出パターンの問題。3は連立方程式の応用。食塩水の濃度に関するもの。4は平面図形で円を利用した計量題２問。5は空間図形で，正方形を折ってできる三角錐を利用した計量題４問。底面積と体積の関係や相似な三角形を見つけられるかがポイント。

作…作図問題　証…証明問題　グ…グラフ作成問題

解答形式

2024年度	記　述／マーク／併　用

出題傾向

大問５題，設問15～20問の出題。1は小問集合で５問程度。2以降は，方程式の応用，関数，図形，確率がほぼ毎年のように顔を見せている。方程式の応用はやや設定が複雑になる傾向があるが，関数，図形は比較的平易な内容である。難度が高い問題が含まれることもある。

今後への対策

まずは教科書を使って基礎を完成させ，標準レベルの問題を解いて少しずつ問題に慣れるようにしていこう。関数，図形はいろいろな解き方を身につけていくとよい。方程式の応用は，割合に関するものを中心に，文章をしっかり読み取り，立式できるようにしておこう。計算練習もおろそかにしないように。

◆◆◆◆◆ 数学出題分野一覧表 ◆◆◆◆◆

分野	年度	2022	2023	2024	2025 予想※
数と式	計算，因数分解	■	■	■	◎
	数の性質，数の表し方				
	文字式の利用，等式変形				
	方程式の解法，解の利用	●	●	●	◎
	方程式の応用	★	■	■	◎
関　数	比例・反比例，一次関数				
	関数 $y=ax^2$ とその他の関数	★	★	■	◎
	関数の利用，図形の移動と関数				
図　形	（平面）計　量	★	★	★	◎
	（平面）証明，作図				
	（平面）その他				
	（空間）計　量	●	★	★	◎
	（空間）頂点・辺・面，展開図				
	（空間）その他				
データの活用	場合の数，確率	★	●		◎
	データの分析・活用，標本調査		●	●	◎
その他	不 等 式				
	特殊・新傾向問題など				
	融合問題				

●印：１問出題，■印：２問出題，★印：３問以上出題。
※予想欄　◎印：出題されると思われるもの。　△印：出題されるかもしれないもの。

出題傾向と今後への対策　国語

出題内容

2024年度

論説文　小説　古文

課題文

一好井裕明
『「今，ここ」から考える社会学』
二瀧羽麻子『瀬戸内海の魔女』
三『古今著聞集』

2023年度

論説文　小説　古文

課題文

一鴻上尚史『「空気」と「世間」』
二辻村深月『「妹」という祝福』
三『日本霊異記』

2022年度

論説文　小説　古文

課題文

一佐々木健一
『「面白い」のつくりかた』
二瀬尾まいこ『7's blood』
三根岸守信『耳嚢』

解答形式

2024年度　記述／マーク／併用（記述に○）

出題傾向

近年，問題構成に大きな変化はない。設問は，現代文の読解問題に7～8問，古文の読解問題に4～5問付されており，全体で20問程度の出題となっている。設問のレベルは，比較的高い。課題文については，現代文・古文ともに，内容的には比較的読みやすいが，分量がやや多い。記述式解答は，全体の合計で300～400字程度である。

今後への対策

現代文も古文も，課題文の分量が比較的多いので，文章を速く正確に読む力をつけておかなければならない。そのためには，問題集をできるだけ多くこなすのがよい。また，記述式解答を求める設問も多いので，問題集の課題文の概要を書くなどして，自分の考えを正確に表現できるようにしておくこと。

国語出題分野一覧表

分野		年度	2022	2023	2024	2025予想※
現代文	論説文説明文	主題・要旨				
		文脈・接続語・指示語・段落関係	●		●	◎
		文章内容	●	●	●	◎
		表現	●			△
	随筆日記手紙	主題・要旨				
		文脈・接続語・指示語・段落関係				
		文章内容				
		表現				
		心情				
	小説	主題・要旨				
		文脈・接続語・指示語・段落関係				
		文章内容	●	●	●	◎
		表現	●	●		◎
		心情	●	●	●	◎
		状況・情景				
韻文	詩	内容理解				
		形式・技法				
	俳句和歌短歌	内容理解				
		技法				
古典	古文	古語・内容理解・現代語訳	●	●	●	◎
		古典の知識・古典文法				
	漢文	(漢詩を含む)				
国語の知識	漢字語句	漢字	●	●	●	◎
		語句・四字熟語				
		慣用句・ことわざ・故事成語			●	△
		熟語の構成・漢字の知識				
	文法	品詞				
		ことばの単位・文の組み立て				
		敬語・表現技法				
	文学史					
作文・文章の構成・資料						
その他						

※予想欄　◎印：出題されると思われるもの。　△印：出題されるかもしれないもの。

合格を勝ち取るための

本書の使い方

本書に掲載されている過去問をご覧になって,「難しそう」と感じたかもしれません。でも,大丈夫。ほとんどの受験生が同じように感じるのです。高校入試の出題範囲は中学校の定期テストに比べて広いですし,残りの中学校生活で学ぶはずの,まだ習っていない内容からも出題されているかもしれません。

ですから,初めて本書に取り組む際には,点数を気にする必要はありません。点数は本番で取れればいいのです。

過去問で重要なのは「間違えること」です。自分の弱点を知るために,過去問に取り組むのです。当然,間違った問題をそのままにしておいては意味がありません。

本書には,長年にわたって高校受験に関わってきたベテランスタッフによる詳細な解説がついています。間違えた問題は重点的に解説を読み,何度も解きなおしてください。時にはもう一度,教科書で復習するのもよいでしょう。

別冊として,抜き取って使える解答用紙を収録しました。表示してあるように拡大コピーをとれば,実際の入試と同じ条件で,何度でも過去問に取り組むことができます。特に記述問題では解答欄の大きさがヒントになる場合があります。そうした,本番で使える受験テクニックの練習ができるのも,本書の強みです。

前のページにある「出題傾向と今後への対策」もよく読んで,本校の出題傾向に慣れておきましょう。

2024年度 成蹊高等学校

【英　語】（60分）〈満点：100点〉

【注意】＊の語には（注）に訳語が与えられている。

I　A　放送問題

Wilson Creekという町出身の男性が，町の変化について話しています。1～5の英文が，話し手が言っている内容と合っていればT，そうでなければFを○で囲みなさい。

1．The speaker left Wilson Creek 10 years ago.
2．There was no baseball stadium 10 years ago.
3．Cars cannot enter the town center.
4．The speaker likes the new green area in front of the library better than before.
5．The speaker is going to eat lunch at a restaurant in the town center.

B　放送問題

高校生のミキが，友人のポールにある計画について話をしています。二人の会話とその後に放送される問いを聞き，問いの答えとして最も適切なものをア～エからそれぞれ一つ選び，記号を○で囲みなさい。

1．ア．To go to the movie theater.　　イ．To go ice skating.
　　ウ．To go to karaoke.　　エ．To go shopping.
2．ア．At 2:45.　　イ．At 2:50.　　ウ．At 2:55.　　エ．At 3:00.

※＜放送問題原稿＞は英語の問題の終わりに付けてあります。

II　A　英文を読み，1～5の英文が本文と合っていればT，そうでなければFを○で囲みなさい。

1．The hottest day in Greenland is as cold as a cold day in England.
2．Greenland is so cold that no one tried to live there before Erik.
3．Erik left Iceland to live in a warmer place.
4．Erik named the island Greenland because it sounded attractive.
5．People found cows and sheep in Greenland and started to keep them.

Greenland is a big island in the far, far north of the world. The weather there is very cold. Even the "hottest" summer day in Greenland is like a cool winter's day in England. In the summer months, the sun never goes down. It doesn't become dark at night. The warmest part of the island is on the south coast, and most *Greenlanders live there. However, it is still a difficult place to live because of the cold.

For many years, different groups of people visited Greenland and tried to live there, but most of them found it too difficult. After they left, one man called "Erik the Red" lived in Greenland and became one of the most famous Greenlanders. Erik's name probably came from the color of his hair and *beard or his *bad temper. About 1000 years ago, Erik was *sent away from his home in *Iceland. He *sailed away from this small ice-covered island to a great big ice-covered island. This land had no name yet, and no one lived there, so it became his home.

The old stories of Iceland say that Erik became bored and lonely and wanted other people to come and live on this very cold island with him. Erik had an idea. He called the island "Greenland" and *pretended that it was lovely, warm, and . . . green. His trick worked. When people from Iceland heard about this perfect place called "Greenland," many of them wanted to join Erik. About 300 of them decided to join him.

Although life was hard, these people lived in Greenland for many years, and it became their home. They built houses from stone, wood, and grass. These houses were comfortable and strong. They planted *crops and kept cows and sheep brought with them from Iceland. However, 500 years later, all *signs of Erik and his friends were gone in Greenland. What happened to them? It is still a mystery.

（注） Greenlander：グリーンランド人　beard：あごひげ　bad temper：荒い気性
send away：追放する　Iceland：アイスランド　sail：船をこぐ
pretend：偽る　crop：穀物　sign：痕跡

B 以下に，ある物語の段落が並んでいます。最初の段落は(ア)，最後の段落は(カ)です。意味が通るように段落(イ)～(オ)を並べかえ，記号を書きなさい。

(ア) I can still remember the events that happened that day.

(イ) As we played, more and more girls joined in. We talked about troubles and feelings. One day, one of the girls came up with a good idea. On Mondays and Wednesdays, boys could play softball, and on Tuesdays and Fridays, girls could. We decided to tell it to both the teachers and boys. The teachers agreed with us, and it became our school rule.

(ウ) At first, our teacher, Ms. Ralston, didn't support the idea. She told us that the boys would not like it. They believed that boys were stronger than girls, and girls had to listen to boys. I said that it was unfair that boys played softball while we could not. Ms. Ralston finally agreed with us. She was strict, but she deeply understood our feelings.

(エ) It was a Friday at our school. The class ended. Boys were playing softball on the ground. Some girls were reading books. Other girls were playing *jump rope in the gym. But something inside of me told me that we could do a different thing. So, I gathered a group of girls and said that we should play softball instead.

(オ) Ms. Ralston was right. When the boys heard about it, they quickly became angry. They tried to hurt us and told us to stop playing. When they tried to attack a girl, other girls gathered to protect her. They thought they could stop us if they kept doing things like this. But we didn't give up. Those boys were good at softball, but we were, too. We decided to show it to them. We started playing softball.

(カ) This experience taught us the importance of holding our opinion *strongly. Girls and boys are different, but the difference should not be a barrier.

（注） jump rope：縄跳び　strongly：強く

C 以下の文章を読み，（１）～（４）に入れるのに最も適切な文を次のア～エからそれぞれ選び，記号で答えなさい。

ア．For one thing, they're good for your health.
イ．But when people dance, they express many different feelings — love, joy, *anger, *sadness.
ウ．Another important point about dancing is to feel better about yourself.
エ．This means that in many places today, it's possible to see and learn different kinds of dances.

Are you the kind of person who likes to move with the music ? It's a natural thing to do. Even little children start moving when they hear music.

Scientists say that animals dance, too, but their dancing is different. The "dances" of animals have a *purpose. They send messages to other animals about important physical needs such as *hunger, danger, or *desire. (1) They also tell stories about people, places, life, or death. By dancing to express these feelings or stories, people can share them with others.

Dancing is also an important part of a country's history and culture. In the past, each country had its own dances. These days, the situation is very different. In the past 200 years, many people have moved from one country to another. When they moved, they brought their music and their dances with them. (2) For example, you can learn *the Viennese waltz or *the Argentine tango in the United States.

All of these dances are good for you. (3) Dancing is good exercise because you have to use your arms and legs. It is good for your *heart. It's a useful way to keep your health or to lose weight.

(4) It gives you a chance to express your feelings. If you are angry or nervous about something, dancing helps those feelings go away. You may feel very tired after dancing, but you'll probably also be happy. And if you are a quiet person, you can be more open by dancing. When you are dancing, you can forget yourself and your *fears.

And finally, there's one more important point about dancing. It's a social activity. Some dances are for two people, and some are for groups. But all kinds of dances give you a chance to meet new people or to do something fun with friends.

（注） anger：怒り　sadness：悲しみ　purpose：目的　hunger：空腹
desire：欲求　the Viennese waltz：ウィンナ・ワルツ
the Argentine tango：アルゼンチン・タンゴ　heart：心臓　fear：恐れ

D　次の文章を読み，1～5の英文に続くものとして最も適切なものをア～エからそれぞれ一つ選び，記号で答えなさい。

Ellie was lonely and bored. There was no school for weeks because it was the summer holiday. Her parents had to go to work, so she stayed home alone. She watched television, then she played a game on her computer. She looked at the clock. It was only 11 a.m. Her parents would not be home until 7 p.m. She sent her friends messages on her cellphone, but they did not answer.

It was hot in the house. She looked out of the window. There was no one on the street. Some people were enjoying their holiday on the beach, but not everyone. She left the house and walked down the street. She did not know where to go, but it was better than sitting in the hot house. She *walked past some *waste ground. There were houses there before, but now it was just empty land. People left their broken washing machines, cars, and fridges there.

Something was running around on the waste ground. It was a small dog. Ellie followed it. The dog was very pretty, with beautiful hair and big brown eyes. It looked like a baby lion, so she named it Lenny.

"Come here, Lenny." She *held out her hand. The dog stopped but looked afraid. She touched his hair. He didn't move. He seemed a little afraid but let her pick him up. She carried him home. Lenny looked hungry, so she gave him cold meat which she found in the fridge, and some milk. He ate it all.

Ellie's parents were not so happy about Lenny.

"Where does he come from ?"

"He may bite the furniture !"

Her mother added but did not say anything else when Ellie started to cry.

"He can be my friend and stay with me when you are at work," said Ellie.

Her parents nodded. They knew Ellie was lonely sometimes.

Lenny changed Ellie's life. They ate, played, and watched TV together, and Lenny even slept in his dog basket in Ellie's room.

Then suddenly, one day, when Ellie and Lenny were walking down the street, a young girl ran to them.

"Pinky !"

Lenny ran to the girl and was very excited.

"Oh, I've finally found you !"

Ellie stood and watched. She thought Lenny liked the girl as much as her.

"Pinky was in the garden but went through the fence and disappeared ! I have been so sad since I lost him !"

Ellie felt sad now. Lenny was her best friend, but he belonged to the girl, not to her.

"I'm Laura. Pinky looks so fat and happy. Thank you so much for taking care of him. He was lucky to find a kind friend like you."

Ellie felt too sad to speak.

"Come with us. Let's go and have ice cream in the park and play with Pinky. I think we three will be good friends and have a lovely summer together."

Ellie did not feel so sad anymore. She thought this summer holiday was going to be great !

（注） walk past：通り過ぎる　waste ground：空き地
hold out one's hand：手を差し出す

1．Ellie was feeling bored and lonely because ＿＿＿＿＿.

ア．she had too many friends to meet

イ．she had too much homework to do

ウ．she could not watch TV or play games

エ．she was home alone, and her friends didn't answer her messages

2．Ellie left the house to walk down the street because ＿＿＿＿＿.

ア．she had to get something to eat

イ．she didn't have anything to do

ウ．she wanted to go to the beach

エ．she needed to meet her parents

3．Ellie's parents let their daughter keep Lenny because ＿＿＿＿＿.

ア．they thought it was good for Ellie to have him as a friend

イ．they thought Lenny was not dangerous

ウ．they wanted to have a pet but never got one

エ．they felt sorry for Lenny and wanted to help him

4．Ellie felt sad when she met Laura because ＿＿＿＿＿.

ア．she thought Laura was very angry with her

イ．she realized Lenny didn't like Laura so much
ウ．she was afraid of losing her friend
エ．she felt so sorry for Laura

5．Ellie's summer was going to be great because ________.
ア．her best friend came back from vacation
イ．she could eat more ice cream
ウ．she could keep Lenny as a pet
エ．she got two new friends

Ⅲ　A　以下の少女とロボットの物語を読み，次の問いに指定された語数の英語で答えなさい。コンマ，ピリオドなどの符号は語数に含めません。２文以上になってもかまいません。

問い
1．How are Gloria's father and other scientists different？（15―20語）
2．Scientists are surprised at Robbie's action.　Why？（8―15語）

Robots are common and work in many places, such as houses, factories, and even space. In this world, robots are programed to follow three laws. Robots must save humans. Robots must obey humans' orders. Robots must protect themselves. The first law is the most important, and the second law is more important than the third one. However, robots are not perfect. Sometimes, they make mistakes.

Gloria Weston is a little girl. She loves her robot, Robbie. He takes care of Gloria, plays games with her, and studies with her. He spends a lot of time with her.

At first, Gloria's mother was happy about her daughter's friendship with Robbie. However, her opinion about the robot is changing day by day. TV programs report that some robots stopped moving or *malfunctioned at factories. The robots damaged the buildings and hurt humans. There are few people who have robots. Most people don't have opportunities to do something with robots. A lack of knowledge makes *fear against robots stronger. Gloria's mother also has the same kind of fear. She decides to sell Robbie to a group of scientists who are studying the behavior of robots. Gloria is shocked and runs away from home.

Gloria's father, George Weston, is a scientist. He feels sorry for his daughter and helps her get Robbie again. They find Robbie in the factory. Gloria asks the scientists to return Robbie to her family. However, they say, "No." The scientists create robots as tools, so it is difficult for them to understand the friendship between Gloria and Robbie. Scientists believe that humans need to control robots for the safety of humans.

George wants to *prove to the scientists that Robbie is not dangerous to humans. He sets up an experiment. Gloria *pretends to be *drowning in a lake and asks Robbie to help her. Robbie is programed to save humans by the scientists at the factory. However, the scientists believe that this is not enough. They have seen many robots that malfunctioned in the situations like this.

When Gloria asks for help, Robbie soon runs to the lake and dives in to save her. It shows that robots can make the right decisions and we can trust them. Scientists are surprised at Robbie's action and say that Gloria is right. Gloria goes back home with a big smile on her face. Of course, with Robbie.

(注)　malfunction：誤作動する　　fear：恐れ　prove：証明する
　　　pretend：(〜する)ふりをする　　drown：おぼれる

B　次の文章は，シェアハウスをしている大学生のケヴィン(Kevin)とビリー(Billy)について書かれたものです。これを読み，以下の問いに答えなさい。

Kevin and Billy were friends and shared a place to live because they were not so rich. At first, they were happy together. But their home had some problems. The shower wasn't hot. The walls looked old. Then, one of the chairs lost its leg. Finally, the washing machine stopped working.

Kevin never wanted to paint the walls or fix the problems, so Billy always did these things. Billy had a job during the day, so he did them in the evenings. On the other hand, Kevin wanted to go out in the evenings and have fun. So, he often went out with his friends.

One evening, Billy felt tired. He thought to himself, "Kevin and I live together, but our relationship isn't working. I don't enjoy my life here." So he packed a bag and wrote a note. The note said, "It's not working. I'm tired. I cannot live with you anymore. Bye." He left the note on the fridge. Kevin came home late. He read the note on the fridge. He opened the fridge and thought, "It's working! The light is on and the drink is cold. I don't understand his message!"

問い

下線部の発言の背景には，ケヴィンの勘違いがあります。空欄を適切な語句で埋め，ケヴィンとビリーがそれぞれ考えていたことを説明しなさい。

Billy wanted to say, "________________."

But Kevin thought Billy wanted to say, "________________."

C　次の文章を読み，下線部の空欄に適する1語をそれぞれ書きなさい。

Many people say that *necessity is the mother of invention. It means that inventions are born when society has a need. People have some trouble with old technology and need something better. Inventors come up with a solution and make new things. Society *adopts the solution if it is good enough in society.

For example, around 1765, workers in coal *mines had some problems. They had to bring water out by themselves, and it was hard. Then, James Watt invented his steam engine to solve this problem. This example is so famous that we have the wrong idea about inventions.

In fact, most inventions are developed by people who are curious or who love creating new things. They do not have a *detailed idea of their product before they start creating it. A device is invented, and then, the inventor has to figure out how to use it. Surprisingly, most major *technological inventions of modern times were created in this way. (1)So, (　　　　) is often the mother of (　　　).

A good example is the history of Thomas Edison's *phonograph. He built his first phonograph in 1877, but he did not have ideas of how to use it. He got some ideas from his friends and published a book. It showed ways of using his invention. They included recording the last words of dying people and recording books for blind people. Recording and playing music were not written in the book.

At first, his invention did not sell well. He changed his mind and started to ask for help from business people. When business people created music players by using a phonograph, Edison disagreed with the idea, but 20 years later, he agreed that the main way of using his phonograph was to record and play music. So, the common view of invention is not true. (2)(　　　) comes first and (　　　) follows.

（注） necessity：必要性　adopt：取り入れる　mine：鉱山　detailed：詳細な
technological：科学技術の　phonograph：蓄音機

Ⅳ　A　次の文章を読み，下線部(1)〜(3)の英文の意味が通るように，カッコ内の語句を並べ替えなさい。

Many people like to keep pets today. Some people just have one pet and other people keep many different pets. This often depends on the size of their houses.

(1)A small pet is [who / a small house / good / lives / in / for / a person]. They can keep a bird or two because these are very interesting pets. For example, if you have a *parrot, it can even learn to talk. (2)If a bird is too noisy, [can / cute / like / they / some / keep / animals] *mice or hamsters. These are all nice and *fluffy, so you can take them out of their cages and play with them. Fish are also a type of pet for people without much space. They just need their bowl or *tank. Also, turtles are good for such people. However, they soon grow bigger. (3)So, the owner [about / the tank / to / of / needs / the size / think]. People that have more space can keep something bigger such as a dog or cat.

（注） parrot：オウム　mice：mouse の複数形　fluffy：ふわっとした　tank：水槽

B　留学生のベティから，同級生のあなたにメッセージが送られてきました。ベティから送られてきた写真の情報に基づき，返信の下線部に適切な英語を入れて，メッセージを完成させなさい。

Betty: Hi. Thank you for helping me last week!
Thanks to you, I got a good score on the math test!
But I have some problems in Japanese homework...

Hi, Betty.
I'm glad to hear that you got a good score!
Don't worry about the homework. What can I do for you?

Betty: Mr. Sato wrote about the homework on the blackboard, but it was all in Japanese. I couldn't understand it, so I took this picture.
Could you help me?

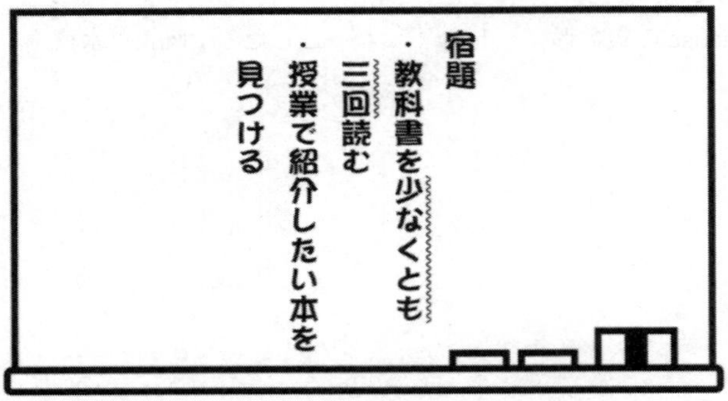

宿題
・教科書を少なくとも
三回読む
・授業で紹介したい本を
見つける

Of course, yes. You have two things to do.
First, ____________________________ .
Second, ____________________________ .
If you think the homework is too difficult, I can work with you.

C　次の英文を読み，解答欄の書き出しに続けて25〜35語の英語を書きなさい。解答欄の書き出し，およびコンマ，ピリオドなどの符号は語数に含めません。解答欄に語数を記入すること。

Your friend in America will visit Japan next year. The friend wants to visit you in spring or in fall. Which is the better season to spend in Japan ? Why do you think so ?

＜放送問題原稿＞

これから放送問題を始めます。問題用紙の1ページ目を開いてください。問題はⅠ AとBの2題です。メモを取ってもかまいません。それぞれの英文は2回読まれます。

では，始めます。

A　放送問題

Wilson Creekという町出身の男性が，町の変化について話しています。1～5の英文が，話し手が言っている内容と合っていればT，そうでなければFを○で囲みなさい。

I have returned to my hometown of Wilson Creek for the first time in 10 years.

So many things have changed around here. When I left Wilson Creek, there was a small pond in the town. They have filled in this pond and have built a large department store there.

There is a baseball stadium in town, but it also looks very different. They have now added new seats. Probably a few thousand people can sit there.

I saw the biggest changes in the town center. People can only walk in the streets now and you can't drive there anymore.

The street near my house looks just the same but now it has a public library. There was a great park there but they have cut down all the trees. I feel a little sad. The library now has a green area in front of it but it is different from the great park.

In addition, a lot of new restaurants opened in Wilson Creek. A Chinese and an Italian restaurant have opened in the town center and a German restaurant has opened near my home. I will go there tonight!

繰り返します。

B　放送問題

高校生のミキが，友人のポールにある計画について話をしています。二人の会話とその後に放送される問いを聞き，問いの答えとして最も適切なものをア～エからそれぞれ一つ選び，記号を○で囲みなさい。

M： Hi, Paul. Listen, it's Jack's birthday next week. Let's do something for him this weekend.
P： That sounds great. What shall we do?
M： Well . . . I haven't decided yet . . . do you have any ideas?
P： How about going to the movie theater?
M： Yeah. Are there any good films?
P： Mmm . . . How about a comedy? I recommend Lucky Break.
M： Oh no, I saw it with Jack last week.
P： Erm . . . How about going ice skating?
M： No . . . Jack doesn't like ice skating.
P： Well . . . what does he like?
M： Ah! He likes singing . . . What about going to karaoke?
P： That's a great idea. When shall we go?
M： How about Saturday afternoon? I think Jack is free.
P： All right.
M： Let's meet at the Komichi Karaoke Box at 3:00.
P： I don't know where that is.
M： Oh, you don't know the place? Then, why don't we meet 10 minutes before three at the

shopping center near the station? Then we can all walk to the place. It takes only 5 minutes.

P： OK, great!

Question 1. What did they decide to do this weekend?

Question 2. What time are they going to meet this weekend?

繰り返します。

これで放送問題を終わります。

【数　学】（60分）〈満点：100点〉

【注意】 円周率はπとして計算すること。

1　次の各問いに答えよ。

(1) $(\sqrt{18}-\sqrt{12})\left(\dfrac{1}{\sqrt{3}}-\dfrac{2}{\sqrt{6}}\right)-\left(\dfrac{16}{\sqrt{32}}-2\right)$を簡単にせよ。

(2) $a^2-ac-4b^2+2bc$を因数分解せよ。

(3) 方程式$4\left(x-\dfrac{1}{4}\right)^2=6x+\dfrac{29}{4}$を解け。

(4) 右の図において，線分ABは円の直径で，$\overset{\frown}{AD}=2\overset{\frown}{AC}$，$\angle DBA=22°$である。$\angle BED$の大きさを求めよ。

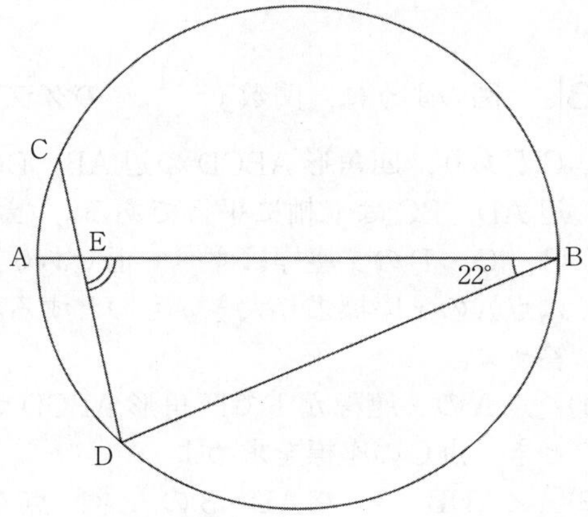

(5) 下の図のように，$\triangle ABC$の辺AC上に，$\angle BAC=\angle CBD$となるように点Dをとる。$AB=3$，$BC=4$，$BD=2$であるとき，線分ADの長さを求めよ。

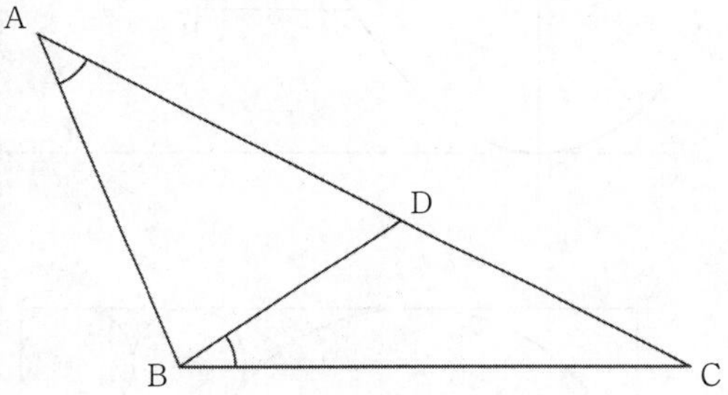

(6) ある中学の野球部部員24人について，球速のデータを取った。そのときのデータの箱ひげ図が⓪である。後日，ある有名外部コーチから指導を受け，球速のデータを取り直したところ，最初に取ったデータの球速が速い順に上から$\dfrac{1}{3}$に入るすべての部員の記録が伸び，一番球速が遅かった1人の部員の記録は下がり，その他の部員の記録は変わらなかった。この取り直したデータの箱ひげ図として適当なものを①～⑥のうちから1つ選べ。

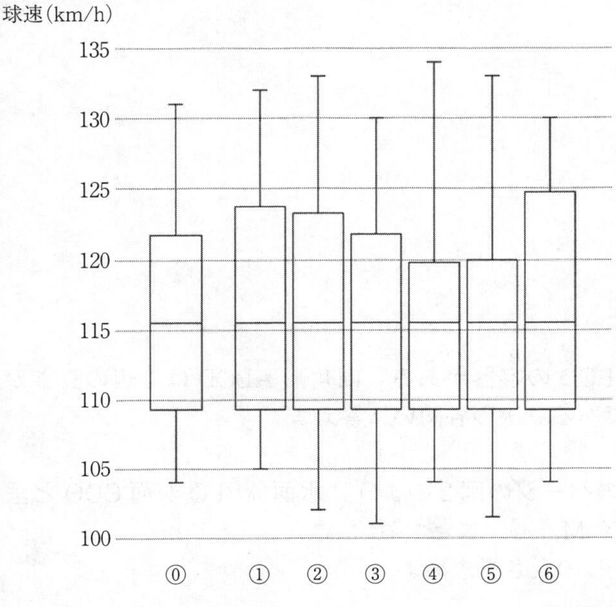

2　２種類の商品Ａ，Ｂをそれぞれx個，y個仕入れ，２日間にわたって販売した。１日目は，仕入れたＡとＢを合わせた総数の40％にあたる148個が売れた。２日間で，Ａは仕入れた個数の90％が売れ，Ｂは仕入れた個数の95％が売れ，ＡとＢ合わせて33個が売れ残った。次の各問いに答えよ。

⑴　xとyの連立方程式を作れ。

⑵　x，yの値を求めよ。

3　図のように，関数$y=\frac{1}{3}x^2$のグラフ上に２点Ａ，Ｃがあり，四角形ABCDの辺AB，DCはx軸に平行，辺AD，BCはy軸に平行である。ただし，４点Ａ，Ｂ，Ｃ，Ｄのx座標はすべて正であり，点Ｃのx座標は点Ａのx座標より大きいものとする。次の各問いに答えよ。

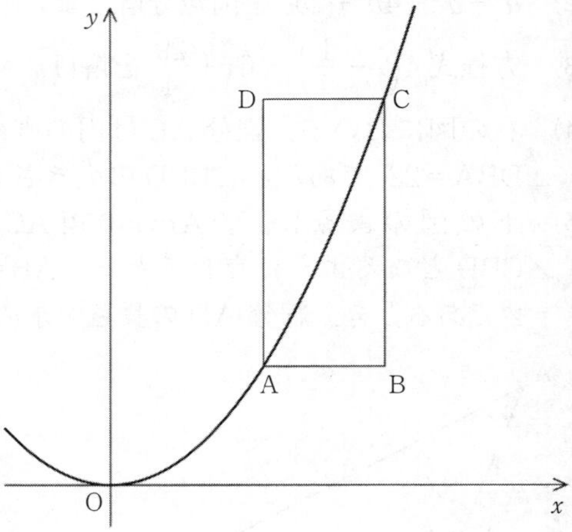

⑴　点Ａのx座標が１で四角形ABCDが正方形であるとき，点Ｃの座標を求めよ。

⑵　∠ADB＝30°でAD＝３のとき，点Ａの座標を求めよ。

4　AB＝４である長方形ABCDの中に，大きな円１個と，同じ大きさの小さな円６個が図１のように入っている。次の各問いに答えよ。

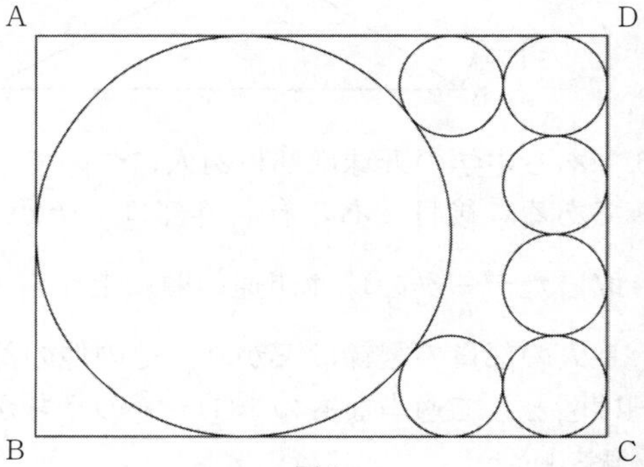

図１

⑴　辺BCの長さを求めよ。

⑵　さらに，下の図２のように円を１つ追加した。追加した円は３つの円と接している。追加した円の半径をrとするとき，rを求めよ。

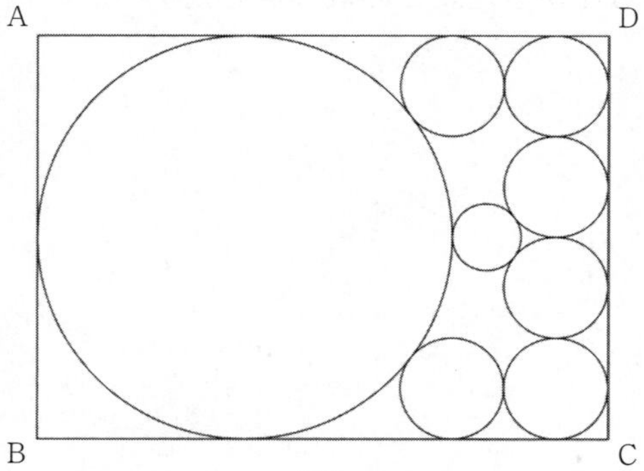

図２

5　次のページの図１のような四角錐O-ABCDの容器がある。四角形ABCDは１辺の長さが10の正方形であり，OA＝OB＝OC＝OD＝20である。次の各問いに答えよ。

⑴　この容器の容積を求めよ。

⑵　この容器を傾けて水を入れたところ，次のページの図２のように水面ABPQが面CDOと垂直になった。辺CD，PQ，BAの中点をそれぞれM，L，Nとする。

①　断面MNOを考えることにより，線分MLの長さを求めよ。

② 線分 CP の長さを求めよ。

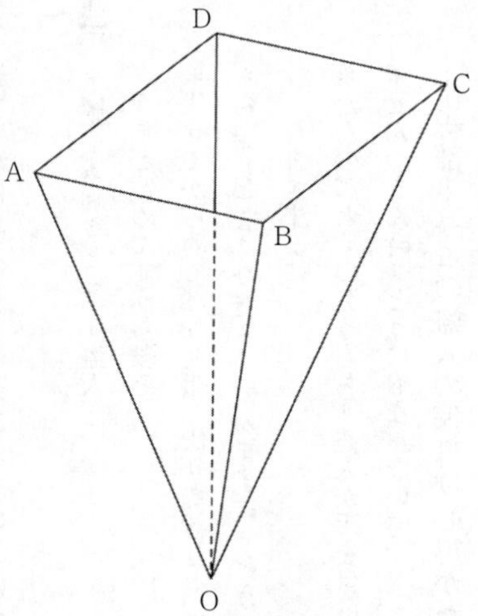

図 1

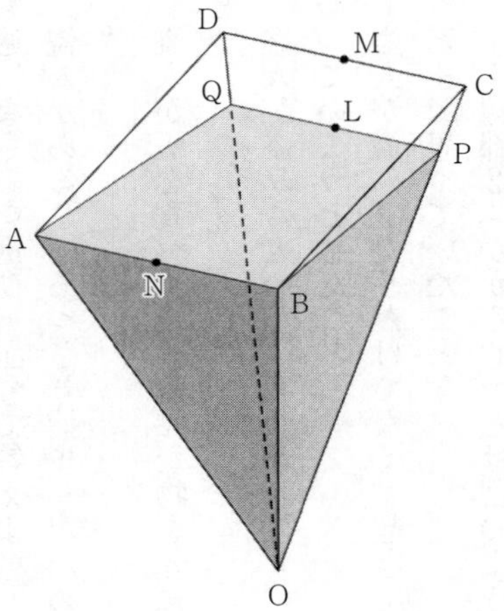

図 2

盗人もこの心あはれなり。4家あるじのあはれみ、また優なり。

（『古今著聞集』による）

【注】＊偸盗（ちゅうとう）＝盗人。
＊うちとどめん＝うち殺そう。
＊伏せてからめてけり＝組み伏せて縛り上げた。
＊術（ずち）なくひだるく候ふままに＝どうしようもなくひもじくおりますままに。
＊かたのごとくのざうもち＝盗人が手を付けた、わずかな品。
＊せんつきん時＝どうにもならない時。

問一 ――線部1「この盗人の振舞ひ心得がたくて」とあるが、盗人のどのような行為が理解できなかったというのか。次の中から最も適切なものを選び、記号で答えよ。

ア　盗人があるじにあっさり捕まったため、盗んだ物を返したこと。
イ　盗人が灰を食べた後、盗んだ物を元に戻して帰ろうとしたこと。
ウ　盗人が盗みに入ったにもかかわらず、それほど物をとらずに帰っていこうとしたこと。
エ　盗人が盗みを働くだけでなく、起きていたあるじをうち殺そうとまで思っていたこと。

問二 ――線部2「かかる心」とはどのような心か。本文中より五文字以内で探し、抜き出して答えよ。

問三 ――線部3「元のごとくに置きて候ふなり」とあるが、なぜ盗人はそうしたのか。次の中から最も適切なものを選び、記号で答えよ。

ア　自分の悪い心を消すためには、灰を食べるしかないと気づいたから。
イ　飢えにまかせて灰までも食べてしまった自分のあさましさを反省したから。
ウ　盗みを働く経験がしたかっただけで、物が欲しかったわけではなかったから。
エ　食べ物でなくても腹を満たせれば、物を盗む気持ちにはならないと気づいたから。

問四 ――線部4「家あるじのあはれみ」とは「家あるじ」のどのような行動について言っているのか。説明せよ。

ア　金持ち　　イ　専門家
ウ　優等生　　エ　島の住民

問三　――線部2「右半分だけ見える横顔の、頰が紅潮しているのは夕日のせいだけではないだろう」とあるが、これは真帆のどのような感情を表したものか。その理由とともに説明せよ。

問四　――線部3「これまで聞いた中では一番の、言い換えればはじめてともいっていい、明るい声音だった」とあるが、松平が「明るい声音」で言ったのはどういう思いの表れか。説明せよ。

問五　～～線部A、Bの語句は文中でそれぞれどのような感情の表現か。最も適切なものを後の中から選び、それぞれ記号で答えよ。

A　肩をすくめる
ア　不満や怒り　　イ　驚きや意外さ
ウ　悲しみや落胆　　エ　困惑や恥ずかしさ

B　ばつが悪くなって
ア　きまり悪くなり、恥ずかしくなって
イ　自信がなくなってきて、怖くなって
ウ　批判されているようで、悲しくなって
エ　相手にされていないようで、いらいらして

問六　――線部4「まるでお面を脱ぐように、松平の顔から柔和な表情が消えた」とあるが、松平の様子に変化が表れたのはなぜか。説明せよ。

問七　――線部5「考えれば考えるほど、どういうわけか、ふくらんだ気持ちはするするとしぼんだ」とあるが、広海は自分の発言で松平に「勝った」と思ったのに、その気持ちが「しぼんだ」のはなぜか。最も適切なものを次の中から選び、記号で答えよ。

ア　松平に言ったことばは、自分自身が悩んでいることにも当てはまるのですっきりしなかったから。
イ　松平に言ったことばは、傷つけるためだけに口走ったことだと自覚し、自分の軽率さを後悔したから。
ウ　松平に言ったことばが、思った以上に相手にショックを与えたようで申し訳ない気持ちになったから。
エ　松平に言ったことばで、相手に勝ったと思った自分の浅はかさに気づき、その場をごまかしたいと思ったから。

問八　――線部6「はっとして、足をとめる」と、――線部7「ふつふつと腹の底のほうから笑いがわいてくる」の二つの表現から、広海が松平の島への思いや自分自身のもやもやに対してどういうことに気づいたことが分かるか。説明せよ。

三　次の文章を読んで、後の問いに答えよ。

ある所に＊偸盗入りたりけり。あるじ起きあひて、帰らん所を＊うちとどめんとて、その道を待ちまうけて、障子の破れよりのぞきをりけるに、盗人、物ども少々取りて袋に入れて、ことごとくも取らず、少々を取りて帰らんとするが、下げ棚の上に鉢に灰を入れて置きたりけるを、この盗人なにとか思ひたりけん、つかみ食ひて後、袋にとり入れたる物をば、元のごとくに置きて帰りけり。

待ちまうけたる事なれば、＊伏せてからめてけり。1この盗人の振舞ひ心得がたくて、その子細を尋ねければ、盗人いふやう、「我もとより盗みの心なし。この一両日食物たえて、＊術なくひだるく候ふままに、初めて2かかる心つきて、参り侍りつるなり。しかあるを御棚に麦の粉やらんとおぼしき物の手にさはり候ひつるを、物の欲しく候ふままにつかみ食ひて候ひつるが、はじめはあまり飢ゑたる口にて、何の物とも思ひ分かれず。あまたたびになりて、はじめて灰にて候ひけりと知られて、その後は食べずなりぬ。食物ならぬ物を食べては候へども、これを腹に食ひ入れて候へば、物の欲しさがやみて候ふなり。これを思ふに、この飢ゑに耐へずしてこそかかるあらぬさまの心もつきて候へば、灰を食べてもやすく治り候ひけりと思ひ候へば、取る所のものを3元のごとくに置きて候ふなり」といふに、あはれにも不思議にも覚えて、＊かたのごとくのざうもちなどとらせて帰しやりにけり。「のちのちにもさ程に＊せんつきん時は、はばからず来たりて言へ」とて、つねにとぶらひけり。

再びベンチに座りこんでしまった松平をしばらく眺めてから、傍らにぼんやりとつったっていた広海に目を移した。

じっと見つめられて、広海はしぶしぶ降参した。自転車を真帆に預け、松平に背を向けてしゃがむ。

松平は見た目よりもさらに軽かった。心細くなるくらいだった。

「大丈夫ですか？」

自転車を押して横を歩きながら、真帆が聞く。

「自転車よりは若干ましだね」

松平がかすれ声で答えた。生あたたかい息が広海の耳にかかる。くすぐったくて身をよじると、

「痛い」

すかさず文句を言われた。

「揺れると響く。もっと静かに歩いてもらわないと」

真帆に免じてせっかく親切にしてやっているのに、調子に乗られても困る。広海はわざと体を揺すってみる。

「痛い！」

松平がわめく。耳がびりびりする。広海はしかたなく歩調をゆるめた。首にしがみつかれたら息ができない。

「もう少しですから」

真帆がとりなすように声をかけた。松平が首を伸ばしたのが、背中越しに伝わってくる。行く手をうかがっているのだろう。

「本当に暗いね」

ぼそりと言う。

「なつかしいでしょう？」

「まさか。こっちのことはもうなんにも覚えてないね」

松平はためらいなく即答し、皮肉っぽく言い添えた。

「慣れてないと、逆に新鮮だよ」

外の世界に出たら、この島で暮らした日々の記憶は薄れていくのだろうか。これまで考えたこともなかったことを、広海はふと考える。松平みたいに五十年間まったく思い出さないというのは極端にしても、刺激にあふれた魅力的な新しい生活のことで頭の中はいっぱいになって、置き捨てた過去は隅に追いやられ色あせていくのか。古ぼけたセピア色の残像も、やがてすっかり消えてしまうのか。

6はっとして、足をとめる。

「どうした？　ばてたか？」

松平が相変わらずえらそうな口調でたずねた。

「図体は大きいわりに、体力がないんだね」

憎まれ口を聞き流して、広海は歩きはじめた。7ふつふつと腹の底のほうから笑いがわいてくる。

もう何十年も完全に忘れていたのに、不意に島のことを思い出したと松平は言った。時間を持て余し、ひまつぶしに来てみようと決めたのだと説明していた。さも、こんな島にはなんの興味もないと言わんばかりだった。ここで暮らしていた過去など、取るに足りない、どうでもいいことだったのだと。

でも本当に、記憶はそんなに都合よく消えたりよみがえったりするものだろうか。仮にそうだったとしても、いくらたいくつしているとはいえ、なんの思い出も残っていない場所をはるばる訪ねてみようという気になるだろうか。もしも興味がないのなら、どうして快適なホテルにこもらずに、暑い中こんなところをうろうろしていたのか。なんにもない土地だ。少なくとも、ここに特別な思い入れのない、よその人間にとっては。

こわばっていた松平の体から、少しずつ力が抜けていく。まっすぐに延びた道の先に、町のあかりが見えてきた。

（瀧羽麻子『サンティアゴの東　渋谷の西』所収「瀬戸内海の魔女」による）

問一　――線部1「でも、まったく賛成する気になれない」とあるが、広海は松平と同じ考えだと思ったのに、まったく賛成する気になれなかったのはなぜか。説明せよ。

問二　空欄 I に入れるのに最も適切なものを次の中から選び、記号で答えよ。

いか、言葉遣いが抽象的で真意が伝わりづらかったのか、さっきのように腹を立てている様子はない。
「経営していた」
松平が浅くうなずいた。
先月、社長の座を後任に譲ってから、ひたすら時間が余るようになったという。たいくつそうな元社長を見かねた部下たちに、せっかくだからのんびり旅行でもしてきたらどうかとすすめられ、その気になった。ひとりだから身軽なものだ。海外にしようか国内にしようかと思案しているうちに、故郷の島のことをふっと思い出した。
「もう何十年も、完全に忘れてたのにね」
A肩をすくめる。
「ひまつぶしにはちょうどいいかと思って、来ることにした」
「どうですか、帰ってきてみた感想は？」
真帆が足をぶらぶら前後に揺らしてたずねた。好意的な反応が期待できないのは明らかなのに、勇気があるというかこりないというか、広海はもはや感心してしまう。
現実は、ドラマのようにはいかないのだ。これがドラマなら、ひねくれた老女は心優しい島の少年少女に感銘を受け、ひさびさになつかしいふるさとを訪れた喜びを素直に独白する。そして、少年たちに感謝しつつ、ほろ苦くもあたたかな郷愁を胸に、すがすがしい気分で帰っていく。あるいはもっとわかりやすく、島に戻って余生を過ごそうと決意する、というのはやりすぎだろうか。
「別に、なにも」
案の定、松平は鼻を鳴らした。
「なにも？」
不服そうな声を上げた真帆に、すましてうなずいている。ホテルにチェックインしたときの苦しげな表情とはうってかわって、泰然と落ち着きはらっている。
「じゃあ、なんで」
広海は思わずさえぎった。目の前にいる松平ではなく、ロビーをつかつかと横切っていくはりねずみみたいに神経をとがらせた老女を、頭の中に再生する。
「なんで、ぴりぴりしてるんですか？」
松平の口もとがこわばった。手ごたえを感じ、広海はさらにたたみかけた。
「結局はこだわってるんじゃないですか」
4まるでお面を脱ぐように、松平の顔から柔和な表情が消えた。にらみつけてくる視線も、もうおそろしくはなかった。どちらかといえば快い。
「子どもが、えらそうに」
松平が吐き出すように言って、ぷいとそっぽを向いた。勝った、と広海は思った。晴れやかな気分で松平を見下ろす。白い髪がぺたんと頭にはりつき、骨ばった首筋にしみが浮いている。びくつくことなんかなかった。ただの老人だ。魔法なんて使えない。
確かめるように、自分に言い聞かせるように考えた。しかし5考えれば考えるほど、どういうわけか、ふくらんだ気持ちはするするとしぼんだ。Bばつが悪くなってきて、広海は顔をそむけた。いつのまにか、空を染めていたピンク色は水で薄めたように淡くぼやけていた。天頂に細かい星が散らばっている。
つられたように頭上をあおいだ真帆が、立ちあがった。
「やばいよ。日が沈んじゃう」
広海は自転車のブレーキをはずした。動こうとしない松平に向かって、真帆が優しく声をかける。
「そろそろ行きましょう」
松平はベンチに座ったまま、小さな声で答えた。
「足が痛い」
自転車のふたり乗りは、落っこちそうでこわいと言われてあきらめた。かわりに松平をサドルにまたがらせ、広海と真帆で前後を支えて進めようとしたら、足があたって痛むという。真帆は眉を下げ、あって、真帆は本当に島のことが好きなのだった。

「それに、島に活気が出たのはホテルのおかげだってみんな言ってます。わたしたち、感謝してるんです。たくさんのひとに、ここがこんなにいいところだって知ってもらえたんだから」

ただし今回は相手が悪い。松平にとってこの島が「いいところ」だったとは思えない。もう帰ろう、と広海は念じる。こんなやつと話していてもいやな気持ちになるだけだ。別につきあう義理もない。

足をとめたのは、しかし真帆ではなく松平だった。腕を組み、真帆をじっと見据えている。どんなに辛辣な返答をよこすのか、広海ははらはらして見守った。

「ちょっと疲れた。休みたい」

松平が一方的に宣言した。

ちょうど通り過ぎようとしていたバス停のベンチに近づいて、ぺたりと腰を下ろす。むきになりかけていた真帆も毒気を抜かれたようで、おとなしく隣に座った。

「じゃあ、少しだけ」

つくづく自分勝手なばあさんだ。広海は舌打ちをこらえ、自転車を停めた。年寄りのくせに、意地になって歩くからだ。このまま走り去ってしまえれば爽快だろうが、真帆の自転車でそんなことはできない。そもそも真帆を置き去りにはできない。

「そうかもしれない」

松平がぽつりとつぶやいた。

それがさっきの話の続きだとは、広海も真帆もとっさにわからなかった。顔を見あわせているふたりにはおかまいなしに、松平はひとりごとのように続ける。

「感謝したほうがいい。運がよかったんだ。他にも島なんかいくらでもあるのに」

ホテルは、とある大企業からの出資を受けて建てられた。瀬戸内海に浮かぶ小島は無数にあるのに、なぜ他でもないこの島に白羽の矢が立ったのか、広海は正確なところを知らない。なにか明確な理由があったなら、主任あたりが嬉々として教えてくれそうなものだから、松平の言うとおり、単に運がよかっただけなのかもしれない。

「あれは別に島が作ったものじゃない。ただ、外からきたものをまるごと受け入れただけで」

松平の声はぞっとするほど冷ややかだった。

ホテルやそこを訪れる人々をあれこれと批判しながらも、松平が本当に敵視しているものがなんなのか、広海はようやくはっきりと理解する。要するに松平は、見下しているのだ。この島と、ここで暮らしている人々を。

「わたしは、そうなりたくなかった」

口調をがらりとあらためて、松平が言う。3これまで聞いた中では一番の、言い換えればはじめてともいっていい、明るい声音だった。

「絶対にそうなりたくなかった」

広海と真帆を交互に見る。楽しげともいえる微笑《ほほえ》みを浮かべている。

「運とか好意とか、そういう不確かなものにばっかり頼ってないで、自分だけでうまくやりたかった」

広海は松平から目をそらした。夕日に照らされたホテルが、視界の隅で輝いている。

「他人の力を借りて、自分で成功した気になって、調子に乗るなんてみっともない。それなら失敗したほうがまだいい」

なんだよそれ、と思う。なんなんだよ。危うく口にも出しそうになって、それは思いとどまった。なにを言っても、松平は気を悪くするどころか、笑みを深めそうな気がする。それにしても、どうしてこんなにいらいらするのか、自分でもわからない。広い外の世界に出て誰の力も借りずに勝負したいというのは、まさに広海の願いでもあるのに。

「ホテルを経営してるんでしたっけ?」

真帆が我に返ったように聞いた。松平の声が表面上は穏やかなせどうせ盛りあがるはずもないのに、真帆は果敢に会話を試みている。

「どうもこうも。どこもかしこも気どってて、落ち着かない」

松平がつけつけと応じた。

「すごく人気があるんですよ」

真帆が心外そうに言い返す。

「有名な芸術家の作品がいっぱい展示してあるし、建物を設計した建築家も人気があるし。世界中からお客さんが集まってくるんです」

「世界中、ねえ」

松平が小ばかにしたように薄く笑った。真帆から教わるまでもなく、ホテルの概要は承知しているのだろう。しかし、とそこで広海は先ほどの疑問に再びつきあたる。松平は他の観光客たちと同じように、美術館や眺望を楽しむために来たとも思えない。なにかしら他の理由があるはずだ。

「有名だっていったって、ありがたがるほどのものなんだか。よくこんな、世界の果てみたいな島まではるばる来ようって気になるね。時間を使って、大枚はたいて」

意地の悪い口調は別として、松平の言い分は広海が日頃からもやもやと考えめぐらせていることをほぼ代弁していた。

1でも、まったく賛成する気になれない。

「それだけの値打ちがあるんでしょう」

広海が言うと、松平はぱっと振り向いた。まるで広海の存在にはじめて気づいたかのように、しげしげと顔をのぞきこんでくる。

「値打ち？」

松平がゆっくりと繰り返した。声はさっきほどとがっていないけれど、からかうような試すような響きを聞きとって、広海の体はこわばった。

「あんたはそう思うんだ？　あそこで荷物を運んでやってるお客はみんな、値打ちがわかって来てるって思うんだね？」

口もとがゆがんでいる。笑っているのだと広海が気づくのに、少しかかった。

松平が自分を覚えていたらしいことにも、驚いた。到着してロビーへ入ってきたときに一瞬すれ違っただけなのに、どうして覚えられているのだろう。ひょっとして主任が言っていたように、無愛想すぎて目立っていたのか。それはまずい。かなりまずい。

「美術館だかなんだか知らないけど、ホテルなんて基本的に安心して眠れればそれでいいと思うけどね」

なにもかも見透かされている気がして、広海はますますたじろぐ。［ I ］ぶるな、と暗に戒められた感もある。やっぱり松平は魔女なのか。他人の心が読めるのか。

「まあ、お客はしかたないか。そうやってあおってるほうが問題だね。いりもしないものをごてごてくっつけて、あんなとんでもない値段をふっかけて」

言いたいことだけ言い終えると、言葉に詰まっている広海には目もくれず、松平は前に向き直ってすたすたと歩きはじめた。

動揺しながらも、いやでも矛盾してるだろう、と広海はかろうじて胸の中で反論する。あざといと自らこきおろしているそのホテルで、松平は最高級のスイートルームにひとりで泊まり、シャンパンを注文している。文句があるなら、三つもベッドルームがあるオーシャンビューの部屋なんかではなくて、そのへんの民宿に泊まればいい。いっそ親戚の家を訪ねてもいい。指摘してやりたいところだが、下手にはむかってもまたやりこめられそうな気がして、とりあえず黙って後を追いかける。

「お客さんが満足してるんだから、いいじゃないですか？　何度も繰り返し来てくれるひとも多いみたいだし」

言い返したのは、真帆だった。2右半分だけ見える横顔の、頬が紅潮しているのは夕日のせいだけではないだろう。

好みというのは遺伝するのか、それとも育てかたのせいなのか、むこうみずとも言える勢いでここへ移住してしまった両親の娘だけな意味や創造の可能性を私が感じ取るうえで、まさに〝邪魔な障害〟となるからです。

　そして、一番大事かなと思うのは、「ちがい」がある他者との出会いで、生じるであろう新たな世界への入り口を見失わないように、私自身が他者を理解するためのセンス、いわば他者への想像力を常に磨いておくことであり、想像力を豊かにしていく楽しさを味わうことだと思います。

「ちがい」がある他者を差別し排除すること。それは、他者への想像力が劣化した結果生じるのであり、それは他者に深い傷や苦しみを与えるでしょう。でも同時に、それは私自身をも深く傷つけ、ひととしての厚みや豊かさを確実に私から奪っていくのです。

　6私が豊かに生きることができるかどうか。それはまさに私が、「ちがい」がある他者とどう出会おうとするのかにかかっているのです。

（好井裕明『「今、ここ」から考える社会学』による）

問一　＝＝線部①～⑤のカタカナを漢字に改めよ。

問二　――線部1「障害者スポーツに対する固定した見方」とあるが、どのような見方だったのか。簡潔に答えよ。

問三　空欄 A ～ C に入れるのに、最も適切なものを次の中からそれぞれ選び、記号で答えよ。

ア　しかし　　イ　だから
ウ　つまり　　エ　はたして

問四　――線部2「こうした見方」とあるが、それはどのような見方か。最も適切なものを次の中から選び、記号で答えよ。

ア　競技方法の工夫によって、障害者が有利に競技できるスポーツという見方。
イ　障害のある人がその個性で優位に立つことができるスポーツという見方。
ウ　競技方法の工夫に由来した違いを共有して、皆で行うスポーツという見方。
エ　障害のある人だけのために、区分けやルールが工夫されたスポーツという見方。

問五　――線部3「こうした転倒が起こることこそ、障害者スポーツがもつもう一つの面白さであり、感動を生みだすもとではないでしょうか」とあるが、「こうした転倒」が「感動を生みだす」のはなぜか。本文中の語句を用いて説明せよ。

問六　――線部4「ドギマギしている状態」とはどのようなものか。説明せよ。

問七　――線部5「無視する」ことも難しいのはなぜか。本文中の語句を用いて説明せよ。

問八　――線部6「私が豊かに生きる」ためには、何が必要だと筆者は述べているか。三点あげて説明せよ。

二

次の文章を読んで、後の問いに答えよ。

中学生の広海は地元の高級ホテルでアルバイトをしつつ、この島を出たがっている。広海と同学年である真帆は一家で島に移住してきている。次の場面はこの二人が、ホテルの宿泊客である松平が路上でうずくまっているところに遭遇し、ホテルに送っていこうとする場面である。松平は島の出身者で、都会で事業に成功し、半世紀ぶりに帰島していた。

茜《あかね》色に染まりはじめた道を、三人で歩く。からすの群れがかしましい鳴き声とともに、夕焼け空を横切っていく。

真帆と松平が横に並び、広海は一歩遅れて自転車を押しながらついていく。自転車の後ろに乗ったらいいと真帆が何度すすめても、松平は頑として断った。よっぽど年寄り扱いされたくないらしい。実際に年寄りなんだから認めろよ、と広海はあきれたが、脚は丈夫だから平気だと言いきっただけあって、足どりはしっかりしている。

「どうですか、ホテルは？」

きた、そんな感じがしました。不意をつかれ、ドキッとしたのです。つまり、私はいわばまったく無防備な状態で、両腕が極端に短い障害ある少年と出会ったのです。

私はなぜこんなにもドキッとしたのだろうかと考えながら、〝無〟にならずに、周囲を観察していました。みんな自然にふるまっていましたが、それは明らかに〝つくられた、ぎこちない〟自然さでした。裏を返せばとても〝不自然で、どこか緊張した戸惑い〟とでもいえる空気がそこに満ちていて、ただ少年のみが、そしていっしょに来ていた若いおとうさんがごく自然に風呂を楽しんでいたのです。

考えるべきは、この〝不自然で、どこか緊張した戸惑い〟であり、私のなかに生じたドッキリなのです。それは障害ある人を⑤ロコツに排除する行為でもないし、障害ある人を嫌ったりする情緒でもありません。丸裸で無防備な私が、障害ある人を目の前にして、自分のふるまい方がわからず4ドギマギしている状態といえるかもしれません。また障害ある人と自分との距離をどのように〝適切に〟とっていいのかわからない、そんな戸惑いかもしれません。

そんな細かいこと言ってどうするの。普段よくある場面だろうし、深く考えないで無視しておけばいいではないか。そんな声が聞こえてきそうです。でも「5無視する」こともまた、なかなか難しいのです。

「無視する」とは、ただ相手を見ないということではありません。それは、私が相手を見つめていないこと、関心がないことを相手や周囲にたいして、具体的なふるまいで〝適切に〟示さなければならない営みなのです。そして私の体験や銭湯での〝空気〟は、まさに障害という「ちがい」と〝適切〟に出会い、「ちがい」ある他者と〝適切〟にやりとりできている自然な日常ではなかったということなのです。

少しめんどくさく言ってみましょう。他者を理解するということは、心の次元の問題ではありません。シュッツやエスノメソドロジーの考え方からすれば、それは、他者とどのように日常的な関係をつくりあげることができるのか、そうした関係がどのように実践的で処方箋的な知識を用いてできあがっているのかを考える問題なのです。またそれは、私と他者が日常的な関係のなかでどのように相互的な信頼をつくりあげることができるのか、また距離を保つことができるのかなどを考える私と他者の相互行為の次元にある問題なのです。

私たちは、普段他者と出会う時、その人を瞬時のうちに理解し、どのようにふるまえばいいかを判断しています。そうした判断の背後には他者を理解するために必要な幅広く深い知識の在庫があり、この在庫から、その時その時に〝適切〟だと思う知識を引き出して、他者と向き合っているのです。

とすれば、「ちがい」ある他者とどのように向き合えばいいのでしょうか。まず言えることは、「ちがい」をめぐる知識の在庫をできるだけ豊かにすることでしょう。薄っぺらな知だけでは、〝適切に〟向きあうことができないでしょう。従って障害という「ちがい」に由来する豊かさに触れることはできないだろうし、その豊かさを感じ取る想像力さえも私の中に、育ってくることがないからです。

また言えることは、すでにある在庫の知識を常に疑ってかかることの大切さです。たとえばブラインドサッカーに実際に参加すれば、視覚障害という「ちがい」をめぐる私たちの知識在庫は確実に質量ともに豊かになるはずです。その結果、「ちがい」のある他者との出会い方や向きあい方も幅広く豊かに洗練されたものになるでしょう。

私たちの日常的な知識は、常に支配的な価値や支配的なものの見方の影響下にあるものです。そしてたいていの場合、支配的な価値やものの見方に従って暮らした方が楽であり効率がいいとは思います。ただ、「ちがい」のある他者と出会おうとするとき、こうした楽さや効率は、いったんカッコに入れておいた方がいいでしょう。むしろ支配的な価値が障害という「ちがい」がもつさまざまな新た

行うサッカーと、私たちは呼んでいるのです。

2こうした見方は、障害者スポーツをめぐり私たちが持っている「あたりまえ」の知を確実に揺るがすのではないでしょうか。たとえば私がブラインドサッカーをやるとして、目隠しし、視覚障害がある選手と対等に競技ができるでしょうか。できないでしょう。上手な選手の足手まといになるのがオチです。視覚が遮られたなかで、周囲の声や音を聞きわけ、状況を瞬時に判断し、次のプレーに移れる能力において、私は視覚障害のある選手からはるかに劣っているからです。

私が上手になるためには、ブラインドであることに慣れ、ブラインドであるからこそさらに研ぎ澄ませるべき力に気づき、それを鍛えていかなければならないでしょう。つまり、ブラインドサッカーという競技や競技の現実において、「見えること」をめぐる常識や価値はすべて、いったん無効になります。そして、私は「見えない」なかでどのようにプレーができるのかを考えざるを得ないし、「見えないこと」をめぐる常識や価値と向きあわざるを得なくなるのです。

ルールが守られ、③ゲンカクな規律が遵守される競技空間で、普段私たちが「あたりまえ」だと思いこんでいる支配的な常識や価値が見事に転倒されるのです。そして3こうした転倒が起こることこそ、障害者スポーツがもつもう一つの面白さであり、感動を生みだすもとではないでしょうか。

もちろん、私がブラインドサッカーをして、少しばかり上手になったからと言って、視覚障害のある人々の気持ちやより深いところにある思いなどを完璧に了解できるなどとは思わないでしょう。でも障害をめぐるさまざまな決めつけや思いこみが息づいている支配的な常識や価値を「あたりまえ」だと思いこんでいた私の日常に、確実に④キレツが入るだろうし、私はそのことで障害という「ちがい」それ自体とよりまっすぐに向きあえるようになるでしょう。そして、「ちがい」が私の日常にとって、どのような意味や意義をもつかを考えていくための想像力もより豊かになっていくだろうと思うのです。

さて私たちは「ちがい」のある他者とどう出会えるのでしょうか。私は以前、障害者を嫌がり、嫌い、恐れるということの背後になにがあるのかについて考え書いたことがあります（好井《よしい》裕明《ひろあき》「障害者を嫌がり、嫌い、恐れるということ」石川准《じゅん》・倉本智明《ともあき》編著『障害学の主張』明石書店、二〇〇二年、八九―一一七ページ）。これを書きながら、そこでまとめたかつての個人的体験を思い出していました。詳細は、私の論文を読んでいただければと思いますが、それは私のドッキリ体験であり、障害という「ちがい」になぜ私たちが普段から、まっすぐに向き合えないのかを考えることができる体験だったのです。

温泉につかって〝無〟になること。これは私の趣味というか、生きがいというか、これをしなくては私が枯れてしまうというとても大切な営みなのです。ちょっとぬるめの湯につかって完全に湯と一体化し〝無〟になるまでの時間、意識や思考はまだしっかりしているのですが、そのうちに身体は広い湯ぶねにくまなくとろけだし、ちょうど私の「頭」だけが湯にただよっている、そんな状態。このとき、私はえもいえない快感にひたります。そしておもしろいことに、この〝頭ただよい状態〟のとき、私の思考は研ぎ澄まされ、いろいろな発想がわいてきたり、ある問題への考えが一挙に進んだりするのです。

いつものようにスーパー銭湯にでかけ〝無〟になろうと湯ぶねにつかり、とろけようと全身の緊張感をといて、ふと目をあけたところ、湯ぶねのふちに五、六歳くらいの少年が立っていたのです。〝あぁ、かわいい子やなぁ〟とまた目を閉じようとした瞬間、私の視線はその子に釘《くぎ》づけになっていました。彼の両腕は極端に短く、彼はその小さい手で顔をかきながら、そこに立っていました。私は、さまざまな構えをはずし無防備になり、いわば丸裸で〝無〟になろうとしていたのですが、瞬間、少年がすっと私のなかに入り込んで

二〇二四年度　成蹊高等学校

【国語】（六〇分）〈満点：一〇〇点〉

句読点も一字に数える。

一　次の文章を読んで、後の問いに答えよ。

最近は、昔に比べ障害者スポーツへの注目度がかなり高まってきています。先日もパラアスリートを養成する大学が出てきていることが新聞記事になっていました。いまは誰もがオリンピックの後にはパラリンピックが①カイサイされることを知っています。一九六〇年代、私が小学生の頃、少なくともテレビでパラリンピックの報道はなかったと記憶しています。

では最近なぜ注目されるのでしょうか。やはり日本人選手の活躍が最大の原因でしょう。でもマスコミの報道などを見て、私は、最近このスポーツへの注目の質が変わってきているのではと思っています。

一枚のスキー板に乗り、急な斜面を猛スピードで滑走するスキー選手。上半身の筋力をフルに使い、②シッソウする車いすマラソン。見事に車いすを操りながら、相手が返せないところへボールを打つ車いすテニスの選手。車いすごと激しくぶつかりボールを奪いあう格闘技のような車いすバスケット、等々。テレビなどを通して、障害者がスポーツする姿が流されるようになり、彼らが熱中している姿や本気度、競技そしてスポーツとしての洗練度に私たちは、改めて驚き、感動しているのではないでしょうか。

なぜ驚き、感動するのでしょうか。

多様な障害があるにもかかわらず、それを克服し、自らの肉体や精神を磨きあげ、スポーツのルールを遵守し、そのなかでより高みへと向かう障害ある人々の規律ある姿にひととしての美しさを感じ取り、私たちは感動しているのでしょう。こうした感動が、通常のスポーツアスリートの姿への感動とまったく同じ情緒に由来しているのか、そうでないのかを検討することは、障害者の問題を考えるうえで、とても重要だと思います。ただ、ここでは、ちょっと別の視角から障害者スポーツのことを考えてみることにします。

先ほど注目の質が変わってきているように思えると言いました。それはマスコミの報道などを見ていて、1障害者スポーツに対する固定した見方が崩れつつあるという感覚と言ってもいいかもしれません。

たとえば、車いすバスケットの試合を見ていて、私はこう思います。確かに足や下半身に障害がある選手が車いすを見事に操ってバスケットボールの試合をしている。しかし、この競技は障害ある人々だけが参加することができるスポーツなのだろうかと。下半身に障害のない人でも、何らかの形で下半身を固定し、車いすに乗ることができれば、車いすバスケットという競技をすることができるだろうと。

またブラインドサッカーの試合を見ていて、私は同じことを思うのです。この競技は視覚障害のある人だけに開かれたスポーツなのだろうかと。障害のない人の目を見えない状態にして、ブラインドサッカーができるのではないだろうかと。

そしてこうした思いの先にある問いが、以下のようなものです。

［A］障害者スポーツは障害のある人のためだけのスポーツなのだろうか。身体のどの部位に障害があるか、またその程度などで区分けして行われる水泳などの競技は、やはり障害ある人のための競技だと言えるでしょう。［B］私たちがひとくくりにする障害者スポーツは、障害ある人だけのためにという意味で一様ではなく、競技方法の工夫などに由来する違いや個性がさまざまにあります。それゆえ、車いすバスケットは、主に障害ある人々が行う競技であるとしても、障害者バスケットではなく、「車いす」バスケットと私たちは呼んでいますし、ブラインドサッカーも、視覚障害者サッカーではなく、ブラインド、［C］目が見えない状態で

英語解答

Ⅰ A 1…T 2…F 3…T 4…F 5…F

B 1…ウ 2…イ

Ⅱ A 1…T 2…F 3…F 4…T 5…F

B (エ)→(ウ)→(オ)→(イ)

C 1…イ 2…エ 3…ア 4…ウ

D 1…エ 2…イ 3…ア 4…ウ 5…エ

Ⅲ A 1 (例) He understands the friendship between Gloria and Robbie but they believe robots are dangerous and humans need to control them.(20語)

2 (例) Because it shows that robots can make the right decisions and humans can trust them.(15語)

B (例) Our relationship isn't working

(例) The fridge isn't working

C (1) invention, necessity

(2) Invention, necessity

Ⅳ A (1) good for a person who lives in a small house

(2) they can keep some cute animals like

(3) needs to think about the size of the tank

B (例) you need to read the textbook at least three times

(例) you need to find a book that you want to introduce in class

C (例) You can see beautiful cherry blossoms in spring. Cherry blossoms are loved by many Japanese people and we look forward to going to see them in spring. I want you to see those beautiful flowers.

(35語)

Ⅰ〔放送問題〕解説省略

Ⅱ－A〔長文読解─内容真偽─説明文〕

≪全訳≫❶グリーンランドは世界のはるか北にある大きな島だ。そこの天候はとても寒い。グリーンランドの「最も暑い」夏の日でさえ，イングランドのひんやりした冬の日のようだ。夏の間は，太陽が沈むことはない。夜になっても暗くならないのだ。島で最も暖かいのは南海岸で，ほとんどのグリーンランド人はそこに住んでいる。しかし，それでも寒さのために住みにくい場所であることに変わりはない。❷長年，さまざまな人々の集団がグリーンランドを訪れ，そこで暮らそうとしたが，ほとんどの人があまりに困難だと感じた。彼らが去った後，「赤毛のエリック」と呼ばれる１人の男がグリーンランドに住み，最も有名なグリーンランド人の１人となった。エリックの名前は，おそらく彼の髪とあごひげの色か，荒い気性からきたのだろう。約1000年前，エリックは故郷のアイスランドを追放された。彼はこの氷に覆われた小さな島から，氷に覆われた大きな島へと船をこいだ。その土地にまだ名前はなく，誰も住んでいなかったので，そこが彼のすみかとなった。❸アイスランドの昔話によると，エリックは退屈して寂しくなり，この極寒の島に他の人たちに来てもらって一緒に暮らしたいと思ったという。エリックには考えがあった。彼はその島を「グリーンランド」と呼び，すてきな所で暖かく，そして緑豊かな島だと偽った。彼のたくらみはうまくいった。アイスランドの人々がこの「グリーンランド」という完璧な場所のことを聞くと，多くの人々がエリックの仲間になりたがった。そのうちの約300人が彼の仲間になることを決めた。❹生活は苦しかったが，彼らは長年グリーンランドで暮らし，グリーンランドは彼らの故郷となった。彼らは石や木や草で家を建てた。これらの家は快適で丈夫だった。彼らは穀物を植え，アイスランドから連れてきた牛や羊を飼っていた。しかし500年後，エリックとその友人たちの痕跡はグリーンランド上から全て消えていた。彼らに何が起こったのか。それはいまだに謎である。

＜解説＞1．「グリーンランドの最も暑い日は，イングランドの寒い日と同じくらい寒い」…○　第1段落第3文の内容に一致する。　2．「グリーンランドはとても寒いので，エリック以前は誰も住もうとしなかった」…×　第2段落第1，2文参照。エリック以前にもさまざまな人々が住もうと試みた。　3．「エリックはより暖かい場所に住むためにアイスランドを去った」…×　第2段落後ろから3文目参照。彼はアイスランドから追放された。　4．「魅力的に聞こえるので，エリックはその島をグリーンランドと名づけた」…○　第3段落第3文の内容に一致する。　5．「人々はグリーンランドで牛や羊を見つけ，飼い始めた」…×　最終段落第4文参照。牛や羊はアイスランドから連れてきた。

Ⅱ－B〔長文読解―文章整序―物語〕

≪全訳≫❶(ア)あの日に起こったことは今でも覚えている。❷→(エ)金曜日の学校でのことだった。授業が終わった。男子は校庭でソフトボールをしていた。何人かの女子は本を読んでいた。他の女子は体育館で縄跳びをしていた。でも，私の中の何かが，もっと違うことができるはずだと言った。そこで私は女子のグループを集めて，代わりにソフトボールをすべきだと言った。❸→(ウ)最初，担任のラルストン先生はこの考えに賛成しなかった。先生は，男子が嫌がるだろうと言った。男子は，自分たちが女子より強く，女子は男子の言うことを聞かなければならないものだと信じていた。私は，男子はソフトボールをするのに，私たちができないのは不公平だと言った。ラルストン先生は最終的に私たちに同意してくれた。彼女は厳しかったが，私たちの気持ちを深く理解してくれたのだ。❹→(オ)ラルストン先生は正しかった。男子はそれについて聞くと，すぐに怒った。彼らは私たちを傷つけようとし，ソフトボールをやめろと言った。男子が女子の1人に暴力をふるおうとしたとき，彼女を守るために他の女子が集まった。彼らはこういうことを続ければ，私たちを止められると思ったのだろう。でも，私たちは諦めなかった。その男子たちはソフトボールがうまかったけれど，私たちもうまかったのだ。私たちはそれを彼らに示すことにした。私たちはソフトボールを始めた。❺→(イ)私たちがソフトボールをしていると，どんどん女子が加わってきた。私たちは悩みや気持ちについて話し合った。ある日，女子の1人が名案を思いついた。月曜と水曜は男子が，火曜と金曜は女子がソフトボールをできるようにすればいい。私たちはそのことを先生と男子の両方に伝えることにした。先生たちは賛成してくれて，それが校則になった。❻(カ)この経験は，自分の意見を強く持つことの大切さを教えてくれた。女子と男子は違うが，その違いが障壁になってはならない。

＜解説＞まず，(ア)の文の最後の that day「その日」を具体的に It was a Friday「それは金曜日だった」と述べている(エ)が続く。次に，(エ)の最終文で述べられている，女子もソフトボールをすべきだという考えを the idea で受け，担任のラルストン先生の反応が書かれた(ウ)を続ける。これに対して，Ms. Ralston was right「ラルストン先生は正しかった」で始まり，(ウ)で先生が予想したとおり男子が強く反発した様子を述べた(オ)を置くと，(オ)の最後の女子がソフトボールを始めたという内容に対し，実際にどんな変化があったかを述べた(イ)がつながる。

Ⅱ－C〔**長文読解─適文選択─説明文**〕

≪全訳≫❶あなたは音楽に合わせて体を動かすのが好きなタイプの人間だろうか。それは自然なことだ。小さな子どもでさえ，音楽を聴くと動き出す。❷科学者によれば，動物も踊るというが，彼らのダンスは違う。動物たちの「ダンス」には目的がある。彼らは空腹や危険，欲望といった重要な身体的欲求について，他の動物にメッセージを送るのだ。[1]しかし，人が踊るときは，愛，喜び，怒り，悲しみなど，さまざまな感情を表現する。また，人や場所，人生や死についての物語を語ることもある。このような感情や物語を表現するために踊ることで，人はそれを他者と共有することができるのだ。❸踊りはまた，その国の歴史や文化の重要な一部でもある。かつては，それぞれの国に独自の踊りがあった。最近では，状況は大きく異なっている。過去200年の間に，多くの人々がある国から別の国へと移り住んだ。移動の際，彼らは音楽や踊りを一緒に持ち込んだ。[2]つまり，今日では多くの場所で，さまざまな種類の踊りを見たり学んだりすることができるのだ。例えば，アメリカでウィンナ・ワルツやアルゼンチン・タンゴを習うことができる。❹これらの踊りはどれもためになる。[3]1つには，それらは健康によい。踊るには腕と脚を使わなければいけないので，よい運動になる。心臓にもよい。踊りは健康を維持したり，体重を落としたりするのに役立つ方法だ。❺[4]踊りのもう1つの重要なポイントは，自分自身をよりよく感じることである。踊りは自分の感情を表現する機会を与えてくれる。何かに怒ったり，緊張したりするとき，踊ることはそれらの感情を追い払うのに役立つ。踊った後はとても疲れるかもしれないが，おそらく幸せな気分にもなるだろう。もしあなたが物静かな人なら，踊ることでもっと開放的になれる。踊っているときは，自分自身や恐れを忘れることができるのだ。❻そして最後に，踊りに関してもう1つ重要なポイントがある。それは社交的な活動であるということだ。2人で踊るダンスもあれば，集団で踊るダンスもある。しかし，どの種類のダンスでも，新しい人と知り合ったり，友達と何か楽しいことをしたりする機会を与えてくれるのだ。

＜解説＞1．空所前は動物のダンスの話だったが，空所後は人間のダンスの話に変わっている点に着目する。　2．エの主語 This が前文の「人々が移住し，祖国の踊りを持ち込む」という内容を受けていると考えられる。空所後の具体例からも判断できる。　3．空所後に続く部分では，ダンスの健康上の利点が述べられている。　4．前の段落では踊りの健康上の利点について述べられているのに対し，空所から始まる段落では，感情を表現するのにもよいという踊りの別の利点が述べられている。

Ⅱ－D〔**長文読解─内容一致─物語**〕

≪全訳≫❶エリーは孤独で退屈だった。夏休みで学校は何週間もなかった。両親は仕事に出かけなければならなかったので，エリーは1人で家にいた。テレビを見て，パソコンでゲームをした。彼女は時計を見た。まだ午前11時だった。両親は午後7時まで帰ってこない。エリーは携帯電話で友達にメッセージを送ったが，返事はなかった。❷家の中は暑かった。彼女は窓の外を見た。通りには誰もいなかった。ビーチで休暇を楽しんでいる人たちもいたが，皆ではなかった。彼女は家を出て通りを歩いた。行く当てはなかったが，暑い家の中でじっとしているよりはましだった。彼女は空き地を通り過ぎた。以前はそこに家があったが，今はただの空き地だった。壊れた洗濯機や車，冷蔵庫が放置されていた。❸何かが空き地の上を走り回っていた。それは小さな犬だった。エリーは犬を追いかけた。その犬はとてもかわいらしく，美しい毛並みで，大きな茶色の目をしていた。まるでライオンの赤ちゃんみたいだったので，エリーはその犬をレニーと名づけた。❹「こっちにおいで，レニー」　彼女は手を差し出した。レニーは立ち止まったが，怖がっているようだった。彼女はレニーの毛に触れた。彼は動かなかった。少し怖がっているようだったが，レニーは彼女が抱き上げるのを許してくれた。彼女はレニーを家まで連れて帰った。レニーはおなかがすいているようだったので，冷蔵庫で見つけた冷たい肉とミルクをあげた。彼はそれを全部食べた。❺エリーの両親はレニーのことをあまりよく思わなかった。❻「あの犬はどこから来たんだ？」❼「家具をかむかもしれないわ！」❽母親はそうつけ加えたが，エリーが泣き出すと，それ以上何も言わなかった。❾「お父さんとお母さんが仕事で出かけているとき，レニーは私の友達になって一緒にいてくれることができるの」❿両親はうなずいた。両親は，エリーがときどき寂しがっていることを知っていた。⓫レニーはエリーの生活を変えた。２人は一緒に食事をし，遊び，テレビを見，レニーはエリーの部屋の犬用バスケットの中で寝たりもした。⓬それから突然，ある日のこと，エリーとレニーが道を歩いていると，１人の少女が２人の方へ走ってきた。⓭「ピンキー！」⓮レニーはその少女に駆け寄り，とても興奮していた。⓯「ああ，やっと見つけたわ！」⓰エリーは立って見ていた。レニーもその少女と同様に彼女のことを好きなのだとエリーは思った。⓱「ピンキーは庭にいたんだけど，フェンスをくぐり抜けていなくなってしまったの！　彼がいなくなってから，ずっととても悲しかったの！」⓲エリーは今悲しい気持ちだった。レニーは親友だったが，レニーは自分の犬ではなく，その少女の犬だったのだ。⓳「私はローラ。ピンキーはとても太って幸せそう。面倒をみてくれてどうもありがとう。あなたのような親切な友人に出会えて，ピンキーは幸運だったわ」⓴エリーはあまりの悲しさに言葉が出なかった。㉑「一緒に来て。公園に行ってアイスクリームを食べて，ピンキーと遊びましょう。私たち３人は仲良しになって，一緒にすてきな夏を過ごせると思うの」㉒エリーはもう悲しいとは思わなかった。彼女はこう思った。この夏休みはすばらしいものになるだろう！

＜解説＞1.「エリーが退屈で寂しかったのは，(　　)からだ」―エ.「彼女は家にひとりぼっちで，友達も彼女のメッセージに返信してくれなかった」　第１段落参照。　2.「エリーが通りを歩こうと家を出たのは，(　　)からだ」―イ.「彼女は何もすることがなかった」　第２段落第６文参照。エリーが家にいても退屈だから外に出たことが読み取れる。'where＋to不定詞'で「どこに～すべきか」という意味。　3.「エリーの両親が娘にレニーを飼うことを許したのは，(　　)からだ」―ア.「エリーがレニーを友達として飼うのはよいことだと思った」　第９，10段落参照。　nod「うなずく」　'let＋人＋動詞の原形'「〈人〉に～させる〔～することを許す〕」　4.「エリーがローラに会ったとき悲しくなったのは，(　　)からだ」―ウ.「彼女は友達を失うことを恐れた」　第18段落参照。　belong to ～「～のものである」　be afraid of ～ing「～することを恐れる」　5.「エリーの夏がすばらしいものになりそうだったのは，(　　)からだ」―エ.「彼女には２人の新しい友達ができた」　第21，22段落参照。

Ⅲ－A〔長文読解―英問英答―物語〕

≪全訳≫❶ロボットは一般的なもので，家や工場，さらには宇宙など，さまざまな場所で働いている。この世界では，ロボットは３つの原則に従うようにプログラムされている。ロボットは人間を助けなければならない。ロボットは人間の命令に従わなければならない。ロボットは自分を守らなければならない。第１原則が最も重要で，第２原則は第３原則よりも重要である。しかし，ロボットは完璧ではない。

ときには間違いを犯すこともある。❷グロリア・ウェストンは小さな女の子である。彼女は自分のロボット，ロビーが大好きだ。ロビーはグロリアの世話をし，一緒にゲームをし，一緒に勉強をする。彼はグロリアと多くの時間を過ごす。❸当初，グロリアの母親は娘とロビーの仲を喜んでいた。しかし，彼女のロボットに対する見方は日に日に変わっていった。テレビ番組では，工場でロボットが動かなかったり，誤作動したりしたことを報じている。ロボットは建物に損害を及ぼし，人間を傷つけた。ロボットを持っている人はほとんどいない。ほとんどの人はロボットを使って何かをする機会がない。知識不足がロボットに対する恐れを強くしているのだ。グロリアの母親も同じような恐れを抱いている。彼女はロボットの行動を研究している科学者グループにロビーを売ることにした。グロリアはショックを受け，家を飛び出す。❹グロリアの父，ジョージ・ウェストンは科学者である。彼は娘を気の毒に思い，ロビーを取り戻す手助けをする。２人は工場でロビーを見つける。グロリアは科学者たちにロビーを家族に返してくれるよう頼む。しかし科学者たちは「だめだ」と言う。科学者たちはロボットを道具としてつくっているので，彼らはグロリアとロビーの友情を理解しがたいのである。科学者たちは，人間の安全のためには人間がロボットをコントロールする必要があると考えている。❺ジョージは科学者たちに，ロビーが人間にとって危険な存在ではないことを証明したいと思う。彼はある実験を仕掛ける。グロリアは湖でおぼれているふりをしてロビーに助けを求める。ロビーは工場の科学者たちによって人間を救うようにプログラムされている。しかし，科学者たちはそれだけでは不十分だと考えている。彼らはこのような状況で誤動作するロボットをたくさん見てきたのだ。❻グロリアが助けを求めると，ロビーはすぐに湖に走り，彼女を助けようと飛び込む。これは，ロボットが正しい判断を下せること，そして私たちがロボットを信頼できることを示している。科学者たちはロビーの行動に驚き，グロリアは正しいと言う。グロリアは満面の笑みで家に帰る。もちろん，ロビーと一緒に。

＜解説＞１．「グロリアの父親と他の科学者はどう違うか」―「彼はグロリアとロビーの間の友情を理解しているが，彼らはロボットが危険で人間がコントロールする必要があると思っている」　第４段落の内容から，グロリアの父親と他の科学者では，ロボットに対する信頼度が異なることがわかる。(別解例) Gloria's father believes Robbie can save Gloria's life. However, other scientists think he can't because many robots make a mistake.(20語)　　２．「科学者はロビーの行動に驚く。なぜか」―「ロボットは正しい判断ができ，人間は彼らを信じることができるということを示したから」　最終段落参照。Robbie's action とは，グロリアを助けようとすぐに湖まで走って飛び込んだロビーの行動のこと。ロビーが正しい判断をしたので，誤作動すると思っていた科学者たちは驚いたのである。

Ⅲ－B〔長文読解―要旨把握―物語〕

≪全訳≫❶ケヴィンとビリーは友人で，それほど裕福ではなかったため，共同生活をしていた。最初のうち，２人は一緒にいて幸せだった。しかし，彼らの家にはいくつかの問題があった。シャワーは熱くなかった。壁は古く見えた。そして，椅子のうちの１つには脚がなかった。ついには洗濯機が動かなくなった。❷ケヴィンは壁を塗ったり，不具合を直したりしたがらなかったので，それらのことはいつもビリーがやっていた。ビリーは日中仕事があったので，夜にそれらをやった。一方，ケヴィンは夕方になると外に出て遊びたがった。だから彼はよく友達と出かけた。❸ある晩，ビリーは疲れていた。彼は心の中で思った。「ケヴィンと僕は一緒に暮らしているが，僕たちの関係はうまくいっていない。ここでの生活は楽しくない」　そこで彼はかばんに荷物を詰め，メモを書いた。メモにはこう書いてあった。「うまくいっていないんだ。僕は疲れたよ。もう君とは暮らせない。さようなら」　彼はそのメモを冷蔵庫の上に置いた。ケヴィンは遅くに帰宅した。彼は冷蔵庫のメモを読んだ。彼は冷蔵庫を開け，こう思った。「ちゃんと動いているよ！　電気はついているし，飲み物は冷えている。彼のメッセージは理解できないな！」

<解説>「ビリーは『(　　)』と言いたかった。しかしケヴィンはビリーが『(　　)』と言いたいと思った」―「自分たちの関係はうまくいっていない」／「冷蔵庫が動かない」　work には「(計画・人間関係などが)うまくいく」や「(機械などが)作動する」といった意味がある。ビリーが書いたメモの第１文(第３段落第５文)に出てくる It は，その３文前の our relationship を指し，自分たちの関係がうまくいっていないことを伝えようとした。しかしこれを読んだケヴィンは，そのメモが冷蔵庫の上に置いてあったため，この It が the fridge「冷蔵庫」を指すと勘違いしたのである。

Ⅲ－C〔長文読解―適語補充―説明文〕

≪全訳≫❶必要は発明の母だと多くの人が言う。つまり，社会が必要としているときに発明が生まれるということだ。人々は古い技術に何らかの問題を抱えると，よりよいものを必要とする。発明家は解決策を考え出し，新しいものをつくる。その解決策が社会的に十分なものであれば，社会はそれを取り入れる。❷例えば，1765年頃，炭鉱で働く労働者はいくつかの問題を抱えていた。彼らは自分たちの手で水を運び出さなければならず，それは大変なことだった。そこでジェームズ・ワットがこの問題を解決するために蒸気機関を発明した。この例があまりにも有名なので，私たちは発明について間違った考えを持っている。❸実際，ほとんどの発明は，好奇心旺盛な人や新しいものを生み出すことが好きな人によって開発される。彼らはつくり始める前から製品の詳細なアイデアを持っているわけではない。ある装置が発明されると，発明者はそれをどのように使うかを考えなければならない。驚くことに，現代の主な科学技術の発明のほとんどは，このようにして生み出された。だから，発明が必要の母であることはよくある。❹その好例が，トーマス・エジソンの蓄音機の歴史である。彼は1877年に最初の蓄音機をつくったが，その使い方のアイデアを持っていなかった。彼は友人たちからアイデアをもらい，本を出版した。その本には，彼の発明の使い方が書かれていた。その中には，死にゆく人の最後の言葉を録音したり，目の不自由な人のために本を録音したりすることも含まれていた。音楽の録音と再生はその本には書かれていなかったのだ。❺当初，彼の発明はあまり売れなかった。彼は考えを改め，実業家たちに協力を求めるようになった。実業家が蓄音機を使って音楽プレーヤーをつくったとき，エジソンはそのアイデアに反対したが，20年後，彼は蓄音機の主な使い方は音楽を録音して再生することだと同意した。だから，発明に対する一般的な見方は正しくない。発明が先で，必要性が後なのだ。

<解説>(1)この前の内容から，ほとんどの発明は必要に先んじることがわかる。よって，「発明は必要の母である」といえる。　(2)第４，５段落のエジソンの蓄音機の話は，(1)の「発明は必要の母である」ことの具体例なので，「発明が最初にきて，必要が後に続く」となればよい。この follow は「後に続く」という意味。

Ⅳ－A〔長文読解―整序結合―説明文〕

≪全訳≫❶今日，多くの人がペットを好んで飼っている。ペットを１匹だけ飼う人もいれば，たくさんの種類のペットを飼う人もいる。これは家の大きさによることが多い。❷(1)小さなペットは小さな家に住んでいる人にいい。そういう人は１羽か２羽，鳥を飼うといい。鳥はとてもおもしろいペットだからだ。例えば，オウムを飼えば，おしゃべりを覚えることもできる。(2)鳥がうるさすぎるなら，ネズミやハムスターのようなかわいい動物を飼うことができる。これらはどれもふわっとしていて気持ちがいいので，ケージから出して一緒に遊ぶことができる。魚もまた，スペースがあまりない人向けのペットの一種だ。鉢か水槽があればいい。また，カメもそのような人に向いている。ただし，カメはすぐに大きくなる。(3)だから，飼い主は水槽の大きさを考える必要がある。スペースに余裕のある人は，犬や猫といったもっと大きなものを飼うことができる。

＜解説＞⑴A small pet is に good を続け，何に対して「よい」のかを明確にするため for a person とする。残りは who を主格の関係代名詞として用いて，who lives in a small house とまとめ，a person の後ろに置く。　⑵2文前の They can keep という表現に着目し，この文も they can keep とする。ここでの keep は「～を飼う」という意味なので，目的語を some cute animals とまとめる。文末に「ネズミやハムスター」と具体例が挙げられているので，like を「～のような」という意味の前置詞として用いる。　⑶the owner という3人称単数の主語に続けられる動詞は needs。この後は need to ～「～することが必要だ」の形で，needs to think about ～「～について考える必要がある」とする。何について考えるかは，前文のカメはすぐ大きくなるという内容から，the size of the tank「水槽の大きさ」とする。

Ⅳ－B〔条件作文〕

≪全訳≫❶ベティ(B)：こんにちは。先週は手伝ってくれてありがとう！　あなたのおかげで，数学のテストでいい点が取れたよ！　でも，国語の宿題でちょっと問題があるの…。❷あなた(Y)：こんにちは，ベティ。いい点が取れたと聞いてうれしいよ！　宿題のことは心配しないで。何をすればいいかな？❸B：サトウ先生は宿題を黒板に書いたんだけど，全部日本語だったの。私は理解できなかったから，この写真を撮ったんだ。助けてもらえるかな？❹Y：もちろん。やらなければいけないことが2つあるよ。1つ目は，教科書を少なくとも三回読む。2つ目は，授業で紹介したい本を見つける。宿題が難しすぎると思うなら，一緒にやることができるよ。

＜解説＞黒板に書かれた宿題を教えてというベティに対し，やるべきことが2つあると答えているので，箇条書きされている2つを英文にすればよい。1つ目の「少なくとも」は at least，「三回」は three times で表せる。2つ目は，まず「本を見つける」を find a book とする。a book「本」を修飾する「授業で紹介したい」は目的格の関係代名詞を用いて(that〔which〕) you want to introduce in class などと表せる。解答例では you need to で書き始めているが，これはなくても可。

Ⅳ－C〔テーマ作文〕

≪全訳≫アメリカにいるあなたの友人が来年日本を訪れる。その友人は春か秋にあなたを訪ねたいと思っている。日本で過ごすにはどちらの季節がよいか。なぜそう思うか。

＜解説＞春か秋のどちらかを選び，その理由がわかるように書けばよい。　(別解例) You can see beautifully colored leaves in autumn. Many Japanese people enjoy visiting famous spots for them. You can also eat a lot of delicious food.(26語)

2024年度／成蹊高等学校

数学解答

1 (1) $\sqrt{6}-2\sqrt{3}$
(2) $(a-2b)(a+2b-c)$
(3) $x=\frac{2\pm\sqrt{11}}{2}$　(4) 79°
(5) $\frac{10}{3}$　(6) ②

2 (1) $x+y=370,\ 2x+y=660$
(2) $x=290,\ y=80$

3 (1) $\left(2,\ \frac{4}{3}\right)$　(2) $(\sqrt{3}\ ,\ 1)$

4 (1) $\frac{11}{2}$　(2) $\frac{1}{3}$

5 (1) $\frac{500\sqrt{14}}{3}$
(2) ① $\frac{2\sqrt{15}}{3}$　② $\frac{8}{3}$

1 〔独立小問集合題〕

(1)＜数の計算＞与式 $=\frac{\sqrt{18}}{\sqrt{3}}-\frac{2\sqrt{18}}{\sqrt{6}}-\frac{\sqrt{12}}{\sqrt{3}}+\frac{2\sqrt{12}}{\sqrt{6}}-\left(\frac{16}{4\sqrt{2}}-2\right)=\sqrt{6}-2\sqrt{3}-\sqrt{4}+2\sqrt{2}-\left(\frac{16\times\sqrt{2}}{4\sqrt{2}\times\sqrt{2}}-2\right)=\sqrt{6}-2\sqrt{3}-2+2\sqrt{2}-\left(\frac{16\sqrt{2}}{8}-2\right)=\sqrt{6}-2\sqrt{3}-2+2\sqrt{2}-(2\sqrt{2}-2)=\sqrt{6}-2\sqrt{3}-2+2\sqrt{2}-2\sqrt{2}+2=\sqrt{6}-2\sqrt{3}$

(2)＜式の計算―因数分解＞与式 $=(a^2-4b^2)-(ac-2bc)=(a+2b)(a-2b)-c(a-2b)$ として，$a-2b=X$ とおくと，与式 $=(a+2b)X-cX=X(a+2b-c)$ となる。X をもとに戻して，与式 $=(a-2b)(a+2b-c)$ である。

(3)＜二次方程式＞$4\left(x^2-\frac{1}{2}x+\frac{1}{16}\right)=6x+\frac{29}{4}$，$4x^2-2x+\frac{1}{4}=6x+\frac{29}{4}$，$4x^2-8x-7=0$ となるので，解の公式より，$x=\frac{-(-8)\pm\sqrt{(-8)^2-4\times4\times(-7)}}{2\times4}=\frac{8\pm\sqrt{176}}{8}=\frac{8\pm4\sqrt{11}}{8}=\frac{2\pm\sqrt{11}}{2}$ である。

(4)＜平面図形―角度＞右図1で，点Aと点Dを結ぶ。$\overset{\frown}{\mathrm{AD}}=2\overset{\frown}{\mathrm{AC}}$ より，$\overset{\frown}{\mathrm{AD}}:\overset{\frown}{\mathrm{AC}}=2\overset{\frown}{\mathrm{AC}}:\overset{\frown}{\mathrm{AC}}=2:1$ だから，$\overset{\frown}{\mathrm{AD}}$，$\overset{\frown}{\mathrm{AC}}$ に対する円周角について，∠DBA：∠ADC＝2：1となる。これより，$\angle\mathrm{ADC}=\frac{1}{2}\angle\mathrm{DBA}=\frac{1}{2}\times22°=11°$ となる。また，線分ABは円の直径だから，∠ADB＝90°であり，∠EDB＝∠ADB－∠ADC＝90°－11°＝79°である。よって，△BEDで，内角の和は180°だから，∠BED＝180°－∠DBA－∠EDB＝180°－22°－79°＝79°となる。

図1

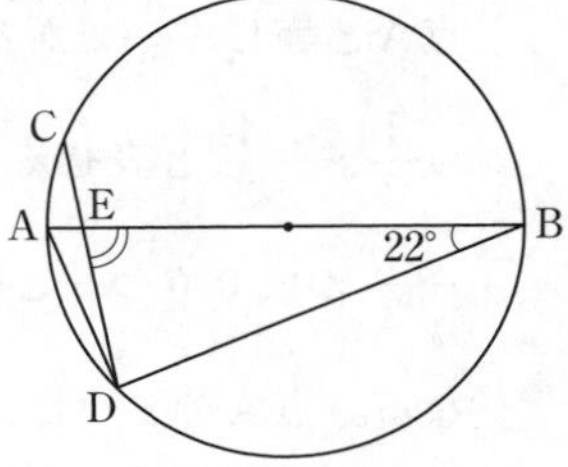

(5)＜平面図形―長さ＞右図2で，△ABCと△BDCにおいて，∠BAC＝∠DBC，∠ACB＝∠BCD(共通)より，2組の角がそれぞれ等しいから，△ABC∽△BDCである。よって，AC：BC＝AB：BDより，AC：4＝3：2が成り立ち，AC×2＝4×3，AC＝6となる。同様に，BC：DC＝AB：BDより，4：DC＝3：2が成り立ち，DC×3＝4×2，$\mathrm{DC}=\frac{8}{3}$ となる。したがって，$\mathrm{AD}=\mathrm{AC}-\mathrm{DC}=6-\frac{8}{3}=\frac{10}{3}$ である。

図2

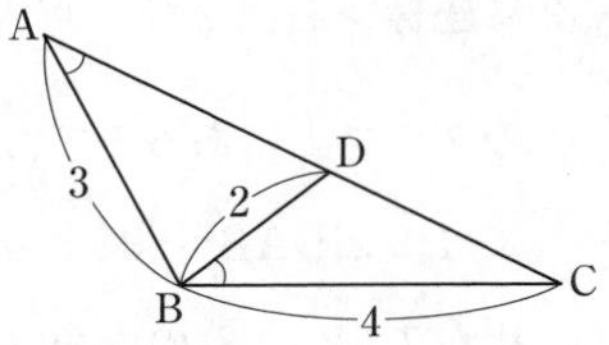

(6)＜データの活用―箱ひげ図＞野球部部員の人数は24人なので，中央値はデータの小さい方から12番目と13番目の平均値となる。第1四分位数は最小値を含む方の12個のデータの中央値だから，小さい方から6番目と7番目の平均値となり，第3四分位数は最大値を含む方の12個のデータの中央値だから，大きい方から6番目と7番目の平均値となる。球速のデータを取り直したところ，最初に

取ったデータの球速が速い順に上から$\frac{1}{3}$に入る全ての部員の記録が伸びたので，$24\times\frac{1}{3}=8$より，大きい方から8番目までの全ての値が大きくなる。よって，最大値と第3四分位数は大きくなる。また，一番球速が遅かった1人の部員の記録は下がったので，最小値は小さくなる。その他の部員の記録は変わらなかったので，第1四分位数と中央値は変わらない。したがって，取り直したデータの箱ひげ図は②である。

2〔数と式—連立方程式の応用〕

(1)<立式>商品A，Bをそれぞれx個，y個仕入れて，1日目は，AとBを合わせた総数の40%に当たる148個が売れたので，$(x+y)\times\frac{40}{100}=148$が成り立つ。これより，$x+y=370$……①となる。また，2日間でAは仕入れた個数の90%が売れ，Bは仕入れた個数の95%が売れ，AとB合わせて33個が売れ残ったので，$x\times\left(1-\frac{90}{100}\right)+y\times\left(1-\frac{95}{100}\right)=33$が成り立つ。これより，$\frac{1}{10}x+\frac{1}{20}y=33$，$2x+y=660$……②となる。

(2)<連立方程式の応用>(1)の①，②を連立方程式として解く。②－①より，$2x-x=660-370$，$x=290$(個)となる。これを①に代入して，$290+y=370$，$y=80$(個)となる。

3〔関数—関数$y=ax^2$と一次関数のグラフ〕

≪基本方針の決定≫(2)　点Aのx座標を文字でおき，その文字を使って点Cの座標を表す。

(1)<座標>右図1で，点Cのx座標をsとする。2点A，Cは関数$y=\frac{1}{3}x^2$のグラフ上にあり，x座標がそれぞれ1，sだから，$y=\frac{1}{3}\times1^2=\frac{1}{3}$，$y=\frac{1}{3}s^2$より，$A\left(1,\ \frac{1}{3}\right)$，$C\left(s,\ \frac{1}{3}s^2\right)$となる。AB∥〔$x$軸〕，BC∥〔$y$軸〕より，点Bの$x$座標は点Cと等しく$s$であり，$y$座標は点Aと等しく$\frac{1}{3}$である。これより，$B\left(s,\ \frac{1}{3}\right)$となり，$AB=s-1$，$BC=\frac{1}{3}s^2-\frac{1}{3}$と表せる。よって，四角形ABCDが正方形であるとき，AB＝BCだから，$s-1=\frac{1}{3}s^2-\frac{1}{3}$が成り立つ。これを解くと，$3s-3=s^2-1$，$s^2-3s+2=0$，$(s-1)(s-2)=0$より，$s=1$，2となる。点Aの$x$座標が1より，点Cの$x$座標は2となり，$y$座標は$\frac{1}{3}s^2=\frac{1}{3}\times2^2=\frac{4}{3}$となるので，$C\left(2,\ \frac{4}{3}\right)$である。

図1

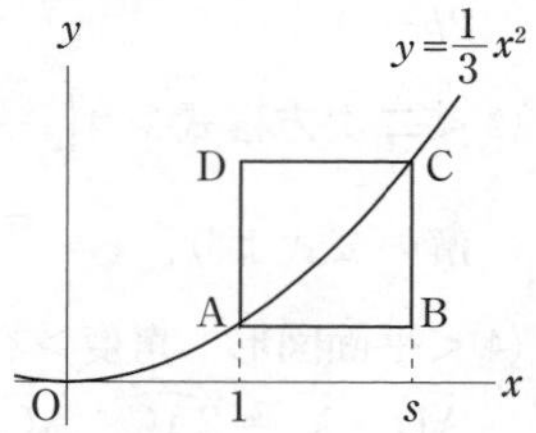

(2)<座標>右図2で，点Aのx座標をtとすると，点Aは関数$y=\frac{1}{3}x^2$のグラフ上にあるので，$A\left(t,\ \frac{1}{3}t^2\right)$となる。AB∥〔$x$軸〕，AD∥〔$y$軸〕より，∠DAB＝90°となり，∠ADB＝30°だから，△DABは3辺の比が$1:2:\sqrt{3}$の直角三角形となる。これより，$AB=\frac{1}{\sqrt{3}}AD=\frac{1}{\sqrt{3}}\times3=\sqrt{3}$となるので，点Bの$x$座標は$t+\sqrt{3}$と表せる。また，AD＝3より，点Dの$y$座標は$\frac{1}{3}t^2+3$と表せる。さらに，DC∥〔$x$軸〕，BC∥〔$y$軸〕より，点Cの$x$座標は点Bと等しく$t+\sqrt{3}$となり，$y$座標は点Dと等しく$\frac{1}{3}t^2+3$となるので，$C\left(t+\sqrt{3},\ \frac{1}{3}t^2+3\right)$と表せる。点Cは関数$y=\frac{1}{3}x^2$のグ

図2

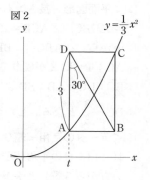

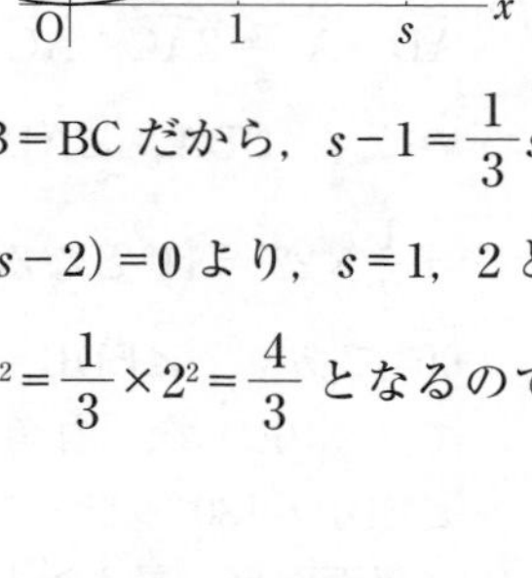

ラフ上にあるので，$\frac{1}{3}t^2+3=\frac{1}{3}(t+\sqrt{3})^2$ が成り立つ。これを解くと，両辺を3倍して，$t^2+9=(t+\sqrt{3})^2$，$t^2+9=t^2+2\sqrt{3}t+3$，$2\sqrt{3}t=6$ より，$t=\sqrt{3}$ となる。これより，点Aの y 座標は $\frac{1}{3}t^2=\frac{1}{3}\times(\sqrt{3})^2=1$ となるので，A$(\sqrt{3},\ 1)$である。

4 〔平面図形―長方形，円〕

(1)＜長さ＞右図のように，大きい円の中心をO，小さい円の中心をP～Tとし，円と長方形の接点をそれぞれE～Iと定める。また，点Oを通り辺ABに平行な直線と点Tを通り辺BCに平行な直線の交点をJとする。AB＝4より，円Oの直径は4となり，半径は4÷2＝2となる。また，4個の円P，Q，R，Sは同じ大きさだから，4÷4＝1より，小さな円の直径は1となり，半径は $1\div2=\frac{1}{2}$ となる。これより，

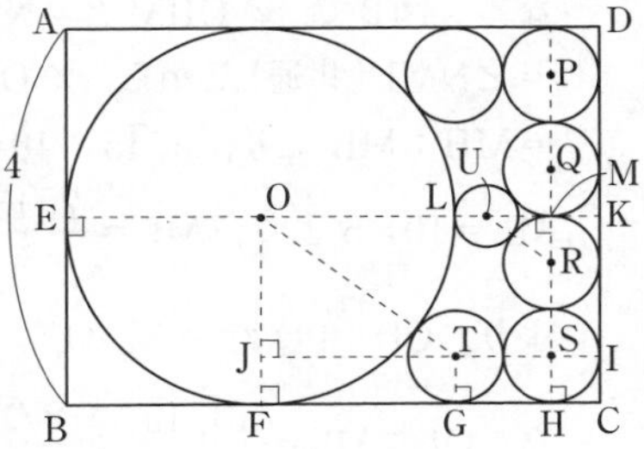

$OF=2$，$JF=TG=\frac{1}{2}$ だから，$OJ=2-\frac{1}{2}=\frac{3}{2}$ となり，円Oと円Tは接しているので，$OT=2+\frac{1}{2}=\frac{5}{2}$ となる。よって，$\angle OJT=90°$ だから，△OJTで三平方の定理より，$JT=\sqrt{OT^2-OJ^2}=\sqrt{\left(\frac{5}{2}\right)^2-\left(\frac{3}{2}\right)^2}=\sqrt{4}=2$ となる。よって，$BF=EO=2$，$FC=JI=JT+TS+SI=2+\left(\frac{1}{2}+\frac{1}{2}\right)+\frac{1}{2}=\frac{7}{2}$ だから，$BC=BF+FC=2+\frac{7}{2}=\frac{11}{2}$ である。

(2)＜長さ＞右上図で，辺CDの中点をKとし，追加した円の中心をUとすると，図形の対称性より，点Uは線分OK上にある。円Oと円U，円Qと円Rの接点をそれぞれL，Mとする。このとき，$\angle UMR=90°$ だから，△UMRで三平方の定理より，$UM^2+MR^2=UR^2$ となる。(1)より，$OK=FC=\frac{7}{2}$，$OL=2$，$LU=r$，$MK=SI=\frac{1}{2}$ だから，$UM=OK-OL-LU-MK=\frac{7}{2}-2-r-\frac{1}{2}=1-r$ となる。また，$MR=\frac{1}{2}$，$UR=r+\frac{1}{2}$ となるから，$(1-r)^2+\left(\frac{1}{2}\right)^2=\left(r+\frac{1}{2}\right)^2$ が成り立つ。これを解くと，$1-2r+r^2+\frac{1}{4}=r^2+r+\frac{1}{4}$，$3r=1$ より，$r=\frac{1}{3}$ である。

5 〔空間図形―四角錐〕

≪基本方針の決定≫(2)① 三角形の相似を利用する。　② CD∥PQである。

(1)＜容積＞右図1で，立体O-ABCDは正四角錐だから，点Oから底面に垂線OHを引くと，点Hは底面の正方形ABCDの対角線の交点と一致する。△ABCは直角二等辺三角形だから，$AC=\sqrt{2}AB=\sqrt{2}\times10=10\sqrt{2}$ である。これより，$AH=\frac{1}{2}AC=\frac{1}{2}\times10\sqrt{2}=5\sqrt{2}$ となるので，△OHAで三平方の定理より，$OH=\sqrt{OA^2-AH^2}=\sqrt{20^2-(5\sqrt{2})^2}=\sqrt{350}=5\sqrt{14}$ となる。よって，正四角錐O-ABCDの容器の容積は，$\frac{1}{3}\times$〔正方形ABCD〕$\times OH=\frac{1}{3}\times10\times10\times5\sqrt{14}=\frac{500\sqrt{14}}{3}$ である。

図1

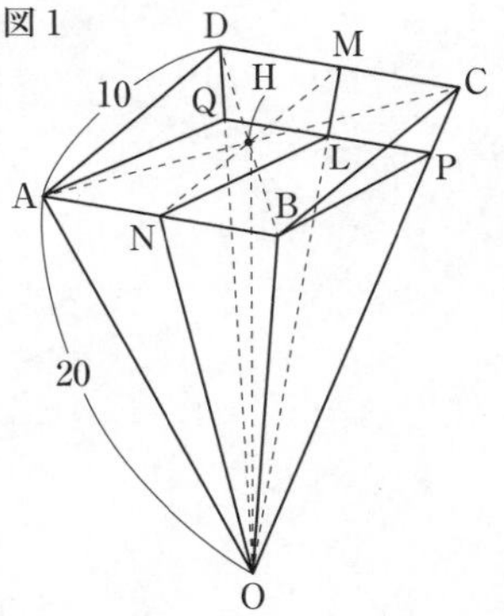

(2)＜長さ＞①右上図1の水面ABPQにおいて，BA∥PQとなる。3点M，L，Nはそれぞれ辺CD，PQ，BAの中点だから，図形の対称性より，PQ⊥NLとなる。また，点Lは線分OM上にある。

さらに，〔面ABPQ〕⊥〔面CDO〕だから，NL⊥〔面CDO〕となり，∠NLM＝90°となる。次に，線分NMの中点は点Hと一致するので，∠OHM＝90°となり，NM＝AD＝10より，MH＝$\frac{1}{2}$NM＝$\frac{1}{2}\times 10=5$となる。(1)より，OH＝$5\sqrt{14}$だから，△OHMで三平方の定理より，OM＝$\sqrt{\mathrm{MH}^2+\mathrm{OH}^2}=\sqrt{5^2+(5\sqrt{14})^2}=\sqrt{375}=5\sqrt{15}$となる。よって，断面MNOは右図2のようになる。図2で，△OHMと△NLMにおいて，∠OHM＝∠NLM＝90°，∠OMH＝∠NML(共通)だから，△OHM∽△NLMである。したがって，OM：NM＝MH：MLより，$5\sqrt{15}:10=5:$MLが成り立つ。これを解くと，$5\sqrt{15}\times$ML＝10×5より，ML＝$\frac{2\sqrt{15}}{3}$である。　②図1で，CD∥BA，PQ∥BAより，CD∥PQだから，OP：CP＝OL：MLとなる。OL＝OM－ML＝$5\sqrt{15}-\frac{2\sqrt{15}}{3}=\frac{13\sqrt{15}}{3}$だから，OL：ML＝$\frac{13\sqrt{15}}{3}:\frac{2\sqrt{15}}{3}=13:2$である。よって，OP：CP＝13：2だから，CP＝$\frac{2}{13+2}$OC＝$\frac{2}{15}\times 20=\frac{8}{3}$である。

図2

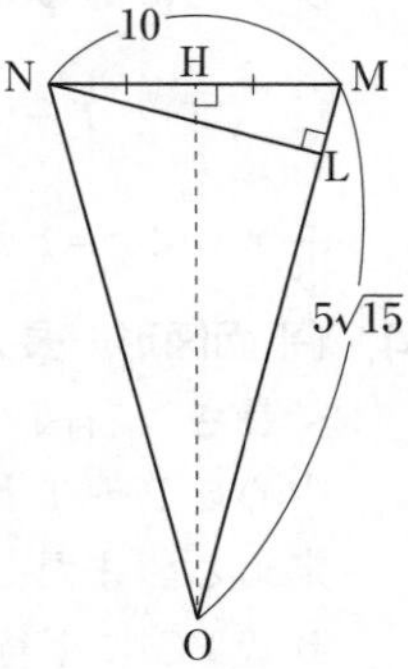

国語解答

一 問一 ① 開催 ② 疾走 ③ 厳格 ④ 亀裂 ⑤ 露骨

問二 障害者スポーツは，障害者だけが行うスポーツである，という見方。

問三 A…エ B…ア C…ウ

問四 ウ

問五 障害という「ちがい」についての想像力がより豊かになるから。

問六 突然現れた障害者との接し方がわからず，うろたえている状態。

問七 障害者に対する適切な振る舞い方を知らないから。

問八 「ちがい」をめぐる知識を豊かにし，すでにある知識を常に疑い，他者への想像力を常に磨いておくこと。

二 問一 他人に，自分の生まれ育った島やそのホテルをけなされたくなかったから。

問二 ウ

問三 松平に大好きな島や自慢のホテルの悪口を言われて，腹を立てている気持ち。

問四 島の人々とは違い，自分は，自力で成功したという思い。

問五 A…エ B…ア

問六 隠していた島へのこだわりを見抜かれて，腹が立ったから。

問七 ア

問八 松平でさえこの島にこだわっているのだから，故郷を忘れるのではないかと悩む必要はない，ということに気づいた。

三 問一 イ 問二 盗みの心

問三 エ

問四 盗人に盗もうとした品を与え，困ったら訪ねてこいと言ったこと。

一〔**論説文の読解―社会学的分野―コミュニケーション**〕出典：好井裕明『「今，ここ」から考える社会学』「『ちがい』がある他者とどう出会えるのか」。

≪本文の概要≫最近は，昔に比べ，障害者スポーツへの注目度がかなり高まってきている。日本人選手の活躍が最大の原因だろうが，このスポーツへの注目の質が変わってきているのではないだろうか。障害者スポーツに対する固定した見方は，崩れつつある。その先には，障害者スポーツは障害のある人のためだけのスポーツなのだろうか，という問いがある。しかし，障害のない人が障害者スポーツをしてみても，おそらく障害がある選手と対等に戦うことはできないだろう。競技の場で，我々が「あたりまえ」だと思い込んでいる支配的な常識や価値が，見事に転倒されるのである。その結果，我々は，障害という「ちがい」それ自体と，よりまっすぐに向き合えるようになるだろう。我々が，ふだん，障害という「ちがい」に向き合えないのは，障害について無知だからであり，支配的な価値やものの見方の影響下にあるからである。「ちがい」のある他者と出会うためには，他者への想像力を常に磨いておく必要がある。それによって，人は，豊かに生きることができるようになる。

問一**＜漢字＞**①集会やイベントなどを催し行うこと。 ②非常に速く走ること。 ③ルールや道徳に厳しく，不正などを許さないこと。 ④亀の甲羅のように，ひびが入ること。 ⑤欲望や感情などを隠さずに，あからさまに表すこと。

問二**＜文章内容＞**「障害者スポーツに対する固定した見方が崩れつつあるという感覚」の例として，「私」が，障害者スポーツは「障害ある人々だけが参加することができるスポーツ」ではなく，障害のない人も行うことができるのではないかと思っていることが挙げられる。

問三**＜接続語＞**A．車いすバスケットやブラインドサッカーの試合を見て，「私」は，本当に「障害者スポーツは障害のある人のためだけのスポーツなのだろうか」という問いを持つ。　B．障害の部位や程度で「区分けして行われる水泳などの競技は，やはり障害ある人のための競技だと言える」だろうが，「私たちがひとくくりにする障害者スポーツは，障害ある人だけのためにという意味で一様ではなく，競技方法の工夫などに由来する違いや個性がさまざま」にある。　C．「ブラインド」とは，すなわち，「目が見えない状態」ということである。

問四＜指示語＞障害者スポーツは「競技方法の工夫などに由来する違いや個性がさまざま」にあるスポーツだという見方は，障害者スポーツは障害ある人々だけが参加できるものだという「あたりまえ」の知を揺るがす。「違いや個性」を共有することができれば，障害がない人であっても，車いすバスケットやブラインドサッカーをプレーすることはできるのである。

問五＜文章内容＞「普段私たちが『あたりまえ』だと思いこんでいる支配的な常識や価値が見事に転倒される」ことによって，私たちは，「障害という『ちがい』」とまっすぐに向き合えるようになる。そうして，「ちがい」についての想像力が「豊かになっていく」ことが，感動を生み出すのである。

問六＜文章内容＞「私」は，銭湯でリラックスしていたときに，突然，障害のある少年に出会って，どのように振る舞えばよいかわからず，慌てた。「ドギマギ」は，突然の出来事にうろたえるさま。

問七＜文章内容＞「無視する」とは，「ただ相手を見ないということ」ではなく，「相手を見つめていないこと，関心がないことを相手や周囲にたいして，具体的なふるまいで“適切に”示さなければならない営み」である。しかし，「私」は，「障害という『ちがい』と“適切”に出会い，『ちがい』ある他者と“適切”にやりとり」できるような経験を積んでこず，障害者に対する適切な振る舞い方を知らなかったため，少年を「無視する」ことが難しかったのである。

問八＜文章内容＞「私が豊かに生きる」ためには，「『ちがい』がある他者」と適切に出会う必要がある。そのためには，まず，「『ちがい』をめぐる知識の在庫をできるだけ豊かにすること」であり，さらに，「すでにある在庫の知識を常に疑ってかかること」も大切である。一番大事なのは，「他者への想像力を常に磨いておくことであり，想像力を豊かにしていく楽しさを味わうこと」である。

二　〔小説の読解〕出典：瀧羽麻子『瀬戸内海の魔女』（『サンティアゴの東　渋谷の西』所収）。

問一＜心情＞広海は，気取ったホテルや，遠くから高いお金を払ってそのホテルに泊まりに来る客に対して批判的な考えを持っていた。しかし，この島の住民である自分がホテルや客のことを悪く思うのはかまわなかったが，島を出て久しい松平に同じことを言われるのは不愉快だったので，広海は「まったく賛成する気」になれなかった。

問二＜文章内容＞広海が，ホテルには遠くから大金を払ってでも泊まりに来るだけの値打ちがあるのだろうと言うと，松平は，ホテルの客はみんなその値打ちがわかって来ていると本当に思うのかと尋ねてきた。松平に，いかにも大人に受け入れられそうな，当たりさわりのないことを言っていい子ぶるなと，「暗に戒められた」ように感じて，広海は，たじろいだ。

問三＜心情＞松平は，ホテルが「いりもしないもの」をくっつけて，「とんでもない値段」をつけて客を「あおってる」のが問題だとホテルを批判した。「本当に島のことが好き」な真帆は，松平の批判を聞いて怒りのあまり顔を赤くして，それで客が「満足」しているし，「島に活気が出た」のだから，いいではないかと反論した。

問四＜心情＞松平は，ホテルが島にきたのはただ「運がよかった」だけであるとして，ホテルができたことを喜んでいる島の人々を批判した。松平は，「運とか好意とか，そういう不確かなものにばっかり頼ってないで，自分だけでうまくやりたかった」のである。松平は，望みどおりに，自分の力だけで成功することができたので，喜びや満足感が松平の声音に表れたのである。

問五＜慣用句＞A．「肩をすくめる」は，両肩を上に上げて，恥ずかしい，わからない，どうしようもないといった感情を表すしぐさ。　　B．「ばつが悪い」は，その場の状況が恥ずかしく，居心地が悪いさま。

問六＜文章内容＞松平は，広海を子どもだと思って馬鹿にしていたが，その広海に「結局はこだわってる」と，自分が隠していた島へのこだわりを指摘されたため，腹を立て，真剣な表情になった。

問七＜文章内容＞広海は，島を出ていった松平も結局は島にこだわっているではないかと指摘して，松平をやりこめた。松平に勝っていい気分になるはずだったが，広海は，島を出たがっている自分も島を出たら松平と同じように島の思い出にこだわるのだろうかと思うと，「ふくらんだ気持ち」がすぐにしぼんでしまった。

問八＜文章内容＞松平は，島のことを「もう何十年も，完全に忘れてた」と言ったが，実際には，ずっと島のことを覚えていたに違いないということに思い当たって，広海は，「はっとして，足をとめ」た。そして，自分が島を出ていっても，「この島で暮らした日々の記憶」が薄れていくことはないだろうと思うと，広海は，島を出ることについて悩んでいたもやもやが晴れていくように感じて，「腹の底のほうから笑いがわいて」きた。

三〔古文の読解─説話〕出典：『古今著聞集』巻第十二，四四〇。

≪現代語訳≫ある所に盗人が入った。主人が起きてきて，(盗人が)帰ろうとするところをうち殺そうとして，途中で待ち構えて，障子の破れた所からのぞいていたところ，盗人は，品物を少し取って袋に入れて，全部は取らずに，少しだけ取って帰ろうとしたが，吊り棚の上に鉢に灰を入れて置いてあったのを，この盗人は何だと思ったのだろうか，つかんで食べた後，袋に盗んで入れた物を，もとのように置いて帰ろうとした。／(主人は)待ち構えていたので，(盗人を)組み伏せて縛り上げた。この盗人の振る舞いが理解できなかったので，その事情を尋ねたところ，盗人は，「私はもともと盗もうという気持ちはありませんでした。この一両日食べ物がなくなって，どうしようもなくひもじくおりますままに，初めてこのような気持ちがわいて，(お宅へ)参上いたしたのです。ところが御棚に麦の粉だろうと思われる物が手に触れましたので，食べ物が欲しいという思いに任せてつかんで食べておりましたが，はじめはあまりにも飢えた口で(その感覚がおかしくなっていたので)，(それが)どういう物かもわかりませんでした。(食べるのが)何度にもなって，初めて灰であったとわかって，その後は食べませんでした。食物ではない物を食べましたが，これを食べて腹に入れてしまえば，食べ物を欲しがる気持ちがなくなりました。このことを考えますに，この飢えに耐えられずにこのような望ましくない気持ちが起こったのですが，灰を食べても簡単に治るのだと思いましたので，取った物をもとのように置いたのです」と言ったので，(主人は)気の毒にも不思議にも感じて，盗人が手をつけた，わずかな品を与えて帰してやった。「これから先もそんなにまでどうにもならないときは，遠慮せずに来て言いなさい」と言って，しばしば安否を尋ねた。盗人もその気持ちはしみじみとした趣がある。家の主人の哀れみも，またすばらしく優れている。

問一＜古文の内容理解＞盗人が，棚の上の鉢に入れてあった灰を食べると，盗んだ品物をもとの場所に戻してそのまま帰ろうとしたことを，盗人の様子をうかがっていた主人は，理解できなかった。

問二＜古文の内容理解＞「かかる心」とは，物を盗もうという心，つまり「盗みの心」のことである。

問三＜古文の内容理解＞盗人は，空腹に耐えかねて物を盗もうという気持ちになったが，灰を食べたところ空腹が収まり，物を盗む気持ちがなくなった。そのため，盗人は，いったん盗んだ物をもとの場所に戻したのである。

問四＜古文の内容理解＞家の主人は，盗人が盗もうとした品物を与えたうえに，どうにもならなくなったらまた訪ねてきなさいと言って，盗人を無事に帰した。その主人の哀れみある行為が，すばらしく優れているのである。

Memo

Memo

Memo

2023年度 成蹊高等学校

【英　語】（60分）〈満点：100点〉

【注意】　＊の語には(注)に訳語が与えられている。

I　A　放送問題

今から，アメリカ出身のKaylaが自己紹介をします。それを聞き，１～４の英文が内容と合っていればT，そうでなければFを〇で囲みなさい。

1．Kayla cooks three times a day.

2．Kayla's friend often enjoys cooking with her.

3．Kayla thinks cooking is as important as studying.

4．Kayla taught her brother how to cook.

B　放送問題

スコットランドでのキャンプについての説明を聞き，１～３のア～ウのうち，説明の内容と合っているものをそれぞれ１つ選び，記号を〇で囲みなさい。

1．If you want to join the camp, you have to ＿＿＿＿＿

ア．get on the bus on the right side of the road.

イ．get on the bus before eight a.m.

ウ．send an e-mail by next week.

2．A tent leader is a person ＿＿＿＿＿

ア．who sets up tents in the camping area.

イ．who goes to the supermarket to buy food.

ウ．who went camping last year too.

3．During camping, ＿＿＿＿＿

ア．the weather can change easily.

イ．the parents will be told about the weather situation.

ウ．you cannot bring your phones.

※**＜放送問題原稿＞**は英語の問題の終わりに付けてあります。

II　A　下のサーカス(circus)についての記事を読み，(１)～(５)に入れるのに最も適切なものをそれぞれ選び，記号で答えなさい。

ア．longer	イ．the longest	ウ．shorter	エ．the shortest
オ．stronger	カ．the strongest	キ．older	ク．the oldest

The Rodriguez Brothers Circus is in Town!

Every year, the circus arrives and stays for a week.　Then they go to the next town.

In the circus, there is Leopold.　He is called "The Strongest Man in the World".　His father also worked in the circus, but Leopold is (　1　) than him!　Leopold performs his ＊act every night for the town people who come to watch.

Another performer is Clara.　She says she has (　2　) hair in the world.　It's about four meters long! She also has a daughter who works in the circus. Her name is Sue-Ellen. Her hair is (3), but she wants to grow it as long as her mother's. Sue-Ellen helps to take care of the animals and she's also learning how to *juggle.

The *highlight of the circus is the three *clowns, Pit, Pot and Pat. They all wear long red shoes, but Pat's shoes are the longest and sometimes he *falls over because they're so long! They perform for about twenty minutes and they are always the most popular act with the audience, especially the children. Many people think Pit, Pot and Pat are three brothers, but Pat is (4) than the other two — he's their father! He's (5) clown in the country, but he still has a lot of energy.

（注） act：出し物　　juggle：ジャグリングをする　　highlight：見せ場
clown：道化師　　fall over：転ぶ

B　下の文章を読み，１～５の英文が本文の内容と合っていればＴ，そうでなければＦを○で囲みなさい。

1．It was easier for Jesse's family to live in Ohio than in *Alabama.
2．Jesse Owens chose his nickname.
3．Jesse's P.E. teacher helped Jesse to find time to run.
4．Jesse couldn't stay in the same hotel with the other club members because he had no money.
5．Because Hitler said African Americans could not do well in the Olympics, German people did not welcome Jesse Owens.

Jesse Owens was a famous athlete who won many gold medals at the 1936 Olympics. Although he died in 1980, his story encourages many students today.

Jesse Owens was born in a small town in Alabama on September 12, 1913. However, African Americans were *treated *badly there, so his family moved to *Ohio. Jesse's real name was James, but one day at his new school in Ohio, a teacher made a mistake and called him "Jesse". After that day, everyone called him Jesse. Jesse's family had very little money, so Jesse had to work after school. He fixed shoes and carried food from the supermarket to people's houses. One day, when Jesse was running, his P.E. teacher saw him and was surprised at his speed. He let Jesse practice running in the morning before school because Jesse had to work at his job in the evening. When Jesse was just a high school student, he ran in a 100-meter race and his speed was the same as the world record!

Jesse went to university, but because he was African American, it was not easy for him to study there. He did not have a *scholarship, so he had to work. He joined the university track and field club, but when he traveled with his club members to different towns, he could not eat at the same restaurants or sleep in the same hotels with the white club members. This was because there were laws in the US saying that black people and white people could not use the same areas.

In 1936, Germany was the *host of the Olympics. *Adolf Hitler announced that only *Germans and other white people were the strongest and could win all the gold medals. Many countries did not want to support Hitler, so their athletes did not join in the events. But Jesse decided to join to show that Hitler was wrong. Jesse and his teammates arrived in Germany on a boat. When Jesse entered the Olympic stadium, German people called his name and cheered for him. They already knew about this American runner. Jesse won four gold medals for running, jumping and a relay. He was so happy. Moreover, he showed Hitler that his *racist ideas were wrong.

（注） Alabama：アラバマ州　treat：扱う　badly：ひどく　Ohio：オハイオ州
scholarship：奨学金　host：開催国　Adolf Hitler：アドルフ・ヒトラー
German：ドイツ人　racist：人種差別的な

C　次の文章を読み，１～５の英文に続くものとして最も適切なものをア～エから選び，記号で答えなさい。

A long, long time ago, all the birds had the same color. They were all light brown. They always wanted to be colorful and beautiful like flowers, because they were red, blue, purple, white, and yellow.

One day, the birds had a meeting in the forest and agreed to change themselves. They decided to meet Mother Nature and ask her to paint them in different colors.

Mother Nature said, "I accept your wish. However, you can only choose the colors once. You can never change it." "Thank you very much, Mother Nature," the birds said. "We promise." "All right," Mother Nature said. "Come back here one week later. I will paint you in any color you want." After hearing this, the birds *happily returned to the forest.

On the promised day, the birds made a long line when Mother Nature arrived. Mother Nature took out a *palette and a brush. The first was a *parakeet. "I want to have *spots all over my body, and the colors blue, white and yellow." Mother Nature heard his wish and started to paint him. Next was a *parrot. "I want to be brighter than any other bird, so please paint me in very bright colors." Mother Nature painted her in red, yellow, blue and green.

The birds were painted by her brush until the palette *ran out of colors. She told the birds to leave and started cleaning up. When she stood up to go home, she heard a small voice calling her. "Wait! Wait! Please don't go!" From far away, a *sparrow flew to her. "Please paint me, too!" Mother Nature looked at the sparrow and said, "Sorry, but I don't have any more *paint on my palette." "Oh, OK . . . I understand. Don't worry, it is no problem. Anyway, it's not so bad to be brown." The sparrow answered in a small voice and walked away.

Mother Nature looked at her palette again and realized that one color was left on the palette. "Wait," Mother Nature called the sparrow. "I still have *a drop of yellow paint. Come here, I can paint you at least a little." The sparrow was very pleased and ran to her. Mother Nature painted a small *dot in the corner of the sparrow's beak.

For this reason the sparrow is brown, but if you look carefully, you will see the last color Mother Nature used on the bird.

（注） happily：喜んで　palette：パレット　parakeet：インコ　spot：まだら模様
parrot：オウム　run out of…：～を使い果たす　sparrow：スズメ
paint：絵の具　a drop of…：一滴の～　dot：点

1．A long time ago the birds ＿＿＿＿＿.

ア．were kept by humans as their pets

イ．were popular because of their beautiful colors

ウ．admired the colorful flowers

エ. painted the flowers in beautiful colors

2. Mother Nature said that the birds should __________.

ア. only choose one color

イ. accept the color Mother Nature chose

ウ. choose the color for Mother Nature

エ. not change their colors again

3. The parrot was painted in bright colors because __________.

ア. the parrot wanted to be like colorful parakeets

イ. the parrot wanted to be the brightest bird of all

ウ. Mother Nature chose the bright colors for the parrot

エ. Mother Nature did not know which color was the best

4. Mother Nature stopped painting the birds because she __________.

ア. finished painting all the birds

イ. thought she ran out of paint

ウ. was called by a sparrow

エ. was too tired to keep painting

5. According to the story, __________.

ア. a sparrow was pleased because her body was painted yellow

イ. the sparrow is brown because Mother Nature painted it in brown

ウ. the last color Mother Nature used was brown

エ. thanks to Mother Nature, the sparrow has a yellow part on its beak

D　次の文章を読み，後に続く問いに答えなさい。

"Why do I need to read in English?" My students often ask me this. They think, "I go to classes, I do my homework, I often listen to English songs. Why should I read books?" Actually, reading is the best way to improve your English. I will tell you why.

First, reading is very important now. The number of people who go to university is increasing. All jobs need more reading and writing than 100 years ago.

Second, reading will improve your speaking, writing, *vocabulary and *grammar better than any other way. It won't improve your listening, but it will improve your vocabulary. And when you know more words, you can listen more easily.

In school, you probably read boring textbooks and stories. But I'm not talking about that. I'm talking about reading for pleasure. You are not reading because your teacher said, "Read this book." You are not reading because you think, "I should read this book." You are reading because you want to.

In 1965, some researchers did an experiment in schools in America. These schools were for boys who *committed crimes. For example, some of them stole things. The researchers gave some of the boys free books. They were all fun books. They said, "You can do anything you want. You don't have to read the books." But the boys chose to read the books.

After two years, the researchers gave the students a test. The students who got the books got better at reading and writing, and they liked school more. The students who did not get the books did not get better at reading and writing. Actually, some of them got worse.

Reading books is good for students who are learning English, too. The researchers also did an experiment on students learning English in the *Fiji Islands. They used three ways to teach. The first way was *normal English teaching. They learned grammar, and did some exercises. The second way was reading *in silence. The students read books in class. The third way was reading together. The teacher read books to the students.

After one year, the researchers found that the students who read books were better in English than the students who had normal English classes. In normal classes, we try to remember grammar and vocabulary. When we read, we learn them *naturally.

In 2017, I did an experiment. I wanted to learn Spanish, so I decided to read a million words in Spanish. A million words is about twenty novels, so it was a lot of work. At first, I read very easy books. Then I started reading *translations of books that I knew in English. Finally, I read new books in Spanish. I loved them.

After I finished reading a million words, I wrote and talked to native speakers. I could understand almost everything I read, I could understand people when they spoke clearly, and I could have conversations. In one year I learned more than most students learn in five years.

Maybe you're thinking, "I don't believe this!" or maybe you're thinking, "Wow! I'm going to read for hours every day!" But I have to say something very important. You must read books that are easy. You must read books that are fun. If a book is too difficult or too boring, put it down and find another one. If you read very easy books, when you see a word you don't know, you will understand the meaning easily. You won't have to use a dictionary.

I hope everyone will enjoy learning English. Happy reading and happy learning!

（注） vocabulary：語彙　grammar：文法　commit a crime：犯罪を犯す
Fiji Islands：フィジー諸島　normal：通常の　in silence：黙って
naturally：自然に　translation：翻訳

1．本文の内容と一致しないものを１つ選び，記号で答えなさい。

ア．Reading skills are becoming more and more important.

イ．Reading books does not help you to improve your listening at all.

ウ．In the experiment in 1965, the students didn't have to read books when they didn't want to.

エ．To be good at English, reading books is better than remembering grammar and vocabulary.

2．2017年に著者が行った実験について，間違っているものを１つ選び，記号で答えなさい。

ア．The writer read a million books to learn Spanish words.

イ．By reading many books, the writer got better at communicating in Spanish.

ウ．The writer enjoyed reading new Spanish books.

エ．The writer learned more than the students who studied Spanish for five years.

3．新しい言語を学ぶために本を読む際のアドバイスとして，間違っているものを１つ選び，記号で答えなさい。

ア．Choose the book you want to read.

イ．Never give up when you think the book is too difficult.

ウ．Choose the book that is easy to read.

エ．Read as many books as you can.

Ⅲ　A　次の文章を読み，１～５の質問に指定された語数の英語で答えなさい。コンマ，ピリオドなどの符号は語数に含めません。

Cities in Indonesia are always busy. There are many cars and buses on the road. You can also see traditional *vehicles that you do not usually see in Japan. They are the *becak*, *delman*, and *bajaj*. It might be useful to know about these vehicles.

The *becak* has three *wheels. There is a seat for two people in front, and the passengers sit in that seat. The drivers ride in the back. They have to *pedal to drive the *becak*. They need a lot of power. It is difficult to drive the *becak* a long way.

On the other hand, the *delman* is not moved by human power. It is a vehicle pulled by a horse. It is eco-friendly because it does not use fossil fuels. It is used by tourists and local people. The *delman* has a larger seat than the *becak*, so people use the *delman* to carry large bags after they go to the supermarket.

The *bajaj* is a vehicle with three wheels. Originally, the *bajaj* was famous for its red and black body. However, it was not popular because of its loud noise. Moreover, it produced *harmful gas. So, a less noisy and more eco-friendly *model was developed. The color of this model is blue. The new *bajaj* is now popular among travelers and local people.

These traditional vehicles are loved by local people. Roads in Indonesia are not wide enough, so cars and buses cannot enter. The *becak*, *delman*, and *bajaj* can enter these roads, so they are very useful. Children use them to go to school, and people use them to go shopping. These traditional vehicles also help local people get jobs. They can easily start working as drivers. Now, many local people work as drivers. If they couldn't work as drivers, their lives would become harder. So, traditional *transportation is important for local people.

On the other hand, some people are not happy about traditional transportation. Some *politicians don't think that people should use it. In fact, these types of vehicles run on the same roads with cars and buses, but traditional vehicles run more slowly than cars or buses. As a result, the roads get crowded. Then, buses do not come *on time. One politician said, "If we stop using traditional transportation, buses will run on time, and our lives will be more convenient."

（注）vehicle：乗り物　wheel：車輪　pedal：ペダルを踏んで動かす
harmful：有害な　model：型　transportation：交通手段
politician：政治家　on time：時間通りに

1．When Indonesian people go shopping, they choose the *delman*. Why？（10語以内）

2．Why was the new model of *bajaj* invented？（15語以内）

3．The *becak*, *delman*, and *bajaj* can do a thing that cars and buses cannot do. What is it？（10語以内）

4．If the *becak*, *delman*, and *bajaj* disappeared, some local people would become poor. Why？（10語以内）

5．The *becak*, *delman*, and *bajaj* cause a problem. What is it？（10語以内）

B　次の文章を読み，以下の問いに答えなさい。

Young children are very curious about the sights in the world around them and interested in exploring them. Although they can't touch, smell or taste light, children can do some other things. When it is sunny, they feel the *warmth of the sun on their skin. When they paint a picture, they see many different colors. When they use light, they see *shadows. After the rain, they sometimes see rainbows in the sky.

Young children have questions about light. Surprisingly, they try to answer the questions by themselves. For example, they ask themselves, "What makes the shadows change ?" Then they move the light and try to answer this question. They put the light higher, and then, the shadow becomes shorter. On the other hand, when they put the light lower, the shadow becomes longer. In this way, they learn about this *cause-and-effect relationship.

When you explore light with your child, talk with them about their experiences. By talking with their parents, small children can understand the relationship between light and shadows better.

（注） warmth：暖かさ　shadow：影　cause：原因

問い 下線部"this cause-and-effect relationship"とあるが，ここでいう cause と effect は何か。それぞれ10字程度の日本語で書きなさい。

C 次の文章を読み，以下の問いに英語で答えなさい。

Every summer, I join a party. My relatives gather at the party, but I am not excited at all. I do not like talking to my relatives. I do not like the smell of the hamburgers on the table, either. I see lots of familiar faces. My uncle Alex is wearing a sweater although it is July. He often catches a cold. I don't know why. Then I see my aunt Polly. Polly has six children. The youngest one is noisy. The oldest one is noisy, too. Her children often make Polly angry. My other cousins are playing baseball in the field. They play a baseball game every year, but in the end they always fight. I wonder why they don't try to solve the problem. Then I see a very cool man. I look at him. The man smiles and walks toward me. I am very nervous. I think he might be my cousin. The cool man says, "Hi, I'm Brian." I say, "Hi, I'm Jane. Are you my relative ?" Brian laughs and says, "No. I am a doctor. I take care of Alex. He is not feeling well and wants to keep me close." And then he smiles and says, "Would you like to go to get a hamburger with me ? They smell delicious." I answer, "Sure. I love hamburgers !"

問い When Jane says "Sure. I love hamburgers !", what does she really want to do ?

Ⅳ A 次の文章を読み，下線部(1)～(3)の英文の意味が通るように，カッコ内の語句を並べ替えなさい。

Hundreds of years ago, people didn't know much about the world. They made maps of the parts they knew, but their maps had a lot of empty places. On those places, they drew large scary creatures. People looked at the maps and believed such creatures lived in the sea.

As you know, everything on a map or in a book was not always true.

(1)Fishermen [to / interesting / tell / stories / liked / people] when they got home from the sea. Often, the stories weren't true. But actually, sometimes (2)fishermen saw [they / things / understand / strange / didn't].

Fishermen working at the *Northern Sea told stories of krakens. Krakens were giant sea creatures with many arms. Krakens ate fishermen and even destroyed big boats in their stories !

Today, we think krakens were really giant octopuses. (3)They usually live in [deep / the / part / of / very / the sea], but they sometimes come up. Whales eat them, so they fight whales. When they see a big boat, they think that it's a whale and fight it !

（注） Northern Sea：北海

B　アメリカにいる友人のアビー(Abbie)に，近所の「こみち公園」の写真を送ったところ，返信が届きました。メールを読み，空欄(1)，(2)を埋めて返信メールを完成させなさい。答えはそれぞれ15～20語程度の英語で，下の「こみち公園の見どころ」の内容を踏まえて書くこと。２文以上になってもかまいません。

From : Abbie Smith
To : Momoko Yamada
Date : April 7, 2022
Subject : Visiting Japan

Hi Momoko,

How are you doing? Thank you very much for sending me beautiful pictures of Japan! My favorite is the picture of Komichi Park. The cherry blossoms look amazing! I also liked the beautiful pond in the park. I'm planning to visit Japan in August, so I'd love to visit the park with you then. I can't wait to see you in Japan!

Your friend,
Abbie

Hi Abbie,

I'm glad you like the picture of Komichi Park. It is my favorite place, too. If you come to Japan in August, I will show you around the park. There are some things that we can enjoy in Komichi Park. First, [　(1)　]. Second, [　(2)　]. I'm looking forward to seeing you in August!

Best wishes,
Momoko

★こみち公園の見どころ

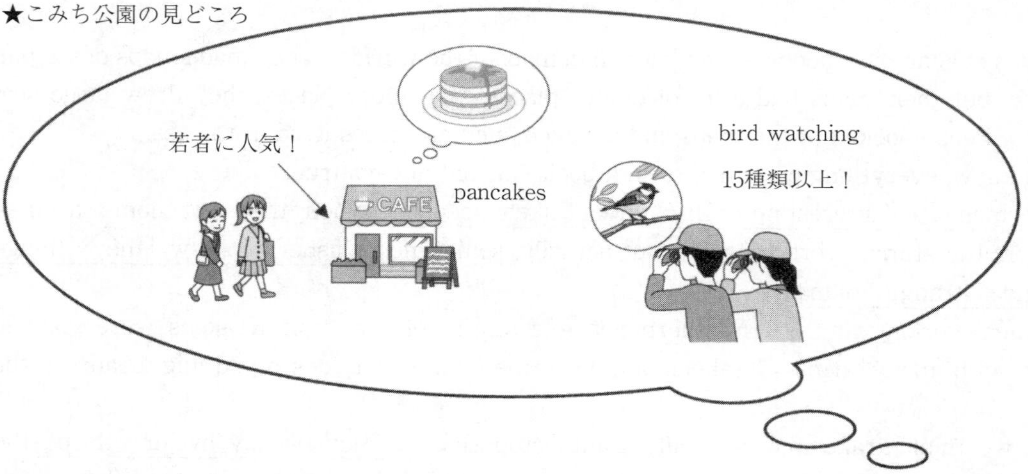

C　次の質問に対して，理由を1つ挙げ，25～35語の英語で答えなさい。コンマ，ピリオドなどの符号は語数に含めません。解答欄に語数を記入すること。

When you study before the exam, which do you like better, studying alone or studying with friends?　Why do you think so?

＜放送問題原稿＞

これから放送問題を始めます。問題用紙の1ページ目を開いてください。問題は[1]AとBの2題です。メモを取ってもかまいません。それぞれの英文は2回読まれます。

では，始めます。

A　放送問題

今から，アメリカ出身のKaylaが自己紹介をします。それを聞き，1～4の英文が内容と合っていればT，そうでなければFを○で囲みなさい。

Hi, I'm Kayla.　I'm 16 years old.　I go to school, do my homework, and meet my friends.　But between 5:00 pm and 6:30 pm on Mondays, Wednesdays, and Fridays, I do something different.　I cook dinner for all my family; mom, dad, younger brother Joe, and older sister Emily.

First, my mom taught me to cook easy meals like pizza or vegetable soup.　Then I started using recipes which I found on the Internet.　Yesterday, I made special sandwiches for my family.

I love cooking and I'm really good at it.　My friends say that they don't cook very often at home, but I don't know why.　It isn't difficult at all and it's great fun.　I think it is important for high school students to learn how to cook.　Math and English are important, of course, but we also need other skills to help us in today's world.　In the future, I will teach my brother how to cook and we will enjoy cooking together.

繰り返します。

B　放送問題

スコットランドでのキャンプについての説明を聞き，1～3のア～ウのうち，説明の内容と合っているものをそれぞれ1つ選び，記号を○で囲みなさい。

Here are the instructions for next weekend's camping trip in Scotland.　There are forty people going on this trip, so please do not be late.　We are going to leave at 8 am.　There will be two buses, so please take the right one.　Last week's e-mail has all this information.

We should arrive at the town around 2 pm, and we will buy the food we need at the local supermarket and then go to the camping area.　It is a long way from town.

There will be eight large tents.　Each tent will have a tent leader.　The leaders went on this trip last year, so they have the necessary experience.　If you have any problems during the two days, you should always speak directly to your tent leader.

The weather situation in the hills changes easily, so everyone, take wet weather clothes with you.　If the weather goes bad at the camping area, it may also be necessary to leave the hills and go down into the town.

Your phones will not work in the hills, so you must tell your parents about this.　You will be able to use your phones when we are in the town, but not when we are camping.

繰り返します。

これで放送問題を終わります。

【数　学】（60分）〈満点：100点〉

【注意】 円周率はπとして計算すること。

1　次の各問いに答えよ。

(1) $\dfrac{9\sqrt{5}-4}{\sqrt{2}}-\dfrac{35\sqrt{2}-6\sqrt{5}}{2\sqrt{5}}-(\sqrt{2}-1)^2$ を簡単にせよ。

(2) $a^2+ab+2b-4$ を因数分解せよ。

(3) 方程式 $\dfrac{1}{3}(x-2)(x+3)=x$ を解け。

(4) 下の図において，$l /\!/ m$ であるとき，$\angle x$ の大きさを求めよ。

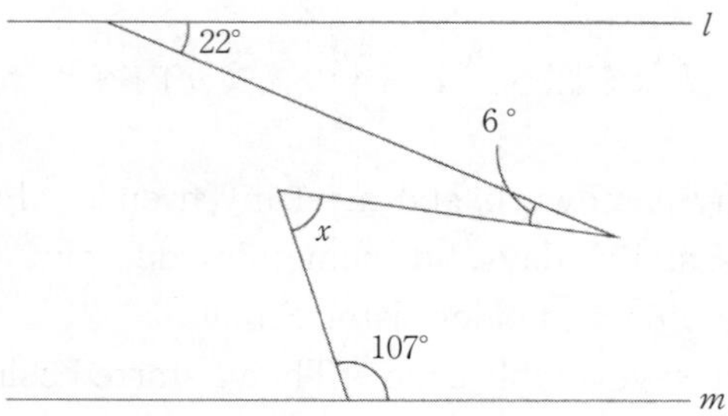

(5) 大小２つのさいころを同時に１回投げ，大きいさいころの出た目の数を a，小さいさいころの出た目の数を b とする。十の位の数が a，一の位の数が b である２桁の整数が６の倍数となる確率を求めよ。

(6) あるコンビニで新しいスイーツを43人に販売した。購入者全員の年齢を教えてもらい，ヒストグラムに表した。階級は５歳以上15歳未満，15歳以上25歳未満，……，85歳以上95歳未満のように区切ってある。このヒストグラムと対応する箱ひげ図を，下の①～⑥から１つ選べ。

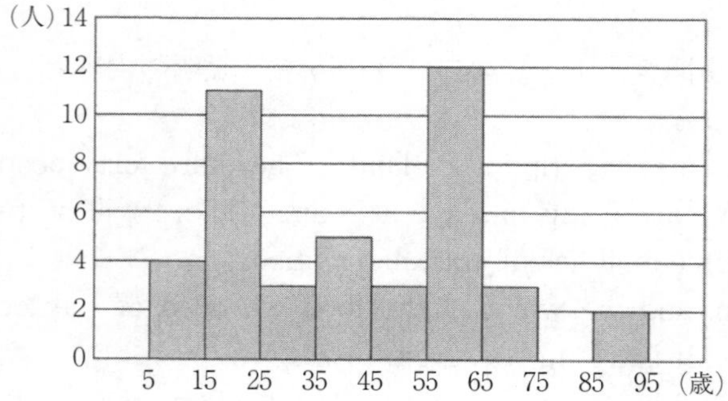

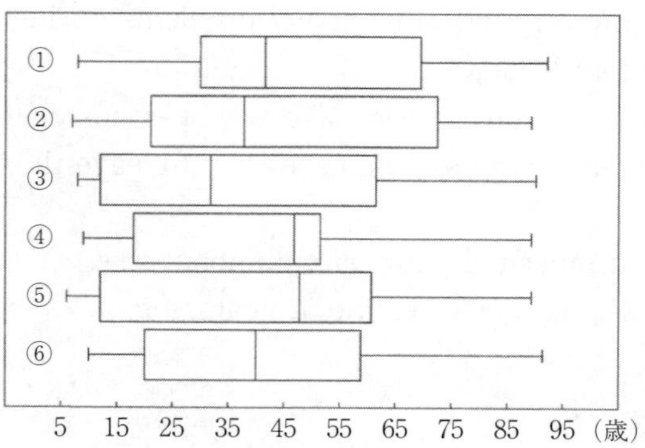

2　図のように，関数 $y=ax^2$ のグラフと直線 l が2点A，Bで交わっている。原点をOとし，直線 l と x 軸の交点をCとする。点Cを通りAOに平行な直線と，2点B，Oを通る直線の交点をDとする。点Aの座標は $(-2,\ 2)$ であり，直線 l の傾きは1である。次の各問いに答えよ。

(1)　a の値を求めよ。

(2)　点Bの座標を求めよ。

(3)　四角形OACDの面積を求めよ。

(4)　点Oを通り，四角形OACDの面積を二等分する直線の式を求めよ。

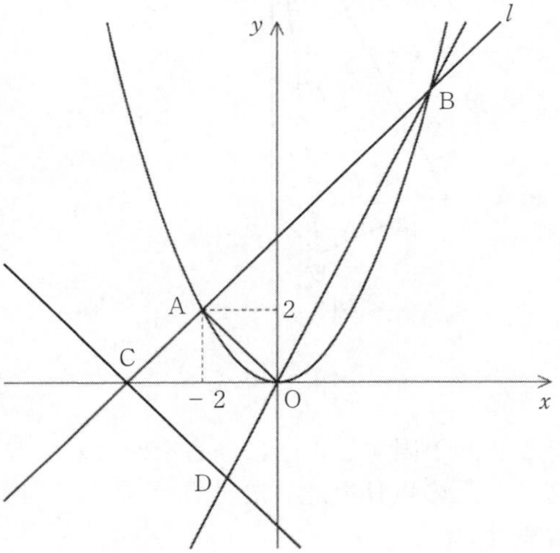

3　x %の食塩水400 gと y %の食塩水300 gと水700 gを空の容器Aに入れて混ぜたところ，3 %の食塩水ができた。x %の食塩水600 gと y %の食塩水1000 gを空の容器Bに入れて混ぜた後，100 gの水を蒸発させた。次の各問いに答えよ。

(1)　容器Bの食塩水にふくまれる食塩の重さを x，y を用いて表せ。

(2)　さらに，容器Aから取り出した500 gの食塩水と，容器Bから取り出した300 gの食塩水を空の容器Cに入れて混ぜたところ，y %の食塩水になった。x，y の値を求めよ。

4　図のように，線分ABを直径とする円Oの周上に点Cがあり，$AC=\sqrt{6}$ である。∠ACBの二等分線と円周との交点のうちCと異なる方をDとすると，$CD=4\sqrt{3}$ であった。次の各問いに答えよ。

(1)　△DACの面積を求めよ。

(2)　円Oの半径を求めよ。

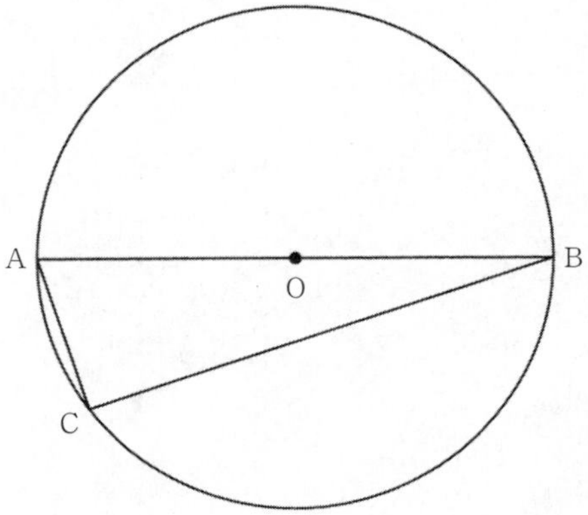

5　次の[図１]のような正方形ABCDの紙があり，BCの中点をE，CDの中点をFとすると AE＝AF＝$3\sqrt{10}$ であった。この紙を AE，AF，EF で折り，[図２]のような三角錐 A-CEF を作った。下の各問いに答えよ。

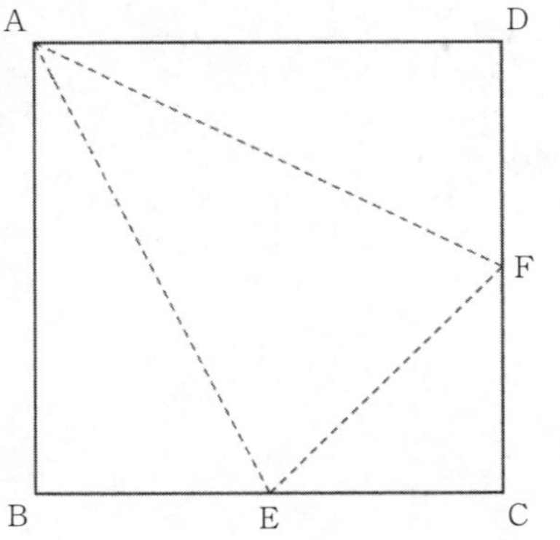

[図１]

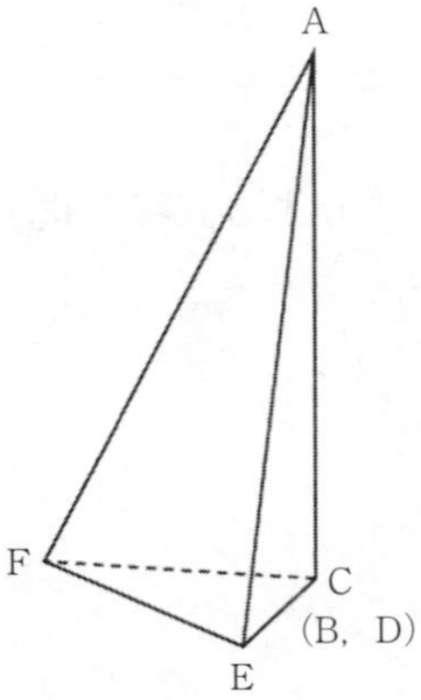

[図２]

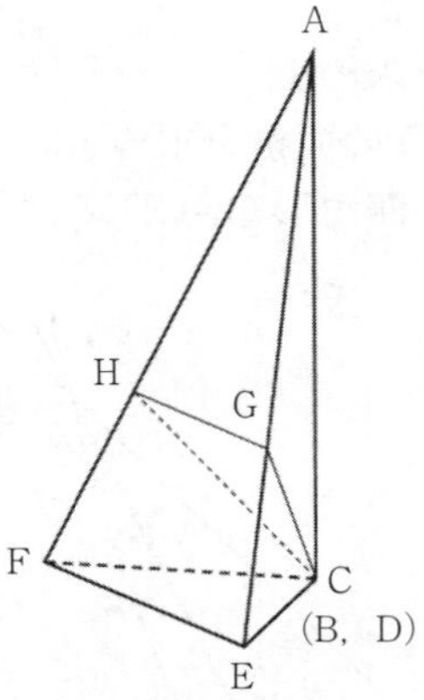

[図３]

(1)　正方形 ABCD の１辺の長さを求めよ。

(2)　三角錐 A-CEF の体積を求めよ。

　[図３]のように，点Ｃから三角錐 A-CEF の側面にそって，１周するようにひもをかける。ひもの長さが最も短くなるとき，ひもは辺 AE 上の点Ｇと辺 AF 上の点Ｈを通った。

(3)　△AGH と△AEF の面積の比を最も簡単な整数の比で表せ。

(4)　３点Ｃ，Ｇ，Ｈを通る平面をＰとする。頂点Ａから平面Ｐにひいた垂線と，Ｐとの交点をＩとするとき，線分 AI の長さを求めよ。

らむかと。
時に賊ら六人、その寺に金丹を売る。*檀越《だにをち》先によぎり、量《はか》り贖《あか》ひ、禅師、後より出でて見る。2賊らたちまちに退進を知らず。禅師あはれびて刑罰を加へず。仏を造り、塔をかざりて、供養すでにをはる。後には海辺にとどまり、来《きた》れる人を化す。春秋八十有余にして3をはりぬ。4畜生すら猶し恩を忘れずして恩を返報せり。いかにいはむや、ひとにして恩を忘れむや。

(『日本霊異記』による)

【注】*金丹＝仏像に貼る金箔《きんぱく》や朱の顔料。非常に高価。
*難波＝大阪府。
*四口＝四匹。
*教化す＝説得する。
*備前の骨嶋＝岡山県の東部にある島の名前。
*備中＝岡山県の西部。
*檀越先によぎり、量り贖ひ＝寺の支援者が、先に来て値段の交渉をして。

問一 ——線部1「舟人、欲を起し」とあるが、「舟人」の「欲」とはどのようなものか。最も適切なものを次の中から選び、記号で答えよ。

ア 大きな亀を売りたいという欲。
イ 童子を船から落としたいという欲。
ウ 塔を建てて人々を供養したいという欲。
エ 乗客から高価なものを奪いたいという欲。

問二 ——線部2「賊らたちまちに退進を知らず」とあるが、盗賊たちが驚いたのはなぜか。最も適切なものを次の中から選び、記号で答えよ。

ア 失ったはずの金丹が、売り物になって目の前にあったから。
イ 売り払ったはずの亀が、逃げ出して泳いでいたのを見たから。
ウ 海中に入らせたはずの禅師が、生きていて目の前にいるから。
エ 塔にかざったはずの仏像が、海辺に出て人々に説法をしていたから。

問三 ——線部3「をはりぬ」とあるが、誰の生涯が終わったのか。最も適切なものを次の中から選び、記号で答えよ。

ア 賊　イ 禅師　ウ 童子　エ 来れる人

問四 ——線部4「畜生すら猶し恩を忘れずして恩を返報せり」とあるが、何がどのような行動をとったことを表しているのか。具体的に説明せよ。

大声が出ていた。驚いたように口をつぐんだ遠藤が目をまん丸にしてこっちを見た。

女の子みたいにサラサラな髪した芸能人より、現実のスポーツ刈り男子と付き合う。それが現実の幸せ。遠藤、かっこいい。

わかってるけど、全部忘れた。来る途中、何度も鞄の中にきちんと入ってるかチェックしたチケット。袋のまま、取り出して遠藤の胸に押しつける。

「ごめん、一人で行って。私、行けない」

「え？　おい」

「部活、サボらしてごめん。だけど、無理」

遠藤の顔色が変わったことがわかったけど、隣にいたくなかった。タカユキの歌声、バースデイイベント、秤《はかり》にかける。でも、5遠藤の横にこのまま平然と座れるとは思わなかった。

駅の方向まで、夢中で走った。どこに行くのかわかんないけど、進むまま足を前に出し続けるしかなかった。

ごめん、と歯を食いしばる。

友達と楽しそうに話してた由紀枝。

ごめん。巻き込んでごめん。

（辻村深月「『妹』という祝福」による）

問一　空欄 Ⅰ 〜 Ⅳ に入れるのに最も適切なものを次の中から選び、それぞれ記号で答えよ。

ア　うんざり　イ　げんなり

ウ　ごっそり　エ　しっくり

問二　――線部1「あんたの強さとはまた別」とあるが、亜季とは異なる由紀枝の「強さ」とはどのようなものか。説明せよ。

問三　――線部2「何で、私をかばったの」とあるが、どうして最初にこのように聞かなかったのか。その理由として最も適切なものを次の中から選び、記号で答えよ。

ア　姉はいつも本心を人に話さないので聞いても無駄だと思ったから。

イ　姉がケンカしたのは自分をかばったためとは思いたくなかったから。

ウ　姉とはこのごろ言葉を交わすことが稀なので通じるとは思わなかったから。

エ　姉には自分がケンカの真相を知っていることを隠した方がよいと思ったから。

問四　――線部3「私が悪いんだ」とあるが、なぜ由紀枝は「私」に対してこのような答え方をしたのか。説明せよ。

問五　空欄 X に入れるのに最も適切なものを次の中から選び、記号で答えよ。

ア　安心　イ　興奮　ウ　失望　エ　動揺

問六　――線部4「少しはお前のこと見習えばいいのにな」とあるが、遠藤は由紀枝をどのような人物ととらえているか。説明せよ。

問七　――線部5「遠藤の横にこのまま平然と座れるとは思わなかった」とあるが、それはなぜか。〰〰線部A「どうしてそんなに要領が悪いの」と、〰〰線部B「どうして要領よくやらないんだ」に込められた「私」の心情の変化を踏まえて、説明せよ。

三

次の文章を読んで、後の問いに答えよ。

禅師、尊像を造らむがために、京に上る。財を売りてすでに＊金丹などの物を買ひ得たり。還《かへ》りて＊難波《なには》の津にいたりし時に、海辺の人、大亀を＊四口売る。禅師、人に勧めて買ひて放たしむ。すなはち人の舟を借りて、童子を二人ゐて、共に乗りて海をわたる。日暮れ夜ふけぬ。1舟人、欲を起し、＊備前の骨嶋のあたりに行きいたり、童子らを取り、人を海の中に擲《な》げき。しかる後に、禅師に告げて云はく、「すみやかに海に入るべし」といふ。師、＊教化すといへども、賊猶《なほ》し許さず。ここにおいて、願《ぐわん》をおこして海中に入る。水、腰に及ぶ時に、石の脚に当りたるをもちて、その暁《あかつき》に見れば、亀の負へるなりけり。その＊備中の海の浦海のあたりにして、その亀三たびうなづきて去る。疑はくは、これ放てる亀の恩を報ぜるな

「わかんない」
姉が薄く微笑んでいた。恩に着せる様子もなく、いたって静かに。
それを見た途端、すとん、と急に理解した。私はどうしようもなく妹なのだと。
「話、それだけ？」
姉が聞く声に、私は衝撃に打たれたままこくんと頷いた。「気にしなくていいよ」と、姉が重ねて言った。
「広瀬さんとはもう何もないし。亜季、気にしなくていいよ」
気になんかしてない。
答えようとした強がりが、喉にひっかかって言えなかった。何をどう伝えればいいのか、一つも言葉が浮かばずに、黙ったまま座った。これまで広瀬先輩に怯えてた恐怖から解放された安堵《あんど》と、姉の肩に自分が押し付けたものと、姉が今考えてることとが、順番に頭を駆け巡り、それらが私の喉をカラカラに干上がらせた。
「お姉ちゃん、友達とうまくいってないの」という問いかけが口を突いたのは、混乱のせいだとしか思えなかった。姉がまた私を見つめた。声を出していなければ、震えて涙が出そうだった。
「何があったの」
できることなら、すべて話して欲しかった。私にやらせて欲しい。あのさえない地味な軍団を笑ってバカにしろというなら、私がやりにいく。どれだけでも口汚い言葉で罵ることができる。私、あの人たちは得意だ。
「3私が悪いんだ」と姉が答え、それにより、私からは、本当にもう話す言葉がみんな奪われた。
「心配かけてた？」
たいしたことではないように、由紀枝が言う。
週末のセブンス・クライシスのライブに行く途中のことだった。
遠藤との初デート、会場に向かう道のり。広瀬先輩のことは、もう話題に出なかった。

姉とはあれきり、何も話していなかった。朝、どこかに出かける風だったけど、お互いに言葉は交わさず、別々の時間帯に家を出た。一人で図書館にでも行くのかと思っていたら、会場のある駅を出てすぐ、近場のデパートの前で三つ編み軍団が勢ぞろいしているのが見えた。中に姉の姿もあるのを見つけ、目を瞬《しばたた》く。遠く離れた場所から不自然にならない程度に観察する。険悪なムードはなかった。ケンカ前と同じように、笑って語り合っている。肩から力が抜ける。
X して、今にも家にとって返して、母に報告したい衝動に駆られる。お母さん、お姉ちゃん、仲直りしたみたい。
その時だった。
「ああいうグループって、何が楽しくて生きてるんだろうな」
瞬《まばた》きするのも、息を吸うのも、一瞬忘れた。首が石のように固まって、すぐには声の方向を見ることができなかった。遠藤が続ける。
「山下の姉ちゃんさ、4少しはお前のこと見習えばいいのにな。勉強ばっかじゃなくて、世の中、もっと楽しいことあるし。だいたいさ、部活、アニメイラスト部なんだって？」
お姉ちゃんが笑いながら、楽しそうに友達とデパートの中に消えていく。休みの日だって普段と変わらない眼鏡とお下げ姿。だけど、提げた鞄《かばん》に大きなハート形のキーホルダーをつけていた。普段、学校にはつけていかない。休みだから、友達と一緒だから、オシャレしてるんだ。思ったら、胸がぎゅーっとなった。
私の姉でなければ、遠藤の視線は、あの一団を簡単にスルーしたはずだ。目を留めたのは、私のせいだ。姉たちが楽しそうなのが、見ていてつらくなる。軽い声を、もう返せなかった。
「いい高校入ったって、大学入ったって、あとは普通のサラリーマンになって終わりだろ？　――だいたいさ、中学のうちに運動部入ってなきゃ絶対損だって。先輩との上下関係とか人間関係とか、そういうキホンが Ⅳ 抜けたまますぐ受験ってどうなの？　それと」
「遠藤、ごめん！」

比べたら、遥かに地味な問題には違いないけど、姉も姉の世界の中で難破《なんぱ》しかかってる。立場、代わってくんないかな。私だったら、あんなさえないブスたち、一笑に付しておしまいにできるのに。

意識してみると、由紀枝は一人でいた。

理解できないのは、自分を外したヤツらと顔を合わせなきゃならないような部活にまで律儀に出続けてるらしいってこと。マラソンとか、球技大会の時みたいに棄権したがればいいのに、離れた場所に座る自分の元友達がひそひそ陰口言うのを、本を読むふりして全部聞いてる。

自慢げなとこが気に食わない、と三つ編み軍団から噂《うわさ》されてるらしいって、どこかから聞いた。多分、成績のことだ。

いよいよ受験が迫って、みんな神経が過敏になってるのかもしれない。地味な子とばっかり付き合ってるせいで、由紀枝はきっと得意になってしまったのだ。人生馴《な》れしてないから、処世術もわからない。もどかしく、嫌になる。かわいくないならそれなりに、せめて謙虚にしてなきゃダメなのに。本当に姉は不器用に貧乏くじばかり引く。

一週間が経ち、二週間が経っても、私は不思議と広瀬先輩から呼び出しを受けることはなかった。内心のビクビクが随分落ち着き、今週末はいよいよ遠藤とセブクラのライブって時になって、裕香が「大変たいへーん」と声を上げながら、私のところにやってきた。

「どうしたの？」

「三年の先輩に聞いちゃった。亜季のお姉ちゃん、広瀬先輩とケンカしたんだって」

驚きすぎて、声が出なかった。意味がわからずに目を見開く。金魚のようにぱくぱく口が動いた。漫画みたいだけど本当にそうなった。ようやく声が出る。

「……いつ？」

「もう結構前だって。掃除の時間、広瀬先輩が亜季のお姉ちゃんに因縁《いんねん》つけるとこ、私の部活の先輩が見たって」

「因縁って、何言ってたの」

「わかんない。最初にふっかけたの広瀬先輩だったみたいだけど、それに亜季のお姉ちゃんが何か言い返して。最後、広瀬先輩が『うっせぇよ、友達いないくせに』ってキレてたって」

姉は、今もまだ三つ編み軍団からの除名真っ最中のはずだ。そのことを私も母も気にしてることに気づいて、最近は家ですら口数が減った。人間は、相手が一番気にしてることを本能的に察して罵る生き物だし、広瀬先輩なんて特にそのエキスパートみたいな人だ。

姉は傷ついたはずだ。だけど、振り返ってみても、昨日もその前も、姉は私の前でおかしな素振りを全然見せなかった。広瀬先輩のことなんて、おくびにも出さなかった。

裕香が心配そうに私の顔を覗きこむ。

「ねぇ、お姉ちゃん、何か言ってなかった？　広瀬先輩、ひょっとして亜季のことでお姉ちゃんに」

「わかんない」

それ以上続けて欲しくなかった。頭がぐちゃぐちゃ混乱した。どうしてよ、どうしてよ、お姉ちゃん。何にも言ってなかった。何で広瀬先輩に対抗したりするのだ。Bどうして要領よくやらないんだ。しかも、責任が私にあるのかもしれないって考えると、具合が悪くなりそうだった。私と由紀枝は関係ないのに。

家に帰り、由紀枝にそれを問いかけるのは勇気がいった。今まで経験したことないくらい気まずかった。おかえり・ただいまの簡単な挨拶すら、最近じゃ交わすことが稀《まれ》だったのだ。

「――どうして、広瀬先輩とケンカしたの」

尋ねると、姉がゆっくりと私を見た。特段驚いた様子も、気まずそうな様子も見られなかった。ごく自然にこっちを見た視線に、射すくめられたように動けなくなる。もう一度、今度は言葉をかえて聞いた。

「2何で、私をかばったの」

「……さよう、なら」
声がつまった。自分がどんな顔をしているか、まったくわからなかった。遠藤に引っぱられるように、早足になって歩く。背後で、広瀬先輩がわざとらしい口調で何か叫ぶのが聞こえた。頭の中が真っ白で、内容をきちんと理解するのが遅れる。
「ごめんな」と遠藤が言うのと、広瀬先輩の声を思い出すのが同時だった。
「むっかつく！」と力任せに言ったあの声は、きっと宣言だった。どうなっちゃうんだろう。私、多分、しめられる。
　学校に行くのが憂鬱で、裕香たちから「気にすることないよ」って言われても、私の不安は治まらなかった。広瀬先輩と同じバレー部の子たちが、入部してすぐの春、毎日部活の後一人一人トイレに呼び出された話や、彼女が何をすれば喜び、どうすれば怒らせずに済むかの、いまさら遅い「広瀬先輩攻略法」なんかを教えてくれたけど、聞けば聞くほど、かえって私の胸は圧迫されるようだった。
　裕香たちが、そんなモンスター的な広瀬先輩と敵対してる私のことを、心配しながらも、すごーいって目で見て、それを自分の自慢話のように他のクラスの子に吹聴《ふいちょう》してることもわかって、Ⅰもした。（中略）
　ある日、夕ご飯を終えてお姉ちゃんが部屋に戻ってしまった後、テレビを観ていたら母に尋ねられた。
「ねぇ、最近どう？」
「何が」
　私が元気ないことに気づいたのか。背筋を伸ばして顔を向ける。
お母さん、気づいてくれたの？　だけど、母が続けた言葉は私を落胆させた。
「お姉ちゃん、元気ないと思わない？　今日、スーパーで買い物してたら、お姉ちゃんの担任の先生と偶然会って」
「は？　知らないよ。そんなの」
何だよ、私の話じゃないのかよ。お茶を淹《い》れた母が、私の前にも湯呑《の》みを置く。
「聞いたら、あの子、友達とケンカしたみたいなのよ。学校でも一人でいるみたい。そういえば最近、お姉ちゃんあての電話がほとんどかかってこないし。亜季、学校でお姉ちゃんのこと、見かけない？　気づかなかった？」
「たまに見かけるけど、わかんない。っていうか、ケンカって何？　お姉ちゃんの友達なんて、みんなおとなしくて穏やかそうじゃん。あんな草食動物っぽい子たちから、外されてるってこと？」
　三つ編み軍団が内部分裂するところなんて想像つかなかった。男問題で揉《も》めることなんか絶対ないだろうし、だいたいあんな子たちからさえ外されてしまうなんて、情けない気がした。Ⅱ来ない。
　母がため息をつく。
「わかんないのよ。由紀枝は強い子だから、何かあっても我慢して言ってこないし。心配で」
「私の方が強いよ」
「1あんたの強さとはまた別。お姉ちゃんの方が強いわよ。なおのことかわいそう」
　かちんときた。湯気を立てるお茶を一口も飲まずに居間を出て、あてつけるように乱暴に襖《ふすま》を引く。部屋に戻ると、由紀枝は机に座って本を読んでいた。音楽も聴かず、私の方を見もしない。
外されてるってこと？
自分で口にした言葉を反芻《はんすう》する。
お姉ちゃん、と声が出かかって、だけど呑み込む。何をどう聞けばいいかわかんなかった。一人で教室を移動する、一人でトイレに行く。想像して、Ⅲする。私だったら絶対嫌だし、耐えられない。
　Aどうしてそんなに要領が悪いの。
いたたまれない気持ちで机に座る。私が巻き込まれてる激しさに

「そして、阿部さんは、建前としての「社会」と本音としての「世間」が日本に生まれたとします。

阿部さんは膨大な書籍を著していて、繰り返し、「世間」と「社会」、そして「個人」について書かれています。

僕なりに阿部さんの言葉を要約すると———。

日本の「個人」は、「世間」の中に生きる個人であって、西洋的な「個人」など日本には存在しないのです。そして、もちろん、独立した「個人」が構成する「社会」なんてものも、日本にはないんだと言うのです。

日本人は、「社会」と「世間」を使い分けながら、いわば、ダブルスタンダード（二重基準）の世界で生きてきたのです。

（鴻上尚史『「空気」と「世間」』による）

【注】＊モヒカンヘアー＝頭髪の中間部分だけを残す髪型。
＊パンクファッション＝奇抜なファッション。
＊ポリシー＝方針、政策。

問一 ＝＝線部①～⑤のカタカナを漢字に改めよ。

問二 ——線部1「そんなバカな」とあるが、そう思ったのはなぜか。説明せよ。

問三 ——線部2「不思議な光景」とあるが、どのような点が「不思議」なのか。最も適切なものを次の中から選び、記号で答えよ。

ア　攻撃的にも見える格好をしているのに、弱者に対して親切にふるまう点。

イ　権力者には批判的な姿勢をとっているのに、他者の弱点には目をつぶる点。

ウ　自分自身を傷つけるファッションをしているのに、他者に危害を加えない点。

エ　不真面目な服装を身につけているのに、周囲の人には真面目なふりをする点。

問四 空欄 Ⅰ ～ Ⅳ に入れるのに適切な語句は、A「世間」・B「社会」のどちらか。それぞれ記号で答えよ。

問五 ——線部3「この国のかたち」とは、具体的にどういうことを表しているのか。最も適切なものを次の中から選び、記号で答えよ。

ア　日本人の行動の禁止事項。

イ　日本人の行動の真実と嘘。

ウ　日本人の行動の決まり、原則。

エ　日本人の行動の歴史的成り立ち。

問六 ——線部4「彼女は今まで通りには化粧は続けられないはずです」とあるが、それはなぜか。最も適切なものを次の中から選び、記号で答えよ。

ア　おどおどしている気持ちを、知り合いに見抜かれるから。

イ　隠しておきたい自分の秘密を、知り合いに真似《まね》されるから。

ウ　自分では悪いと思っていない行動を、知り合いに責められるから。

エ　本来人に見せるものではない行為を、知り合いには見られたくないから。

問七 ——線部5「『社会が許さない』とか『社会体が悪い』という言い方は生まれなかった」とあるが、どうしてこのような表現が生まれなかったのか。説明せよ。

問八 〰〰線部「同じ理由」とあるが、それは何か。文章全体から考えてまとめよ。

二

次の文章を読んで、後の問いに答えよ。

「遠藤くん、それ彼女？」

黙ったままでいたら、急に声をかけられた。背筋が凍りつく。広瀬先輩が目を細めながら、私たちの顔を覗《のぞ》きこんでくる。

「……うっせ、関係ねーだろ」という遠藤の声は、頼りないくらい小さかった。「ふうん」とたっぷり息を吹き込んで言う広瀬先輩が、今度は私を見た。冷たい声で言う。

「挨拶は？　二年」

同じく、目の前に立っている杖をついた老女もまた、関係のない世界＝「社会」なのです。

関係のない世界だから、存在しないと思って無視したのです。それが、網棚のないバッグなら、「盗みのない奇跡のモラル」になり、優先席の場合なら、「足の悪い人を立たせている最悪のマナー」になるのです。

これは、いきなりの結論ですから、もちろん、今から「世間」と「社会」について、詳しく書いていきます。

ただ、今、思っているのは、「世間」と「社会」という視点で見ていけば、3この国のかたちは、ずいぶん分かりやすくなるんじゃないかということです。

そして、「空気」の正体も、明確になると思っているのです。

ちなみに、電車の中で、熱心にお化粧をする女性は、そこが「社会」で、自分には関係がないと思っているからできるのだと思います。もし、一人でも、会社の②ドウリョウが乗り合わせて来たら、4彼女は今まで通りには化粧は続けられないはずです。「社会」しかなかった空間に、「世間」が現れたからです。

ここで、「世間」を考える時に、すべての基本になるであろう歴史学者阿部謹也《きんや》さんの著作から、「世間」とはどういう特徴があるのか確認してみようと思います。

阿部さんは、2006年9月に亡くなられましたが、『「世間」とは何か』(講談社現代新書)、『日本社会で生きるということ』(朝日新聞社)、『学問と「世間」』(岩波新書)など、膨大な著作で、「世間」の正体を突き止めようと格闘を続けてこられた人です。

まず、阿部さんは、『「世間」とは何か』の中で、「社会」と「個人」についてこう書かれています。

明治十年(一八七七)頃に society の訳語として社会という言葉がつくられた。そして同十七年頃に individual の訳語として個人という言葉が定着した。それ以前にはわが国には社会という言葉も個人という言葉もなかったのである。ということは、わが国にはそれ以前には、現在のような意味の社会という概念も個人という概念もなかったことを意味している。

では、どうして今までなかった「社会」や「個人」という単語を〝発明〟しなければいけなかったかというと、富国強兵政策の名のもと、わが国を強引に西洋化する過程で、国会や裁判所などの政府③キコウ、税制、教育、軍制などの概念を国民に説明するためには、「社会」「個人」という単語が必要だったからです。

阿部さんは続けます。

欧米の社会という言葉は本来個人がつくる社会を意味しており、個人が④ゼンテイであった。しかしわが国では個人という概念は訳語としてできたものの、その内容は欧米の個人とは似ても似つかないものであった。欧米の意味での個人が生まれていないのに社会という言葉が通用するようになってから、少なくとも文章のうえではあたかも欧米流の社会があるかのような⑤ゲンソウが生まれたのである。特に大学や新聞などのマスコミにおいて社会という言葉が一般的に用いられるようになり、わが国における社会の未成熟あるいは特異なあり方が覆い隠されるという事態になったのである。しかし、学者や新聞人を別にすれば、一般の人々はそれほど鈍感ではなかった。人々は社会という言葉をあまり使わず、日常会話の世界では相変わらず世間という言葉を使い続けたのである。

「社会」という言葉が定着しなかった結果、「そんなことをしたら世間が許さない」「世間体が悪い」という言い方は残っても、5「社会が許さない」とか「社会体が悪い」という言い方は生まれなかった、ということです。

日本は、５割を切っていると思います。老人が目の前に立っていても、半分以上の場合、日本人は席を譲りません。

　まして、階段を一人で乳母車を抱えて降りていく母親に「持ちましょうか？」と声をかけて助ける日本人の割合は、１割以下だと思います。欧米だと、これも８割以上の人が、自然に手を貸します。

と書きながら、僕たちは、マナーの悪い国に住んでいるのでしょうか？

　そんなことはないと思います。現に、フランス人の彼は、２週間前は絶賛していたのです。

　そうです。彼の話に戻ります。彼は、困惑していたのです。

「日本人はマナーがいいのか悪いのか、さっぱり分かりません！」

　あなたなら、なんと答えますか？

　そもそも『ＣＯＯＬ　ＪＡＰＡＮ』という番組は、こういう日本人と外国人の意識の違いを見つけ、考え、楽しむ内容なのです。

　僕は、しばらく考えました。

　そして、じつは、網棚に残ったバッグも、席を譲らない日本人も、同じ理由から生まれているんじゃないかと、結論したのです。

　日本人は同じ理由から、正反対のマナーだと思われる行動を取っているんじゃないか。それは、以下のようなエピソードに思い当たったからです。

　電車で、たまにおばさんたちの団体さんに①ソウグウします。おばさんのうち、すごく元気な人が、まず車内に飛び込み、座席を人数分、確保します。そして、後からやってくる人に「ほら、ここ！取ったわよ！」と叫びます。

　席を取ったおばさんは、他の乗客が席の近くに来ても、当然のように無視して、自分の仲間を待ちます。仲間が遅れていて、他の人たちが戸惑った顔や、ちょっと怒った顔で空いている席を見ていても、そんな視線をまったく気にしないかのように、自分が取った席は、自分の仲間たちの席だと確信しているのです。

　席を取ったおばさんにとって、席のそばに立っている学生だったり、親子連れだったりする人たちは、存在しないのでしょう。存在しているのは、自分の仲間たちだけです。

　そういう時、なかなかやって来ない仲間のためにぽつんと空いた席の前に僕は立ちながら、けれど、同じ日本人だからこそおばさんの心情がよく分かります。

　おばさんは、決して、マナーが悪いのではないのです。それどころか、仲間思いのとても親切な人のはずです。困っている仲間がいれば、きっと、親身になって相談に応じたりしているのでしょう。

　おばさんは、自分に関係のある世界と関係のない世界を、きっぱりと分けているだけです。それも、たぶん、無意識に。

　電車でのことをずっと考えていて、このおばさんの例を思い出しました。

　おばさんは、自分に関係のある世界では、親切でおせっかいな人のはずです。そして、自分とは関係のない世界に対しては、存在していないかのように関心がないのです。

　この、自分に関係のある世界のことを、「世間」と呼ぶのだと思います。

　そして、自分に関係のない世界のことを、「社会」と呼ぶのです。

　おばさんは、「　Ⅰ　」に関心があっても、「　Ⅱ　」には関心がないのです。そして、自分の「　Ⅲ　」に属している人のためには必死で走り、電車の席を確保するのです。

　でも、「　Ⅳ　」に属する人たちには、おばさんは、必死になにかをする必要は感じないのです。「すみませんね。ここは、あたしたちの席なんです」と微笑みながら断る人もいれば、まったく関心がないように無表情のまま無視する人もいます。

　そう考えれば、網棚に残されたバッグと、優先席で席を立たない日本人は、同じ原理＝ルールで動いているということが分かります。

　ほとんどの日本人にとって、網棚に残されたバッグは、自分とは関係のない世界＝「社会」なのです。

二〇二三年度
成蹊高等学校

【国語】（六〇分）〈満点：一〇〇点〉

句読点も一字に数える。

一 次の文章を読んで、後の問いに答えよ。

僕はNHKのBSで『COOL JAPAN』というテレビ番組の司会をしています。日本に来て時間のたっていない一般外国人をゲストに、日本のさまざまなものをCOOL（かっこいい）か、かっこよくないか、あれこれと話すNHKらしいバラエティー番組です。

日本に来て、まだ1ヵ月たっていないというフランス人の出演者が、番組が始まる前に、興奮した顔で僕に話しかけてきました。

「先週、電車の中にバッグを忘れたんです。もう、悲しくて、その話を日本人の友人にしたら、すぐにJRに電話すると言うんです。1そんなバカなと思ったら、僕のバッグは、置き忘れた網棚の場所に、そのままあったんです！」

彼は、目を大きく見開き、信じられないという顔をしました。

「フランスなら、間違いなくバッグはなくなっています。いえ、ヨーロッパなら、どこでもそうでしょう。持ち主が近くにいないと分かると、すぐに誰かが盗んでいくんです。日本人はなんてマナーがいいんでしょう！　これは奇跡です！」

興奮した早口の英語を聞きながら（番組の共通言語は英語ですから）、僕はずっと微笑《ほほえ》んでいました。日本人として、日本をほめられるのは、何にしても嬉《うれ》しいものです。

電車は東京の山手線のようでした。ぐるぐると回り、大勢の乗客が乗り降りしている電車に、そのままバッグが残っていたことに、彼は本当に衝撃を受けたようでした。

が、2週間後、次の収録の時、彼は困惑した顔で僕の前に現れました。

「今日、電車に乗っていたら、杖《つえ》をついたお年寄りが乗ってきたんです。彼女は、プライオリティーシート（優先席）の前に立ったんだけど、座っている日本人は誰も彼女と席を替わろうとしないんです。みんな、下を向いたり、平気な顔で携帯電話をいじりながら座ってるんです。フランスなら、いや、ヨーロッパならどの国でも、すぐに誰かが立って彼女を座らせてあげますよ。杖をついているお年寄りを立たせるなんて信じられない！

昨日はね、階段を女性が乳母《うば》車を抱えて降りてたんです。でも、誰も手を貸さないんですよ。彼女は必死に、赤ん坊が乗った乳母車を一人で下ろしてるんです。いったい、この国のマナーはどうなっているんですか⁉」

彼は、本当に理解できないという顔をしました。2週間前、この国のマナーを絶賛しただけに、本当に戸惑っているようでした。

日本人だって席は譲るよ、とあなたは思うでしょうか？

欧米に旅行したり、住んだりした人は、欧米の人たちが、素早く席を譲ったり、乳母車の手助けを自然にすることに驚いた経験が一度や二度はあると思います。

イギリスの地下鉄に乗っている時、＊モヒカンヘアーの＊パンクファッションの若者が、老人にサラリと席を譲った風景は衝撃でした。

思わず、「お前の反体制の＊ポリシーはどうなるんだ？」と、耳にじゃらりとピアスを並べ、鋲《びょう》が打たれた革ジャンを着ている若者に聞きたくなりました。

そんなパンク野郎が、照れるわけでもなく、ふてくされるわけでもなく、じつに自然に席を立つのです。それは、2不思議な光景でした。

それ以来、僕は、日本と海外の席を譲る割合のようなものに妙に敏感になりました。

欧米の平均は、80％を超えていると思います。目の前に老人が立てば、8割以上の確率で、欧米人は席を譲ります。

英語解答

Ⅰ A 1…F 2…F 3…T 4…F
B 1…イ 2…ウ 3…ア

Ⅱ A 1…オ 2…イ 3…ウ 4…キ 5…ク
B 1…T 2…F 3…T 4…F 5…F
C 1…ウ 2…エ 3…イ 4…イ 5…エ
D 1…イ 2…ア 3…イ

Ⅲ A 1 (例) Because it has a large seat to carry large bags.
2 (例) Because the old model made a loud noise and produced harmful gas.
3 (例) They can enter roads that are not wide enough.
4 (例) Because they work as drivers of those vehicles.
5 (例) They run slowly and make the roads crowded.
B cause (例)明かりの高さを変えること
effect (例)影の長さが変わること
C (例) She wants to talk with Brian.

Ⅳ A (1) liked to tell people interesting stories
(2) strange things they didn't understand
(3) the very deep part of the sea
B (1) (例) there is a nice cafe in the park. It's popular among young people because it has good pancakes(18語)
(2) (例) we can enjoy bird watching. There are more than fifteen kinds of wild birds in the park(17語)
C (例) I like studying alone better. I need a quiet place to concentrate on studying. If I study with my friends, I think it is difficult to focus on my study.
(30語)

Ⅰ〔放送問題〕解説省略

Ⅱ－A〔長文読解―適語(句)選択―記事〕

≪全訳≫ロドリゲズ・ブラザーズ・サーカスが我が町に！❶毎年，サーカスがやってきて，1週間滞在する。それから彼らは次の町へ移動する。❷サーカスにはレオポルドがいる。彼は「世界一強い男」と呼ばれている。父親もこのサーカスで働いていたが，レオポルドは彼よりも強い！　レオポルドは見に来る町の人々のために毎晩出し物を演じる。❸もう1人のパフォーマーはクララだ。彼女は世界一長い髪をしていると言っている。約4メートルもあるのだ！　彼女にはそのサーカスで働く娘もいる。名前はスー・エレンだ。彼女の髪は(母親の髪)より短いが，彼女は母親の髪と同じくらい長く伸ばしたいと思っている。スー・エレンは動物の世話を手伝っており，ジャグリングの仕方も学んでいる。❹サーカスの見せ場は3人の道化師，ピット，ポット，パットだ。皆長い赤い靴を履いているが，パットの靴は最も長く，彼は靴がとても長いせいでときどき転ぶ！　彼らは約20分間演じ，いつでも観客，特に子どもたちに最も人気のある出し物だ。多くの人がピット，ポット，パットは3兄弟だと思っているが，パットは他の2人よりも年上で，彼らの父親なのだ！　彼は国中で最も年上の道化師だが，今も元気いっぱいだ。

＜解説＞1．直後に than があるので比較級が入る。than の後の him は his father のこと。レオポルドはThe Strongest Man in the Worldと呼ばれているのだから(前文),「父親よりも強い」のである。　2．空所を含む文と次の文の「彼女は世界で(　)髪で，その長さは約4メートル」という内容から判断できる。‘the＋最上級＋名詞＋in ～’「～の中で最も…な―」の形。　3．直後のbut以下の「母親の(髪)と同じくらい長く伸ばしたい」という内容から，スー・エレンの髪は「(母親の髪)より短い」のである。　4．3兄弟だと思われているが，実はパットは他の2人の父親だとあるので,「年上」なのである。　5．文後半のbut以下の「今も元気いっぱい」という内容と‘逆接’となる言葉が入る。

Ⅱ－B〔長文読解―内容真偽―伝記〕

≪全訳≫❶ジェシー・オーエンスは1936年のオリンピックで多くの金メダルを獲得した有名なアスリートだった。1980年に亡くなったが，彼の物語は今日の多くの学生を力づけている。❷ジェシー・オーエンスは1913年9月12日，アラバマ州の小さな町で生まれた。しかし，そこではアフリカ系アメリカ人はひどい扱いを受けていたため，一家はオハイオ州に引越した。ジェシーの本名はジェームズだったが，オハイオ州の新しい学校でのある日，1人の先生が間違って彼を「ジェシー」と呼んだ。その日以降，誰もが彼をジェシーと呼ぶようになった。ジェシーの家族にはお金がほとんどなかったので，ジェシーは放課後働かなくてはならなかった。靴を修理し，スーパーマーケットから人々の家まで食料品を運んだ。ある日，ジェシーが走っていると，体育の先生が彼を見かけてその速さに驚いた。ジェシーが夕方には仕事をしなくてはならなかったため，先生はジェシーに朝学校が始まる前に走る練習をするのを許可した。ジェシーがまだ高校生のとき，100メートル走を走り，その速さは世界記録と同じだったのだ。❸ジェシーは大学に進学したが，アフリカ系アメリカ人だったため，そこで学ぶのは容易ではなかった。奨学金を受けていなかったので働かなくてはならなかった。大学の陸上部に入ったが，部員たちと他の町へ遠征すると，白人の部員たちと同じレストランで食事をしたり同じホテルで眠ったりすることができなかった。これは，アメリカには黒人と白人が同じ場所を使ってはならないとする法律があったからだ。❹1936年，ドイツがオリンピックの開催国だった。アドルフ・ヒトラーは，ドイツ人とその他の白人だけが最強で全ての金メダルを獲得できると発表した。多くの国はヒトラーを支持したくなかったので，それらの国のアスリートたちは競技に参加しなかった。しかしジェシーはヒトラーが間違っていることを示すため，参加することに決めた。ジェシーとチームメイトたちは船でドイツに到着した。ジェシーがオリンピックスタジアムに入場したとき，ドイツ国民は彼の名を呼んで声援を送った。彼らはすでにこのアメリカ人ランナーのことを知っていた。ジェシーは競走，跳躍，リレーで4つの金メダルを獲得した。彼はとてもうれしかった。そのうえ，ヒトラーにその人種差別的な考えが間違っていることを示したのだった。

＜解説＞1.「ジェシーの家族にとってアラバマ州よりもオハイオ州に住む方が容易だった」…○　第2段落第1，2文の内容に一致する。アラバマ州は黒人にひどい扱いをしていたため，一家はオハイオ州に移った。　2.「ジェシー・オーエンスは自分のあだ名を選んだ」…×　第2段落第3，4文参照。先生が間違えて呼んだ「ジェシー」があだ名になった。　3.「ジェシーの体育教師は，ジェシーが走る時間を見つけるのを助けた」…○　第2段落終わりから3，2文目の内容に一致する。夕方に仕事があるジェシーのために，朝，練習することを許可した。　‘let＋人＋動詞の原形’「〈人〉に～させる〔～することを許可する〕」　4.「ジェシーはお金がなかったため，他の部員たちと同じホテルに泊まれなかった」…×　第3段落最終文参照。お金の問題ではなく，白人と黒人が同じ施設を使うことを禁じる法律があったため。　5.「ヒトラーがアフリカ系アメリカ人はオリンピックでいい結果が出せないと言ったため，ドイツ国民はジェシー・オーエンスを歓迎しなかった」…×

第４段落第６文参照。ドイツ国民はジェシーに声援を送った。

Ⅱ－C 〔長文読解―内容一致―物語〕

≪全訳≫❶ずっと昔，全ての鳥は同じ色をしていた。全て明るい茶色だった。彼らはいつも，花のようにカラフルできれいになりたいと思っていた，というのは，花は赤や青，紫や白や黄色だったからだ。❷ある日，鳥たちは森の中で会合を開き，自分たちを変えることで合意した。母なる自然に会い，それぞれ違う色に塗ってもらうようにお願いすることにした。❸母なる自然はこう言った。「あなたたちの望みをかなえましょう。でも，色は一度しか選べません。それは変更することは決してできませんよ」「ありがとうございます，母なる自然様」と鳥たちは言った。「お約束します」「いいでしょう」と母なる自然は言った。「１週間後にここへ来なさい。何でも望む色に塗ってあげましょう」　これを聞いた後，鳥たちは喜んで森へ帰った。❹約束の日，母なる自然が到着すると鳥たちは長い列をつくった。母なる自然はパレットと絵筆を取り出した。最初はインコだった。「私は全身にまだら模様と青，白，黄色の色が欲しいです」　母なる自然は彼の望みを聞き，彼に色を塗り始めた。次はオウムだった。「私は他のどの鳥よりも明るい色になりたいので，とても明るい色で塗ってください」　母なる自然は彼女を赤，黄色，青，緑色に塗った。❺鳥たちはパレットの色がなくなるまで彼女の絵筆で塗られた。彼女は鳥たちに去るように言い，(絵筆を)洗い始めた。家に帰ろうと立ち上がったとき，小さな声が彼女を呼んでいるのが聞こえた。「待って！　待って！　行かないでください！」　遠くから，１羽のスズメが彼女に向かって飛んできた。「私にも色を塗ってください！」　母なる自然はスズメを見て言った。「申し訳ないけど，もうパレットに絵の具がないの」「ああ，そうですか…。わかりました。お気になさらないで，問題ありません。いずれにしても，茶色であることはそう悪くありません」　スズメは小さな声で答えると歩き去った。❻母なる自然はもう一度パレットを見て，パレットに１色残っていることに気づいた。「待って」と母なる自然はスズメに呼びかけた。「まだ黄色の絵の具が１滴あります。ここへおいで，少なくともちょっとは塗ってあげられるわ」　スズメは大喜びで彼女に駆け寄った。母なる自然は，スズメのくちばしの隅に小さな点を１つ描いた。❼こうした理由でスズメは茶色いが，注意深く見れば，母なる自然がその鳥に使った最後の色が見えるだろう。

＜解説＞１.「昔，鳥たちは(　　)」―ウ.「カラフルな花をすてきだと思っていた」　第１段落第３文参照。　admire「～をすばらしいと思う」　２.「母なる自然は，鳥たちに(　　)と言った」―エ.「色を二度と変えてはいけない」　第３段落第２，３文参照。いったん色を変えたら，二度と変えてはいけないと言っている。　３.「オウムは明るい色に塗ってもらった。(　　)からだ」―イ.「オウムは全ての中で最も明るい色の鳥になりたかった」　第４段落終わりから２文目参照。brighter than any other bird は‘比較級＋than any other＋単数名詞’「どの～より…」の形で，これは最上級と同様の意味を表す。　４.「母なる自然が鳥たちに色を塗るのをやめたのは，(　　)からだ」―イ.「絵の具を使い果たしたと思った」　第５段落～第６段落第１文参照。実際には１色だけ残っていたが，使い果たしたと思って塗るのをやめた。　５.「物語によると(　　)」―エ.「母なる自然のおかげで，スズメにはくちばしに黄色い部分がある」　第６段落参照。　thanks to ～「～のおかげで」　beak「くちばし」

Ⅱ－D 〔長文読解総合―エッセー〕

≪全訳≫❶「なぜ英語で読む必要があるのですか」　生徒たちはしばしば私にこう尋ねる。彼らはこう思っている。「授業に出て，宿題をして，英語の歌もよく聴く。本を読んだ方がいいのはどうして？」　実は，読書は英語を向上させる最善の方法なのだ。なぜかを話そう。❷まず，読書は現在とても重要だ。大学に進学する人の数は増えている。全ての仕事は100年前よりも読み書きを必要としている。❸第二に，読書は他のどの方法よりもスピーキング，ライティング，語彙，文法を向上させる。聞き取りを向上させることはないが，語彙は向上させる。そしてより多くの単語を知っていれば，より容易に聞き取ることができる。❹学校では，おそらく退屈な教科書や物語を読んでいるだろう。しかし私はそのことを言っているのではない。私は楽しみのために読むことを言っているのだ。先生が「この本を読みなさい」と言ったから読むのではない。「この本を読むべきだ」と思うから読んでいるのではない。読みたいから読むのだ。❺1965年，アメリカの学校で研究者たちがある実験をした。それらの学校は罪を犯した少年たちのための学校だった。例えば，彼らの一部は物を盗んでいた。研究者たちは一部の少年たちに無料の本を与えた。全ておもしろい本だった。彼らはこう言った。「したいことは何でもしていい。本を読まなくてもいい」　しかし，少年たちは本を読むことを選んだ。❻２年後，研究者たちは生徒たちにテストをした。本を手に入れた生徒たちは読み書きが上達し，学校がより好きになった。本を手に入れなかった生徒たちは，読み書きも上達しなかった。実際，彼らの一部は低下していた。❼本を読むことは，英語を学んでいる生徒たちにとってもよい。研究者たちは，フィジー諸島で英語を学んでいる生徒たちにも実験を行った。彼らは教えるのに３つの方法を使った。１つ目の方法は通常の英語教授法だった。彼らは文法を学び，いくつかのエクササイズをした。２つ目の方法は黙読だった。生徒たちは授業で本を読んだ。３つ目の方法は一緒に読むことだった。先生が生徒たちに本を読んだ。❽１年後，研究者たちは，通常の英語の授業を受けた生徒たちよりも本を読んだ生徒たちの方が英語の成績がいいことを発見した。通常の授業では，文法や語彙を覚えようとする。読めば，それらは自然に身につく。❾2017年，私は１つの実験をした。スペイン語を習得したかったので，スペイン語で100万語読むことに決めた。100万語は小説にして約20冊なので，多大な労力だった。はじめのうちは非常に簡単な本を読んだ。それから，英語で知っている本の翻訳を読み始めた。最後に，新しい本をスペイン語で読んだ。私はそれらがとても気に入った。❿100万語を読み終わった後，私はネイティブスピーカーに手紙を書いたり話しかけたりした。読んだものはほぼ全て理解でき，はっきり話してくれれば人々の話が理解でき，会話もできた。１年間で，私はほとんどの学生が５年間で学ぶよりも多くのことを習得したのだ。⓫たぶんあなたはこう思っているだろう。「こんなの信じられない！」　あるいはこう思っているかもしれない。「よし！　毎日何時間も読むぞ！」　しかし，私はとても重要なことを言わなくてはならない。あなたは簡単な本を読まなくてはいけない。おもしろい本を読まなくてはいけない。もしも本が難しすぎたりつまらなすぎたりしたら，その本を置いて別のを見つけなさい。もしとても簡単な本を読んでいたら，知らない単語を見てもその意味が簡単にわかるだろう。辞書を使う必要はない。⓬私は誰もが英語を楽しく学んでほしいと願っている。読むことを楽しみ，学ぶことを楽しんでほしい。

１＜内容真偽＞ア.「リーディングのスキルはますます重要になっている」…○　第２段落の内容に一致する。リーディングはどんな仕事でも100年前より必要になっている。　イ.「本を読むことは，リスニングを向上させる助けには全くならない」…×　第３段落後半参照。読書の結果として知っている語彙が増えれば，リスニングはより容易になる。　ウ.「1965年の実験では，生徒たちは読みたくないときは本を読まなくてもよかった」…○　第５段落後半の内容に一致する。don't have to ～「～しなくてもよい」　エ.「英語が得意になるためには，文法や語彙を覚えるよりも本を読む方がよい」…○　第８段落の内容に一致する。本を読めば，文法や語彙は自然に身につく。

２＜要旨把握＞著者が行った実験は第９，10段落で説明されている。第９段落第２，３文で，著者はa million words「100万語」読むことにした，と言っているので，ア.「著者はスペイン語の単語を習得するために100万冊の本を読んだ」が誤り。イ.「多くの本を読むことで，著者はスペイン語でのコミュニケーションが上達した」，ウ.「著者は新しいスペイン語の本を読むのを楽しんだ」，エ.「著者は5年間スペイン語を学んだ学生よりも多くを習得した」はどれも本文の内容に一致する。

3＜**要旨把握**＞第11段落参照。終わりから3文目で，著者は本が難しすぎたら，その本を置いて別のを見つけるように勧めている。よって，イ.「本が難しすぎると思っても決して諦めないこと」は誤り。

Ⅲ－A〔**長文読解―英問英答―説明文**〕

≪**全訳**≫❶インドネシアの都市は常に混雑している。道路には多くの自動車やバスがいる。ふだん日本では見かけない伝統的な乗り物も見られる。ベチャ，デルマン，バジャイだ。これらの乗り物について知っておくことは役に立つだろう。❷ベチャには車輪が3つある。前部には2人用の座席があり，乗客はその座席に座る。運転手は後部に乗る。運転手はペダルを踏んでベチャを動かさなくてはならない。大変な労力が必要だ。ベチャを長距離運転するのは難しい。❸一方，デルマンは人力で動かされるのではない。馬が引く乗り物だ。化石燃料を使わないため，環境に優しい。観光客にも地元の人々にも利用される。デルマンはベチャよりも座席が広いので，人々はスーパーマーケットへ行った後，大きなバッグを運ぶのにデルマンを利用する。❹バジャイは3輪の乗り物だ。もともとバジャイは赤と黒の車体で有名だった。しかし，音がうるさいので人気はなかった。そのうえ，有害なガスを出した。そこで，それほどうるさくなく，より環境に優しい型が開発された。この型の色は青だ。新しいバジャイは，今では観光客や地元の人々の間で人気がある。❺これらの伝統的な乗り物は地元の人々に愛されている。インドネシアの道路は幅が十分に広くないので，自動車やバスは入れない。ベチャ，デルマン，バジャイはこういった道路に入ることができるので，とても便利だ。子どもたちは学校に行くためにそれらを使い，人々は買い物に行くために使う。これらの伝統的な乗り物はまた，地元の人々が仕事を得る助けにもなる。彼らは容易に運転手として働き始められるのだ。現在，多くの地元の人々が運転手として働いている。もし運転手として働けなければ，彼らの生活は厳しいだろう。だから，伝統的な交通手段は地元の人々にとって重要なのだ。❻一方，伝統的な交通手段に満足していない人もいる。政治家の中には，それを使うべきではないと考えている人もいる。実際，このようなタイプの乗り物は自動車やバスと同じ道路を走るのだが，伝統的な乗り物は自動車やバスよりもゆっくり走る。その結果，道路が混雑する。すると，バスは時間どおりに来なくなる。ある政治家はこう言った。「もし我々が伝統的な交通手段を使うのをやめれば，バスは時間どおりに運行するし，我々の暮らしはより便利になるだろう」

＜**解説**＞**1**.「インドネシアの人々は買い物に行くときデルマンを選ぶ。なぜか」―「デルマンには大きなバッグを運べる広い座席があるから」　第3段落最終文参照。座席が広いので，買い物帰りの大きなバッグが載せられる。（別解例）Because they use its large seat to carry large bags.
2.「なぜバジャイの新型が発明されたのか」―「旧型が騒音や有害なガスを出したから」　第4段落第3～5文参照。（別解例）Because the old model was very noisy and not good for the environment.　**3**.「ベチャ，デルマン，バジャイは，自動車やバスにはできないことができる。それは何か」―「幅が十分に広くない道路に入れる」　第5段落第2，3文参照。（別解例）They can enter the narrow roads in Indonesia.　**4**.「もしベチャ，デルマン，バジャイが姿を消したら，一部の地元の人々は貧しくなるだろう。なぜか」―「彼らはそのような乗り物の運転手として働いているから」　第5段落後半参照。（別解例）Because those vehicles give them jobs as drivers.　**5**.「ベチャ，デルマン，バジャイは問題を引き起こしている。それは何か」―「それらはゆっくり走り，道路を混雑させる」第６段落第３～５文参照。（別解例）The roads get crowded and buses don't come on time.

Ⅲ－B〔長文読解―語句解釈―説明文〕

≪全訳≫❶幼い子どもは自分の周りの世界の光景にとても好奇心が強く，それらを探求することに興味がある。光に触れたりそのにおいをかいだり味わったりすることはできないが，子どもにはいくつか他のことができる。晴れているとき，彼らは肌の上の太陽の暖かさを感じる。絵を描いているとき，彼らはさまざまな色を目にする。明かりを使うとき，彼らは影を見る。雨の後は，空に虹を見ることもある。❷幼い子どもは光について疑問を持つ。驚くべきことに，彼らは自分自身でそれらの疑問に答えようとする。例えば，彼らはこのように自問する。「何が影を変化させるのだろう？」　それから彼らは明かりを動かし，この疑問に答えようとする。彼らは明かりをより高く上げ，すると影は短くなる。一方，明かりを低く下げると，影は長くなる。このようにして，彼らはこの因果関係を学ぶのだ。❸子どもと一緒に光を探求するときには，彼らの経験について彼らと話すといい。親と話すことによって，小さな子どもは光と影との間の関係をよりよく理解できる。

＜解説＞cause－and－effect relationship は「原因と結果の関係，因果関係」という意味。下線部の前で，子どもが光に関する疑問を自ら解き明かそうとする過程において，明かりの位置を変えると，影の長さが変わる，という原因と結果の関係が説明されている。

Ⅲ－C〔長文読解―英問英答―エッセー〕

≪全訳≫毎年夏に，私はあるパーティーに参加する。そのパーティーには親戚が集まるが，私は全くわくわくしない。親戚と話すのが好きではないのだ。テーブルの上のハンバーガーのにおいも好きではない。なじみの顔がたくさん見える。アレックスおじさんは７月なのにセーターを着ている。彼はよく風邪をひく。なぜかは知らない。それからポリーおばさんが見える。おばさんには６人の子どもがいる。一番下の子はうるさい。一番上の子もうるさい。子どもたちはよくおばさんを怒らせる。他のいとこたちは原っぱで野球をしている。毎年野球の試合をするが，最後はいつもけんかになる。彼らはなぜ問題を解決しようとしないのだろう。それからとてもかっこいい男性が見える。私は彼に目を向ける。男性はほほ笑んで私の方に歩いてくる。私はとても緊張している。彼は私のいとこかもしれないと思う。かっこいい男性はこう言う。「やあ，僕はブライアン」　私は言う。「こんにちは，私はジェーンよ。あなたは私の親戚？」　ブライアンは笑って言う。「違います。僕は医者ですよ。アレックスさんの診察をしています。彼は具合がよくなくて，僕をそばに置きたがっているんです」　それから彼は笑顔になってこう言う。「一緒にハンバーガーを取りに行きませんか？　おいしそうなにおいがしますよ」　私は答える。「もちろん。ハンバーガー，大好きなんです！」

＜解説＞「ジェーンが『もちろん。ハンバーガー，大好きなんです！』と言うとき，彼女は本当は何がしたいと思っているか」―「ブライアンと話したいと思っている」　ジェーンはハンバーガーのにおいが好きではないのに(第４文)，ブライアンの誘いに「ハンバーガー，大好きなんです！」と答えているのは，もっとブライアンと一緒にいたい，話をしたいという気持ちからだと推測できる。ブライアンのことを a very cool man と言ったり，彼が近づいてくると nervous になったりしていることからも「私」の心理は読み取れる。（別解例）She wants to know more about Brian.

Ⅳ－A〔長文読解―整序結合―説明文〕

≪全訳≫❶何百年も前，人々は世界についてあまり知らなかった。自分たちが知っている部分の地図はつくったが，彼らの地図には空所が多かった。そうした場所に，彼らは大きな恐ろしい生き物を描いた。人々は地図を見て，海にはそのような生物が住んでいると信じていた。❷知ってのとおり，地図や本に載っていることは全てが常に正しいわけではない。❸海から家に戻ると，(1)漁師たちは人々におもしろい話をするのが好きだった。しばしば，その話は本当ではなかった。しかし実際，ときには(2)漁師たちは自分たちが理解できない奇妙なものを見た。❹北海で働く漁師たちは，クラーケンの話を語った。クラーケンとは，たくさんの腕を持つ巨大な海の生き物だ。彼らの話の中では，クラーケンは漁師たちを食べ，大きな船を破壊しさえした。❺今日私たちは，クラーケンは実際には巨大なタコだと考えている。(3)それらはふだん海のとても深い部分に生息しているが，ときどき上がってくる。クジラがそれらを食べるので，それらはクジラと戦う。大きな船を見ると，それらはそれがクジラだと思って戦うのだ。

＜**解説**＞(1)同じ文の後半が … when they got home と過去時制なので，過去の文と考え動詞に liked を置く。like to 〜で「〜するのが好きだ」となるので，liked to tell とし，tell 以下を 'tell＋人＋物事'「〈人〉に〈物事〉を話す」の形で tell people interesting stories とまとめる。　(2)saw の目的語になりうるのは things のみ。前に形容詞をつけて strange things とすれば，残りは they didn't understand とまとまるので，これを things の後に置く(things と they の間に目的格の関係代名詞が省略された形)。　(3)part, of, the sea より，「海の〜な部分」(〜 part of the sea)という語句になると推測する。残りの語句で the very deep をつくって part の前に置く。

Ⅳ－B 〔**条件作文**〕

≪**全訳**≫差出人：アビー・スミス／宛先：ヤマダモモコ／日付：2022年4月7日／件名：日本訪問／こんにちは，モモコ／元気？　日本のきれいな写真を私に送ってくれてどうもありがとう！　私のお気に入りはこみち公園の写真よ。桜の花がすばらしいね！　園内のきれいな池も気に入ったわ。8月に日本へ行く予定なので，そのときにぜひ一緒にその公園に行きたいな。日本で会うのが待ちきれないよ！／友達のアビーより

こんにちは，アビー／こみち公園の写真を気に入ってくれてうれしいな。私のお気に入りの場所でもあるんだ。8月に日本に来るなら，公園を案内するね。こみち公園には楽しめるものがいくつかあるよ。まず，(1)園内にはすてきなカフェがあるの。パンケーキがおいしいから，若者に人気なんだ。それから，(2)バードウォッチングが楽しめるよ。公園には15種類以上の野鳥がいるの。8月に会うのを楽しみにしているよ！／じゃあね，モモコより

＜**解説**＞(1)イラストを参考に，「若者に人気」と「pancakes」を結びつけてカフェを紹介する内容にする。　(別解例) there's a cafe which is popular among young people. It has delicious pancakes, so let's eat them(17語)　(2)イラストの「bird watching」「15種類以上！」をふまえて英文を書く。　(別解例) there are more than fifteen kinds of wild birds there. So, we can enjoy bird watching(16語)

Ⅳ－C 〔**テーマ作文**〕

≪**全訳**≫試験前に勉強するとき，1人で勉強するのと友人たちと勉強するのとでは，どちらが好きか。なぜそう思うか。

＜**解説**＞まず，「1人で勉強する方が好き」「友人たちと勉強する方が好き」のどちらかを選ぶ。次にその理由を1つ挙げる。　(別解例) I like studying with my friends better because I can work together with them. When we have difficult questions, we can help each other. If I study alone, no one will help me.(33語)

2023年度／成蹊高等学校

数学解答

1 (1) $\sqrt{10}$　(2) $(a+2)(a+b-2)$
(3) $x=1\pm\sqrt{7}$　(4) 57°
(5) $\frac{1}{6}$　(6) ⑥

2 (1) $\frac{1}{2}$　(2) (4, 8)　(3) $\frac{28}{3}$
(4) $y=\frac{1}{11}x$

3 (1) $6x+10yg$　(2) $x=\frac{15}{2}$, $y=4$

4 (1) 6　(2) $\sqrt{15}$

5 (1) $6\sqrt{2}$　(2) $18\sqrt{2}$　(3) 4：9
(4) $2\sqrt{6}$

1〔独立小問集合題〕

(1)＜数の計算＞与式$=\frac{(9\sqrt{5}-4)\times\sqrt{2}}{\sqrt{2}\times\sqrt{2}}-\frac{(35\sqrt{2}-6\sqrt{5})\times\sqrt{5}}{2\sqrt{5}\times\sqrt{5}}-(2-2\sqrt{2}+1)=\frac{9\sqrt{10}-4\sqrt{2}}{2}-\frac{35\sqrt{10}-30}{10}-(3-2\sqrt{2})=\frac{9\sqrt{10}}{2}-\frac{4\sqrt{2}}{2}-\frac{35\sqrt{10}}{10}+\frac{30}{10}-3+2\sqrt{2}=\frac{9\sqrt{10}}{2}-2\sqrt{2}-\frac{7\sqrt{10}}{2}+3-3+2\sqrt{2}=\frac{2\sqrt{10}}{2}=\sqrt{10}$

(2)＜式の計算—因数分解＞与式$=(a^2-4)+ab+2b=(a+2)(a-2)+b(a+2)$として，$a+2=X$とおくと，与式$=X(a-2)+bX=X(a-2+b)=X(a+b-2)$となる。$X$をもとに戻して，与式$=(a+2)(a+b-2)$である。

(3)＜二次方程式＞両辺を3倍すると，$(x-2)(x+3)=3x$，$x^2+x-6-3x=0$，$x^2-2x-6=0$となる。解の公式より，$x=\frac{-(-2)\pm\sqrt{(-2)^2-4\times1\times(-6)}}{2\times1}=\frac{2\pm\sqrt{28}}{2}=\frac{2\pm2\sqrt{7}}{2}=1\pm\sqrt{7}$である。

(4)＜平面図形—角度＞右図のように，6点A～Fを定め，点Cを通り直線l，mに平行な直線nを引き，線分DEとの交点をGとする。$l/\!/n$より，錯角は等しいので，∠BCG＝∠ABC＝22°となり，∠DCG＝∠BCG－∠BCD＝22°－6°＝16°となる。また，$m/\!/n$より，同位角は等しいので，∠DGC＝∠DEF＝107°となる。よって，△DCGの内角の和は180°だから，$\angle x$＝180°－∠DCG－∠DGC＝180°－16°－107°＝57°である。

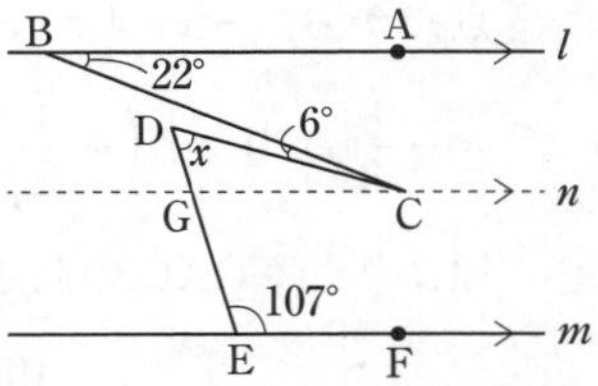

(5)＜確率—さいころ＞大小2つのさいころを同時に1回投げるとき，目の出方はそれぞれ6通りより，全部で6×6＝36(通り)ある。よって，十の位の数がa，一の位の数がbである2けたの整数も36通りある。このうち，2けたの整数が6の倍数となるのは，6が2の倍数かつ3の倍数より，aとbの和が3の倍数で，bが偶数になる場合であり，(a, b)＝(1, 2)，(2, 4)，(3, 6)，(4, 2)，(5, 4)，(6, 6)の6通りある。したがって，求める確率は$\frac{6}{36}=\frac{1}{6}$である。

(6)＜データの活用—箱ひげ図＞ヒストグラムより，最小値は5歳以上15歳未満の階級に含まれ，最大値は85歳以上95歳未満の階級に含まれる。度数の合計は43人だから，第2四分位数(中央値)は年齢を小さい順に並べたときの22番目の値である。また，43＝21＋1＋21より，第1四分位数は下位21人の中央値だから，小さい方から11番目の値であり，第3四分位数は上位21人の中央値だから，大きい方から11番目の値である。5歳以上15歳未満は4人，25歳未満は4＋11＝15(人)より，小さい方から11番目は15歳以上25歳未満の階級に含まれる。35歳未満は15＋3＝18(人)，45歳未満は18＋5＝23(人)より，22番目は35歳以上45歳未満の階級に含まれる。65歳以上は3＋0＋2＝5(人)，55歳以上は12＋5＝17(人)より，大きい方から11番目は55歳以上65歳未満の階級に含まれる。よって，四分位数が含まれる階級は，第１四分位数は15歳以上25歳未満，第２四分位数(中央値)は35歳以上45歳未満，第３四分位数は55歳以上65歳未満だから，ヒストグラムと対応する箱ひげ図は⑥である。

2 〔関数 $y=ax^2$ と一次関数のグラフ〕

(1)<比例定数>右図で，A$(-2,\ 2)$は関数 $y=ax^2$ のグラフ上の点だから，$2=a\times(-2)^2$，$2=4a$ より，$a=\dfrac{1}{2}$ である。

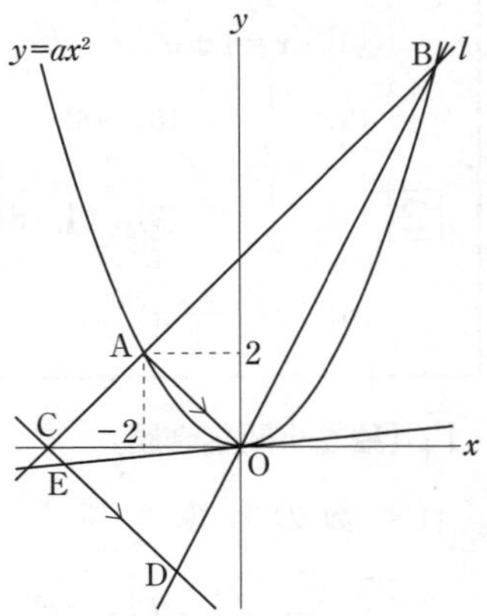

(2)<座標>右図で，直線 l の傾きは１だから，その式は $y=x+b$ とおける。これがA$(-2,\ 2)$を通るので，$2=-2+b$，$b=4$ となる。よって，直線 l の式は $y=x+4$ である。(1)より，点Bは放物線 $y=\dfrac{1}{2}x^2$ と直線 l の交点だから，２式から y を消去して，$\dfrac{1}{2}x^2=x+4$，$x^2=2x+8$，$x^2-2x-8=0$，$(x+2)(x-4)=0$ より，$x=-2,\ 4$ となる。点Aの x 座標が -2 より，点Bの x 座標は４だから，これを $y=x+4$ に代入して，$y=4+4=8$ より，B$(4,\ 8)$である。

(3)<面積>右上図で，〔四角形OACD〕＝△OAC＋△ODCとなる。(2)より，直線 l の式は $y=x+4$ であり，点Cは直線 l と x 軸の交点だから，$y=0$ を代入して，$0=x+4$，$x=-4$ となる。これより，C$(-4,\ 0)$であり，OC＝4となる。A$(-2,\ 2)$より，直線AOの傾きは $\dfrac{2}{-2}=-1$ であり，CD∥AOより，直線CDの傾きも -1 となるので，その式は $y=-x+c$ とおける。これが点Cを通るので，$0=-(-4)+c$，$c=-4$ となる。よって，直線CDの式は $y=-x-4$ である。また，(2)より，B$(4,\ 8)$だから，直線BOの傾きは $\dfrac{8}{4}=2$ となり，その式は $y=2x$ となる。点Dは直線CDと直線BOの交点だから，$-x-4=2x$，$-3x=4$ より，$x=-\dfrac{4}{3}$ となる。これを $y=2x$ に代入して，$y=2\times\left(-\dfrac{4}{3}\right)=-\dfrac{8}{3}$ より，D$\left(-\dfrac{4}{3},\ -\dfrac{8}{3}\right)$である。△OACと△ODCの底辺をOCと見ると，２点A，Dの y 座標より，△OACの高さは２，△ODCの高さは $\dfrac{8}{3}$ となる。したがって，〔四角形OACD〕$=\dfrac{1}{2}\times4\times2+\dfrac{1}{2}\times4\times\dfrac{8}{3}=4+\dfrac{16}{3}=\dfrac{28}{3}$ である。

(4)<直線の式>右上図で，(3)より，△OAC＝4，△ODC$=\dfrac{16}{3}$ であり，△OAC＜△ODCだから，点Oを通り四角形OACDの面積を２等分する直線は辺CDと交わる。この交点をEとする。このとき，〔四角形OACD〕$=\dfrac{28}{3}$ より，△ODE$=\dfrac{1}{2}$〔四角形OACD〕$=\dfrac{1}{2}\times\dfrac{28}{3}=\dfrac{14}{3}$ なので，△OEC＝△ODC－△ODE$=\dfrac{16}{3}-\dfrac{14}{3}=\dfrac{2}{3}$ となる。ここで，△OECの底辺をOC＝4と見たときの高さを h とすると，△OECの面積について，$\dfrac{1}{2}\times4\times h=\dfrac{2}{3}$ が成り立ち，$h=\dfrac{1}{3}$ となる。これより，点Eの y 座標は $-\dfrac{1}{3}$ である。(3)より，直線CDの式は $y=-x-4$ であり，点Eは直線CD上にあるので，$-\dfrac{1}{3}=-x-4$ より，$x=-\dfrac{11}{3}$ となり，E$\left(-\dfrac{11}{3},\ -\dfrac{1}{3}\right)$である。よって，直線OEの傾きは $-\dfrac{1}{3}\div\left(-\dfrac{11}{3}\right)=\dfrac{1}{11}$ だから，求める直線の式は $y=\dfrac{1}{11}x$ である。

3 〔数と式―連立方程式の応用〕

⑴＜**文字式の利用**＞x%の食塩水600gに含まれる食塩の量は$600\times\frac{x}{100}=6x$(g)である。また，$y$%の食塩水1000gに含まれる食塩の量は$1000\times\frac{y}{100}=10y$(g)である。これらを空の容器Bに入れて混ぜると，含まれる食塩の量は$6x+10y$gとなる。その後，100gの水を蒸発させても食塩の量は変わらないので，容器Bの食塩水に含まれる食塩の重さは$6x+10y$gと表せる。

⑵＜**連立方程式の応用**＞x%の食塩水400gに含まれる食塩の量は$400\times\frac{x}{100}=4x$(g)，$y$%の食塩水300gに含まれる食塩の量は$300\times\frac{y}{100}=3y$(g)である。これらの食塩水と水700gを空の容器Aに入れて混ぜると，食塩水の量は$400+300+700=1400$(g)となる。この食塩水の濃度が3%になったので，含まれる食塩の量について，$4x+3y=1400\times\frac{3}{100}$が成り立ち，$4x+3y=42$……①となる。また，容器Aから取り出した500gの食塩水の濃度も3%だから，容器Aから取り出した食塩水に含まれる食塩の量は$500\times\frac{3}{100}=15$(g)である。一方，$x$%の食塩水600gと$y$%の食塩水1000gを空の容器Bに入れて混ぜた後，100gの水を蒸発させたので，容器Bの食塩水の量は$600+1000-100=1500$(g)となる。⑴より，容器Bの食塩水に含まれる食塩の量は$6x+10y$gだから，容器Bから取り出した300gの食塩水に含まれる食塩の量は$(6x+10y)\times\frac{300}{1500}=\frac{6x+10y}{5}$(g)となる。よって，容器Cの食塩水の量は$500+300=800$(g)となり，この食塩水の濃度が$y$%になったので，含まれる食塩の量について，$15+\frac{6x+10y}{5}=800\times\frac{y}{100}$が成り立ち，$6x-30y=-75$……②となる。①，②を連立方程式として解くと，①×10＋②より，$40x+6x=420+(-75)$，$46x=345$，$x=\frac{15}{2}$となり，$x=\frac{15}{2}$を①に代入して，$4\times\frac{15}{2}+3y=42$，$30+3y=42$，$3y=12$より，$y=4$となる。

4〔平面図形—円〕

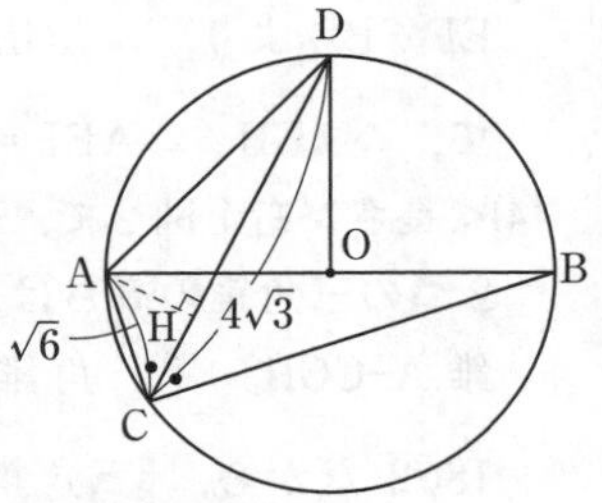

⑴＜**面積**＞右図で，線分ABは円Oの直径だから，$\angle ACB=90^\circ$である。よって，線分CDは$\angle ACB$の二等分線だから，$\angle ACD=\frac{1}{2}\angle ACB=\frac{1}{2}\times 90^\circ=45^\circ$となる。ここで，点AからCDに垂線AHを引くと，△ACHはAH＝CHの直角二等辺三角形となるので，$AH=\frac{1}{\sqrt{2}}AC=\frac{1}{\sqrt{2}}\times\sqrt{6}=\sqrt{3}$である。したがって，$\triangle DAC=\frac{1}{2}\times CD\times AH=\frac{1}{2}\times 4\sqrt{3}\times\sqrt{3}=6$である。

⑵＜**長さ**＞右上図で，2点O，Dを結ぶ。⑴より，$\angle ACD=45^\circ$だから，$\overset{\frown}{AD}$に対する円周角と中心角の関係より，$\angle AOD=2\angle ACD=2\times 45^\circ=90^\circ$となる。よって，円Oの半径より，OA＝ODだから，△OADは直角二等辺三角形となる。また，△DHAは$\angle DHA=90^\circ$の直角三角形であり，⑴で$CH=AH=\sqrt{3}$より，$DH=CD-CH=4\sqrt{3}-\sqrt{3}=3\sqrt{3}$となる。したがって，△DHAで三平方の定理より，$AD=\sqrt{AH^2+DH^2}=\sqrt{(\sqrt{3})^2+(3\sqrt{3})^2}=\sqrt{30}$となる。以上より，円Oの半径は，$OA=\frac{1}{\sqrt{2}}AD=\frac{1}{\sqrt{2}}\times\sqrt{30}=\sqrt{15}$である。

5〔空間図形—三角錐〕

≪**基本方針の決定**≫⑶　三角形の相似を利用する。　⑷　三角錐A-CGHの体積を利用する。

(1)＜長さ＞右図1で，正方形ABCDの1辺の長さをxとすると，点Eは辺BCの中点だから，BE＝$\frac{1}{2}$BC＝$\frac{1}{2}x$と表せる。△ABEで三平方の定理$AE^2=AB^2+BE^2$を用いると，AE＝$3\sqrt{10}$より，$(3\sqrt{10})^2=x^2+\left(\frac{1}{2}x\right)^2$が成り立つ。これを解くと，$90=\frac{5}{4}x^2$，$x^2=72$，$x=\pm6\sqrt{2}$となり，$x>0$より，$x=6\sqrt{2}$である。

図1

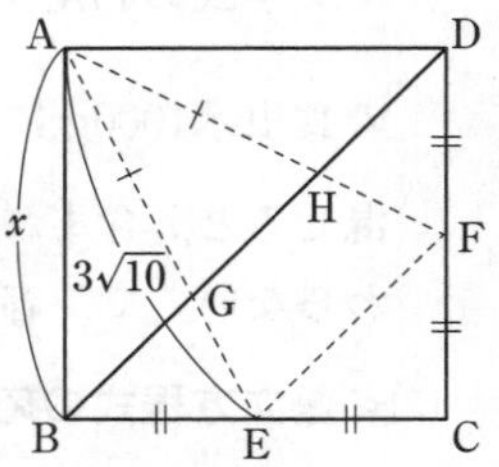

(2)＜体積＞右図2の三角錐A-CEFは，右上図1の正方形を折り曲げることでつくられているので，∠ACE＝∠ACF＝90°となる。よって，AC⊥〔面CEF〕であり，(1)より，AC＝$6\sqrt{2}$となる。また，△CEFは，2点E，Fがそれぞれ辺BC，辺CDの中点より，CE＝CF＝$\frac{1}{2}\times6\sqrt{2}=3\sqrt{2}$の直角二等辺三角形だから，△CEF＝$\frac{1}{2}$×CE×CF＝$\frac{1}{2}\times3\sqrt{2}\times3\sqrt{2}=9$となる。したがって，〔三角錐A-CEF〕＝$\frac{1}{3}$×△CEF×AC＝$\frac{1}{3}\times9\times6\sqrt{2}=18\sqrt{2}$である。

図2

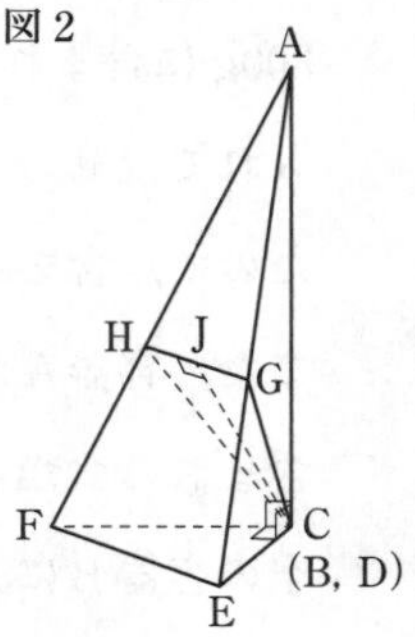

(3)＜面積比＞右上図1のように，三角錐A-CEFを展開した図で考えると，ひもの長さが最も短くなるとき，4点B，G，H，Dは一直線上にある。△GBEと△GDAにおいて，AD∥BCより，錯角は等しいので，∠GBE＝∠GDA，∠GEB＝∠GADとなり，2組の角がそれぞれ等しいので，△GBE∽△GDAである。これより，BG：DG＝BE：DA＝1：2となり，BG：BD＝1：(1＋2)＝1：3だから，BG＝$\frac{1}{3}$BDである。よって，図形の対称性より，DH＝BG＝$\frac{1}{3}$BDだから，GH＝BD－BG－DH＝BD－$\frac{1}{3}$BD－$\frac{1}{3}$BD＝$\frac{1}{3}$BDである。また，2点E，Fはそれぞれ辺BC，辺CDの中点だから，△CBDで中点連結定理より，EF∥BD，EF＝$\frac{1}{2}$BDとなる。よって，EF∥BDより，△AGH∽△AEFとなり，相似比はGH:EF＝$\frac{1}{3}$BD:$\frac{1}{2}$BD＝2:3となる。したがって，△AGH：△AEF＝$2^2:3^2$＝4：9である。

(4)＜長さ＞右上図2で，三角錐A-CGHと三角錐A-CEFの底面をそれぞれ△AGH，△AEFと見ると，2つの三角錐の高さは等しいから，体積の比は底面積の比と等しくなる。よって，(3)より，〔三角錐A-CGH〕：〔三角錐A-CEF〕＝△AGH：△AEF＝4：9である。(2)より，〔三角錐A-CEF〕＝$18\sqrt{2}$だから，〔三角錐A-CGH〕＝$\frac{4}{9}\times18\sqrt{2}=8\sqrt{2}$となる。また，右上図1で，(1)より，△BCDはBC＝CD＝$6\sqrt{2}$の直角二等辺三角形だから，BD＝$\sqrt{2}$BC＝$\sqrt{2}\times6\sqrt{2}=12$となる。(3)より，BG＝GH＝DH＝$\frac{1}{3}$BDだから，図2の△CGHは1辺が$\frac{1}{3}\times12=4$の正三角形となる。ここで，点Cから辺GHに垂線CJを引くと，△CGJは3辺の比が1：2：$\sqrt{3}$の直角三角形となるから，CJ＝$\frac{\sqrt{3}}{2}$CG＝$\frac{\sqrt{3}}{2}\times4=2\sqrt{3}$である。これより，△CGH＝$\frac{1}{2}$×GH×CJ＝$\frac{1}{2}\times4\times2\sqrt{3}=4\sqrt{3}$となる。したがって，三角錐A-CGHにおいて，△CGHを底面と見たときの高さをhとすると，体積について，$\frac{1}{3}$×△CGH×$h=8\sqrt{2}$より，$\frac{1}{3}\times4\sqrt{3}\times h=8\sqrt{2}$が成り立つ。これを解くと，$\frac{4\sqrt{3}}{3}h=8\sqrt{2}$より，$h=2\sqrt{6}$となるから，AI＝$2\sqrt{6}$である。

2023年度／成蹊高等学校

国語解答

一

問一　①　遭遇　②　同僚　③　機構　④　前提　⑤　幻想

問二　フランスなら，バッグは，当然，盗まれているはずだから。

問三　ア

問四　Ⅰ…A　Ⅱ…B　Ⅲ…A　Ⅳ…B

問五　ウ　　問六　エ

問七　日本には，「社会」という言葉や概念が定着しなかったから。

問八　自分と関係のある「世間」のことには興味を持つが，自分とは無関係な「社会」に属している人や物は無視する，という日本人の行動原理。

二

問一　Ⅰ…ア　Ⅱ…エ　Ⅲ…イ　Ⅳ…ウ

問二　つらくても，一人で耐えられる強さ。

問三　イ

問四　自分の人間関係を巡る問題に，「私」が口出しするのを防ぐため。

問五　ア

問六　勉強ばかりで楽しいことを知らず，人間関係の基本を知らない人物。

問七　「私」は，要領の悪い姉にいらだっていたが，その不器用な姉が自分のために広瀬先輩とケンカをしたことを知って，申し訳なく思い，姉を悪く言う遠藤を不快に感じたから。

三

問一　エ　　問二　ウ　　問三　イ

問四　亀が，命を助けられた恩返しとして，海に入れられた禅師を背負って，海岸まで送ったこと。

一〔**論説文の読解―文化人類学的分野―日本文化**〕出典；鴻上尚史『「空気」と「世間」』「世間とは何か」。

≪本文の概要≫日本では，電車の網棚の上に置き忘れたバッグが盗まれることは少ない。しかし，電車の中で老人に席を譲ったり，階段で乳母車を抱えた女性を手助けしたりする人も少ない。これは，どういうことなのだろうか。おそらく，日本人は，自分に関係のある世界である「世間」には関心があるが，自分とは無関係な世界である「社会」には関心がないのである。バッグも老人も，「社会」に属しているものなので，存在しないものとして無視されるのである。阿部謹也さんは，明治時代にsociety，individualの訳語として，社会，個人という言葉がつくられたことを指摘している。我が国を強引に西洋化するためには，それらの言葉が必要だったのである。阿部さんは，さらに，「社会」という言葉が通用するようになって，欧米流の社会があるかのような幻想が生まれたが，一般の人々は，「社会」という言葉を用いず，相変わらず「世間」という言葉を用い続けたといっている。日本人は，「社会」と「世間」を使い分けながら，二重基準の世界で生きてきたのである。

問一＜漢字＞①「遭遇」は，たまたま出会うこと。　②「同僚」は，同じ職場で働く，役目や地位がほぼ同じ程度の人。　③「機構」は，官庁・会社などの組織の仕組みのこと。　④「前提」は，ある物事が成り立つための基礎，前置きとなるための条件のこと。　⑤「幻想」は，現実には存在しないものを，存在するかのように思い描くこと。また，その思い描かれたもののこと。

問二＜文章内容＞フランスをはじめヨーロッパでは，バッグなどの荷物は「持ち主が近くにいないと分かると，すぐに誰かが盗んでいく」ので，フランス人の出演者は，当然，日本でもバッグはとっくに持ち去られているに違いないと判断した。それなのに，日本人の友人がすぐにJRに電話すると言ったので，彼は，「そんなバカな」と思ったのである。

問三＜文章内容＞モヒカンヘアーもパンクファッションも，「反体制」を表すスタイルである。全身で自分は「反体制」であると表明している人間が，老人に席を譲る優しさを見せたことに，「僕」は不思議さを感じたのである。

問四＜文章内容＞おばさんは，自分に関係のある世界に属している「仲間たち」に関心があっても（Ⅰ…A），自分に関係のない世界にいる「席のそばに立っている学生だったり，親子連れだったりする人たち」には，関心がないのである（Ⅱ…B）。そして，自分に関係のある世界に属している「仲間たち」のためには，おばさんは，「必死で走り，電車の席を確保する」が（Ⅲ…A），自分に関係のない世界に属する人たちには，「必死になにかをする必要は感じない」のである（Ⅳ…B）。

問五＜文章内容＞フランス人の出演者は，「日本人はマナーがいいのか悪いのか，さっぱり分かりません！」と言っていた。それに対して「僕」は，「『世間』と『社会』という視点」で見ていけば，なぜ日本人が「正反対のマナーだと思われる行動を取っている」のか，つまり，日本人がどのようなルールに基づいて行動しているのかを，うまく説明できるのではないかと考えたのである。

問六＜文章内容＞電車の中で熱心に化粧をする女性は，電車の中が「社会」で，「自分には関係がないと思っているからできる」のである。もし，「会社の同僚」という自分と関係のある世界に属する人が一人でも乗り合わせてきたら，その女性にとって，電車の中は「世間」になってしまう。本来，人には見せないでする化粧を人前で行うことは，自分と関係のある「世間」の人の前では，簡単にはできないのである。

問七＜文章内容＞明治時代に，社会や個人という言葉が訳語としてつくられるまでは，日本には社会や個人という言葉はなく，「現在のような意味の社会という概念も個人という概念も」なかった。西洋的な意味での「独立した『個人』が構成する『社会』なんてもの」は，日本には存在しなかったので，「『社会』という言葉が定着しなかった」といえる。そのため，「『社会が許さない』とか『社会体が悪い』という言い方は生まれなかった」のである。

問八＜文章内容＞ほとんどの日本人にとって，網棚に残されたバッグは，「自分とは関係のない世界＝『社会』」に属する物である。また，目の前に立っている杖をついた老女も，「社会」に属する人である。ほとんどの日本人は，「自分に関係のある世界」である「世間」には関心を持ち，必要なら行動も起こすが，「社会」は自分には関係ないものとして無視するので，バッグを盗むこともしないし，老女に席を譲ろうともしないのである。

二〔**小説の読解**〕出典；辻村深月『「妹」という祝福』（『家族シアター』所収）。

問一＜表現＞Ⅰ．裕香たちが，「モンスター的な広瀬先輩と敵対してる私」のことを「自分の自慢話のように他のクラスの子に吹聴してること」を知って，「私」は，つくづくいやになった。　Ⅱ．おとなしそうな「三つ編み軍団が内部分裂するところなんて想像つかなかった」し，姉が「あんな子たちからさえ外されてしまうなんて，情けない気」がして，「私」は，違和感を覚えた。　Ⅲ．姉が一人で教室を移動したりトイレに行ったりしている様子を想像して，「私」は，自分まで疲れたような気持ちになった。　Ⅳ．勉強ばかりしていると，「先輩との上下関係とか人間関係とか」の基本が残らず全て抜けたままですぐ受験することになる。

問二＜文章内容＞「私」は，姉の仲間である「さえない地味な軍団を笑ってバカに」することができた。地味な人たちを攻撃して勝てるのが，「私」の「強さ」である。これに対して，姉の由紀枝は，「何かあっても我慢して言ってこない」性格で，学校で一人で行動することができた。一人で教室を移動したりトイレに行ったりすることは，「私」にとっては「絶対嫌だし，耐えられない」ことであり，また，「モンスター的な広瀬先輩」とケンカをすることも，「私」には不可能だった。友達から仲間外れにされても，不愉快な相手とケンカをすることになっても，一人で耐えられるのが，「私」とは異なる姉の「強さ」なのである。

問三＜心情＞裕香が，広瀬先輩と姉が「私」のことでケンカをしたのかもしれないと言ったとき，「私」は，それ以上話を続けてほしくなかった。ケンカの「責任が私にあるのかもしれない」と考えると，「具合が悪くなりそう」だったのである。「私」は，姉が「私をかばった」せいで，広瀬先輩とケンカをしたとは思いたくなかったので，最初にそれを尋ねることはできなかったのである。

問四＜心情＞姉が自分の友達を責めるようなことを言えば，「私」は，その友達を「笑ってバカに」するだろう。「私」が「さえない地味な軍団」を攻撃するのが得意であることは，姉もよくわかっていた。姉は，この問題に関して，「私」に口出ししたり介入したりしてほしくなかったので，話を打ちきるように「私が悪いんだ」と言ったのである。

問五＜心情＞姉が，友達と仲直りしたらしいことを知って，「私」は，気にかかっていたことがなくなって，ほっとしたのである。

問六＜文章内容＞遠藤は，姉について，「勉強ばっかじゃなくて，世の中，もっと楽しいことある」のだからもう少し「私」を「見習えばいいのに」と言い，さらに「先輩との上下関係とか人間関係とか，そういうキホン」が抜けていると批判した。遠藤は，姉を，勉強ばかりしてそれ以外の楽しいことを何も知らず，人間関係に関する能力を全く身につけていない人物ととらえているのである。

問七＜心情＞姉が友達から仲間外れにされているのを見て，「私」は，その要領の悪さにいらだった。しかし，「私」は，姉が「私」のために広瀬先輩とケンカをしたことを知って，もっと上手に立ち回ればいいのにと思いながらも，姉に対して申し訳なさと感謝の気持ちを抱くようになった。その結果，「私」は，姉やその仲間のことを悪く言う遠藤を不愉快に思い，「遠藤の横にこのまま平然と」座ってはいられないと感じたのである。

三〔古文の読解―説話〕出典；『日本霊異記』上巻第七。

≪現代語訳≫禅師は，仏像をつくるために，京へ上った。私財を売ってすでに金丹などの物を買い得ていた。帰る途中で難波の港に着いたときに，海辺の人が，大きな亀を四匹売っていた。禅師は，人に勧めて(亀を)買い取らせ放させた。その後人の舟を借りて，童子を二人引き連れて，一緒に乗って海へ出た。日が暮れて夜がすっかりふけた。舟人が，欲心を起こして，備前の骨嶋の辺りにさしかかったところで，童子らをつかまえて，彼らを海の中へ投げ込んだ。その後で，禅師に向かって，「早く海に入れ」と言った。禅師が，説得したが，賊はそれでもやはり聞き入れなかった。そこで，(禅師は)神仏に願いごとをして海の中に入った。水が，腰の高さまできたときに，石が脚に当たっているようだったので，夜明けの光で見てみると，亀が(禅師を)背負っているのだった。その備中の海の岸辺の辺りで，その亀は三度頭を下げて去った。おそらくは，これは放してやった亀が恩を返したのではないだろうか。／一方賊たち六人が，その寺に金丹を売りにきた。寺の支援者が先に来て，値段の交渉をして，禅師が，後から現れた。賊たちは(驚き)突然窮地に追い込まれた。禅師はあわれんで刑罰を加えなかった。仏像をつくり，仏塔を飾って，十分に供養は終わった。その後(禅師は)海辺にとどまって，行き来する人を教化した。年齢八十過ぎで(禅師は)なくなった。動物ですらやはり恩を忘れずに恩返しをする。ましてや，人間が恩を忘れるだろうか(，いや，忘れてはならない)。

問一＜古文の内容理解＞舟人は，乗客から貴重品を奪いたいという「欲」を起こしたのである。

問二＜古文の内容理解＞賊たちは，禅師を海に入らせたので，禅師は死んだはずだと思っていた。それなのに，賊たちの悪事をよく知っている禅師が現れたので，賊たちは驚き，窮地に追い込まれたのである。

問三＜古文の内容理解＞海辺にとどまっていた禅師が，八十歳を過ぎてなくなったのである。

問四＜古文の内容理解＞禅師に命を救われた亀は，その恩に報いるために，海に入らされた禅師を海岸まで送り届けたのである。

Memo

2022年度 成蹊高等学校

【英　語】（60分）〈満点：100点〉

【注意】＊の語には（注）に訳語が与えられている。

Ｉ　Ａ　放送問題

今から２つの会話が流れます。それぞれの会話を聞き，質問の答えとして最もふさわしいものをア～ウから１つ選び，記号を○で囲みなさい。

1．How much will the man pay?

ア．1,400 yen　　イ．2,000 yen　　ウ．2,400 yen

2．What time will the plane arrive in Hawaii?

ア．2:30 p.m.　　イ．3:00 p.m.　　ウ．3:30 p.m.

Ｂ　放送問題

留学生のエマは，日本の生徒の勉強時間について興味を持ち，クラスでアンケートをとりました。アンケートの結果報告を聞き，以下の問いに答えなさい。

1．平日の勉強時間を示すグラフを，下のＡ～Ｄから１つ選び，記号を○で囲みなさい。

2．日曜日の勉強時間を示すグラフを，下のＡ～Ｄから１つ選び，記号を○で囲みなさい。

勉強時間ごとの人数

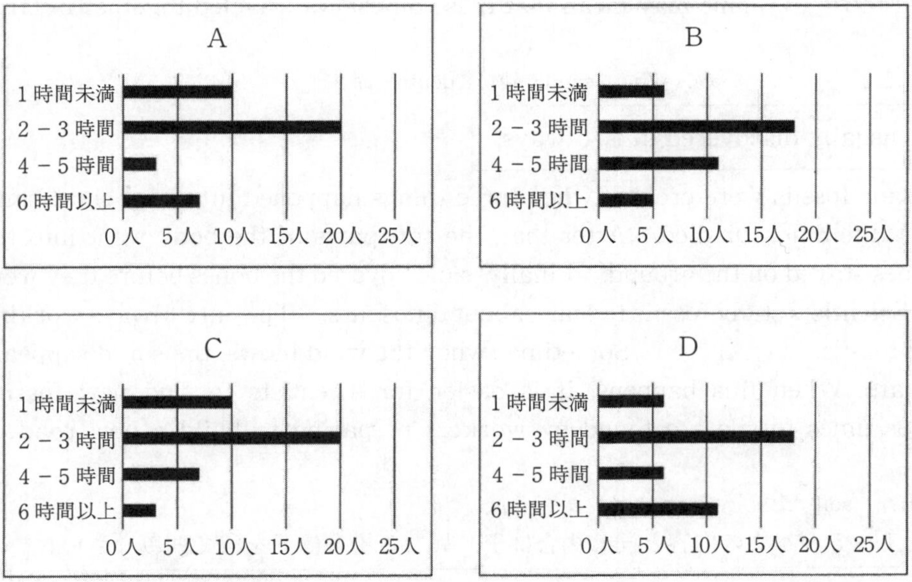

3．結果報告の内容と一致するものを以下のア～ウから１つ選び，記号を○で囲みなさい。

ア．日曜日に部活動を行うべきではない。

イ．成績のよい生徒は，勉強時間が長い。

ウ．限られた時間を生かして勉強することが大切だ。

※＜放送問題原稿＞は英語の問題の終わりに付けてあります。

II　A　①～③は恐竜(dinosaurs)について書かれた文章です。枠内の文が，それぞれの文章中(ア)～(ウ)のいずれかに入ります。最も適切な場所を選び，記号で答えなさい。

①
Most of them build their *nests in trees.

Scientists know that dinosaurs grew and developed inside eggs. These eggs were hard and protected the baby dinosaurs. Dinosaurs and birds grow in a similar way. However, dinosaur eggs were different from bird eggs. (　ア　) Dinosaur eggs were very heavy. They were also bigger than bird eggs. Dinosaurs created safe places called nests for their eggs. Birds do this too. (　イ　) However, dinosaurs built their nests on the ground. Scientists think that dinosaurs covered their nests with dead plants to keep the eggs warm. (　ウ　)

(注)　nest：巣

②
Scientists have also discovered a lot of *footprints going in the same direction.

There are many different sizes of footprints of dinosaurs. (　ア　) Some of them are very small and some of them are very large. These footprints were made millions of years ago when the ground was soft and *wet. Later, *sand filled the footprints. Time passed and the ground and sand changed into stone. Then, the footprints stayed in the stone. (　イ　) These days, scientists can understand a lot of things from footprints of dinosaurs. For example, the *depth of the footprints helps them to know how heavy the dinosaur was. (　ウ　) This may mean that these dinosaurs traveled together in large groups.

(注)　footprint：足跡　　wet：湿っている　　sand：砂　　depth：深さ

③
*Fossils are usually discovered in two ways.

The best dinosaur fossils were created when three things happened in a very short time. (　ア　) First, the dinosaur died. After that, the soft parts of the body went into the *soil. The *bones stayed on the ground. Finally, sand covered the bones before they were lost or broken. Scientists study fossils to learn about dinosaurs. They are always working hard to find new fossils. (　イ　) Sometimes when the wind blows, the soil disappears and fossils appear. When this happens, it is easier for scientists to find new fossils. (　ウ　) Other times fossils are found by workers preparing to build a new road or building.

(注)　fossil：化石　　soil：土壌　　bone：骨

B　下の文章を読み，１～５が本文の内容と同じ場合はＴ，異なる場合はＦを○で囲みなさい。

1. *Emperor Francis built a large zoo for his children.
2. The emperor's wife wanted safe animals in the zoo.
3. During the world wars, *Vienna Zoo was too poor to keep its animals healthy.
4. *Dr. Pechlaner decided to collect money from people to buy more animals.
5. Vienna Zoo is the only zoo that has *giant pandas from China.

Vienna Zoo in *Austria is the oldest zoo in the world. In 1752, Emperor Francis wanted to build a zoo for his children. Only his family and *noble guests could visit the zoo. This special zoo was very small and there were only thirteen cages which looked like pieces of cake. The emperor's wife loved monkeys, so many kinds of monkeys were brought to the zoo. There were no animals like lions or tigers because she didn't like their smell. She was also worried that dangerous animals might hurt her children.

Thirty years later, Vienna Zoo opened its doors to people in the town. They did not have to pay to enjoy the zoo, but they had to wear nice clothes on Sundays.

In 1828, animals from Africa and America were brought to the zoo. At this time, the first *giraffe came to Vienna Zoo and it was the most popular animal there.

In the 20th century, there were two world wars. People at Vienna Zoo could not take care of its animals. The cages for the animals were too small but there was no money to build bigger ones. Because the environment was bad, the animals were not in good health and many of them died.

In 1992 Dr. Pechlaner became the *manager of Vienna Zoo. He solved a lot of problems at the zoo. He used science and technology to make better environments for the animals. For example, he built larger cages and new buildings, and he made jungles and farms. To pay for the new buildings, he decided to ask people to pay money to enter the zoo. With the help of Dr. Pechlaner, Vienna Zoo was saved.

After Vienna Zoo became better, more animals joined the zoo. Today, the most popular animals are the koalas and giant pandas. Vienna Zoo is one of the zoos in the world which has two giant pandas from China. Also, it is the only zoo in Europe that is working to help the giant pandas to have babies in a natural way. Vienna Zoo is the oldest and at the same time, the newest zoo in the world.

（注） Emperor Francis：皇帝フランツ１世　　Vienna：ウィーン（都市名）
Dr. Pechlaner：ペヒラーナー博士　　giant panda：ジャイアントパンダ
Austria：オーストリア（国名）　　noble：高貴な　　giraffe：キリン　　manager：園長

C　下の文章を読み，物語を完成させるために（①）～（③）に入る最も適切なものをア～オから選び，記号で答えなさい。同じものは二度使わないこと。

ア．I'm excited!
イ．Cut the bed and open it!
ウ．Do you feel it?
エ．Are you sure?
オ．It's moving again!

It was three o'clock in the morning. Ann suddenly sat up in bed. "John! Wake up!" she said to her husband.

John woke up and opened his eyes a little. "What's the matter?" he said to Ann.

"Something moved under me," Ann said. "There! It's moving now! (①)"

"No, I don't," John said. "I'm going back to sleep."

John and Ann went back to sleep.

An hour later, Ann woke up again. "John! (②)" she said.

"Really? I don't feel anything," John said.

John and Ann went back to sleep again.

An hour later, this time John jumped out of bed. "Something is moving inside the bed!" he said.

"I told you!" Ann said. "There is something! (③)"

"Are you serious? This is a new bed. We've just bought it!" John said.

"Yes," Ann said. "We must know the cause."

Twenty minutes later, John and Ann found a little snake inside their new bed!

D 次の文章を読み，（①）～（④）に入る最も適切なものをア～エから選び，記号で答えなさい。

Once upon a time, there were a bird that loved a *whale and a whale that loved a bird. During the summer, the bird and the whale met in the *bay. They talked about the moon, the *waves, and the ships.

"One day, you can meet my family in the ocean," the whale said.

"And you can meet my friends on land," the bird said.

Summer changed into autumn, and autumn changed into winter. The ocean became cold, and all the whales left for warmer places.

"Come with me to a warmer place," the whale said. "It's a wonderful place. It's always warm, and there is a lot of fish to eat."

"I love eating fish," the bird said, "and I love being with you. I will follow you anywhere. But first, teach me how to become a whale."

"Like this!" the whale said, "Follow me!" The whale *dived into the ocean.

"OK!" the bird said, and (①).

The bird went deeper and deeper. "I'm swimming," he laughed. "I'm a whale!" But soon he could not *breathe, and he returned to the *surface. He tried and tried, but he couldn't swim.

"I don't think a bird can become a whale," the bird said. "Why don't you come with me? I live on a *hill. It is a wonderful place. It's warm and safe, and every morning you can see the *sunrise."

"I love to see the sunrise," the whale said, "and I love being with you. I will follow you anywhere. But first, teach me how to become a bird."

"Like this!" the bird said, "Follow me!" and he moved his *wings and took off into the sky.

"OK!" the whale said. She closed her eyes and moved her *fins, just like the bird. "I'm flying," the whale laughed. "I'm a bird!" But when the whale opened her eyes, (②). She was still in the ocean. She tried and tried and tried, but she just couldn't.

"I don't think a whale can become a bird," the whale said. "You can't fly, and I can't swim. Where can we live together?" the bird said. "We will stay here—in the bay," the whale said, but (③)

"You love to swim deep in the ocean. That is your favorite thing to do. You will never be happy here," the bird said. "You love to fly in the sky. That is your favorite thing to do. You will never be happy here," the whale said. The bird and the whale loved each other, so (④).

They never forgot each other. When the whale saw a bird that was flying high in the sky, she thought of her bird. She hoped he was enjoying the skies, just like that. And when the bird saw a whale that was diving deep in the ocean, he thought of his whale. He hoped she was enjoying the ocean, just like that.

【出典】 Aletta Mazlin "The Bird and the Whale"

(注) whale：クジラ　bay：湾　wave：波　dive：潜る　breathe：呼吸する
surface：海面　hill：丘　sunrise：日の出　wing：つばさ　fin：ひれ

① ア. he took off into the sky
イ. he also dived into the ocean
ウ. he didn't want to swim
エ. he was a very good swimmer

② ア. she didn't like to fly in the sky
イ. she decided to fly in the sky
ウ. she found that she could fly
エ. she was not flying in the sky

③ ア. the bird said, "We have to live here."
イ. the bird said, "That's a good idea."
ウ. the bird said, "No, we can't."
エ. the bird said, "Let's try it again."

④ ア. they said goodbye
イ. they left the ocean
ウ. the whale decided to live on the hill
エ. the bird decided to live in the ocean

E 次の文章を読み，続く質問1～5の答えとして最も適切なものをア～エから選び，記号で答えなさい。

The water we drink today has been on the Earth since the *dinosaurs lived. *Fresh water stays on the Earth almost all the time. It is recycled through *the atmosphere and back into our cups. However, because the population has increased, we do not have enough water for everyone. As a result, every year people fight to get clean water for drinking, cooking, and taking a bath.

Though about 70% of the Earth is covered by water, about 97.5% of the water on the Earth is seawater or has salt in it. This means that only 2.5% of the water on the Earth is fresh water. However, most of it is in *glaciers and snow fields. So only 0.007% of the water on the Earth is fresh water used by 6.8 billion people.

Because of *geography, climate, and technology, the way to use water is different from place to place. For example, in the UK, people can get good, clean water easily. Each person drinks and cooks with about three *liters of clean water. They also use 60 liters of clean water for taking a bath and cleaning clothes. Almost 50 liters of clean water go down the *toilet every day. Each person uses more than 140 liters of clean water every day. In Australia, people use 200 liters of clean water every day too. These people live in the big cities near the sea. However, farmers who do not live near the sea often have trouble because there are *droughts in Australia every year.

In many *developing countries, clean water is hard to get. Many people in Africa and Asia have only 10 liters of water each day. Most of the water they can get is not clean or they have to travel far to get it. About 75% of the people in the world have only water from rivers and *wells. Five thousand children die every day in the world because the water they get has diseases.

We get a lot of water from rain too. However, when it rains too much, some plants and animals may die in *floods. When it doesn't rain enough, there is a drought. The ground gets very *dry, and plants and animals may die, too. In many countries, we have more and more floods and droughts now.

People need water to live. We need water for producing food, clothes, and computers, and keeping us and the environment healthy. According to *the United Nations, people use more water now than in the last century. In the near future, about 1.8 billion people will live in areas without enough water. About 66% of the people in the world will have problems with water because of population, climate change, and the way of using water. People do not use water well, so we have to think how to keep, use and share the water we have for the future.

（注） dinosaur：恐竜　fresh water：淡水　the atmosphere：大気　glacier：氷河
geography：地理　liter：リットル　toilet：トイレ　drought：干ばつ
developing country：発展途上国　well：井戸　flood：洪水
dry：乾燥している　the United Nations：国際連合

1．What problem about water do we have now?
ア．The water on the Earth is not clean any more.
イ．People need better technology to recycle water.
ウ．It is difficult to get clean water for everyone.
エ．There is less water on the Earth than before.

2．How much water on the Earth can people use?
ア．70%　イ．30%　ウ．2.5%　エ．0.007%

3．How do people use water in the UK?
ア．They use clean water only for drinking and cooking.
イ．They use clean water for many purposes.
ウ．They use recycled water for taking a bath and washing clothes.
エ．They don't have enough water for farming.

4．What is the problem in developing countries?
ア．The water people drink often makes them sick.
イ．People need a lot of water to travel far.
ウ．These countries have too much rain every year.
エ．People cannot grow vegetables near the sea.

5．What does the writer suggest?
ア．People should find ways to protect themselves from droughts and floods.
イ．People should use less water to stop global warming.
ウ．People should improve the way of using water.
エ．People should discover a new planet which has water.

III　A　下の文章を読み，下線部(1)～(3)について，それぞれの質問に英語で答えなさい。

(1)　Why does Donna *sigh?
(2)　Why is Kevin angry?
(3)　Why does Kevin laugh when he looks at Donna?

Donna and her husband, Kevin, are going to the beach. Donna is preparing for the trip. She puts many things into her bag. However, she cannot find their beach towels. Donna always loses things. The towels are not in the *laundry basket. They are not on the *shelf, either. She finally looks in her bag. She finds the folded towels there.

Donna is almost ready. She just needs her glasses. She thinks they are on the table by the door or in the bathroom. She also thinks they may be in the kitchen. (1)Donna sighs.

Kevin puts his bag, umbrellas, and his fishing poles in the car. Their dog looks excited and jumps in the back seat of the car. Kevin is ready to leave. (2)He is angry. He shakes his head and thinks, "What is Donna doing? She always does this!"

Donna is still looking for her glasses. She cannot find them, and she knows Kevin is waiting. She *grabs her bag and *locks the door.

"You are late," Kevin says when Donna gets in the car. Donna says, "So sorry. I couldn't find my glasses . . ." (3)Kevin looks at her and laughs! He says, "Look at yourself in the mirror!" She looks in the car mirror and laughs, too. Her glasses are on top of her head. They were there the whole time!

（注）　sigh：ため息をつく　　laundry basket：洗濯かご　　shelf：棚
grab：つかむ　　lock：鍵をかける

B　アメリカのオンライン学習サイトに，ある投稿者からの体験談が寄せられました。その体験談を読み，下線部が投稿者のどのような体験を指しているか，日本語で説明しなさい。ただし，「ドア」という言葉は使わないこと。

Do you know the *saying "When God closes a door, he opens a window"? This means that even when you don't get something you want, there is always a better way. When the *pandemic started in 2020, I thought that I would have a very hard time. However, now I can say that "When a door is closed, *technology can help you to find another door."

Before the pandemic, I took classes at a local library though there were not many different types of classes. When the pandemic started, the local library was closed, and I could not study there. So, I decided to take *online classes.

I like online classes very much because I can stay home and take many different types of classes across the country. I took a history class and learned about the history of African Americans. I also started to take an online *Spanish class. I always wanted to learn a new language, but the local library didn't have a Spanish class.

*COVID-19 makes our lives difficult, but we can use technology to learn more about the new world. If we can find a way to "open another door," we can change our lives.

（注）　saying：格言　　pandemic：世界的感染拡大　　technology：テクノロジー　　online：オンラインの
Spanish：スペイン語　　COVID-19：新型コロナウイルス感染症

Ⅳ　A　次の文章を読み，下線部(1)，(2)の日本語を英語にしなさい。[　]内の語句を全て使うこと。

I will introduce two of my best friends, Bob and Jane. They are brother and sister. I first met them in elementary school. We went to the same school. Because they lived close to me, we walked to school together every day. Sometimes (1)私達は鳥や動物を見るために森へ行きました。[the forest / birds / animals] On rainy days, we stayed home and played with toys. On warm summer days, we went swimming in the lake. I often had dinner at their house. Their parents were very nice to me. Bob and Jane often visited my house to have lunch. Also, (2)宿題をする時，私達はお互いに助け合いました。[our homework] I was good at math, Bob was good at English, and Jane was good at science. After I graduated from high school, I moved to a different town. They also moved to different places, but we are still good friends.

B　2週間後からあなたはオーストラリアで1か月過ごします。ホームステイ先のホストファーザーのRay Brownから以下のメールが届きました。メールの中の2つの質問に対する答えをそれぞれ20語程度の英語で書き，返事を完成させなさい。それぞれの答えが2文以上になってもかまいません。

From：Ray Brown
To：Sho
Subject：Plans for your visit
Hi Sho, How are you？ Have you finished preparing for your visit？ We are making plans for your first Sunday here and want to ask you two questions. In the morning, we can go to the zoo or go swimming in the sea. Which activity do you want to do？ In the afternoon, what would you like to do in town？ In the evening, we will have a BBQ party for dinner at home！ Please tell me what you would like to do, and we'll do our best to welcome you. We look forward to hearing from you！ Best, Ray

C　次の質問に対する答えを25～35語の英語で書きなさい。文の数はいくつでもかまいません。コンマ，ピリオドなどの符号は語数に含めません。解答欄に語数を記入すること。

Who do you respect the most？ Why？ You can write about a person you have met or a person you have not met.

＜放送問題原稿＞

これから放送問題を始めます。問題用紙の１ページ目を開いてください。問題はⅠ A とＢの２題です。メモを取ってもかまいません。それぞれの英文は２回読まれます。

では，始めます。

A　放送問題

今から２つの会話が流れます。それぞれの会話を聞き，質問の答えとして最もふさわしいものをア～ウから１つ選び，記号を○で囲みなさい。

１．

A： Welcome to Keyaki Zoo!

B： Hi! How much do we have to pay? We are a group of four.

A： Well, one ticket for one adult is 700 yen. One ticket for a junior or senior high school student is 500 yen, and for children under 12, one ticket is 400 yen.

B： I see. We are a family of two adults and two high school students, so I'll pay 2,400 yen.

A： Right. Oh, then, you can buy a family ticket. It is 2,000 yen.

B： Great. I'll take it.

繰り返します。

２．

A： Hi, are you enjoying the flight?

B： Yes, but I have a question. When will we get to Hawaii?

A： We were going to arrive there at 3:00 p.m., but it is windy, so we'll be 30 minutes late.

B： It's 2:30 now, so it will take one more hour.

A： That's right.

繰り返します。

B　放送問題

留学生のエマは，日本の生徒の勉強時間について興味を持ち，クラスでアンケートをとりました。アンケートの結果報告を聞き，以下の問いに答えなさい。

Hello everyone. My Japanese friends are very busy every day, so I decided to make a report about their study time. I asked my classmates two questions.

First, I asked, "How many hours do you study from Monday to Friday?" 10 students study for less than 1 hour. 20 students study for 2 or 3 hours. 7 students study for 4 or 5 hours, and only 3 students say that they study for more than 6 hours.

The next question is "How many hours do you study on Sundays?" 6 students study for less than 1 hour on Sundays. 18 students study for 2 or 3 hours and 11 students study for 4 or 5 hours on Sundays. There are 5 students who study for more than 6 hours on Sundays.

During the interview, I found the students who belong to a club had less time to study from Monday to Friday. It is also difficult to study on Sundays because of their club. However, they know how to use the limited time they have. I think this is important. Thank you for listening.

繰り返します。

これで放送問題を終わります。

【数　学】（60分）〈満点：100点〉

【注意】 円周率は π として計算すること。

1 次の各問いに答えよ。

(1) $\dfrac{\sqrt{18}-6}{\sqrt{3}}+(\sqrt{3}-\sqrt{2})(\sqrt{3}-\sqrt{6})$ を簡単にせよ。

(2) $a^2+b^2-2(ab+bc-ca)$ を因数分解せよ。

(3) 方程式 $3\left(x-\dfrac{1}{2}\right)^2=3x+\dfrac{7}{4}$ を解け。

(4) 下の図において，線分BDは円の直径で，AC＝CDである。∠ADB＝26°のとき，∠BDCの大きさを求めよ。

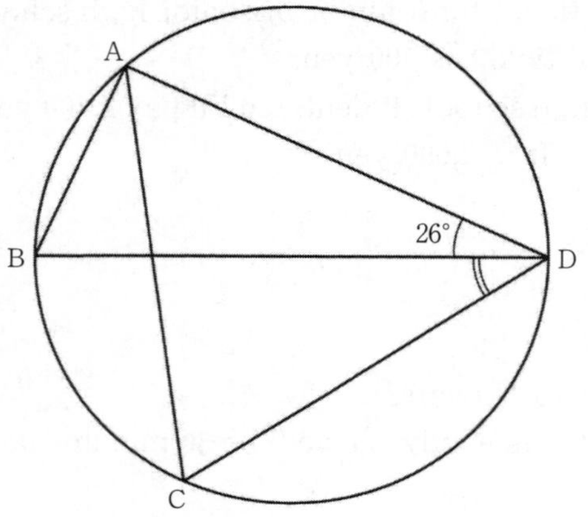

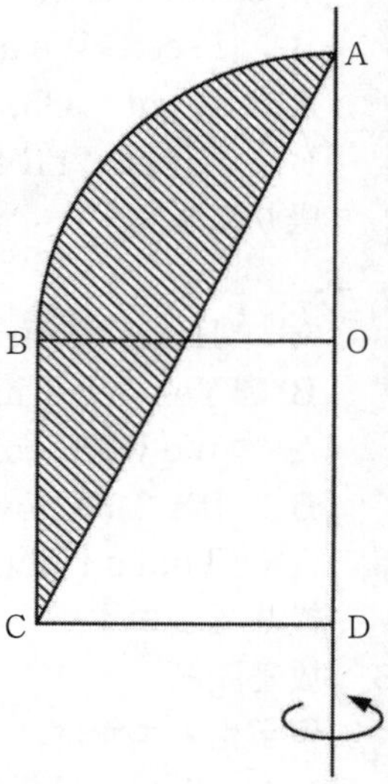

(5) 右の図のように，半径3，中心角90°のおうぎ形OABと正方形OBCDを組み合わせた図形に線分ACを引く。斜線《しゃせん》部分を，直線ADを軸として1回転させてできる立体の体積を求めよ。

2 水素を燃料とする自動車Aと，ガソリンを燃料とする自動車Bがある。P地点からQ地点まで移動するのに，はじめは自動車Aで移動し，途中のR地点で待機していた自動車Bに乗り換えて移動した。

自動車Aは水素1kgで105km走り，自動車Bはガソリン1Lで30km走る。燃料代は，水素1kgで1190円，ガソリン1Lで150円であり，P地点からQ地点まで移動するときに消費した燃料代は水素とガソリン合わせて7850円であった。

P地点からR地点までの道のりを x km，R地点からQ地点までの道のりを y kmとして，次の各問いに答えよ。

(1) 自動車AでP地点からR地点まで移動するときに消費した水素は何kgか。x を用いて表せ。

(2) 自動車BでR地点からQ地点まで移動するときに消費したガソリンは何Lか。y を用いて表せ。

(3) P地点からQ地点までの道のりが1000kmであるとき，x と y の値を求めよ。

3　図のように，関数 $y=ax^2$ のグラフ上に３点A，B，Cがある。点A，Bの x 座標はそれぞれ4，-8であり，２点A，Bを通る直線の傾きは-1である。２点O，Aを通る直線と，２点B，Cを通る直線が平行であるとき，次の各問いに答えよ。

(1)　a の値を求めよ。

(2)　点Cの座標を求めよ。

(3)　四角形OACBの面積を求めよ。

(4)　x 軸上に点P$(t,\ 0)$を，四角形OACBの面積と△PBCの面積が等しくなるようにとるとき，t の値を求めよ。ただし，$t>0$ とする。

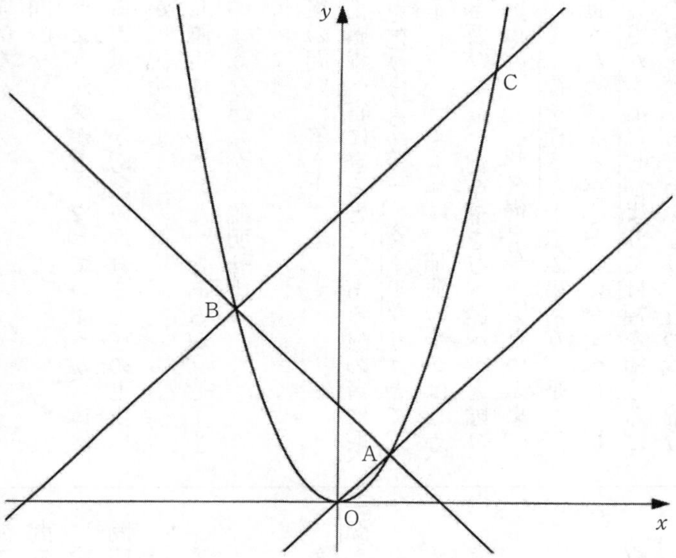

4　３つの袋A，B，Cがあり，それぞれの袋の中には，白球，赤球，青球が１個ずつ，計３個入っている。A，B，Cそれぞれの袋から２個ずつ，合計６個の球をとり出すとき，次のものを求めよ。

(1)　とり出した６個の球の色がちょうど２種類である確率

(2)　どの色の球もとり出され，それぞれの色の球の個数がすべて等しい確率

(3)　どの色の球もとり出され，それぞれの色の球の個数がすべて異なる確率

5　右の図において，四角形ABCDはAB=1，BC=$\sqrt{2}$ の長方形である。辺ABの中点をMとし，辺BC上に点EをMC⊥DEとなるようにとる。直線CMと直線DEの交点をFとするとき，次のものを求めよ。

(1)　線分CMの長さ

(2)　線分FMの長さ

(3)　△ADFの面積

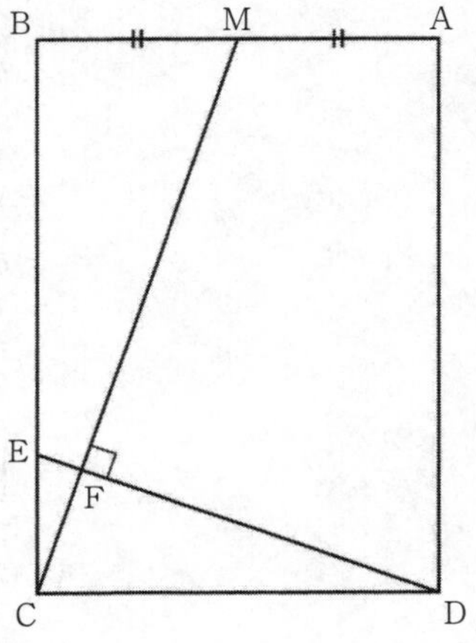

ア　消極的な　イ　絶望的な
ウ　致命的な　エ　内向的な

問六　――線部5「腐っていようが味がどうなっていようが、体に入れたいと思った」とあるが、ここから読み取れる七子の七生への思いはどのようなものか。説明せよ。

問七　――線部6「私は少し饒舌になっていた」とあるが、七子を饒舌にさせていたのはどのような思いか。説明せよ。

三

次の文章を読んで、後の問いに答えよ。

＊勢州高田門跡の狐、京都藤森へ官に登るとて、ある村の者に取りつきて、口走りて、一宿を乞ひける故、「1安き事なり」とて、赤の飯・油揚《あぶらあげ》やうのもの馳走《ちそう》して、「さて狐は＊稲荷《いなり》のつかはしめ、福を祈れば福を与へると聞き及びし故、何卒《なにとぞ》福を与へ給へ」と願ひければ、右狐つき答へて言ふやう、「2我々福を与へるといふ事、知らぬ人の申す事なり。すべて3福を植うると云ふ事あり、是《これ》を伝授すべし。すべて人のため世のためになる事心がけいたすべし。しかしかかる事したりと4いささかも心に思ひよりては福を植うるにあらず。無心に善事をなすを福を植うるといふなり。且《か》つ我々福分を授くる事成りがたしとはいへども、善事ある人へは、或《ある》ひは盗難有るべきは我等来たりて枕元の物を落とし、又強き音などさせて眠りをさまし、その難を免れしめ、或ひは火災などあらん節も遠方の親族・＊知音へも知らせて人を駆けつけさせて、家財等を取り退《の》けなどする事あり。これ則ち5福を与ふるといふ物ならん」と語りしとや。

（『耳嚢《みみぶくろ》』による）

【注】＊勢州高田門跡＝三重県津市の真宗高田派の専修寺。
＊稲荷＝稲荷神社。
＊知音＝親友。

問一　――線部1「安き事なり」とあるが、何が簡単なことだというのか。簡潔に答えよ。

問二　――線部2「我々」とあるが、誰のことか。答えよ。

問三　――線部3「福を植うる」とあるが、何をすることか。本文中より十字以内で探し、抜き出して答えよ。

問四　――線部4「いささかも心に思ひよりては」とあるが、どういうことか。最も適切なものを次の中から選び、記号で答えよ。

ア　自分だけが善いことをしたと自慢する
イ　自分はこんな善いことをしたと自負する
ウ　自分にできることはわずかだとあきらめる
エ　自分が善いことをしなくてはと背負い込む

問五　――線部5「福を与ふる」とあるが、例えばどのようなことをしてくれるのか。適切なものを次の中から二つ選び、記号で答えよ。

ア　盗人が忍びこもうとしたとき、大きな音を立てて盗人を驚かす。
イ　盗人が忍びこもうとしたとき、家の人に知らせて捕まえさせる。
ウ　盗人が忍びこもうとしたとき、大きな音を立てて家の人を起こす。
エ　火災に遭ったとき、遠方の知り合いのところまで送り届ける。
オ　火災に遭ったとき、遠方の知り合いに知らせて家財を送らせる。
カ　火災に遭ったとき、遠方の知り合いに知らせて手伝いに来させる。

七生が心配そうに尋ねた。
「とっても本気。絶対に食べる」
夜のせいか、おなかが空いているのか、なぜか私は無性にこのケーキが食べたかった。黄色くなった生クリームや水分がなくなったスポンジを口に入れたいと思った。崩れかけたこのケーキがすごくいとしく思えた。5腐っていようが味がどうなっていようが、体に入れたいと思った。

（中略）

七生は泣くことを止《や》めないままで私の向かいに座った。
「さあ、食べよう。おめでとうは？」
「おめでとう」
七生は台拭きでごしごしと顔を拭いて、ちっとも気乗りしない声で私を祝ってくれた。
「ありがと。では、いただきます」
私はケーキを口に運んだ。スポンジの間に挟まれているイチゴが、すっぱさを通り越して苦くなっている。生クリームはかなり嫌な味がした。味覚音痴の私にも腐っているのが明らかにわかった。
「うん。確かに腐ってる。でも、すぐにジュースで飲み込めば大丈夫」
私は心配そうに見つめる七生にそうアドバイスして、もう一口ケーキを口にした。七生も私に続いてケーキを口に入れると、顔を歪《ゆが》めた。半分泣いているせいもあって、七生の顔はとても面白くなった。
「七生、これ駅前のケーキ屋さんで買ったでしょ。あそこってパン屋が片手間でケーキ作ってるだけだから、おいしくないんだよ」
私は吹き出しながら言って、またケーキを口に入れた。なんとも言えない味が口中に広がる。おなかを壊すのは確実だ。
「こんな変な味のケーキ食べるの最初で最後だろうな。しかもバースデーケーキ。絶対忘れられない誕生日になりそう。ふふふ」
夜中のせいで、ついでにケーキにもあたってしまったのかもしれない。6私は少し饒舌《じょうぜつ》になっていた。七生は涙を流しながらも、ケーキを黙々と食べていた。
ケーキがあまりにまずいからだろうか。そっと捨てようとしていたのに私に見つかってしまったからだろうか。どうして七生がこんなに泣いているのかはよくわからない。七生の目からは面白いくらい真《ま》っ直《す》ぐに涙が落ちた。子どもっていうのは、私が思っているよりずっと単純なのだ。
私たちは夜中の台所で、腐ったケーキを残さず平らげた。

（瀬尾まいこ『卵の緒』所収「7's blood」による）

【注】＊野沢＝同級生のボーイフレンド。

問一　――線部1「七生は眩しそうに目をしかめながら、私の顔をじっと見ていた」とあるが、これは七生のどのような気持ちを表したものか。説明せよ。

問二　――線部2「私はなぜか喉が詰まって言い返せなかった」とあるが、なぜ七子は言い返せなかったのか。説明せよ。

問三　――線部3「なんとも嫌な気持ちになった」とあるが、なぜ七子は「嫌な気持ちになった」のか。説明せよ。

問四　――線部4「七生は目に涙を浮かべながらそう言った」とあるが、なぜ七生は涙を浮かべたのか。最も適切なものを次の中から選び、記号で答えよ。
ア　隠しておいたケーキを姉に見つかることで叱られることが怖かったから。
イ　こっそりケーキを食べようとしたことを姉に馬鹿にされたくなかったから。
ウ　自分から姉に渡したかったのに姉が見つけてしまったことが悔しかったから。
エ　渡したくても渡せなかった姉へのプレゼントを知られたくなかったから。

問五　空欄 X に当てはまる語として、最も適切なものを次の中から選び、記号で答えよ。

「いやらしい。あんたがこんなに食い意地が張ってるとは知らなかったわ」
私の声が夜中の台所に鋭く響いた。
「返してってば」
七生は私の手から箱を奪い取ろうとした。
「そんな必死で取り返さなくても、誰もこんなケーキ食べないわよ」
私がそう言って箱を開けようとすると、七生は悲痛な声をあげた。
「やめてななちゃん、開けないで」
「何なのよいったい。開けて見るくらい、いいでしょ」
「お願いだから、開けないで」
4 七生は目に涙を浮かべながらそう言った。そんなにケーキが大事なのだろうか。私はますます苛立《いらだ》った。
「ねえ、ななちゃん、返して」
七生は私の手を握って箱を奪い取ろうと引っ張った。
「いやよ」
私は七生の手を振り切って、箱を開けた。
中には小さな円形のショートケーキが入っていた。いつのものだろうか。イチゴは萎《しな》びていて、すっかり硬くなった生クリームはひび割れていた。腐ったケーキの上には、さっき落とした衝撃で割れてしまった大きなチョコレートの板が載っていた。
「これ……」
私はケーキの箱を抱えたまま七生を見た。七生は羽をちぎられて逃げる術《すべ》を失った小鳥のような X 顔をして、俯《うつむ》いていた。
「どうして……」
どうして隠してたの、どうして渡してくれなかったの、どうして……。私は鼻の奥がじんわり痛くなるのを感じた。どうしてかはよくわかっていた。
腐ったケーキの上のチョコには「ななちゃん誕生日おめでとう」の文字があった。
「だって……」
何か言おうとしていたが、七生の声は嗄《しわが》れていてうまく続かなかった。
四日前、私は十八歳になった。病院で母さんに祝ってもらって、その後＊野沢と過ごした。七生からはおめでとうの言葉もなかったが、私の誕生日を知っているとは思っていなかったし、気にも留めていなかった。
「七生こういうの渡して喜ばせるの得意じゃない」
私がそう言って微笑《ほほえ》むと、
「だって、ななちゃんこういうの嫌いでしょ」
七生もほんの少しだけ笑った。
「食べよう」
「え？」
私の発言によっぽど驚いたのだろう。七生は素《す》っ頓狂《とんきょう》な声をあげた。
「これ。少し遅くなったけど、せっかくのバースデーケーキだし」
「だめだよ。もう腐ってるもん」
「大丈夫だって。今どきのケーキはそんな簡単に腐らないって」
私はケーキの箱を顔に近づけた。甘い香りの代わりに酸っぱい匂《にお》いがした。
「四日間も机の下に置いてたんだ。絶対腐ってるよ」
「どうして四日間もそんな所に置いておくのよ。ケーキは熟成させてもおいしくなんないよ」
私はそう言って吹き出した。
「だって、最初は渡すタイミングがわからなくって、次は捨てるタイミングが見つからなかったんだもん」
七生が言い訳がましく言った。
「そっか」
私はもっともだって頷《うなず》いた。少なくとも今の七生はいとしいと思えた。
「ねえ。本気で食べるの？」

「だめなのって……」
2私はなぜか喉が詰まって言い返せなかった。

（中略）

あの一件があって以来、七生と私はやっぱりギクシャクしていた。もともと上手《うま》くいってなかったけど、今まで何かとしゃべりかけてきた七生におとなしくされると、居心地が悪かった。時間が経《た》てば知らぬ間に何とかなるものだと思っていたが、三日経っても、七日経っても、どうにもならなかった。時間は私たちを元どおりにするために何の力も貸さず過ぎていくだけだった。本当の姉弟じゃない私たちは、ずれた関係を自然に修復する方法を知らなかった。

夕飯のチンジャオロースーが辛かったせいか、喉が渇いてなかなか寝つけなかった。レトルトの調味料を使って炒《いた》めるだけなのに、私が作るといい具合に出来上がらない。料理の才能は皆無だ。

水を飲みに一階に降りていくと、台所の電気がついていた。七生も水を飲みにきたのだろう。私の前ではおいしいと言っていたが、やはり辛かったのだ。台所のドアを開けて入っていくと、流しの前に立っていた七生がびくっとして振り向いた。突然夜中に私が入ってきたことによっぽど驚いたのか、七生は声も出さず固まったまま私を見ていた。

「辛かったんでしょう。夕飯」

私がそう言いながら近づいていくと、七生は手に持っていたものを慌てて背中に回した。

「何？」

私は食器棚からコップを取り出しながら尋ねた。

「え……？」

七生は背中に何かを隠したまま、後退《あとずさ》りしながら私から離れていく。

「何持ってるの？」

「なんでもない」

七生はどぎまぎしながら首を振った。相当の慌てようだ。どうやら、水を飲みにきたのではないようだ。

「なんでもないって、夜中に台所で何してるのよ」

「別に……。ななちゃんこそどうしたの？　夜中に」

七生はそう訊《き》いてきたが、声がうわずっていた。いつもなら、どんな状況でもさらりと対処するくせに、すっかり落ち着きをなくしてびくびくしている。

私は質問には答えずに七生を窺《うかが》うようにじっと見た。もう一時を回っている。そんな時刻に、台所でこそこそといったい何をしていたというのだろう。何を必死で隠しているのだろう。

「じゃあ、僕もう寝るね」

七生は私の視線から外れようと体をかすかに動かしながらそう言って、背中に何かを隠したまま出ていこうとした。

「ちょっと待って」

私は七生の腕を摑《つか》んで出ていくのを止めようとした。

「放して」

七生が私の手を振り解《ほど》こうとした時、ぼたっと鈍い音を立てて、七生の手から箱が落ちた。

「あ……」

七生はか細い声をあげた。

「何これ？」

私は箱を拾い上げた。それが何の箱なのか、すぐにわかった。同時に3なんとも嫌な気持ちになった。小さな花の絵が一つ描いてある白い箱。駅前のケーキ屋のものだ。何をしてるのかと思えば、七生は夜中にこそこそとケーキを食べようとしていたのだ。

「返して」

七生が消え入りそうな声で言った。

「どうして隠れて食べるのよ。堂々と食べればいいじゃない」

今まで何度かこうやって夜中にケーキを食べていたのだろうか。想像するとぞっとした。

「いいから返して」

（佐々木健一『「面白い」のつくりかた』による）

問一　＝＝線部①～⑤のカタカナを漢字に書き改めよ。

問二　――線部1「相対的なもの」とあるが、「相対的」とはどのようなことを示しているか。具体的に説明している部分を本文中より三十字以内で探し、最初の五文字を抜き出して答えよ。

問三　空欄［A］～［C］に入れるのに、最も適切なものを次の中からそれぞれ選び、記号で答えよ。

ア　しかし　　イ　例えば　　ウ　つまり

問四　――線部2「後追い」とあるが、同様の考え方で作られたものとはどのような番組か。本文中の語句を用いて簡潔に答えよ。

問五　――線部3「差異を伴って心を動かし」とあるが、心を動かすために必要な差異とは何か。本文中の語句を用いて答えよ。

問六　――線部4「共感に一種の危うさを感じていました」とあるが、なぜか。説明せよ。

問七　～～線部「誰にとっても心地よい共感だけでは不十分だと感じている」とあるが、なぜか。十分にするために必要と考えているものが何かを明らかにして、説明せよ。

二

次の文章を読んで、後の問いに答えよ。

（姉は高校三年生の七子、弟は小学六年生の七生《ななお》である。家庭の事情からこの異母姉弟《きょうだい》の二人きりで暮らすことになった。）

「すべて計算の上ってことね」

洗面所から出ていこうとした七生に言った。

「計算？」

七生は振り返って首を傾《かし》げた。

「そうよ。わざとらしいのよ。なにもかも。しゃべり方、笑い方……、あんたはいつも周りの人間に気に入られることばかり考えてる。どうすればかわいがってもらえるのか知ってるのよ」

「いけない？」

七生がいつになく挑戦的に言うので、私はかちんときて思わず声が荒立った。

「いけないって、あんたはまだ十一でしょう。なのにちっとも子どもらしくないわ。もっと子どもって、人の顔色見ずに自分の思うように行動するものよ。あんたは人の顔色しか見てない。いつもいい子ぶってるのよ。わざとらしくって吐き気がするわ」

1七生は眩《まぶ》しそうに目をしかめながら、私の顔をじっと見ていた。そして小さな声でつぶやいた。

「子どもだからだよ」

「え？」

「僕はまだ十一歳だから。……大人に気に入られないと生きていけないもん。一人じゃ何もできないもん。食べるものも住む場所も、一人じゃどうにもできない」

七生は静かに言った。

「確かにそうだけど……」

七生の言うとおりだ。母さんに引き取ってもらわなければ、七生はどうなっていたかわからない。面倒をみてくれる大人がいなくては、子どもは生活できないのだ。考えたこともなかったけれど、それはとても深刻な事実だ。

「でも、子どもってもっともっと純粋なものなの。そう、もっときれいなの」

私はいい加減なことを言って、七生に反論した。七生は少し困った顔をした。そして、ゆっくりと私の顔を見上げて言った。

「今は僕、まだばかだけど、これから賢くなっていろんなことわかるようになって、いいことと悪いことがもっとはっきりわかるようになって、いいことだけを取り入れられるようになって、自分の汚い部分を取り除く方法もわかるようになって、そしたらきれいになる。それじゃだめなの？」

考えています。というのも、誰にとっても心地よい共感だけでは不十分だと感じているからです。

その人はマイクを握るなり、開口一番、こう言いました。

「私は〝共感〟というのは、相当怪しいものだと思っています」

そう発言したのは、話題のドキュメンタリー『ヤクザと憲法』『人生フルーツ』『さよならテレビ』といった作品のプロデューサーとして知られる、東海テレビの阿武野《あぶの》勝彦さんです。

阿武野さんらが手がける東海テレビのドキュメンタリーは今、テレビ業界の内外で大きな注目を集めています。毎年、番組コンクールで受賞するのはもちろん、番組を再編集して劇場公開も行い、単館上映で記録的な観客動員を達成するなど異例のヒットも飛ばしています。地方局が制作するドキュメンタリーが一つのブランドとして確立し、これほど注目を集めている例は極めて珍しいでしょう。

先ほどの発言は、二〇一七年二月に開催された番組制作者フォーラム(主催：放送文化基金)でのものでした。それまで会場では、ある番組を見た後に観客のテレビ制作者から、「すごく共感できました」といった、ごくありふれた当たり障りのない感想が述べられていました。そうした空気が、阿武野さんのひと言で一変したのです。

(中略)

共感は昨今、コンテンツを語る際に必ずと言ってよいほど耳にするキーワードです。「共感消費」「共感こそが人の心を動かす！」などと謳《うた》うものをよく見かけます。しかし、そうした見方に反して、私は 4共感に一種の危うさを感じていました。

共感とは、具体的に言えば、

「その気持ち、私もよく分かる」

という、自分の考えや境遇、感覚が他者と一致するときに抱く一体感や安心感のこと。自分と相手との間に共通点を見出《みいだ》し、共鳴する。だから、とても心地よいものでもあります。別な言い方をすれば、共感とは、

「〝元々の自分〟を前提とし、相手の中に〝自分の一部〟を見出すこと」

とも言えるでしょう。私は、まさにその点に危うさを感じていたのです。なぜなら、共感する当人には、特に変化が起きていないからです。共感に従って自分の考えや境遇、感覚と同じものだけを追い求めれば、その人の考えは徐々に凝り固まり、先鋭化していきます。共感には「物事が自分の思っていた通り(期待通り／予想通り)だった時に抱く感覚」という側面もあるのです。

こうした共感を狙うことで、手っ取り早く一定の支持を得ることは可能でしょう。実際、そうした作品やビジネスがあるのも事実です。また、まったく共感されない作品にも問題があると思います。しかし、人々が本当に「面白い」と感じる作品は、③アンイな共感を狙って作られたものなのでしょうか。

当然のことながら、世の中は想像をはるかに超えて複雑で豊かです。自分の感覚とかけ離れた人物や文化、価値観、常識などが無数に存在しています。共感を頼りに突き進むと、望み通りのモノや人と出会い、溜飲《りゅういん》を下げることはできますが、自分を取り巻く世界は広がっていきません。冒頭で、

「面白いとは、〝差異〟と〝共感〟の両輪である」

と述べましたが、私はあらゆるコンテンツを語る上で、この相反する④ガイネンがどちらか一方だけでなく、共存することでより深い共感が得られると捉えています。

そもそも、私たち人間の営みそのものが、差異と共感の両輪の上に成り立っています。人は差異という刺激を受け、自分に変化を加えながら成長し、価値観や世界観を広げてより多くのものに共感できるようになっていくのです。

多くの人の心を揺さぶる作品も、何らかの差異によって視聴者に新たな気づきを与え、モノの見方を広げ、それまで異質と捉えていたものを⑤キョヨウし、より深い共感へと導くプロセスを辿《たど》るものではないでしょうか。

二〇二二年度　成蹊高等学校

【国　語】（六〇分）〈満点：一〇〇点〉

句読点も一字に数える。

［一］　次の文章を読んで、後の問いに答えよ。

「面白いとは何か？」について差異（違い）という要素を挙げて説明してきましたが、もう一つ重要なポイントは、

「差異というのは〝[1]相対的なもの〟である」

という点です。

例えば、サッカー日本代表で言えば、一九九七年の〝ジョホールバルの①カンキ〟でW杯初出場を果たした時は、日本中で喜びが爆発しました。

［A］、今では六大会連続でW杯出場を果たしているため、差異を感じるとすれば、日本代表がW杯出場を逃した時の方がはるかに大きいでしょう。日本中がショックを受け、悲嘆に暮れると思います。

このように、差異というのは、その情報を受け取る人々の感覚や時代などの状況によって変化する相対的なものなのです。

とすると、人の心を動かすコンテンツや製品を生み出すには、

「いかに差異を設定するか」

がカギになります。

一つの例を挙げて説明しましょう。スティーブ・ジョブズが率いる米国・アップル社が初代ｉＰｏｄを世に送り出した時、この製品は世界で最初に発売された②ケイタイ型デジタル音楽プレーヤーではありませんでした。遅れて市場に登場した後発機に過ぎなかったそうです。さらに、機能面でもライバル製品より明らかに劣っていたのです。

しかし、他社製品に比べて、ｉＰｏｄには明らかに差異（違い）のある要素が二つありました。それは、シンプルさとデザイン性です。他の製品は複雑なボタンを配していて、ごてごてしたものばかりでした。ユーザーの心を動かし、大ヒットしたのは、他の製品と違う洗練されたｉＰｏｄの方でした。

［B］、「作り手がいかに差異を設定するか」によって、人の心を動かせるか、「面白い」と思ってもらえるかどうかが変わってくるのです。

そう捉えると、ビジネスにおけるマーケティングに対する考え方も変わります。世の中で流行《はや》っているものを〝[2]後追い〟したところで、そこには大きな差異はありません。そこそこのヒットしか見込めないことは明らかなのです。

こうした考え方は、テレビ番組にも当てはまります。ニュース、情報バラエティ、ドキュメンタリー、ドラマなどジャンルを問わず、大きな反響を呼び、評判となる番組には必ず何らかの差異の要素が組み込まれています。

一方、〝定番〟や〝ベタ〟といわれる番組は驚きや意外性といった差異が少なく、期待通りに進行するものですが、視聴者にとっては刺激が少ないため、長い目で見ると次第に飽きられていく傾向があります。

作り手が能動的に差異を設定することは、番組の演出や構成に関わる重要な要素です。

［C］、ドキュメンタリー番組である人物を取り上げる際にも、私は必ずその人物が持つ隠れた差異（意外性）に注目するようにしています。取材を通してそれを見出し、巧みに提示することで、「この人にはこんな一面もあったのか！」と、差異によって視聴者の心を揺さぶり、その上でその人物に共感をおぼえてもらえるように構成するのです。

ここでもう一つの重要な要素として〝共感〟が登場しましたが、最初から共感に訴えるよりも、まずは[3]差異を伴って心を動かし、視聴者のモノの見方を広げた上で共感へと導くプロセスが重要だと

英語解答

Ⅰ A　1…イ　2…ウ

B　1…C　2…B　3…ウ

Ⅱ A　①…イ　②…ウ　③…イ

B　1…F　2…T　3…T　4…F

5…F

C　①…ウ　②…オ　③…イ

D　①…イ　②…エ　③…ウ　④…ア

E　1…ウ　2…エ　3…イ　4…ア

5…ウ

Ⅲ A　(1)　(例) Because she cannot find her glasses.

(2)　(例) Because Donna always keeps him waiting.

(3)　(例) Because her glasses are on top of her head.

B　(例)新型コロナウイルス感染症の世界的感染拡大により，地元の図書館で勉強することができなくなってしまったが，オンライン授業というテクノロジーのおかげで，全国のさまざまな講座を受けられるようになったという体験。

Ⅳ A　(1)　We went to the forest to watch the birds and animals.

(2)　We helped each other when we did our homework.

B　・(例)(In the morning,) I'd like to go to the zoo because I love animals. I want to see some Australian animals like koalas and kangaroos. (22語)

・(例)(In the afternoon,) I'd like to visit a museum. I'm interested in Australian culture and history. I want to know more about your country. (21語)

C　(例) I respect my baseball coach the most. He teaches us not only how to play well but also the importance of working hard. I want to be a teacher like him in the future. (34語)

Ⅰ〔放送問題〕解説省略

Ⅱ-A〔長文読解―適所選択―説明文〕

①≪全訳≫科学者は，恐竜が卵の中で成長し発達したことを知っている。これらの卵は硬く，恐竜の赤ちゃんを守っていた。恐竜と鳥類はよく似た成長の仕方をする。しかし，恐竜の卵は鳥の卵とは異なっていた。恐竜の卵はとても重かった。それらはまた，鳥の卵よりも大きかった。恐竜は卵のために，巣と呼ばれる安全な場所をつくった。鳥類もそうする。イそれらのほとんどは，巣を木の中につくる。しかし，恐竜は巣を地面につくった。科学者は，恐竜は卵を温かく保つため，枯れた植物で巣を覆ったと考えている。

＜解説＞脱落文の them は，文の意味から「鳥」のことだと考えられる。空所イの前に Birds があり，この後の「しかし，恐竜は巣を地面につくった」は脱落文の「巣を木の中につくる」と対照的な内容になっている。

②≪全訳≫恐竜の足跡の大きさは実にさまざまだ。とても小さなものもあるし，とても大きなものもある。これらの足跡は，地面が柔らかく湿っていた何百万年も前につけられた。後に，砂がその足跡を埋めた。時が過ぎ，地面と砂は石に変わった。その際，足跡は石の中に残った。今日，科学者は恐竜の足跡から多くのことを理解することができる。例えば，足跡の深さは，その恐竜がどれくらい重

かったかを彼らが知る助けとなる。ウ科学者はまた，同じ方角に進んでいるたくさんの足跡も発見してきた。これは，これらの恐竜たちが大きな集団で移動したことを意味するかもしれない。

＜解説＞脱落文にある also「また」から，この文の前には科学者が発見した別の内容が書かれていると考えられる。空所ウの前にそれに該当する内容がある。

③≪全訳≫最も(状態の)よい恐竜の化石は，３つのことがきわめて短期間に起きたときにつくられた。まず，恐竜が死んだ。その後，死体の柔らかい部分が土壌に入り込んだ。骨は地面の上に残った。最後に，骨がなくなったり壊れたりする前に，砂がそれらを覆った。科学者は，恐竜について知るために化石を研究する。彼らは常に，新しい化石を発見するために熱心に働いている。イ化石はたいてい，２通りの見つかり方をする。ある場合には，風が吹いて，土がなくなることで化石が現れることがある。これが起きると，科学者にとって新しい化石を発見するのはより簡単である。また，別の場合には，新しい道路や建物をつくる準備をしている作業員によって化石が発見されることもある。

＜解説＞空所イの後の Sometimes ... とそれに続く Other times ... で，脱落文にある化石の「２通り」の見つかり方が具体的に説明されている。これは‘Some 〜. Others ….’「〜もいれば…もいる」という‘対照’を表す構文に準じる形。

Ⅱ-B〔長文読解―内容真偽―説明文〕

≪全訳≫❶オーストリアのウィーン動物園は，世界最古の動物園だ。1752年，皇帝フランツⅠ世は自分の子どもたちのために動物園をつくりたいと思った。彼の家族と高貴な客人たちだけがその動物園を訪れることができた。この特別な動物園はとても小さく，ケーキのように見えるおりが13個あるだけだった。皇帝の妻がサルを好きだったため，何種類ものサルがその動物園に持ち込まれた。ライオンやトラのような動物はいなかった。彼女がそのにおいを好まなかったからだ。彼女はまた，危険な動物は彼女の子どもたちにけがをさせるかもしれないと心配していた。❷30年後，ウィーン動物園は市井の人々にも門戸を開いた。動物園を楽しむのにお金を払う必要はなかったが，日曜日にはきちんとした服装をしなくてはならなかった。❸1828年，アフリカとアメリカの動物が動物園に持ち込まれた。このとき，初めてのキリンがウィーン動物園にやってきて，そこで最も人気のある動物になった。❹20世紀には２つの世界大戦があった。ウィーン動物園の人々は，動物たちの世話をすることができなかった。動物たちのおりは小さすぎたのだが，より大きなものをつくるお金はなかった。環境が悪かったため，動物たちは良好な健康状態ではなく，多くが死んだ。❺1992年，ペヒラーナー博士がウィーン動物園の園長になった。彼はその動物園で多くの問題を解決した。動物たちにとってよりよい環境をつくるため，科学とテクノロジーを用いた。例えば，より大きなおりと新しい建物をつくり，ジャングルと農場をつくった。新しい建物の費用をまかなうため，彼は人々に入園料を払うように頼むことにした。ペヒラーナー博士の尽力によって，ウィーン動物園は救われた。❻ウィーン動物園が改善された後，より多くの動物たちが動物園に加わった。今日，最も人気のある動物はコアラとジャイアントパンダだ。ウィーン動物園は，世界で中国のジャイアントパンダが２頭いる動物園のうちの１つだ。また，ヨーロッパでは唯一の，ジャイアントパンダが自然な方法で繁殖できるように取り組んでいる動物園でもある。ウィーン動物園は世界最古の，そして同時に最新の動物園なのだ。

＜解説＞１.「皇帝フランツⅠ世は，自分の子どもたちのために大きな動物園をつくった」…×　第１段落第４文参照。動物園は very small だった。　２.「皇帝の妻は，動物園には安全な動物がいてほしいと思った」…○　第１段落最終文に一致する。危険な動物が子どもたちにけがをさせるかもしれないと心配していた。　３.「世界大戦中，ウィーン動物園はあまりにお金がなくて動物たちを健康に保つことができなかった」…○　第４段落第２～４文に一致する。　４.「ペヒラーナー博士は，より多くの動物を購入するため，人々からお金を集めることに決めた」…×　第５段落第５文参照。お金を集めることにしたのは，園内の新しい建物の費用をまかなうため。　**5**．「ウィーン動物園は，中国からのジャイアントパンダがいる唯一の動物園だ」…×　第６段落第３文参照。‘one of＋複数名詞’「〜のうちの１つ」

Ⅱ-C〔長文読解―適文選択―物語〕

≪全訳≫❶午前３時だった。アンは突然ベッドの上で起き上がった。「ジョン！　起きて！」と彼女は夫に言った。❷ジョンは目を覚まし，目を薄く開けた。「どうしたの？」と彼はアンに言った。❸「何かが私の下で動いたわ」とアンは言った。「ほら！　今動いてる！　①感じる？」❹「いや」とジョンは言った。「僕はまた寝るよ」❺ジョンとアンは眠りに戻った。❻１時間後，アンはまた目を覚ました。「ジョン！　②また動いてるわ！」と彼女は言った。❼「本当？　僕は何も感じないよ」とジョンは言った。❽ジョンとアンはまた眠りに戻った。❾１時間後，今度はジョンがベッドから飛び出した。「何かがベッドの中で動いてる！」と彼は言った。❿「言ったでしょ！」とアンは言った。「何かいるのよ！　③ベッドを切断して開けましょう！」⓫「本気かい？　新しいベッドだよ。買ったばかりだよ！」とジョンは言った。⓬「本気よ」とアンは言った。「原因をはっきりさせないと」⓭20分後，ジョンとアンは新しいベッドの中に小さなヘビを見つけたのだった！

＜解説＞①直後の No, I don't. に着目。この返答を導くのは Do you 〜？の形の疑問文。　②アンが再び起きたのは，何かがまた動いたからと考えられる。この後に続くジョンの発言にも自然につながる。　③直後に続くジョンの「本気かい？　新しいベッドだよ。買ったばかりだよ」という発言から，アンがベッドを切断しようと提案しているのだと判断できる。

Ⅱ-D〔長文読解―適文選択―物語〕

≪全訳≫❶昔々，クジラが大好きな鳥と，鳥が大好きなクジラがいた。夏の間，鳥とクジラは湾で会っていた。彼らは月や波，船について語り合った。❷「いつか，海にいる私の家族に会えるわ」とクジラは言った。❸「じゃあ君は陸にいる僕の友達に会えるよ」と鳥は言った。❹夏は秋に変わり，秋は冬に変わった。海は冷たくなり，クジラたちは皆，より暖かい場所へと去っていった。❺「私と一緒にもっと暖かい場所へ行きましょう」とクジラは言った。「すばらしい所よ。いつでも暖かいし，食べるための魚がたくさんいるし」❻「魚を食べるのは大好きだよ」と鳥は言った。「それに君といるのも大好きだ。どこへでもついていくよ。でもまず，どうやってクジラになるのか教えてよ」❼「こんなふうに！」とクジラは言った。「ついてきて！」　クジラは海に飛び込んだ。❽「わかった！」と鳥は言い，①彼もまた海に飛び込んだ。❾鳥はどんどん深く潜っていった。「僕は泳いでいる」と彼は笑った。「僕はクジラだ！」　しかしすぐに息ができなくなり，海面に戻った。何度もやってみたが，泳ぐことはできなかった。❿「鳥はクジラにはなれないと思う」と鳥は言った。「君が僕と一緒に来ないかい？　僕は丘の上に住んでいる。すばらしい所だよ。暖かくて安全だし，毎朝日の出が見られるんだ」⓫「日の出を見るのは大好きよ」とクジラは言った。「それにあなたといるのも大好き。どこへでもついていく。でもまず，どうやって鳥になるのか教えて」⓬「こんなふうに！」と鳥は言った。「ついてきて！」　そして翼を動かして空へと羽ばたいた。⓭「わかったわ！」とクジラは言った。彼女は目を閉じ，まさに鳥のようにひれを動かした。「私は飛んでるわ」とクジラは笑った。「私は鳥よ！」　しかし目を開けると，②クジラは空を飛んではいなかった。彼女はまだ海の中にいた。何度も何度もやってみたが，できなかった。⓮「クジラは鳥にはなれないと思う」とクジラは言った。「君は飛べないし，僕は泳げない。僕たちはどこで一緒に暮らせるんだろう」と鳥は言った。「ここにいましょう――この湾に」とクジラは言ったが，③鳥は「いや，それはできない」と言った。⓯「君は海の中深くを泳ぐのが大好きだ。

それは君が一番好きなことだよ。君はここでは決して幸せになれない」と鳥は言った。「あなたは空を飛ぶのが大好きよね。それはあなたが一番好きなこと。あなたはここでは決して幸せになれない」とクジラは言った。鳥とクジラはお互いが大好きだったので④さようならを言った。⑯彼らはお互いを決して忘れなかった。クジラは空高く飛ぶ鳥を見ると，彼女の鳥のことを思った。彼もちょうどあの鳥と同じように空を楽しんでいてほしい，と彼女は思った。そして，鳥は海深く潜っているクジラを見ると，彼のクジラのことを思った。彼女もちょうどあのクジラと同じように海を楽しんでいてほしい，と彼は思った。

＜解説＞①直後で，鳥はどんどん深く潜っているのだから，海に飛び込んだのだとわかる。　②直後に「彼女はまだ海の中にいた」とあるのだから，空を飛んではいなかったのである。　③直前にある but に着目する。直前の「ここにいましょう」という言葉に対して，‘逆接’の関係になるのはウだけ。　④海では生きていけない鳥と陸では生きていけないクジラが，お互いを思い合うがゆえに別れを決意したのだと考えられる。

Ⅱ-E〔長文読解─英問英答─説明文〕

≪全訳≫❶私たちが今日飲んでいる水は，恐竜が生きていたときから地球上に存在してきた。淡水はほぼいつでも地球上にある。それは大気を通して再生され，私たちのコップに戻る。しかし，人口が増えているため，全員に十分な水はない。その結果，人々は毎年飲用，調理用，そして入浴用のきれいな水を手に入れるために闘っている。❷地球の約70％が水で覆われているが，地球上にある水の約97.5％は海水，つまり塩分を含む水だ。このことは，地球上にある水のわずか2.5％が淡水だということを意味する。しかし，その大部分は氷河や雪原に存在する。だから，地球上にある水のわずか0.007％が，68億人の人々に使われる淡水なのだ。❸地理や気候，テクノロジー(の違い)のため，水の使い方は場所によって異なる。例えば，イギリスでは，良質できれいな水が簡単に手に入る。１人が約３リットルのきれいな水を使って飲んだり調理したりする。また，入浴や衣類の洗濯に60リットルのきれいな水を使う。毎日50リットル近くのきれいな水がトイレを流れていく。１人が毎日140リットル以上のきれいな水を使っている。オーストラリアでも，人々は毎日200リットルのきれいな水を使う。これらの人々は，海に近い大都市に住んでいる。しかし，海の近くに住んでいない農家はしばしば問題に直面する。オーストラリアでは毎年干ばつがあるからだ。❹多くの発展途上国では，きれいな水は手に入れにくい。アフリカやアジアの多くの人々には，毎日たった10リットルの水しかない。彼らが手に入れられる水のほとんどはきれいでなかったり，手に入れるために遠くまで行かなければならなかったりする。世界の約75％の人々には，川や井戸からの水しかない。世界では毎日5000人の子どもたちが，手に入る水が悪いために亡くなっている。❺私たちは雨からも多くの水を得る。しかし，雨が降りすぎると，一部の動植物は洪水で死んでしまう。十分な雨が降らないと，干ばつになる。地面がとても乾燥し，動植物はまた死んでしまうだろう。多くの国で，今日ますます多くの洪水や干ばつが起きている。❻人は生きていくのに水が必要だ。食料や衣料，コンピュータをつくったり，私たち自身や環境を健康的に保ったりするのに水が必要だ。国際連合によれば，人々は前世紀よりも今の方が多くの水を使っている。近い将来，約18億人の人々が十分な水のない地域に住むことになるだろう。世界の人々の約66％は，人口や気候変動や水の使い方のせいで水問題に直面するだろう。人々は水をうまく使っていない。だから私たちは，私たちの持っている水を未来のためにどのようにして保ち，使い，共有していくかを考えなくてはならない。

＜解説＞１．「今日，私たちには水に関してどんな問題があるか」―ウ．「全員分のきれいな水を手に入れることは困難だ」　第１段落第４文参照。　**２**．「地球上の水のどれくらいを人々は使うことができるか」—エ．「0.007%」　第２段落最終文参照。　**３**．「イギリスでは人々はどのように水を使っているか」—イ．「彼らはきれいな水を多くの目的で使っている」　第３段落参照。飲用や調理用（第３文），入浴や洗濯（第４文），トイレ（第５文）など多くの目的で使っている。　**４**．「発展途上国での問題は何か」—ア．「人々が飲む水がしばしば彼らを病気にする」　第４段落最終文参照。‘make＋目的語＋形容詞’「～を…（の状態）にする」　**５**．「筆者は何を示唆しているか」—ウ．「人々は水の使い方を改善すべきだ」　第６段落最終文参照。

Ⅲ-A〔**長文読解—英問英答—物語**〕

≪全訳≫❶ドナと夫のケビンはビーチへ行こうとしている。ドナはその準備をしている。彼女は多くの物をバッグに入れる。しかし，ビーチタオルが見つからない。ドナはいつでも物をなくすのだ。タオルは洗濯かごには入っていない。棚にもない。彼女は最後にバッグの中を見る。彼女は折り畳まれたタオルがそこにあるのを見つける。❷ドナはほぼ準備ができた。あとは眼鏡が必要なだけだ。ドアのそばのテーブルの上かトイレにあるだろうと思う。台所かもしれないとも思う。ドナはため息をつく。❸ケビンは自分のバッグと傘と釣りざおを車に積む。彼らのイヌは興奮した様子で，車の後部座席に飛び乗る。ケビンはいつでも出発できる。彼は腹を立てている。頭を振ってこう思う。「ドナは何をしているんだ。いつもこうじゃないか！」❹ドナはまだ眼鏡を捜している。見つからないし，ケビンが待っていることはわかっている。彼女はバッグをつかみ，ドアに鍵をかける。❺「遅いよ」　ドナが車に乗り込むと，ケビンは言う。ドナは言う。「本当にごめん。眼鏡が見つからなくて…」　ケビンは彼女を見て笑う！　彼は言う。「ミラーで自分を見てごらん！」　車のミラーをのぞき込んで，彼女も笑う。眼鏡は頭の上にある。それはずっとそこにあったのだ！

＜解説＞(1)「ドナはなぜため息をつくのか」—「眼鏡を見つけられないから」　前の３文から，眼鏡を見つけられない様子が読み取れる。日頃物をよくなくすドナはまたかと思ってため息をついたのだと考えられる。　（別解例）Because she cannot remember where she put her glasses.　(2)「ケビンはなぜ腹を立てているか」—「ドナがいつも彼を待たせるから」　ケビンは準備ができているが，ドナにいつものように待たされている。　（別解例）Because she is always late.　(3)「ドナを見て，ケビンはなぜ笑うのか」—「ドナの眼鏡が，彼女の頭のてっぺんに載っているから」　続く４文参照。　（別解例）Because he finds her glasses on top of her head.

Ⅲ-B〔**長文読解—要旨把握—エッセー**〕

≪全訳≫❶「神はドアを閉じるとき，窓を開けてくれる」という格言を知っているだろうか。求めているものが得られないときでも常によりよい道はあるという意味だ。2020年に世界的感染拡大が始まったとき，私はとても大変なときを過ごすことになるだろうと思った。しかし，今なら私は「ドアが閉ざされるとき，テクノロジーがまた別のドアを見つけるのを助けてくれる」と言える。❷世界的感染拡大の前，あまり多くの種類があったわけではなかったが，私は地元の図書館で講座を受けていた。世界的感染拡大が始まると地元の図書館は閉館になり，そこで勉強することができなくなった。それで，私はオンラインの授業を受けることにした。❸私はオンラインの授業がとても気に入っている。家にいながら全国のさまざまな種類の講義が受けられるからだ。歴史の講義を受け，アフリカ系アメリカ人の歴史を学んだ。また，オンラインのスペイン語講座も受け始めた。ずっと新しい言語を学びたいと思っていたが，地元の図書館にはスペイン語の講座はなかったのだ。❹新型コロナウイルス感染症は私たちの生活を困難にしているが，私たちは新しい世界についてより多くを学ぶためにテクノロジーを利用することができる。もし「別のドアを開ける」方法を見つけられれば，私たちは生活を変えることができる。

＜解説＞「ドアが閉ざされる」とは，第１段落第２文にある「求めているものが得られない」ことを指す。投稿者にとってそれは，地元の図書館で勉強ができなくなったことにあたる。「テクノロジーがまた別のドアを見つけるのを助けてくれる」とは，オンライン授業のおかげで，全国のさまざまな授業が受けられるようになったことに該当する。

Ⅳ-A〔和文英訳〕

≪全訳≫親友の２人であるボブとジェーンを紹介します。彼らはきょうだいです。私は小学校で初めて彼らに会いました。私たちは同じ学校に通っていました。彼らは私の近所に住んでいたので，私たちは毎日一緒に学校まで歩きました。ときどき，私たちは鳥や動物を見るために森へ行きました。雨の日には，家にとどまっておもちゃで遊びました。暑い夏の日には，湖に泳ぎに行きました。私はよく彼らの家で夕食を食べました。彼らの両親は私にとても親切にしてくれました。ボブとジェーンはよく私のうちに来て昼食を食べました。また，宿題をするとき，私たちはお互いに助け合いました。私は数学が，ボブは英語が，ジェーンは理科が得意でした。高校卒業後，私は別の町に引っ越しました。彼らも別々の場所に引っ越しましたが，私たちは今もいい友達です。

＜解説＞(1)「～するために」は‘目的’を表すto不定詞を用いて表す。　(2)「お互い」は each other。これは代名詞なので help の目的語として help の直後に置く。‘do ～'s homework’「宿題をする」（別解例）We helped each other with our homework. ‘help＋人＋with＋物事’「〈人〉の〈物事〉を助ける」

Ⅳ-B〔条件作文〕

≪全訳≫差出人：レイ・ブラウン／宛先：ショウ／件名：君の滞在時のプラン❶やあ，ショウ。／元気かい？　うちに来る準備は終わったかな？　こちらでの君の最初の日曜日のプランを立てているんだが，君に２つ質問したいんだ。❷午前中は，動物園に行ってもいいし，海に泳ぎに行ってもいい。君はどちらの活動がしたい？❸午後は，町で何がしたい？❹夜には家で，夕食にバーベキューパーティーをする予定だよ！❺何がしたいかを教えてくれるかな，そうしたら君を歓迎するためにできるだけのことをするよ。❻返事を楽しみに待っている！／それでは，レイ。

＜解説＞２つの質問とは，「動物園と海のどちらに行きたいか」，「午後は町で何がしたいか」。１つ目の質問に対しては，まず動物園か海のどちらかを選ぶ。２つ目の質問に対しては，何をしたいかを具体的に書く。どちらも全体の語数が20語程度に収まるように気をつけて，理由などを添えるとよいだろう。　（別解例）(In the morning,) I'd like to go swimming in the sea because I'm good at swimming. Also, I hear there are many beautiful beaches in Australia.(23語)　(In the afternoon,) I'd like to go sightseeing. There are many famous places in your country and I want to visit some of them.(21語)

Ⅳ-C〔テーマ作文〕

≪全訳≫あなたが最も尊敬する人は誰か。それはなぜか。会ったことのある人について書いてもよいし，会ったことのない人について書いてもよい。

＜解説＞「最も尊敬する人」なので，誰か１人を選んで尊敬する理由などを含めて書く。　（別解例）The person I respect the most is Mother Teresa. I read about her life when I was a little child. She helped many people in need and was given the Nobel Peace Prize.(33語)

2022年度／成蹊高等学校

数学解答

1 (1) $3-3\sqrt{2}$　(2) $(a-b)(a-b+2c)$
(3) $x=\dfrac{3\pm2\sqrt{3}}{3}$　(4) 32°　(5) 27π

2 (1) $\dfrac{x}{105}$kg　(2) $\dfrac{y}{30}$L
(3) $x=450$, $y=550$

3 (1) $\dfrac{1}{4}$　(2) $(12,\ 36)$　(3) 288
(4) $\dfrac{24}{5}$

4 (1) $\dfrac{1}{9}$　(2) $\dfrac{2}{9}$　(3) $\dfrac{2}{3}$

5 (1) $\dfrac{3}{2}$　(2) $\dfrac{7}{6}$　(3) $\dfrac{4\sqrt{2}}{9}$

1 〔独立小問集合題〕

(1)＜数の計算＞与式$=\dfrac{3\sqrt{2}-6}{\sqrt{3}}+3-\sqrt{18}-\sqrt{6}+\sqrt{12}=\dfrac{(3\sqrt{2}-6)\times\sqrt{3}}{\sqrt{3}\times\sqrt{3}}+3-3\sqrt{2}-\sqrt{6}+2\sqrt{3}=\dfrac{3\sqrt{6}-6\sqrt{3}}{3}+3-3\sqrt{2}-\sqrt{6}+2\sqrt{3}=\sqrt{6}-2\sqrt{3}+3-3\sqrt{2}-\sqrt{6}+2\sqrt{3}=3-3\sqrt{2}$

(2)＜式の計算―因数分解＞与式$=a^2+b^2-2ab-2bc+2ca=a^2-2ab+b^2+2ca-2bc=(a-b)^2+2c(a-b)$として，$a-b=X$とおくと，与式$=X^2+2cX=X(X+2c)=(a-b)(a-b+2c)$となる。

(3)＜二次方程式＞$3\left(x^2-x+\dfrac{1}{4}\right)=3x+\dfrac{7}{4}$，$3x^2-3x+\dfrac{3}{4}=3x+\dfrac{7}{4}$，$3x^2-6x-1=0$となるので，解の公式より，$x=\dfrac{-(-6)\pm\sqrt{(-6)^2-4\times3\times(-1)}}{2\times3}=\dfrac{6\pm\sqrt{48}}{6}=\dfrac{6\pm4\sqrt{3}}{6}=\dfrac{3\pm2\sqrt{3}}{3}$となる。

(4)＜平面図形―角度＞右図1で，線分BDは円の直径だから，$\angle\mathrm{BAD}=$ $=90^\circ$である。これより，$\triangle\mathrm{ABD}$で$\angle\mathrm{ABD}=180^\circ-90^\circ-26^\circ=64^\circ$となるので，$\overset{\frown}{\mathrm{AD}}$に対する円周角より，$\angle\mathrm{ACD}=\angle\mathrm{ABD}=64^\circ$である。$\triangle\mathrm{ACD}$はAC＝CDの二等辺三角形だから，$\angle\mathrm{ADC}=(180^\circ-\angle\mathrm{ACD})\div2=(180^\circ-64^\circ)\div2=58^\circ$である。よって，$\angle\mathrm{BDC}=\angle\mathrm{ADC}-\angle\mathrm{ADB}=58^\circ-26^\circ=32^\circ$となる。

図1

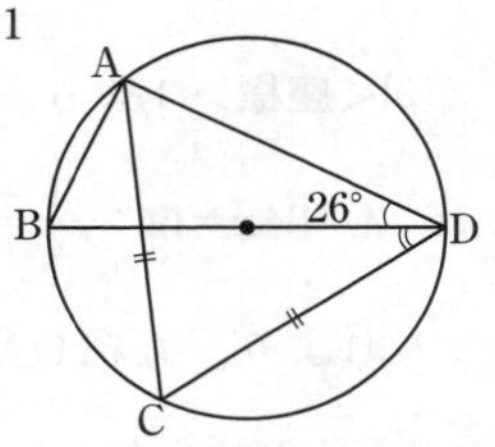

(5)＜空間図形―体積＞斜線部分を，直線ADを軸として1回転させてできる立体は，右図2のような，半径がOB＝3の半球と底面の半径がCD＝3，高さがOD＝3の円柱を合わせた立体から，底面の半径がCD＝3，高さがAD＝OA＋OD＝3＋3＝6の円錐を除いた立体である。半球の体積は$\dfrac{1}{2}\times\dfrac{4}{3}\pi\times3^3=18\pi$，円柱の体積は$\pi\times3^2\times3=27\pi$，円錐の体積は$\dfrac{1}{3}\times\pi\times3^2\times6=18\pi$だから，求める立体の体積は$18\pi+27\pi-18\pi=27\pi$となる。

図2

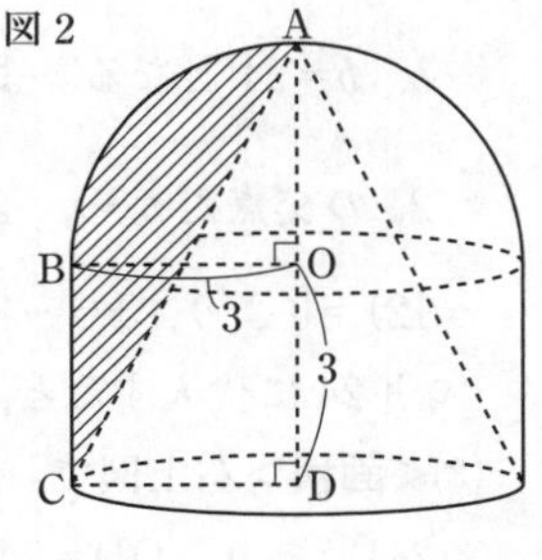

2 〔数と式―連立方程式の応用〕

(1)＜文字式の利用＞自動車Aは水素1kgで105km走り，P地点からR地点までの道のりは$x$kmだから，消費した水素は$x\div105=\dfrac{x}{105}$(kg)である。

(2)＜文字式の利用＞自動車Bはガソリン1Lで30km走り，R地点からQ地点までの道のりは$y$kmだから，消費したガソリンは$y\div30=\dfrac{y}{30}$(L)である。

(3)＜連立方程式の応用＞P地点からQ地点までの道のりが1000kmであるとき，道のりについて，$x+y=1000$……①が成り立つ。(1)より，自動車Aで消費した水素は$\frac{x}{105}$kgであり，水素1kgで1190円だから，燃料代は$1190\times\frac{x}{105}=\frac{34}{3}x$(円)となる。また，(2)より，自動車Bで消費したガソリンは$\frac{y}{30}$Lであり，ガソリン1Lで150円だから，燃料代は$150\times\frac{y}{30}=5y$(円)となる。よって，P地点からQ地点まで移動するときに消費した燃料代は水素とガソリン合わせて7850円だったので，$\frac{34}{3}x+5y=7850$が成り立ち，両辺を3倍して，$34x+15y=23550$……②となる。①，②を連立方程式として解くと，②−①×15より，$34x-15x=23550-15000$，$19x=8550$，$x=450$となり，これを①に代入して，$450+y=1000$より，$y=550$となる。

3〔**関数—関数$y=ax^2$と一次関数のグラフ**〕

≪基本方針の決定≫(3) いくつかの図形に分けて，等積変形を利用する。

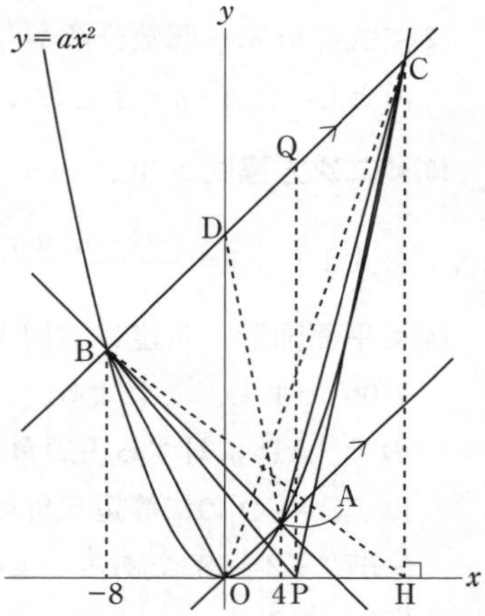

(1)＜**比例定数**＞右図で，2点A，Bは関数$y=ax^2$のグラフ上にあり，x座標がそれぞれ4，−8だから，$y=a\times4^2=16a$，$y=a\times(-8)^2=64a$より，A$(4,\ 16a)$，B$(-8,\ 64a)$と表せる。これより，直線ABの傾きは$\frac{16a-64a}{4-(-8)}=-4a$となる。よって，直線ABの傾きは−1なので，$-4a=-1$が成り立ち，$a=\frac{1}{4}$となる。

(2)＜**座標**＞(1)より，2点A，Bのy座標はそれぞれ$16a=16\times\frac{1}{4}=4$，$64a=64\times\frac{1}{4}=16$だから，A$(4,\ 4)$，B$(-8,\ 16)$となる。これより，直線OAの傾きは$\frac{4}{4}=1$となり，OA∥BCより，直線BCの傾きも1となるので，直線BCの式は$y=x+b$とおける。これが点Bを通るので，$16=-8+b$，$b=24$となる。よって，直線BCの式は$y=x+24$である。点Cは放物線$y=\frac{1}{4}x^2$と直線$y=x+24$の交点だから，2式からyを消去して，$\frac{1}{4}x^2=x+24$，$x^2=4x+96$，$x^2-4x-96=0$，$(x+8)(x-12)=0$より，$x=-8$，12となる。点Bのx座標が−8より，点Cのx座標は12だから，これを$y=x+24$に代入すると，$y=12+24=36$より，C$(12,\ 36)$となる。

(3)＜**面積**＞右上図で，直線BCとy軸の交点をDとすると，(2)より，直線BCの切片が24だから，D$(0,\ 24)$であり，OD＝24となる。また，点Oと点C，点Aと点Dを結び，〔四角形OACB〕＝△OAC＋△OCD＋△OBDと見るとき，OA∥BCより，△OAC＝△OADとなるので，〔四角形OACB〕＝△OAD＋△OCD＋△OBDとなる。3つの三角形の底辺をODと見ると，3点A，C，Bのx座標より，△OADの高さは4，△OCDの高さは12，△OBDの高さは8となる。よって，〔四角形OACB〕$=\frac{1}{2}\times24\times4+\frac{1}{2}\times24\times12+\frac{1}{2}\times24\times8=\frac{1}{2}\times24\times(4+12+8)=288$である。

(4)＜x**座標**＞右上図で，点Cからx軸に垂線CHを引き，2点B，Hを結ぶ。△HBCの底辺をCHと見ると，CH＝36となり，2点B，Cのx座標の差より，高さは$12-(-8)=20$となるので，

$\triangle HBC=\frac{1}{2}\times36\times20=360$となる。(3)で，〔四角形OACB〕=288より，〔四角形OACB〕$<\triangle HBC$だから，点Pのx座標は点Hのx座標より小さくなる。よって，図のように，点Pを通り，y軸に平行な直線と直線BCの交点をQとすると，$y=t+24$より，Q$(t,\ t+24)$となる。$\triangle PBC=\triangle PQB+\triangle PQC$として，底辺をPQと見ると，$PQ=t+24$となり，3点B，P，Cの$x$座標より，$\triangle PQB$の高さは$t-(-8)=t+8$，$\triangle PQC$の高さは$12-t$となる。したがって，$\triangle PBC=\frac{1}{2}\times(t+24)\times(t+8)+\frac{1}{2}\times(t+24)\times(12-t)=\frac{1}{2}\times(t+24)\times(t+8+12-t)=10t+240$となり，これが288となるので，$10t+240=288$が成り立つ。これを解くと，$10t=48$より，$t=\frac{24}{5}$である。

4 〔データの活用―確率―色球〕

(1)＜**確率**＞1つの袋から2個の球を取り出すときの取り出し方は，(白，赤)，(白，青)，(赤，青)の3通りある。よって，3つの袋から球をそれぞれ2個ずつ取り出すときの取り出し方は全部で$3\times3\times3=27$(通り)ある。このうち，取り出した6個の球の色がちょうど2種類となるのは，3つの袋から取り出す球の色の組合せが全て同じになるときで，球の色の組合せは(白，赤)，(白，青)，(赤，青)の3通りある。よって，求める確率は$\frac{3}{27}=\frac{1}{9}$である。

(2)＜**確率**＞合計6個の球を取り出すので，どの色の球も取り出され，それぞれの色の球の個数が全て等しくなるのは，白球，赤球，青球を2個ずつ取り出すときである。このとき，3つの袋から取り出す球の色の組合せは，(白，赤)，(白，青)，(赤，青)のように全て異なる。よって，袋Aからの球の取り出し方は3通りあり，袋Bからの球の取り出し方は袋Aで取り出した球の色の組合せ以外の2通りあり，袋Cからの球の取り出し方は残りの1通りあるので，取り出し方は全部で$3\times2\times1=6$(通り)ある。したがって，求める確率は$\frac{6}{27}=\frac{2}{9}$である。

(3)＜**確率**＞合計6個の球を取り出すので，どの色の球も取り出され，それぞれの色の球の個数が全て異なるのは，それぞれの色の球の個数が1個，2個，3個となるときである。このとき，3つの袋から取り出す球の色の組合せは，(白，赤)，(白，赤)，(白，青)のように，2つの袋の組合せが同じになる。袋A，Bが同じとき，これらの袋からの球の取り出し方は3通りあり，それぞれについて，袋Cからの球の取り出し方は袋A，Bで取り出した球の色の組合せ以外の2通りあるので，$3\times2=6$通りある。同様に考えると，袋A，Cが同じときも，袋B，Cが同じときもそれぞれ6通りあるので，このときの球の取り出し方は$6\times3=18$(通り)ある。よって，求める確率は$\frac{18}{27}=\frac{2}{3}$である。

5 〔平面図形―長方形〕

≪基本方針の決定≫(2)，(3)　相似な三角形を利用する。

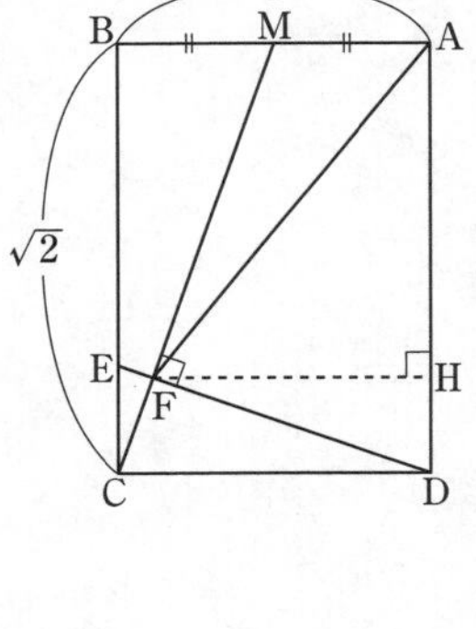

(1)＜**長さ**＞右図で，$\triangle BCM$は$BC=\sqrt{2}$，$BM=\frac{1}{2}AB=\frac{1}{2}\times1=\frac{1}{2}$，$\angle MBC=90^\circ$の直角三角形だから，三平方の定理より，$CM=\sqrt{BC^2+BM^2}=\sqrt{(\sqrt{2})^2+\left(\frac{1}{2}\right)^2}=\sqrt{\frac{9}{4}}=\frac{3}{2}$である。

(2)＜**長さ**＞右図の$\triangle BCM$と$\triangle FDC$において，$\angle MBC=\angle CFD=90^\circ$，$BA/\!/CD$より，$\angle BMC=\angle FCD$(錯角)で，2組の角がそれぞれ等しい

から，△BCM∽△FDC となる。よって，CM：DC＝BM：FC より，$\frac{3}{2}:1=\frac{1}{2}:\mathrm{FC}$ が成り立ち，$\frac{3}{2}\mathrm{FC}=1\times\frac{1}{2}$，$\mathrm{FC}=\frac{1}{3}$ となる。したがって，$\mathrm{FM}=\mathrm{CM}-\mathrm{FC}=\frac{3}{2}-\frac{1}{3}=\frac{7}{6}$ である。

(3)＜面積＞前ページの図で，点 F から辺 AD に垂線 FH を引く。(2)より，△BCM と△FDC は相似で，$\mathrm{BC}:\mathrm{FD}=\mathrm{CM}:\mathrm{DC}=\frac{3}{2}:1=3:2$ だから，$\mathrm{FD}=\frac{2}{3}\mathrm{BC}=\frac{2}{3}\times\sqrt{2}=\frac{2\sqrt{2}}{3}$ となる。また，△FDC と△HFD において，∠CFD＝∠DHF＝90°，FH∥CD より，∠CDF＝∠DFH(錯角)だから，△FDC∽△HFD となる。よって，FD：HF＝DC：FD より，$\frac{2\sqrt{2}}{3}:\mathrm{HF}=1:\frac{2\sqrt{2}}{3}$ が成り立ち，$\mathrm{HF}=\frac{2\sqrt{2}}{3}\times\frac{2\sqrt{2}}{3}$，$\mathrm{HF}=\frac{8}{9}$ となる。したがって，$\triangle\mathrm{ADF}=\frac{1}{2}\times\mathrm{AD}\times\mathrm{HF}=\frac{1}{2}\times\sqrt{2}\times\frac{8}{9}=\frac{4\sqrt{2}}{9}$ である。

国語解答

一 問一 ① 歓喜 ② 携帯 ③ 安易 ④ 概念 ⑤ 許容

問二 情報を受け

問三 A…ア B…ウ C…イ

問四 期待どおりに進行する，刺激が少ない番組。

問五 驚きや意外性を感じさせる差異。

問六 共感する当人に変化が起きず，考えが凝り固まり，先鋭化するから。

問七 視聴者に変化をもたらし，価値観や世界観を広げ，より深い共感へと導くためには，差異という刺激が必要だから。

二 問一 人の顔色を見ないで発言できる七子をうらやむ気持ち。

問二 七生の発言は意外なものだったが，筋は通っていたから。

問三 一人で隠れてケーキを食べるのはいやらしい，と思ったから。

問四 エ 問五 イ

問六 いつも人の顔色をうかがう七生は好きになれなかったが，今の七生はいとしいと感じて，弟として受け入れたい，という気持ち。

問七 七生の子どもらしさを知って，これからはうまくやっていこう，という思い。

三 問一 狐つきを一晩泊めること。

問二 狐 問三 無心に善事をなす

問四 イ 問五 ウ，カ

一〔論説文の読解─社会学的分野─マスコミ〕出典；佐々木健一『「面白い」のつくりかた』。

≪本文の概要≫差異とは，相対的なものである。したがって，人の心を動かすためには，いかに差異を設定するかがカギになる。そう考えると，ビジネスにおけるマーケティングに対する考え方も変わってくる。世の中ではやっているものを後追いしたところで，そこに大きな差異はない。まず差異をつくって受け手の心を動かし，そのうえで，共感を覚えてもらうようにする必要がある。ここで，もう一つの重要な要素として，共感が登場したが，誰にとっても心地よい共感だけでは不十分である。共感とは，〝元々の自分〟を前提とし，相手の中に〝自分の一部〟を見出すことだが，私は，まさにその点に危うさを感じている。共感を頼りに突き進んでも，自分を取り巻く世界は広がっていかないからである。面白いとは，〝差異〟と〝共感〟の両輪であり，この相反する概念が共存することで，より深い共感が得られると私は考えている。多くの人の心を揺さぶる作品も，何らかの差異によって視聴者に新たな気づきを与え，より深い共感へと導くプロセスをたどるのではないだろうか。

問一＜漢字＞①「歓喜」は，大いに喜ぶこと。 ②「携帯」は，身につけて，または，手で持って，持ち運ぶこと。 ③「安易」は，深い考えや特別な工夫がないさま。 ④「概念」は，思考によってとらえられた物事の内容や意味。 ⑤「許容」は，大目に見て，許し，認めること。

問二＜文章内容＞「相対的」とは，他との比較や関係によって，そうであるさま。「差異というのは，その情報を受け取る人々の感覚や時代などの状況によって変化する相対的なもの」なのである。

問三．A＜接続語＞サッカー日本代表が，「W杯初出場を果たした時は，日本中で喜びが爆発」したが，「今では六大会連続でW杯出場を果たしているため，差異を感じるとすれば，日本代表がW杯出場を逃した時の方がはるかに大きい」だろう。 B＜表現＞後発機であり，「機能面でもライバル製品より明らかに劣っていた」にもかかわらず，「ユーザーの心を動かし，大ヒットしたのは，他の製品と違う洗練されたiPodの方」だったということは，すなわち，「『作り手がいかに差異を設定するか』によって，人の心を動かせるか，『面白い』と思ってもらえるかどうかが変わってくる」

ということである。　C＜接続語＞「作り手が能動的に差異を設定することは，番組の演出や構成に関わる重要な要素」であることの例として，「私」が「ドキュメンタリー番組である人物を取り上げる際」に「必ずその人物が持つ隠れた差異(意外性)に注目するようにして」いることが，挙げられている。

問四＜文章内容＞「後追い」は，すでにあるものや先に誰かが行ったことをまねすること。「世の中で流行っているものを〝後追い〟した」番組とは，「〝定番〟や〝ベタ〟といわれる番組」のことであり，そのような番組は，「驚きや意外性といった差異が少なく，期待通りに進行する」が，「視聴者にとっては刺激が少ないため，長い目で見ると次第に飽きられていく」のである。

問五＜文章内容＞ドキュメンタリー番組で，ある人物を取り上げる際に，「私」は，「必ずその人物が持つ隠れた差異(意外性)に注目するようにして」いる。視聴者は，それを見て，「この人にはこんな一面もあったのか！」と驚き，意外に感じて心を揺さぶられるのである。人の心を動かすような差異とは，驚きや意外性を感じさせる差異のことである。

問六＜文章内容＞共感とは，「自分の考えや境遇，感覚が他者と一致するときに抱く一体感や安心感のこと」であり，言い方を変えると，「〝元々の自分〟を前提とし，相手の中に〝自分の一部〟を見出すこと」である。そのため，「共感する当人には，特に変化が起き」ず，「共感に従って自分の考えや境遇，感覚と同じものだけを追い求めれば，その人の考えは徐々に凝り固まり，先鋭化していく」ので，「私」は，「その点に危うさを感じていた」のである。

問七＜文章内容＞「誰にとっても心地よい共感」とは，「物事が自分の思っていた通り(期待通り／予想通り)だった時に抱く」ものである。しかし，「人は差異という刺激を受け，自分に変化を加えながら成長し，価値観や世界観を広げてより多くのものに共感できるようになっていく」のだから，「多くの人の心を揺さぶる作品」をつくるためには，それでは「不十分」なのである。そのような作品をつくるためには，「何らかの差異によって視聴者に新たな気づきを与え，モノの見方を広げ，それまで異質と捉えていたものを許容し，より深い共感へと導くプロセスを辿る」必要があるのである。

二　**〔小説の読解〕**出典；瀬尾まいこ『7's blood』(『卵の緒』所収)。

問一＜心情＞七子は，子どもらしい子どもは「人の顔色見ずに自分の思うように行動するもの」と考えていて，自信たっぷりにその考えを述べた。一方，七生は，いつも人の顔色をうかがっていて，「周りの人間に気に入られることばかり考えて」いた。周りの反応を気にする様子もなく，自分の考えを堂々と主張できる七子をうらやましいと感じて，七生は，「眩しそうに」七子の顔を「じっと見ていた」のである。

問二＜文章内容＞子どもは「大人に気に入られないと生きていけない」と言う七生に対して，七子は，子どもは「もっと純粋なもの」であり，「もっときれいなの」だと反論した。それに対して七生は，これから成長するとともに賢くなって，いいことを取り入れ，悪いことを取り除くようにすれば，「きれいに」なれるのではないかと言い返した。予想外の反論を受けたうえに，七生の言い分は筋が通っていたので，七子は，何も「言い返せなかった」のである。

問三＜文章内容＞七子は，七生が「夜中にこそこそとケーキを食べようとしていた」のだろうと推測した。常に人の顔色をうかがい，「周りの人間に気に入られることばかり考えて」いる七生の「いやらしい」本性を見たような気がして，七子は，「なんとも嫌な気持ちになった」のである。

問四＜心情＞七生が隠していたのは，七子の誕生日に贈ろうとしていた「バースデーケーキ」だった。七子に「周りの人間に気に入られることばかり考えて」いると非難された七生は，このケーキを贈ることもまた，そのような行為と見なされるだろうと感じて，ケーキを渡せなかった。七子にこのケーキを見られたら，自分の心の中を見抜かれるだろうと思って，七生は，涙を浮かべて，ケーキの箱を「開けないで」と言ったのである。

問五＜表現＞「羽をちぎられて逃げる術を失った小鳥」は，もう飛ぶことはできない。七子にケーキを見られた七生は，全ての望みを失ったような顔をしていたのである。

問六＜心情＞七子は，いつも人の顔色をうかがって，他人に気に入られようとする七生の性格や振る舞いが嫌いだった。しかし，ケーキを渡すことも捨てることもできなかった七生を，七子は「いとしいと思えた」のである。腐ってしまったケーキには，七生の，子どもらしい気持ちが込められていた。そのケーキを食べることで，七子は，七生を自分の弟として受け入れようと思ったのである。

問七＜心情＞「涙を流しながらも，ケーキを黙々と食べて」いる七生を見て，七子は，「子どもっていうのは，私が思っているよりずっと単純なのだ」ということを理解した。そして，そのように単純で，素直な七生とならば，これからは姉弟として，うまくやっていけるかもしれないと思って，七子は，「少し饒舌になっていた」のである。

三〔**古文の読解―随筆**〕出典；根岸守信『耳嚢』巻之二。

≪現代語訳≫勢州高田門跡の狐《きつね》が，京都の藤森へ官位を得て上るといって，ある村の者に取りついて，口走り，一晩泊めてほしいと頼むので，(その家の主人は)「簡単なことだ」として，赤飯・油揚げのような物をご馳走して，「ところで狐は稲荷神社のお使いで，福を祈れば福を与えてくれると聞き及んでいますので，どうか福をお与えください」と願ったところ，前出の狐つきが答えて言うには，「我々が福を与えるということは，ものを知らない人が言うことである。(我々が行うのは)全て福を植えるということであり，これを伝授しよう。万事につけて人のため世のためになることをするように心がけをするべきである。しかしこのような(立派な)ことをしたと少しでも心に思うようでは福を植えるとはいえない。無心によいことをするのを福を植えるというのである。また我々は福を授けることはできないといっても，よいことをした人には，例えば盗難に遭いそうなときは我らが訪れて枕元の物を落としたり，または大きな音などをさせたりして眠りを覚まして，その災いから逃れさせ，あるいは火災などがあった折にも遠くの親族・親友へも知らせて人を駆けつけさせて，家財などを運び出させるなどのことを行う。これがつまりは福を与えるということなのかもしれない」と語ったとかいうことである。

問一＜古文の内容理解＞ある村の者に狐が取りついて，一晩泊めてほしいと言ってきたので，家の主人は，それは簡単なことだと答えたのである。

問二＜古文の内容理解＞ある村の者に取りついた狐が，我々が福を与えるというのは，ものを知らない人が言うことであると言ったのである。

問三＜古文の内容理解＞「無心に善事をなす」こと，つまり，よこしまな気持ちのない状態でよいことをすることを，「福を植うる」というのである。

問四＜古文の内容理解＞「思ひよる〔寄る〕」は，思い当たる，気づく，という意味。「かかる事したり」，つまり，自分はこんなよいことをした，と自覚しているようでは，福を植えるとはいえないのである。

問五＜古文の内容理解＞盗難に遭いそうなときには，狐が，枕元の物を落としたり，大きな音を立てたりして，家の人を起こしてくれる(ウ…○)。また，火事のときには，家財道具を運び出す手伝いをさせるために，狐が，遠くの親戚や知人にも知らせてくれるのである(カ…○)。

Memo

Memo

Memo

2021年度　成蹊高等学校

【英　語】　(60分)　〈満点：100点〉

【注意】　＊の語には(注)に訳語が与えられている。

Ⅰ　A　放送問題

今から，オーストラリアからの留学生Nancyが，母国の友人について写真を見せながら説明してくれます。その話を聞き，次の英文１～４の空所に続く適切な英語をA～Dから１つ選び，◯で囲みなさい。

<Nancy の写真>

1．People don't like to sit next to Jimmy because ＿＿＿＿＿.

A．he is not nice　　B．he never washes his socks

C．he never wears his shoes　　D．his feet smell terrible

2．Nancy thinks that Ken ＿＿＿＿＿.

A．is too nice to people　　B．borrows too much money

C．is too rich　　D．has a bad character

3．Nancy likes Jane because ＿＿＿＿＿.

A．she is popular　　B．she never gives up

C．she makes funny jokes　　D．she is a good athlete

4．Cassie ＿＿＿＿＿.

A．is as smart as her friends

B．is good at making questions

C．has a grandfather and he is a scientist

D．is a lucky student

B　放送問題

今から，留学先のイギリスで滞在する部屋について，現地の先生から説明があります。留学した生徒になったつもりで説明を聞き，その後に読み上げられる質問に対する答えを１つ選び，○で囲みなさい。

ア．The building is too old to stay in.
イ．There is only one toilet in the building.
ウ．The rooms become very hot in summer.
エ．There are no shops near the building.

※＜**放送問題原稿**＞は英語の問題の終わりに付けてあります。

II　A　下の文章を読み，１～５が本文の内容と同じ場合はＴ，異なる場合はＦを○で囲みなさい。

1．Gabby and her friend collected the photos and information of many kinds of birds in their *neighborhood.
2．In *eBird*, students watch birds at *Cornell University and keep *data about them.
3．For scientists, the data on *eBird* is helpful to find out the answers to questions.
4．On *iNaturalist*, the members can teach each other about the animals and plants in their neighborhood.
5．To become a member of *Wildwatch Kenya*, *citizen scientists need to take photos of wild animals by themselves.

Gabby Salazar is a citizen scientist. She has no special training but works in science as an ordinary girl. She takes photos of *rare kinds of animals and plants, and teaches people about them. In this interview, she answers questions about her experience with citizen science.

Interviewer　:　What was your first citizen science project?

Gabby Salazar :　It was about five years ago. One of my friends was very interested in birds. So, we walked around our town with our cameras and notebooks for a day. We saw many different kinds of birds, took photos of them, and wrote down the things we found. Later, we *posted all our data on *eBird*.

Interviewer　:　What is *eBird*?

Gabby Salazar :　It's an Internet-based citizen science project at Cornell University in the United States. In this project, people around the world keep information about the birds they see. Today, *eBird* has over 590 million *observations of over 10,000 different kinds of birds. Scientists use this data to answer important questions. For example, "Where do such birds live?" or "How many are there?"

Interviewer　:　How can a person become a citizen scientist?

Gabby Salazar :　It's easy. First, find your favorite project on the Internet. One of my favorite projects in *iNaturalist*. In this project, you can study animals and plants. Then, use the project's *app on your phone to take pictures. For example, you can take photos of different kinds of trees near your home or school. When you finish, post your photos on *iNaturalist*. If you don't know the name of an animal or plant, other people can tell you. It's a great way to learn about your environment, and you also support scientists' *research.

If you can't take photos, you can do other citizen science projects. For example, you can join a fun project called *Wildwatch Kenya*. Scientists put cameras in trees and other places. When an animal passes near the camera, it takes a photo. Citizen scientists then look at the photos on the Internet and find out about the animals they see.

(注) neighborhood：近所　Cornell University：コーネル大学(米国)　data：データ
citizen scientist：アマチュア科学者　rare：希少な　post：投稿する
observation：観測結果　app：アプリ　research：研究

B　次のシャチ(orca)に関する文章を読み，続く質問１～５の答えとしてもっとも適切なものをア～エから選び，記号で答えなさい。

Do you know about orcas? Orcas are the strongest animals living in the sea, and they sometimes even fight against *sharks. They are called killer whales, so many people are afraid of them. However, in fact, they are very kind and love their families. Orcas take care of their families and help each other.

In winter, some groups of orcas living around *the North Pole travel down to the sea in the south. They spend some months in the warmer sea because they can fill their stomachs with sea animals.

This is the story of one orca family.

Seven members of the family were moving together to the south. The mother stayed close to her youngest baby because it was smaller than *average, but very *curious and active. The baby sometimes swam by itself, far away from its family. It didn't know that the big ocean was very dangerous.

On the way to the south, the orca family passed near Hokkaido. *Floating ice gathers on the *shore of Shiretoko from the middle of January every year, and it already started gathering that year, too. The baby orca saw floating ice for the first time. It was very interesting, so the baby orca began to follow it. It swam after the floating ice. It kept following the ice until it was far away from its mother and family. Now the baby orca was alone, but it didn't stop. The baby swam to the shore until it was very close. Then, it couldn't move. A lot of ice was along the shore. The baby was *trapped in the *thick and heavy ice. It was afraid and *called for its mother many times.

The orca family started looking for the lost baby. They swam around, and then they heard the baby's voice. They hurried to the shore and found the baby among the heavy ice. The baby was trying hard to *get out of it. The family reached the baby and surrounded it. They tried to encourage and save it. They tried and tried, but they became trapped in the floating ice, too. Now all of the family members were trapped.

The people on the shore found the orca family and tried to *free them from the ice. The people could lead the orcas away from the shore but not the baby orca. So, the family members swam back to the baby. The people tried again and again, but they could not help the orca family and the baby. The orcas became weaker and weaker, and *breathing became difficult for them. The orcas stopped moving little by little. The people couldn't do anything for them. A few days later, they found all the orcas dead.

(注) shark：サメ　the North Pole：北極　average：標準　curious：好奇心が強い

floating ice：流氷　shore：海岸　trap：閉じ込める　thick：厚い

call for：助けを求める　get out of：抜け出る　free：逃がしてやる　breathing：呼吸

1．Why do some orcas travel to the south?

ア．Because they are afraid of sharks.

イ．Because they can get enough food there.

ウ．Because it is safe without humans.

エ．Because it is cleaner than the north.

2．What was dangerous for the baby orca?

ア．To look for food with its family.

イ．To swim alone without its family.

ウ．To get too close to humans.

エ．To fill its stomach with sea animals.

3．After the baby orca followed the floating ice, what happened next?

ア．It broke the ice.

イ．It was caught by some people.

ウ．It got too tired to keep swimming.

エ．It was caught in the floating ice.

4．What did the orca family do for the baby orca in trouble?

ア．They broke the ice.

イ．They took the baby out of the ice.

ウ．They stayed with the baby.

エ．They hurt the people.

5．What happened to the orca family at last?

ア．The orca family lost their lives.

イ．The orca family saved their baby.

ウ．The orca family was saved by the people.

エ．The orca family swam away to the south.

C　以下に，ある物語の段落が並んでいます。最初の段落は(ア)，最後の段落は(カ)です。意味が通るように段落(イ)～(オ)を並べ替え，解答欄に記号を書きなさい。

(ア)　I still remember my first day of *kindergarten.

(イ)　Then, we went into the classroom.　A lot of children were playing there.　Most of them were the same size as me.　My mother spoke to the kindergarten teacher.　The teacher was very nice.　She called my name, and she introduced me to some of the other children.　I already knew some of them because they lived near me.

(ウ)　While they were talking, I began to play alone with the things in the classroom.　I played with toy cars and dolls.　Soon, some children talked to me.　I forgot to be nervous, and I began to play with them.　During that time, my mother left the room, but I didn't even *notice.　Then, we sang songs, played some games, and listened to a story read by the teacher.

(エ)　After we walked for a while, we got to the kindergarten.　It looked very big.　Many children were already playing outside.　They all looked bigger than me.　I looked at them, and some of them looked at me. I felt very small.

(オ) On the way there with my mother, I was excited, but I was also afraid. I held my mother's hand and we walked to the kindergarten. When we got near the kindergarten, I told my mother to stop holding my hand. It was because I didn't want to look like a baby.

(カ) I had a lot of fun on my first day of kindergarten. It was a good place to make new friends and learn new things.

(注) kindergarten：幼稚園　　notice：気づく

D　下の文章は，生徒会役員 Hellen が新入生向けに書いたスピーチです。それぞれの空所に入る適切なものをア～カから選び，記号で答えなさい。同じ記号を二度使うことはできません。使用しないものもあります。

ア．try to do important things first
イ．never study for a long time without a break
ウ．do one thing at a time and do it well
エ．practice makes perfect
オ．write down the things to do in your notebook
カ．work hard when you are in class

Welcome to Washington High School. My name is Hellen and I'm the leader of the *student council. We all are happy to have you here. As you can imagine, high school students are very busy. Some belong to a sports team, and others come to school from far away. Today I will tell you how to use your time well.

First, (1). You can also use a diary to write down things you need to do. Then check them soon after you finish. In this way, you can understand the things you have already done.

Second, (2). Think of it this way. You want to fit three large rocks, some smaller rocks, and some *sand into a bottle. If you put the sand in the bottle first, and then the smaller rocks, there is no space for the big rocks. Instead, put the big rocks in the bottle first and the smaller rocks next. Then, you can put in the sand. It will fill the empty space of the bottle.

Third, (3). For example, you may make mistakes if you solve math problems while you are watching TV. If you want to do a good job, you should work on only one thing.

Finally, (4). If you study too long, you will become too tired to study. After studying for 50 minutes, take a 10-minute break. During your break, have a snack or get some air. It is also helpful to study in shorter *blocks.

Some of you may be nervous about high school life, but don't worry. Not only *senior students but the teachers will support you, so please ask us if you have any questions. I hope my speech will help you to enjoy your high school life. Thank you.

(注) student council：生徒会　　sand：砂　　block：区切り，単位　　senior：先輩の

E　下の文章を読み，１～４の質問に4語以上の英語で答えなさい。

1. If you stay in the space hotel for three days, how much do you have to pay in total?
2. The Japanese company hasn't started building the space hotel yet. Why?
3. What can the *shuttles in the future do?
4. What do people today have to do before going into space?

What kind of holiday will you want to take in the future? If you are under 30 years old today, maybe you can take a holiday in space in the future.

A Japanese company, Shimizu, has a plan to open the first hotel in space *within 15 years. They want to *offer three-day holidays in the space hotel. The space hotel will be bigger than the *International Space Station. And, you will pay about 30,000 dollars for one day! This is very expensive. However, the Shimizu Company believes that a lot of people will be happy to pay for this.

The Japanese company is very serious about this plan, but they cannot start building their space hotel yet. This is because they have to buy a *reusable shuttle. Why do they need such a shuttle? The old American shuttles were very expensive to *launch because they needed another big *rocket which was not reusable. However, in the future, shuttles will take off and *land like airplanes. Then, they will be less expensive.

There are other big problems too. How will people prepare for the space trip? To stay healthy and strong in space, today's astronauts have to do training for many months. If we want to go to space, we have to do the same thing.

We cannot enjoy holidays in space yet, but certainly we will. Maybe you will be one of the lucky people to experience a space trip!

(注) shuttle：スペースシャトル　within：～以内に　offer：提供する
International Space Station：国際宇宙ステーション　reusable：再利用できる
launch：発射する　rocket：ロケット　land：着陸する

F　Sudbury Valley School は，"democratic school"(民主主義教育を行う学校)と呼ばれています。以下の文章を読み，その理由を20～30字以内の日本語で説明しなさい。句読点も字数に含みます。「民主的」という語は使わないこと。

It's Friday morning at *Sudbury Valley School. There is a big meeting for the school *administration. Today's question is important, "Can students use *cell phones at school?" The *administrators talk about the question for 20 minutes. Then they *vote. They vote yes!

Cell phones are an ordinary problem for schools. But this isn't an ordinary school meeting. What is different? Most of the administrators are not adults. They are children! They are the students. The students make decisions about everything with the teachers. They help to *govern the school.

Schools like Sudbury Valley School are called "democratic schools." There are more than 30 schools like this around the world. In democratic schools, students of all ages and some adults vote to make important decisions. They vote at meetings once a week. First, they talk. Then they vote. Everyone has the right to vote. A student vote is as important as an adult vote. Even the vote of a five-year-old child is important. There are always more students than adults in a school. So most of the votes are student votes.

When do students vote? They vote to decide everything from programs of study to parties. They vote to decide school rules. They vote to decide the school plan about how to use money. They even vote to decide the food for lunch.

What happens when a student breaks a rule? A special group decides. There are students and one adult in this group. These people try to understand the problem. They listen to everyone and then make decisions, even about the *punishment.

Democratic schools are not a new idea. Sudbury Valley School is more than 40 years old. Many people who graduated from this school are *successful adults. Many of them send their children to Sudbury Valley School. They want a "democratic" education for their children.

In some ways, Sudbury Valley School students are just like other students. They study different subjects. They learn many things. They learn to communicate with other people. But at Sudbury Valley School, students learn other important things, too. They learn to be leaders.

（注） Sudbury Valley School：アメリカ，マサチューセッツ州の私立学校　administration：運営
cell phone：携帯電話　administrators：幹事会(代表)　vote：投票・票・投票する
govern：運営する　punishment：罰　successful：成功している

G 次の文章はアメリカの高校生が書いたものです。なぜ筆者は下線部のように感じたのでしょうか。あなたの考えを，解答欄の英文(The writer hated herself because she . . .)に続けて英語で書きなさい。10～22語で，2文以上になってもかまいません。コンマ，ピリオドなどの符号と，解答欄の英文は語数に含めません。

Monday is the worst day of the week. Do you know why? It is because I don't want to meet some girls in my class.

On Monday, I have a science class. I do not hurry to the science room. Instead, I like to stay longer in my classroom. It is the warmest room in the school. After the last group of the girls start to walk to the science room, I know I have to leave too.

"I didn't do any homework this weekend," Carol says when I arrive at the science room. I am not surprised that Carol says such things. She never studies. "I didn't have time, either," Judy and Karen say. I try to be there just before Ms. Taylor comes. Then they won't talk to me.

It happened two months ago. It was just before our history class started. When I was putting my books on my desk, Carol stopped at my side. She said, "Is that your homework paper? Can I?" I looked at her for a long time. Then, I said, "OK." Carol went to her desk with my paper. After a moment, I changed my mind. I tried to get it back from her, but it was too late. The bell rang and the class began. My paper was passed from Carol to Judy and Karen. After ten minutes, it got back to me.

During the class, Judy raised her hand to answer the homework questions. I looked at my paper. All of her answers were from my homework paper. She even used the words on my homework paper. I felt a strange feeling in my heart. I hated myself.

Two weeks passed. The same thing happened again. This time Karen came to me between classes. She put her finger on my notebook. I knew she wanted to see my math homework. "Can you?" she said. I said nothing. "Come on," she said, "we are friends, aren't we?" "This is not fair," I thought, but I gave my notebook to her.

The math homework came back the next day. I got 90 points on my homework. Karen and her two best friends had the same. Ms. Baker talked about the hardest question. Almost all the students were wrong. Because they had the right answer, Karen and her friends smiled at me. I hated myself again.

III　A　次の文章を読み，下線部(1)(2)の英文の意味が通るように，カッコ内の語句を並べ替えなさい。

Roald Dahl was born on September 13, 1916, in *Wales. His parents were from *Norway. His name came from a famous *Norwegian *explorer, Roald Amundsen. Roald's father lost his arm in an accident. (1)However, [his shoes / he / than / could / put on / faster] Roald. Roald respected his father. His mother was good at telling stories. (2)She [of / her children / *fairies / stories / told]. He liked to listen to her stories. Later, Roald Dahl became a famous writer and wrote a lot of stories for children.

（注） Wales：ウェールズ地方(英国)　Norway：ノルウェー(国名)
Norwegian：ノルウェーの　explorer：探検家　fairy：妖精

B　次の文章を読み，"I have three reasons." に続く英文を書きなさい。それぞれの理由は15語以内とします。コンマ，ピリオドなどの符号は語数に含めません。

Last spring, school was closed for a few months. Many students in the world could not go to school. After this experience, I think it is better to study at school than to study at home. I have three reasons.

C　次の質問に対して，あなたの考えを25～35語の英語で書きなさい。文の数はいくつでもかまいません。コンマ，ピリオドなどの符号は語数に含めません。解答欄に語数を記入すること。

What do you want to do when you enter high school? Why?

＜放送問題原稿＞

これから放送問題を始めます。問題用紙の１ページ目を開いてください。問題は I A とＢの２題です。メモを取ってもかまいません。それぞれの英文は２回読まれます。

では，始めます。

A　放送問題

今から，オーストラリアからの留学生Nancyが，母国の友人について写真を見せながら説明してくれます。その話を聞き，次の英文１～４の空所に続く適切な英語をＡ～Ｄから１つ選び，○で囲みなさい。

Please look at this picture of my friends back in Australia. I am standing in the center of the picture.

The boy standing next to me is Jimmy. He's nice, but he hates wearing socks. Nobody likes to sit next to him because his feet smell really bad.

Ken is standing next to Jimmy. He is nice to people, but sometimes he is too kind. He lends money to his friends, but he never gets angry if they don't return it. I like him, but he should be more careful.

The girl wearing a baseball cap is Jane. She is popular in our school because she likes sports and always tells people funny jokes, but I like Jane because she never gives up. She likes to try new things.

Last, there is Cassie. She's the smartest of all my friends. If I have a question about something, Cassie usually knows the answer. Her dream is to be a scientist, like her grandfather.

I think I'm lucky to have many interesting friends and I can't wait to meet them again soon.

繰り返します。

B　放送問題

今から，留学先のイギリスで滞在する部屋について，現地の先生から説明があります。留学した生徒になったつもりで説明を聞き，その後に読み上げられる質問に対する答えを１つ選び，○で囲みなさい。

Welcome to our summer program! You are going to stay in this building for three weeks. This building is usually used by university students. It is a very old and beautiful building. It has three floors, and your room is on the second floor. It has ten bedrooms, a living room, and two kitchens. There is one toilet on each floor. The building is on a very quiet street. However, there is one problem. There is no air conditioner in this building, so your room will get very hot at this time of the year. But there is one good point : there is a bookstore across the street, so you can find many good English books there!

Question : What is the problem about this building?

繰り返します。

これで放送問題を終わります。

【数　学】（60分）〈満点：100点〉

【注意】　円周率は π として計算すること。

1　次の各問いに答えよ。

(1)　$\dfrac{3\sqrt{8}}{\sqrt{3}}-\dfrac{(\sqrt{12}+\sqrt{2})^2}{2}$ を簡単にせよ。

(2)　$x(x-1)-2y(2y-1)$ を因数分解せよ。

(3)　関数 $y=\dfrac{1}{8}x^2$ において，x の変域が $-2\leqq x\leqq 4$ であるとき，y の変域を求めよ。

(4)　下の図1において，△OABはOA＝OB＝2，∠AOB＝90°の直角二等辺三角形である。△OABから点Oを中心とする半径1のおうぎ形を除いた斜線《しゃせん》部分を，直線OAを軸として1回転させてできる立体の体積を求めよ。

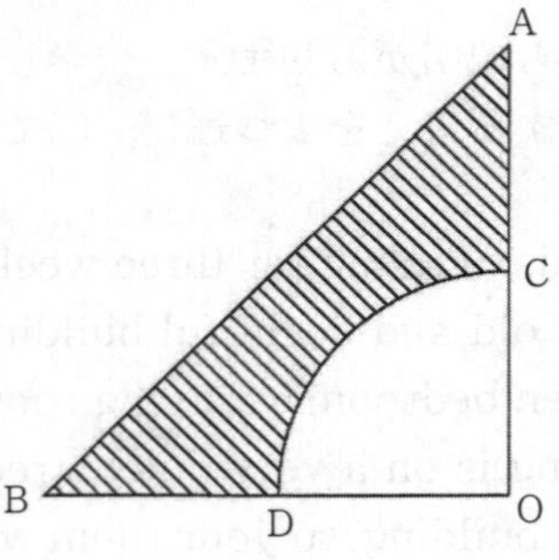

図1

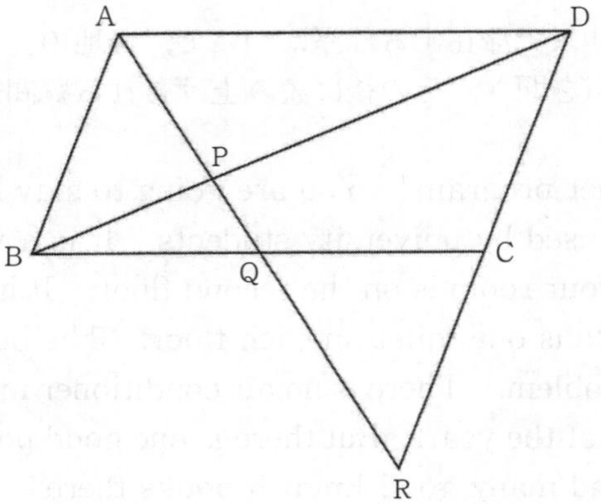

図2

(5)　上の図2において，平行四辺形ABCDの辺BCの中点をQとする。線分AQと線分BDの交点をP，直線AQと直線DCの交点をRとするとき，△PBQと△PDRの面積の比をもっとも簡単な整数の比で表せ。

2　白玉と赤玉が何個かずつ入った3つの袋A，B，Cがある。A，B，Cそれぞれの中で，白玉の個数の割合は28％，x％，y％である。次の各問いに答えよ。

(1)　Aの中の赤玉の個数が36個であるとき，Aの中の白玉の個数を求めよ。

(2)　B，Cの中にはそれぞれ140個，120個の玉が入っている。

①　Bの中の赤玉の個数を x を用いて表せ。

②　B，Cの中の白玉の個数の合計は157個である。また，Bの中の赤玉の個数の $\dfrac{1}{7}$ と，Cの中の白玉の個数の $\dfrac{1}{6}$ の合計は18個である。x と y の値をそれぞれ求めよ。

3　3つのさいころA，B，Cを同時に1回投げて出た目をそれぞれ a，b，c とする。次の各問いに答えよ。

(1)　積 abc が素数となる確率を求めよ。

(2)　積 abc が1桁《けた》の整数となる確率を求めよ。

4　点Pは原点Oを出発し，x軸上を線分OPの長さが毎秒2cmの割合で増加するように動く。ここで，点Pのx座標は正とする。点Pを通りy軸に平行な直線と，放物線$y=\frac{1}{4}x^2$との交点をQ，直線$y=x-5$との交点をRとする。また，点Qを通り，x軸に平行な直線と放物線$y=\frac{1}{4}x^2$のQでない交点をSとする。ただし，原点Oから点(1，0)までの距離，および原点Oから点(0，1)までの距離をそれぞれ1cmとする。次の各問いに答えよ。

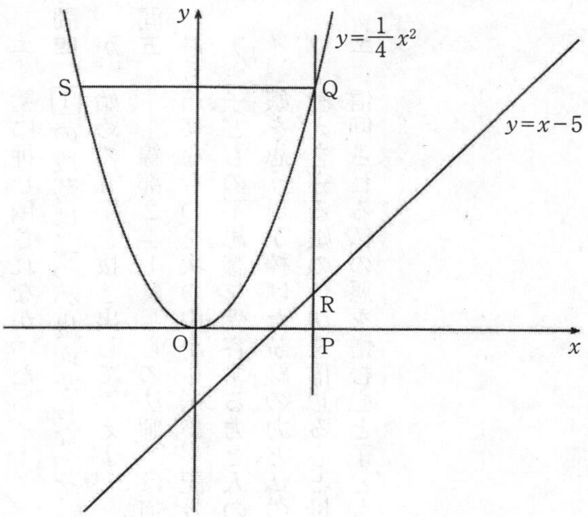

(1)　点Pが原点Oを出発してから3秒後の△QSRの面積を求めよ。

(2)　点Pが原点Oを出発してからt秒後の線分QRの長さをtの式で表せ。

(3)　点Pが原点Oを出発してからt秒後に，△QSRが直角二等辺三角形になる。このようなtの値をすべて求めよ。

5　図のように，点Oを中心とする半径2の円の円周を10等分する点をA～Jとする。直線FAと直線CBの交点をKとする。次の各問いに答えよ。

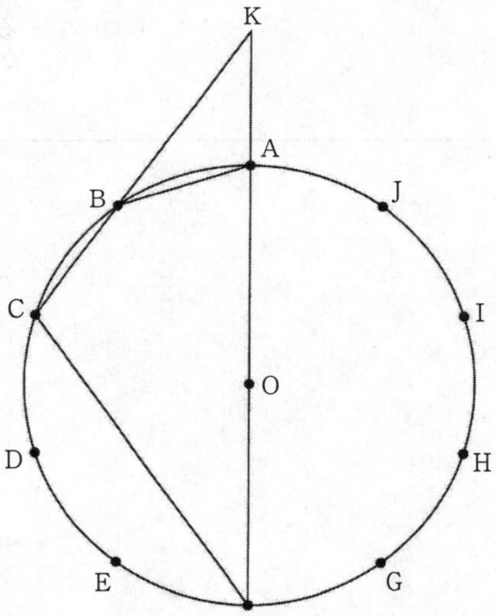

(1)　次の角の大きさを求めよ。

①　∠BCF

②　∠AKB

(2)　次の辺の長さを求めよ。

①　BK

②　AB

＊瑞相＝前兆。

＊経を誦ぜむ＝僧に布施して読経を依頼しよう。

＊僧七はしら＝僧七人。

問一 ＝＝線部a～cの「母」は、それぞれ～～線部ア「長母」、イ「女」のどちらを指しているか。それぞれ記号で答えよ。

問二 ――線部1「母ますます心に恐り」とあるが、何を恐れたのか。最も適切なものを次の中から選び、記号で答えよ。

ア 娘が蜂に刺されること
イ 娘に仏の罰がくだること
ウ 娘に悪事がふりかかること
エ 娘が悪夢に苦しめられること

問三 X に入れる内容として最も適切なものを次の中から選び、記号で答えよ。

ア 夢にあらわれた
イ 後の屋に入っていた
ウ 壁が倒れかかってきた
エ 壁に押し倒されなかった

問四 I の段落は二つの場面からなっている。後の場面はどこからか。始めの五字を抜き出して答えよ。

問五 ――線部2「七はしらの法師」は何を表すと考えられるか。最も適切なものを次の中から選び、記号で答えよ。

ア 子どもの不思議を受容する力と人の誡
イ 娘を思う母が捧げた読経の力と仏の加護
ウ 教えを守る娘の仏法を信じる心と母の愛情
エ 信仰される仏の悪を憎む心と子どもの素直さ

ウ　お茶を濁した
エ　くぎを刺した
オ　業を煮やした

問三　――線部2「自分のなかでふくれにふくれていた想像」とあるが、なぜ「ふくれにふくれていた」のか。説明せよ。

問四　――線部3「本当に『いい思い出』になっていた」とあるが、「本当」の「いい思い出」とはどのようなものだと「私」は考えているか。説明せよ。

問五　空欄［C］・［D］に入れるのに、最も適切なものを次の中から選び、それぞれ記号で答えよ。
ア　じっと　　イ　ぬっと
ウ　はっと　　エ　きちんと
オ　すとんと

問六　――線部4「時間が止まった。時がもどった」とあるが、このとき「私」はどのような心境に「もどった」のか。具体的に説明せよ。

問七　――線部5「私とおなじ重さを負ってきてくれた」とあるが、Ⅰ奥山くんが負ってきたものはどのようなことか。Ⅱその「重さ」が奥山くんと「私」のこれまでの生き方にどのような影響を与えてきたことを表しているか。それぞれ説明せよ。

三　次の文章を読んで、後の問いに答えよ。なお、［Ⅰ］・［Ⅱ］は段落番号を表す。

［Ⅰ］　＊大和国《やまとのくに》添上郡《そふのかみのこほり》山村《やまむら》の里に、ひとりのア＊長母有りき。姓名あきらかならず。その母にイ女《むすめ》有りき。嫁ぎてふたりの子を生めり。＊聟《むこ》の官《つかさ》、＊県《あがた》の主宰《つかさ》に遣はされ、因りて妻子を率て、任《ま》けられし国に至りて、歳余を経たり。但《ただ》妻のa母、土《くに》に留まりて家を守りき。たちまちに女の為に夢に悪しき＊瑞相《ずいさう》を見き。すなはち驚き恐り、女の為に＊経を誦ぜむと念《おも》ふに、貧しき家なるにより、敢へてなすこと得ず。心に念ふにたへず、自ら著《き》たる衣を脱ぎ、洗ひ浄めささげて誦経《ずきやう》に奉らむとす。然るに凶《あ》しき夢の相、また猶《なほ》し重ねて現る。1母ますます心に恐り、また著たる裳《も》を脱ぎ、浄めあらひて、以て先のごとくに誦経を為せり。女は任県の国司の館に在り。生める子、館の庭の中に遊び、b母は屋のうちなり。ふたりの子、＊僧七はしら有りて、居たる屋の上に坐《ゐ》て、経を読むと見る。ふたりの子、母に申して言はく、「屋の上に法師七はしら在りて、経を読めり。すみやかに出でて見たまふべし」といふ。その経を読む音《こゑ》、蜂の集り鳴くがごとし。母聞きて、怪しび起ちて後の屋より出づれば、すなはち居処《ゐどころ》に当れる壁たふれぬ。また2七はしらの法師もたちまちに見えず。女大きに恐り怪しび、自ら内心に念はく、天地吾を助けて、［　X　］とおもふ。

［Ⅱ］　後《のち》家を守れるc母、使を遣はして到り問ひ、凶しき夢の状《さま》をのべ、経を読みし事を伝ふ。女、母の伝ふる状を聞き、大きに怖りて心を通はし、ますます三宝を信じまつりき。すなはち知る、誦経の力と三宝の護念となることを。

（『日本霊異記』による）

【注】　＊大和国添上郡＝現在の奈良県奈良市の地。
＊長母＝老母。
＊聟の官＝娘の夫である役人。
＊県の主宰＝地方官。

「はい？」
「汗っかきなんだ」
「え」
「とくに、緊張するとすぐ汗が出て」
「あ……」
「今ならふつうに言えるけど、子どものころはすっごく、それが恥ずかしくて。どうしても、だれにも、知られたくなくて」
　声をなくした私の前で、あいかわらず白い奥山くんの首筋がみるみる赤く染まっていく。
「あの日……あの予選の日も、ぼくの手、汗でびっしょりだった。気がつかなかった？」
　問われて、ハッと息をつめた。あの日。スタートラインで肩と肩を組みあわせた瞬間の、奥山くんの掌。いつもよりそっけなく感じた記憶はある。感触は？　思いだせない。首を横にふった。
「そんな余裕なくて」
「すごい汗だったんだ、緊張して、あのムードにやられちゃって。紐を結ぶときも、腕を組むときも、バレたらどうしようって、すごくびくびくしてて。飯田さんが転んだとき、あれが絶頂だった。ぼくのせいだ、ぼくが汗ばっか気にしてたからだってパニクって、ますます手がびしょびしょになって……」
　ごめん、と奥山くんが悲痛な声とともに低頭する。
「その濡れた手を、どうしても、飯田さんに、さしだせなかった」
「……」
　4時間が止まった。時がもどった。十五年前のあの日、地べたに転がる私を無表情に見下ろしていた奥山くん。どうして気づいただろう。そのこぶしが大量の汗を抱いていたなんて。いつも冷静で、おだやかで、大人びていたあの男の子が、それほどの重圧に震えていたなんて。
　子どもだったんだ。ふいに、その当然の事実が[D]胸に落ちた。奥山くんも、私も、もしかしたら真梨江先生も、あのころはみんなまだ本当に子どもだったんだ——。
「あれからぼく、飯田さんの顔、とてもじゃないけどまともに見られなくて、謝る勇気もないまま卒業しちゃって、それが、なんていうか、ずっとこのへんに引っかかってて……」
　このへん、と奥山くんのこぶしが鳩尾《みぞおち》のあたりを叩《たた》いた瞬間、はじかれたように私の涙腺がゆるみ、彼の背後にうかぶ上弦の月がぼやけた。
「だから今日、飯田さんと話ができてよかった。ほんとによかった」
「奥山くん……」
「SPやってると、どうしてもあの日のことを思いだすんだ。どんな要人守っても、セレブ守っても、クラスメイトの女子一人守れなかったら、ただのポンコツだなって」
　十五年間、5私とおなじ重さを負ってきてくれた元パートナー。その肩からようやく力がぬけて、なつかしい観音の笑みがもどった。

（森　絵都『出会いなおし』所収「むすびめ」による）

問一　——線部1「私の目を見ない」とあるが、二人がこのような態度を取るのはなぜか。最も適切なものを次の中から選び、記号で答えよ。

ア　「私」をいつまでも失敗を引きずる付き合いにくい人だと感じていたから。
イ　「私」以外のクラスメートで共有する思い出に立ち入ってほしくなかったから。
ウ　「私」には予選敗退の責任があると感じていることを知られたくなかったから。
エ　「私」の失敗に対する厳しい発言があったことを今でも伝えたくなかったから。

問二　空欄[A]・[B]に入れるのに、最も適切なものを次の中から選び、それぞれ記号で答えよ。

ア　天を仰いだ
イ　水を打った

「私のせいで負けたのに？」
「だから、琴ちんのせいじゃないって。あの日は、みんなが興奮してスピードあげすぎて、ペースが狂ってたんだよ。あれは、クラス全員のミス」
「てか、そもそも優勝したチームのタイム見たら、オレらと全然、格がちがったじゃん。メジャーリーグと少年野球くらいの差があったよ。決勝進出なんて、どだい夢の夢だったんだ」
いともからりと内田が言ってのけ、泡のつぶれたビールを喉へ流しこんだ。
「ま、オレはきれいなレポーターにサインもらって、もうそれだけで大満足だったけどな。芸能人と会ったのも生まれてはじめてだったし」
「あ、私もサインもらった。あれ、どこやったかな」
初めてドーランを塗った大人を見た。帰りにお母さんたちがたこ焼きを買ってくれた。後日、テレビに真梨江先生の号泣シーンがノーカットで流れていた。オレのつむじも〇・五秒だけ映った。みるみる声を軽快にしてもりあがる二人を前にして、私は十五年間、後生大事に抱えつづけたしこりの収めどころを失い、呆《ほう》けたようにまばたきをくりかえした。
なあんだ。みんなにとってあれは、真梨江先生の思惑《おもわく》とは関係なしに、3本当に「いい思い出」になっていたのか。敗退の痛みなどはとうに克服し、子ども時代のまたとない珍経験へと昇華させていたのか。あの転倒を今も引きずっているのは、転倒した本人だけなのか――。
（中略）
私以外にもう一人、あの日を笑って語れないはずの人がいる。大事な用件がまだ残っていた。
「奥山くん」
個室の前で待ちぶせし、もどってきた奥山くんを捕まえたのは、飲み放題の終了まで残すところ十五分の土壇場だった。早く、早くと自分をせっつきながらもなかなか思いきれず、彼がトイレへ立ったのを最後のチャンスと、ようやく重い腰を上げたのだった。
（中略）
「六年生のとき……」
軽く、軽く、軽く。私の重石《おもし》を奥山くんになすりつけないように。
「転んじゃって、ごめんね」
笑って言えた。笑わなきゃ言えなかった。
「あのころ奥山くん、いつもすごく優しくて、練習でもいつも助けてくれて、なのに肝心の本番で私、転んじゃって、そのせいで奥山くんにまで迷惑かけちゃって……。ありがとうも、ごめんねも言えないままだったこと、ずっと気になってたの。もう昔のことだし、奥山くんは忘れてるかもしれないけど、私は忘れられなくて。だから、今日はそのことちゃんと話して、それで、終わりにしたかったの」
つっかえながらもどうにか言いきった。直後、奥山くんの目が混乱の火花を散らしているのを見て、どきっとした。
「あ、あの、ほんとにごめんね、今さら。聞いてくれてありがとう。じゃ……」
言うだけ言って逃げようとした私を制するように、そのとき、奥山くんが［C］掌《てのひら》を突きだし、張りつめた声を響かせた。
「触って」
「え」
「触ってみて」
血色のいい大きな掌。触って？　意味がわからず瞳で問うも、奥山くんは一文字に結んだ口を動かさない。どうやらそのままの意味らしい。
私はこくりと息を呑《の》み、震える手をさしのべた。人差し指と中指、二本の指先でそっと眼下の掌に触れる。ぬめりとした。
「濡《ぬ》れてるでしょ」

「でも、あったよね」
「ん、まあ」
「教えて」
「いや、その……ちょっと、言いづらいんだけど」
「大丈夫。言って」
お尻をもぞもぞしだした内田の手がおしぼりをとり、意味もなく裏返す。
「決勝進出が消えて、あのとき、オレらその、まだガキだったからさ、やっぱくやしいってんで、泣いたりしてたんだ」
「うん」
「飯田《いいだ》の前で言うのもナンだけど」
「大丈夫。泣いてたのは知ってるから」
「ほぼ全員、泣いてた」
「うん」
「みんな、なかなか泣きやまなくて。で、なかにはその、あの、言いづらいんだけど……」
「言って」
「飯田が転んだせいだとか言いだすヤツも、やっぱ、いて」
「うん」
「飯田が転んだのは奥山のせいだとか言いだすヤツもいて。だれが速すぎたとか、だれが出遅れたとか、だれの紐《ひも》の結び方が悪かったとか、どんどん、やなムードになってきて、そんで、そしたら……」
「うん」
「その……」
はっきりしない内田の横から、【 A 】あっちんが割って入った。
「そしたら、真梨江《まりえ》先生が泣きだしたんだよ。私たちのだれよりも激しく、爆発的に」
「は？」
真梨江先生？

「ここでケンカしたら六年二組の思い出がだいなしだって、真梨江先生、すごい勢いで泣きだして、止まらなくて。私だって悲しくてくやしい、でも、ここは笑顔で終わらせなきゃいい思い出にできないんだって、わあわあ泣きながら言うの。大人があんなに泣くの見たの、初めてだったから、もうみんな、びっくりしちゃって、おろおろして。クラス全員、一気に泣きやんだんだ。ぴたっと、ほんとに、【 B 】みたいに」
そうなんだよ、と内田がにわかに勢いづいて言った。
「先生があんまり泣くもんだからさ、オレら、もう泣いてる場合じゃなくなっちゃって、あわててフォローにまわったんだよな。負けたけど最後までがんばれてよかったとか、最高の思い出になったとか、夢をありがとうとか、もう必死で。母親たちも一緒になって、元気をもらった、感動をもらった、ありがとうありがとうの大合唱で」
「気がついたら、テレビカメラがその姿に食いついてて、それでやっと先生、泣きやんだんだよね。マスカラ落ちてるから今のはカットして、って」
「………」
あっけにとられて、声もなかった。私が救護室にいるあいだ、まさかそんなことが起こっていたなんて。
頭の整理がつかない。2自分のなかでふくれにふくれていた想像とかけはなれすぎている。
「私、真梨江先生がみんなに言ったのかと思ってた。私が転んだことは言っちゃいけないとか、悪いことは忘れようとか」
「ううん、そうじゃなくて」
昔とおなじどんぐりまなこで、あっちんが頭をふる。
「ま、ネガティブなこととか言うと、また真梨江先生が泣きだすんじゃないかって恐怖はあったかもしんないけど。でも、それよりも、子どもは子どもなりに、やっぱり琴ちゃんのこと心配して、そっとしといてあげようって思ったんだよ」

とあるが、なぜ「子どもだまし」みたいなものだというのか。次の中から最も適切なものを選び、記号で答えよ。

ア　十分な器具や技術を持たないで、自然の原理を解き明かそうとしたから。

イ　科学を否定している哲学者だけで、この世のメカニズムを説明しようとしたから。

ウ　知を愛し求めることこそが、科学にとってもっとも大切だと思い込んでいたから。

エ　自然を空想や夢の世界として、わかりやすい説明こそが認められると思っていたから。

問四　――線部3「知の大革命」とはどのような変革のことか。説明せよ。

問五　――線部4「僕たちの『意味の世界』のアンテナ」とはどのようなものか。説明せよ。

問六　空欄[A]〜[D]に入れるのに、最も適切な組み合わせを次の中から選び、記号で答えよ。

ア　A　意味　B　事実　C　事実　D　意味

イ　A　意味　B　事実　C　意味　D　事実

ウ　A　事実　B　意味　C　事実　D　意味

エ　A　事実　B　意味　C　意味　D　事実

問七　――線部5「『恋の哲学』が先になければ、『恋の科学』も本来なり立たないはずなのだ」とあるが、なぜそのように言えるのか。説明せよ。

二　次の文章を読んで、後の問いに答えよ。

〔「いい思い出」を作ろうという担任の提案で三十人三十一脚に出場することになった。運動音痴の「私」は、隣に並ぶ奥山君に助けられ、クラスメートにひやかされながらも懸命に練習したが、予選で転んでしまった。その経験にとらわれたまま大人になった「私」が、同窓会に出席した。〕

「私、今日は、教えてほしいことがあって」

宴《うたげ》の席は徐々にバラけて、早めにぬける遠来組やトイレ籠城組の空席が目立ちはじめていた。急に居住まいを正した私に、あっちんと内田がわかりやすく瞳の落ちつきをなくす。

「あの、予選の日のことなんだけど」

「予選？」

「あの日……あのとき、私、転んで、それで負けちゃって。そのあと私、救護室へ行ったじゃない」

「あ……ああ」

「や、そうだっけ？」

1私の目を見ない二人の声がかぶった。あっちんはもはやサワーに手を出さず、内田もビールの泡がしぼむにまかせている。

「あのあいだに、なんかあった？」

「なんか？」

「救護室からスタンドへもどったら、急にムードが変わってたから。泣いてたみんなが元気になってて、なんだかへんな空気で……あの感じ、私、ずっと忘れられなくて」

「あの感じ？」

「ね、なんかあったんだよね」

あっちんと内田が額を突き合わせ、目と目でなにかを相談する。

口を開いたのは内田だった。

「いや、その、なんかあったってほどじゃないんだけどさ」

⑤キョクタンな話をすれば、もしも人類よりはるかに知能が進んだ宇宙人がいたとしたら、彼らの住む「事実の世界」は、僕たちの世界とは大きく異なっているだろう。三次元や四次元どころか、彼らは二〇次元くらいの世界に生きているかもしれない。その世界では、DNAは二重らせん構造をなしていないかもしれないし、時間だって存在していないかもしれない。

いや、そんなとっぴな例を持ち出さなくても、もっと身近な、たとえば犬やネコやカラスなんかを考えてみてもいい。

犬やネコは、人間のようには色が認識できないといわれている。一方カラスは、人間には認識できない紫外線を認識できるという。だから、どうやらお互いを黒色とは認識していないらしい。

要するに、犬やネコやカラスは、僕たちにとっての「事実の世界」と、いくらか異なった世界を生きているのだ。

それはつまり、僕たちもまた、「僕たちにとっての事実の世界」をしか生きられないということだ。

（中略）

僕たちは、僕たちの「意味の世界」に照らし出されたかぎりにおいてしか、「事実の世界」を知ることはできないのだ。

無色透明な「［ A ］の世界」（客観的な真理）なんて、僕たちは決して知り得ない。それはいつも、僕たちの「［ B ］の世界」の色を帯びているのだ。

これが、「［ C ］の世界」は「［ D ］の世界」に原理的に先立つということの意味だ。

こうして、「意味の世界」の本質を明らかにする哲学は、科学の営みの土台をなすものだということができる。

繰り返しいってきたように、「事実の世界」は「意味の世界」を土台にして成り立っている。それはつまり、僕たちは「意味の世界」のことを深く理解しないかぎり、「事実の世界」のこともちゃんと理解できないということだ。

（中略）

たとえば、僕はかつて恋を科学的に分析する論文や本をたくさん読んだのだけど、その時「あれ？」と思ったことがあった。

前講でもいったように、人が恋をしている時は、脳内からフェニルエチルアミンやドーパミンやオキシトシンといった化学物質が出ているという。

でも、僕が読んだかぎりでは、そもそも何をもって恋とするかにおいて、恋愛を研究している科学者たちの間にはどうもズレがあるようなのだ。

人によっては、それは〝愛〟とほぼ同じものと考えられている。また、人によっては〝性欲〟と同一視されている。そんなふうに、人によって何を恋とするかがバラバラだから、研究の成果にもいくらかばらつきがあるように見えた。

だから、本当は科学者だって、「そもそも恋って何なのか？」とその〝意味〟の本質に向き合う必要があるのだ。そうでなければ、それぞれが思い思いにとらえた恋を研究することになって、恋の科学はいつまでも混乱しつづけることになるだろう。要するに、5「恋の哲学」が先になければ、「恋の科学」も本来なり立たないはずなのだ。

もちろん、科学はいつでも哲学を必要とするわけじゃない。でも、もしも科学者たちが、「あれ？　自分が研究しているこの〝事実〟って、そもそもいったい何なんだ？」と疑問を持つことがあったとしたら、その時こそ哲学の出番なのだ。

（苫野《とまの》一徳『はじめての哲学的思考』による、一部字体を変更した箇所がある）

問一　＝＝線部①〜⑤のカタカナを漢字に改めよ。

問二　――線部1「世界の謎」とあるが、「自然哲学者」が取り組んだ「世界の謎」とはなにか。説明せよ。

問三　――線部2「それはほとんど子どもだましみたいなものだ」

ソクラテスの考えを、哲学と科学の関係という観点から、僕なりに②ダイタンにいい直してみたい。

科学が明らかにするのは、いわば「事実の世界」のメカニズムだ。それはたとえば、物を手放せば落ちるとか、ＤＮＡは二重らせん構造をなしているとか、人は恋をしている時、脳の腹側被蓋野《ふくそくひがいや》が活性化しているとか、フェニルエチルアミンやドーパミンが③ブンピツされているとかいった、文字通り「事実」の世界だ。

それに対して、哲学が探究すべきテーマは、〝真〟〝善〟〝美〟をはじめとする、人間的な「意味の世界」の本質だ。

「〝ほんとう〟のことってなんだろう？」「〝よい〟ってなんだろう？」「〝美しい〟ってなんだろう？」そして、「人生いかに生くべきか？」

こうした意味や価値の本質こそ、哲学が解き明かすべき問いなのだ。

僕たちは、科学が対象とする「事実の世界」だけじゃなく、豊かな「意味の世界」もまた同時に生きている。恋をした時の僕たちは、フェニルエチルアミンがどうというより、その味わい深い恋の「意味の世界」をこそ生きる。

哲学者の西研《にしけん》（１９５７―）がいうように、科学は、恋をしている人の脳からどんな化学物質が出ているかを明らかにすることはできる。でも、僕たちにとって恋とはいったい何なのか、その〝意味〟の本質については、ほとんど何も教えてはくれない（『哲学的思考』）。それを明らかにするのは、哲学の仕事なのだ。

さらにいえば、哲学が探究する「意味の世界」は、実は科学が探究する「事実の世界」に原理的に先立つものだ。

え？　どういうこと？

と、多くの人は疑問に思うんじゃないかと思う。

僕たちの多くは、ふだん、世界は科学的な法則に支配されていると思い込んでいる。天体法則とか人体のメカニズムとか、脳の働きとかＤＮＡの仕組みとか、そういった〝事実〟こそが先にあるのであって、〝意味〟は、そうした事実に人間があとからくっつけたものだと考えている。

でも、事態はまるっきり逆なのだ。

というのも、いわゆる〝事実〟は、4僕たちの「意味の世界」のアンテナにひっかからないかぎり、決して〝事実〟として認識されることがないからだ。

たとえば、天体法則という〝事実〟が存在するのは、僕たちがこの法則に〝意味〟を見出しているからだ。

太古の昔から、人類は④ノウコウを行うためにそのメカニズムを知る必要があった。あるいはその〝美〟に魅せられて、天体を観察しつづけてきた。

同じように、人体のメカニズムを僕たちが知っているのは、それが僕たちにとって意味あるものであるからだ。健康や長寿に〝意味〟を見出しているからこそ、人類はその謎に挑みつづけてきたのだ。

もしも僕たちが、こうした〝意味〟のアンテナを持っていなかったなら、天体法則や人体メカニズムといった〝事実〟は、僕たちにとって存在することさえなかっただろう。

いやいや、それはそうかもしれないけど……と、まだ腑《ふ》に落ちない方も多いだろう。

たしかに、〝事実〟は僕たちの〝意味〟のアンテナにとらえられないかぎり、僕たちにとって存在しないのかもしれない。でも、たとえそうだったとしても、天体法則はやっぱり客観的に存在するし、ＤＮＡは太古の昔から二重らせん構造をなしていたんじゃないの？　つまり、科学的な事実は、人間がいようがいまいが、やっぱり客観的な事実といえるんじゃないの？　そう思う人もいるだろう。

でもそれは本当だろうか？

二〇二一年度 成蹊高等学校

【国　語】（六〇分）〈満点：一〇〇点〉

句読点も一字に数える。

一　次の文章を読んで、後の問いに答えよ。

タレスやアナクシマンドロス、アナクシメネスといった古代ギリシアの哲学者たちは、一般に「自然哲学者」と呼ばれている。文字通り、自然はいったいどういうメカニズムで動いているのか、その原理を〝神話〟ではなく観察を通した〝思考〟によって明らかにしようとした人たちだ。

哲学(philosophy)の語源は、philia(愛)とsophia(知)。古代においては、知を愛し探究することは、なんでも哲学とされていた。だから、今なら「自然科学者」と呼ばれる人たちもまた、当時は「自然哲学者」と呼ばれていたのだ。

彼ら自然哲学者たちは、満足な実験道具も技術も持っていなかった。だから、もっぱら〝考える〟ことに頼って1世界の謎に取り組んだ。

今の科学から見れば、2それはほとんど子どもだましみたいなものだ。だからその観点からいえば、古代の自然哲学は、たしかに科学に取って代わられたといえるかもしれない。

いや、むしろ、自然哲学は自然科学へと〝進化〟したのだというべきだろう。宗教が哲学のお母さんだったように、哲学もまた、その思考や方法(観察・実験など)の進展に伴って、近代の科学を生み出すことになったのだ。

でもその一方で、哲学は科学とは別の方向にも自らを進化させてきた。

その生みの親こそ、タレスら自然哲学者たちから一世紀あまり後に登場した、西洋哲学の父ソクラテス(とその弟子プラトン)だった。ソクラテスはこんなことを考えた。

哲学が真に考えるべき問題、それは、自然哲学が問うているような〝自然〟や〝世界〟についてじゃない。むしろ、この世界を問うているわたしたち〝人間〟自身である！

古代ギリシアのアポロン神殿には、「汝《なんじ》自らを知れ」という格言が刻まれていた。ソクラテスは、まさにこれこそ、哲学が探究すべき根本テーマだといったのだ。

〝外〟から〝内〟へと目を向けること。これはある意味では、人間の精神が幼年期から青年期へと成長したことのあらわれだったともいえる。

赤ちゃんや子どもは、いつでも〝外〟の世界に興味津々だ。虫や葉っぱや土なんかをさわって、大げさにいえば、世界がどうなっているのかを知ろうとする。

でも、思春期をむかえるころから、僕たちはだんだんと自分自身に目を向けるようになる。「どんな人生を生きるべきだろう？」「自分には何が向いているんだろう？」「幸せってなんだろう？」そんなことを考えるようになる。

自然哲学からソクラテス哲学への展開もまた、おそらくはそれと同じような出来事だったのだ。

ちなみに、ソクラテスが生きたのと同じ紀元前五世紀頃、中国には孔子が、インドには仏陀《ブッダ》が登場している。彼らもまた、「人間とは何か？」「人生はどう生きるべきか？」といった、まさに〝人間〟について考えた人たちだった。

同じ時代、同じような問いを考えた人たちが、不思議なことにまったく異なる文明に現れた。

今から二五〇〇年前、人類は①トツジョとして3知の大革命を経験したのだ。

英語解答

I A 1…D 2…A 3…B 4…C

B ウ

II A 1…T 2…F 3…T 4…T 5…F

B 1…イ 2…イ 3…エ 4…ウ 5…ア

C (オ)→(エ)→(イ)→(ウ)

D 1…オ 2…ア 3…ウ 4…イ

E 1 (例) We have to pay about 90,000 dollars (in total).

2 (例) Because they have to buy a reusable shuttle.

3 (例) They can take off and land like airplanes.

4 (例) They have to do training for many months.

F (例)学校における全てのことを全生徒と教員の投票で決めるから。(28字)

G (例) couldn't tell her classmate that she didn't want her to copy her homework. (13語)

III A (1) he could put on his shoes faster than

(2) told her children stories of fairies

B 理由① (例) First, it is difficult to focus on studying at home.

理由② (例) Second, I can ask teachers directly when I have questions at school.

理由③ (例) Third, we cannot do pair work or group work activities at home.

C (例) I want to study English harder because I'd like to be a translator in the future. My goal is to translate best-selling books like Harry Potter series. (27語)

I 〔放送問題〕解説省略

II-A 〔長文読解―内容真偽―インタビュー〕

≪全訳≫❶ギャビー・サラザールはアマチュア科学者だ。特別な訓練は受けていないが，一般の女性として科学に従事している。希少な種類の動植物の写真を撮って，人々にそれらについて教えている。このインタビューでは，彼女は自身のアマチュア科学を巡る経験についての質問に答えている。❷インタビュアー(I)：あなたの初めてのアマチュア科学のプロジェクトは何でしたか？❸ギャビー・サラザール(G)：5年ほど前でした。友人の1人がとても鳥に興味があったのです。そこで，私たちは1日かけてカメラとノートを持って町を歩き回りました。たくさんの種類の鳥を見て写真を撮り，気づいたことを書きとめました。その後，私たちはデータを全部『eBird』に投稿したのです。❹I：『eBird』とは何ですか？❺G：アメリカにあるコーネル大学の，インターネットを利用したアマチュア科学のプロジェクトです。このプロジェクトでは，世界中の人々が自分たちの目にする鳥に関する情報を保存しています。今日では，『eBird』には1万種を超える鳥の5億9000万件以上の観察結果があります。科学者は重要な疑問に答えるためにこのデータを使います。例えば，「このような鳥はどこに住んでいるのか」とか，「何羽いるのか」とか。❻I：アマチュア科学者にはどうすればなれるのですか？❼G：簡単です。まず，インターネットで好きなプロジェクトを見つけます。私の好きなプロジェクトの1つは『iNaturalist』です。このプロジェクトでは，動植物を研究できます。それから，自分の電話に入れたプロジェクトのアプリを使って写真を撮ります。例えば，自宅や学校の近くのさまざまな種類の木の写真を撮ります。終わったら，写真を『iNaturalist』に投稿します。もし動植物の名前を知らなければ，他の人たちが教えてくれます。それは，自分の周りの環境について学べるすばらしい方法ですし，科学者の研究を支えもするのです。❽もし写真が撮れなくても，他のアマチュア科学のプロジェクトができます。例えば，『Wildwatch Kenya』という楽しいプロジェクトに参加することができます。科学者たちが木々やその他の場所にカメラを設置しています。動物がそばを通ったら，カメラが写真を撮ります。アマチュア科学者たちはその後写真をインターネットで見て，目にしている動物について知るのです。

＜解説＞1．「ギャビーと友達は，近所の多くの種類の鳥の写真と情報を集めた」…○　第3段落第4文に一致する。　2．「『eBird』では，学生はコーネル大学で鳥を観察し，それらに関するデータを保存する」…×　第5段落第1，2文参照。鳥を観察するわけではない。　3．「科学者にとって，『eBird』のデータは疑問に対する答えを見つける役に立つ」…○　第5段落第4文に一致する。　4．「『iNaturalist』では，会員たちは近所の動植物について互いに教え合うことができる」…○　第7段落第6～8文に一致する。　5．「『Wildwatch Kenya』の会員になるには，アマチュア科学者は自分で野生動物の写真を撮る必要がある」…×　第8段落第1，2文参照。自分で写真を撮る必要はない。

Ⅱ-B〔長文読解─英問英答─説明文〕

≪全訳≫❶シャチについて知っているだろうか。シャチは海に住む最強の動物で，ときにはサメと闘うことさえある。キラー・ホエールと呼ばれているため，多くの人々がそれらを恐れている。しかし，実はとても優しい性格で家族思いだ。シャチは家族の世話をし，互いに助け合う。❷冬には，北極周辺に住むシャチのいくつかの群れは，南の海へと移動する。それらはより暖かい海で数か月を過ごす。というのは，海洋生物で腹を満たすことができるからだ。❸これはあるシャチの家族の物語だ。❹家族7頭が一緒に南へ移動していた。母親は最も小さな赤ちゃんのそばにつき添っていた。その子が標準よりも小さく，しかしとても好奇心が強くてよく動くからだった。赤ちゃんは家族から遠く離れ，1頭だけで泳いでいくこともあった。広い海がとても危険だということを知らなかったのだ。❺南へ向かう途中，シャチの家族は北海道の近くを通った。毎年1月の半ばからは流氷が知床の海岸に集まるのだが，その年もすでに集まり始めていた。赤ちゃんシャチは，流氷を初めて見た。氷はとても興味を引いたので，赤ちゃんシャチはついていった。流氷の後を追って泳いでいったのだ。氷についていくうちに，母親や家族から遠く離れてしまった。今や赤ちゃんシャチは1頭になってしまったが，止まりはしなかった。赤ちゃんシャチは岸へ向かって泳ぎ，とても近くまで来た。そして，動けなくなってしまった。海岸に沿ってたくさんの氷があった。赤ちゃんシャチは厚くて重い氷に閉じ込められてしまったのだ。それは怖がって何度も母親に助けを求めた。❻シャチの家族は，いなくなった赤ちゃんシャチを探し始めた。泳ぎ回っていると，やがて赤ちゃんシャチの声が聞こえた。海岸へと急ぐと，赤ちゃんシャチが重い氷の間にいるのを見つけた。赤ちゃんシャチはそこから抜け出そうともがいていた。家族は赤ちゃんシャチのそばに行って取り囲んだ。赤ちゃんシャチを励まし，救おうとした。何度も試みたが，自分たちも流氷に閉じ込められてしまった。今や家族は皆閉じ込められていた。❼海岸にいた人々はシャチの家族に気づき，氷から逃がしてやろうとした。シャチたちを岸から離れるように導くことはできたが，赤ちゃんシャチは無理だった。すると，家族は赤ちゃんの所へ泳いで戻ってきた。人々は何度もやってみたが，シャチの家族と赤ちゃんを助けることはできなかった。シャチたちはどんどん弱っていって，呼吸が難しくなってきた。シャチたちは少しずつ動かなくなっていった。人々はそれらに何もしてやれなかった。数日後，彼らはシャチが皆死んでいるのに気づいた。

＜解説＞1．「なぜ南へ移動するシャチがいるのか」―イ．「そこで十分な食べ物を得られるから」　第2段落参照。　‘fill ～ with …’「…で～を満たす」　2．「赤ちゃんシャチにとって何が危険だったのか」―イ．「家族から離れて1頭で泳ぐこと」　第4段落第3，4文参照。　by ～self「1人で」≒alone　　3．「赤ちゃんシャチが流氷についていった後，次に何が起きたか」―エ．「流氷に閉じ込められた」　第5段落終わりから2文目参照。　be trapped in ～「～に閉じ込められる」≒be caught in ～　　4．「大変なことになっている赤ちゃんシャチのためにシャチの家族は何をしたか」―ウ．「赤ちゃんと一緒にいた」　第6段落第5，6文参照。　　5．「シャチの家族は最終的にどうなったか」―ア．「シャチの家族は命を落とした」　第7段落最終文参照。found all the orcas dead は‘find＋目的語＋形容詞’「～が…とわかる」の形。

Ⅱ-C〔長文読解―文章整序―物語〕

≪全訳≫❶(ア)私は幼稚園での最初の日のことを今でも覚えている。❷→(オ)母と一緒にそこへ行く途中，私はわくわくしていたが不安でもあった。私は母の手を握り，幼稚園まで歩いた。幼稚園の近くまで来ると，私は母に手をつなぐのをやめてもらうように言った。赤ちゃんのように見られたくなかったからだ。❸→(エ)しばらく歩くと，私たちは幼稚園に着いた。それはとても大きく見えた。多くの子どもたちがすでに外で遊んでいた。彼らは皆私より大きく見えた。私は彼らを見つめ，彼らのうちの何人かも私を見た。私は自分がとても小さく感じた。❹→(イ)それから，私たちは教室に入った。そこでは大勢の子どもたちが遊んでいた。ほとんどは私と同じような背格好だった。母が幼稚園の先生に話しかけた。先生はとても親切だった。彼女は私の名前を呼び，他の子どもたちの何人かに紹介してくれた。私は彼らの一部をすでに知っていた。私の近所に住んでいたからだ。❺→(ウ)彼女たちが話している間，私は教室にあるもので1人で遊び始めた。私はおもちゃの車と人形を使って遊んだ。すぐに，数人の子どもたちが私に話しかけてきた。私は緊張するのを忘れ，彼らと遊び始めた。その間に母が教室を出ていったが，私は気づきもしなかった。それから私たちは歌を歌い，ゲームをして，先生が読むお話を聞いた。❻(カ)幼稚園での最初の日，私はとても楽しかった。そこは新しい友達をつくったり新しいことを学んだりするのにいい場所だった。

＜解説＞それぞれの段落を見ると，幼稚園に着く前の内容が(エ)と(オ)，幼稚園に着いてからの内容が(イ)と(ウ)になっている。まず，(エ)の第1文の主語 we は(オ)の「私」と「母」を受けていると考えられるので，(オ)→(エ)とする。次に(イ)と(ウ)だが，(ウ)の第1文の主語 they は(イ)で出ている「母」と「先生」を受けていると考えられるので，(イ)→(ウ)の順となる。この組み合わせを時系列順に並べればよい。

Ⅱ-D〔長文読解―適語句選択―スピーチ〕

≪全訳≫❶ワシントン高校へようこそ。私の名前はヘレンで，生徒会の会長です。私たちは皆，皆さんをここへ迎えられてうれしいです。皆さんにも想像できるように，高校生はとても忙しいです。運動部に所属する生徒もいるし，遠くから通学する生徒もいます。今日は，上手な時間の使い方について皆さんに話します。❷まず，$_1$<u>やるべきことをノートに書き出します</u>。やるべきことを書き出すのに日記帳を使うのもいいでしょう。そしてやり終わったらすぐチェックを入れます。このようにすれば，すでにやり終えたことがわかります。❸次に，$_2$<u>重要なことを最初にするようにします</u>。これについてはこのように考えてください。あなたは3つの大きな石といくつかの小さめの石，それから砂を瓶に入れたいと思っています。もし最初に砂を瓶に入れ，それから小さめの石を入れたら，大きな石を入れるスペースはありません。そうではなくて，大きな石を最初に入れ，次に小さめの石を入れましょう。そうすれば砂も入れることができます。砂は瓶の隙間を埋めるからです。❹3つ目に，$_3$<u>一度にするのは1つ</u>

のことにして，しっかりやります。例えば，テレビを見ながら数学の問題を解いていると間違えるかもしれません。しっかりやりたいなら，1つのことだけに専念すべきなのです。❺最後に，4休憩を入れずに長時間勉強してはいけません。長時間勉強してしまうと，疲れすぎて勉強できなくなります。50分勉強したら10分の休憩をとりましょう。休憩中はおやつを食べたり外の空気を吸ったりします。もっと短い時間に区切って勉強するのも役に立ちます。❻高校生活に不安を感じている人もいるかもしれませんが，心配しないでください。先輩だけでなく先生方も皆さんを支えてくれますから，質問があれば何でもきいてください。私のスピーチが，皆さんが高校生活を楽しむ助けになればいいと思います。ご清聴ありがとうございました。

＜解説＞1．直後で「やるべきことを書き出すのに日記帳を使うのもいい」と言っていることから，同様の内容のオが入るとわかる。　write down ～「～を書きとめる」　2．この後で説明している，瓶に大きさの違う石や砂を入れていく順番の例は，重要なものから先に終わらせないと全部やり終えられないことのたとえ話になっている。　3．直後の「テレビを見ながら数学の問題を解いていると間違える」という例は，一度に違うことをすると失敗するという例なので，その反対となる内容のウが適切。　at a time「一度に」　4．続く2文が，イの内容をより具体的に説明した内容になっている。

Ⅱ-E〔長文読解─英問英答─説明文〕

≪全訳≫❶あなたは将来どのような休日を過ごしたいだろうか。もし今30歳未満なら，将来は宇宙で休日を過ごせるかもしれない。❷日本の会社清水には，15年以内に宇宙に最初のホテルを開業する計画がある。彼らは，宇宙のホテルでの3日間の休暇を提供したいと考えている。宇宙のホテルは，国際宇宙ステーションよりも大きなものになるだろう。そして，1日につき約3万ドル払うことになるだろう。これは非常に高額だ。しかし，清水は大勢の人がこのために喜んでお金を出すと考えている。❸その日本の会社はこの計画にとても真剣だが，宇宙のホテルの建設にまだ着手できていない。それは，彼らが再利用できるスペースシャトルを購入しなくてはならないからだ。なぜそのようなスペースシャトルが必要なのか。アメリカの古いスペースシャトルは，発射するのにとてもお金がかかったが，それは別の大きな，再利用できないロケットが必要だったからだ。しかし，将来的にはスペースシャトルは飛行機のように離陸したり着陸したりするようになるだろう。そうなれば，それらはもっと安くなる。❹他にも大きな問題がある。人々はどのようにして宇宙旅行に備えるのか。宇宙で健康かつ丈夫でい続けるため，今日の宇宙飛行士たちは何か月も訓練しなくてはならない。もし宇宙へ行きたければ，私たちも同じことをしなくてはならない。❺私たちはまだ宇宙で休暇を楽しめないが，確実にできるようになる。ひょっとしたらあなたが宇宙旅行を経験する幸運な人の1人になるかもしれないのだ。

＜解説＞1．「もし宇宙のホテルに3日間滞在したら，総額いくら払わなくてはならないか」─「約9万ドル払わなくてはならない」　第2段落第4文参照。about 30,000 dollars for one day なので，3日間だと about 90,000 dollars となる。　2．「日本の会社はまだ宇宙のホテルを建て始めていない。なぜか」─「再利用できるスペースシャトルを購入しなくてはならないから」　第3段落第2文参照。Because they don't have a reusable shuttle yet.「再利用できるスペースシャトルをまだ持っていないから」などとしてもよい。　3．「将来のスペースシャトルには何ができるか」─「飛行機と同じように離着陸できる」　第3段落第5文参照。　take off「離陸する」⇔land「着陸する」　4．「今日の人々は，宇宙へ行く前に何をしなくてはならないか」─「何か月も(宇宙飛行士と同じ)訓練を受けなくてはならない」　第4段落第3，4文参照。第4文の do the same thing は，第3文の do training for many months を指す。（別解例）They have to do the same training as today's astronauts do for many months.

Ⅱ-F〔長文読解─要旨把握─説明文〕

≪全訳≫❶サドベリー・バレー校の金曜日の朝だ。学校運営のための大きな会議がある。今日の問題は重大で,「生徒は学校で携帯電話を使ってもよいか」というものだ。幹事会はその問題について20分間話し合う。それから彼らは投票する。彼らは賛成票を投じる。❷携帯電話は学校にとってよくある問題だ。しかしこれはよくある学校の会議ではない。何が違うのだろうか。幹事会の大部分が大人ではない。子どもなのだ。彼らは生徒なのである。生徒たちが,教員たちとともに全ての物事について決定するのだ。彼らは学校を運営する助けとなっている。❸サドベリー・バレー校のような学校は「民主主義教育を行う学校」と呼ばれる。このような学校が世界中に30校以上ある。民主主義教育を行う学校では,あらゆる年齢の生徒たちと何人かの大人が重要な決定をするために投票をする。彼らは週１回の会議で投票する。まず,彼らは話し合う。それから投票する。誰もに投票権がある。生徒の１票は大人の１票と同じ重要性を持つ。５歳の子どもの票であっても重要だ。学校にはいつでも大人より多くの生徒がいる。だから,票の大部分は生徒の票だ。❹生徒はどんなときに投票するのか。彼らは,学習のプログラムからパーティーまであらゆることを決定するために投票する。校則を決めるために投票する。お金の使い方に関する学校の計画を決めるために投票する。昼食の食べ物を決めるためにさえも投票する。❺生徒が規則を破ったらどうなるか。特別なグループが決める。このグループには生徒たちと１人の大人がいる。この人たちは問題を理解しようと努める。皆の話を聞き,それから決定する。罰についてもだ。❻民主主義教育を行う学校は,新しい考え方ではない。サドベリー・バレー校は創立40年以上になる。この学校を卒業した人には,成功している大人が多い。彼らの多くは自分の子どもをサドベリー・バレー校に入れる。彼らは子どもたちにも「民主主義の」教育を望むのだ。❼いくつかの点では,サドベリー・バレー校の生徒たちは他の生徒たちと全く同じだ。彼らはさまざまな教科を勉強する。たくさんのことを学ぶ。他人とコミュニケーションをとることを学ぶ。しかしサドベリー・バレー校では,生徒たちは他の重要なことも学ぶ。リーダーになることを学ぶのだ。

＜解説＞サドベリー・バレー校が「民主主義教育を行う学校」と呼ばれる理由を日本語で説明する。民主主義とは「一人ひとりが権力を有し,自ら行使する」という考え方なので,「生徒たちが,教員たちとともに全ての物事について決定する」(第２段落第７文),「誰もに投票権がある」(第３段落第７文)といった内容からまとめるとよい。

Ⅱ-G〔長文読解─文脈把握─エッセー〕

≪全訳≫❶月曜日は１週間で最悪の日だ。なぜかわかるだろうか。クラスの数人の女子たちに会いたくないからだ。❷月曜日には理科の授業がある。私は理科室へ急いで行くことはない。そうではなく,自分の教室に長く残っているのが好きだ。そこは学校で一番暖かい部屋なのだ。女子の最後のグループが理科室へと歩き始めると,私は自分も行かなくてはと思う。❸「この週末は宿題を全然やらなかった」　私が理科室に着くと,キャロルがそう言う。キャロルがそんなことを言っても,私は驚かない。彼女は全然勉強しないのだ。「私も時間がなかったよ」とジュディとカレンが言う。私はテイラー先生が来る直前にそこに着くようにしている。そうすれば彼女たちは私に話しかけてこないからだ。❹それは２か月前に起きた。歴史の授業が始まる直前だった。私が本を机に置いていると,キャロルが横に立ち止まった。彼女は言った。「それ,あなたの宿題のプリント？　いい？」　私は長い時間彼女を見つめた。それから私は言った。「いいよ」　キャロルは私のプリントを持って机に戻った。直後に私は気が変わった。私は彼女からそれを取り戻そうとしたが,遅すぎた。チャイムが鳴って授業が始まった。私のプリントは,キャロルからジュディとカレンに回された。10分後,それは私に戻ってきた。❺授業中，ジュディは手を挙げて宿題の問題に答えた。私は自分のプリントを見つめた。彼女の答えは全部，私の宿題のプリントからとったものだった。彼女は私の宿題のプリントの言葉を使いさえした。私は奇妙な感情を味わった。私は自分が嫌になった。❻２週間たった。同じことがまた起きた。今回はカレンが授業の合間に私の所へ来た。彼女は私のノートに指を置いた。私は，彼女が私の数学の宿題を見たいのがわかっていた。「いいよね？」と彼女は言った。私は何も言わなかった。「ねえ」と彼女は言った。「友達でしょ？」　「こんなのフェアじゃない」と私は思ったが，彼女にノートを渡してしまった。❼数学の宿題は翌日戻ってきた。私は宿題で90点取った。カレンとその２人の親友も同じ点を取った。ベイカー先生は，一番難しかった問題の話をした。ほとんどの生徒が間違えていた。自分たちは正しい答えを書いていたので，カレンと彼女の友人たちは私に笑顔を向けた。私はまた自分が嫌になった。

＜解説＞筆者は宿題に真面目に取り組んでいる。一方，３人の友人たちは宿題をさぼり，筆者のプリントを写したりノートを借りたりしてしのいでいる。彼女たちは，授業では筆者のプリントの答えをそのまま発表したり，筆者のノートのおかげで高得点を取ったりしている。筆者が彼女たちに対してどのような気持ちを抱いているかは，I looked at her for a long time.(第４段落第６文)や，I said nothing.(第６段落第７文)，This is not fair(同段落第９文)から明らかである。フェアではない，断りたいと思っているのにはっきり言えず，結局貸してしまっている自分が嫌なのだと考えられる。(別解例) couldn't say "no" when one of her classmates asked her to show her homework though she didn't really want to do that. (22語)／showed her homework to her classmate though she didn't really want to. (12語)

Ⅲ-A〔長文読解―整序結合―伝記〕

≪全訳≫ロアルド・ダールは，1916年９月13日にウェールズで生まれた。両親はノルウェー出身だった。彼の名は，有名なノルウェーの探検家ロアルド・アムンゼンからとっていた。ロアルドの父親は事故で片腕を失っていた。(1)しかし，彼はロアルドよりも早く靴を履くことができた。ロアルドは父親を尊敬していた。母親は話をするのが上手だった。(2)彼女は子どもたちに妖精の話をした。彼は彼女の話を聞くのが好きだった。後に，ロアルド・ダールは有名な作家になり，子ども向けの話をたくさん書いた。

＜解説＞(1)主語になりうるのは his shoes と he だが，put on「～を身につける」があるので，he could put on his shoes とする。残りは，文末の Roald につなげて faster than Roald「ロアルドよりも早く」という比較表現にする。　(2)'tell＋人＋物事'「〈人〉に〈物事〉を話す」の形にし，'物事' の部分を stories of fairies「妖精の話」とまとめる。

Ⅲ-B〔テーマ作文〕

≪全訳≫「この前の春，学校は数か月の間閉鎖された。世界中の多くの生徒たちは学校へ行けなかった。この経験をした後では，私は家で学習するよりも学校で勉強する方がいいと思う。理由は３つある」

＜解説＞理由を３つ挙げるので，First「まず，第１に」，Second「次に，第２に」，Third「第３に」などを使って順に述べるとよい。　(別解例) First, it is much more fun to study with my classmates. Second, I want to ask questions face-to-face rather than through the screen. Third, I feel nervous when I take online lessons because I'm not good at computers.

Ⅲ-C〔テーマ作文〕

高校に入学したらしたいこととその理由を書く。特別な内容を書く必要はない。大切なのは，自分が使える単語や構文で指定の語数内で正確に書くこと。　(別解例) I want to join the tea ceremony club because I'm interested in traditional Japanese culture. I'd like to introduce Japanese tea ceremony to people around the world someday.(28語)

数学解答

1 (1)　-7　(2)　$(x-2y)(x+2y-1)$
(3)　$0 \leqq y \leqq 2$　(4)　2π　(5)　$1:8$

2 (1)　14個
(2)　①　$140-\dfrac{7}{5}x$個
②　$x=65,\ y=55$

3 (1)　$\dfrac{1}{24}$　(2)　$\dfrac{35}{216}$

4 (1)　48cm^2　(2)　$t^2-2t+5\text{cm}$
(3)　1，5

5 (1)　①　$108°$　②　$36°$
(2)　①　2　②　$-1+\sqrt{5}$

1〔独立小問集合題〕

(1)＜平方根の計算＞与式$=\dfrac{3\times2\sqrt{2}}{\sqrt{3}}-\dfrac{(2\sqrt{3}+\sqrt{2})^2}{2}=\dfrac{6\sqrt{2}}{\sqrt{3}}-\dfrac{12+4\sqrt{6}+2}{2}=\dfrac{6\sqrt{2}\times\sqrt{3}}{\sqrt{3}\times\sqrt{3}}-\dfrac{14+4\sqrt{6}}{2}=\dfrac{6\sqrt{6}}{3}-(7+2\sqrt{6})=2\sqrt{6}-7-2\sqrt{6}=-7$

(2)＜因数分解＞与式$=x^2-x-4y^2+2y=x^2-4y^2-x+2y=(x+2y)(x-2y)-(x-2y)$として，$x-2y=A$とおくと，与式$=(x+2y)A-A=A(x+2y-1)$となる。$A$をもとに戻して，与式$=(x-2y)(x+2y-1)$である。

(3)＜関数─変域＞関数$y=\dfrac{1}{8}x^2$は，xの絶対値が大きいほどyの値は大きくなるから，xの変域$-2\leqq x\leqq4$においては，xの絶対値が最小の$x=0$のときyの値は最小で，$y=0$である。また，xの絶対値が最大の$x=4$のときyの値は最大で，$y=\dfrac{1}{8}\times4^2=2$である。よって，$y$の変域は$0\leqq y\leqq2$となる。

(4)＜図形─体積＞斜線部分を，直線OAを軸として1回転させたときにできる立体は，右図1のように，底面の半径がOB＝2，高さがOA＝2の円錐から，半径がOD＝1の半球を除いた立体である。円錐の体積は$\dfrac{1}{3}\times\pi\times2^2\times2=\dfrac{8}{3}\pi$，半球の体積は$\dfrac{1}{2}\times\dfrac{4}{3}\pi\times1^3=\dfrac{2}{3}\pi$だから，求める立体の体積は，$\dfrac{8}{3}\pi-\dfrac{2}{3}\pi=2\pi$となる。

図1

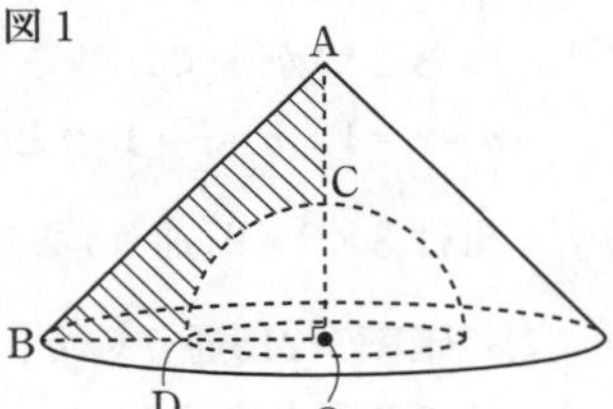

(5)＜図形─面積比＞右図2で，∠BPQ＝∠DPAであり，BC∥ADより∠PBQ＝∠PDAだから，△PBQ∽△PDAとなる。これより，PQ：PA＝PB：PD＝BQ：DA＝$\dfrac{1}{2}$BC：BC＝1：2である。よって，△PBQ：△PBA＝PQ：PA＝1：2となり，△PBA＝2△PBQとなる。また，∠APB＝∠RPDであり，AB∥DRより∠BAP＝∠DRPだから，△PBA∽△PDRとなる。相似比はPB：PD＝1：2だから，面積比は相似比の2乗に等しいことより，△PBA：△PDR＝$1^2:2^2$＝1：4となる。したがって，△PDR＝4△PBA＝4×2△PBQ＝8△PBQとなるから，△PBQ：△PDR＝△PBQ：8△PBQ＝1：8である。

図2

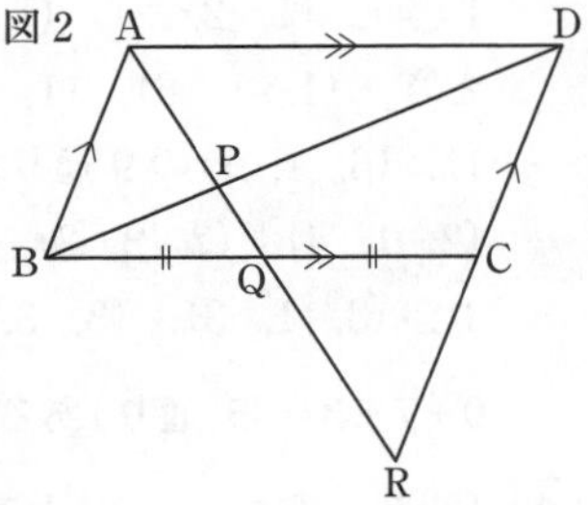

2〔方程式─連立方程式の応用〕

(1)＜白玉の個数＞袋Aの中の白玉の個数の割合は28％，つまり$\dfrac{28}{100}=\dfrac{7}{25}$なので，赤玉の個数の割合は$1-\frac{7}{25}=\frac{18}{25}$となる。よって，赤玉の個数が36個であることから，袋Aの中の玉の個数は，$36\div\frac{18}{25}=50$(個)となる。これより，袋Aの中の白玉の個数は，$50-36=14$(個)である。

(2)＜連立方程式の応用＞①袋Bの中の白玉の個数の割合はx%なので，赤玉の個数の割合は$1-\frac{x}{100}$となる。袋Bには140個の玉が入っているので，赤玉の個数は，$140\left(1-\frac{x}{100}\right)=140-\frac{7}{5}x$(個)と表せる。　②袋Bの中の白玉の個数は，$140\times\frac{x}{100}=\frac{7}{5}x$(個)である。袋Cの中には120個の玉があり，このうちy%が白玉なので，袋Cの中の白玉の個数は，$120\times\frac{y}{100}=\frac{6}{5}y$(個)となる。袋B，袋Cの中の白玉の個数の合計が157個であることから，$\frac{7}{5}x+\frac{6}{5}y=157$……ⓐが成り立つ。また，①より，袋Bの中の赤玉の個数は$140-\frac{7}{5}x$個だから，この$\frac{1}{7}$と，袋Cの白玉の個数の$\frac{1}{6}$の合計が18個であることから，$\left(140-\frac{7}{5}x\right)\times\frac{1}{7}+\frac{6}{5}y\times\frac{1}{6}=18$，$20-\frac{1}{5}x+\frac{1}{5}y=18$，$-\frac{1}{5}x+\frac{1}{5}y=-2$……ⓑが成り立つ。ⓐ，ⓑの連立方程式を解くと，ⓐ×5より，$7x+6y=785$……ⓐ′　ⓑ×5より，$-x+y=-10$……ⓑ′　ⓐ′+ⓑ′×7より，$6y+7y=785+(-70)$，$13y=715$，$y=55$(%)となり，これをⓑ′に代入して，$-x+55=-10$，$x=65$(%)となる。

3　〔確率―さいころ〕

≪基本方針の決定≫(1)　1の目が2つと，素数の目が出るときである。

(1)＜確率＞3つのさいころA，B，Cを同時に1回投げるとき，目の出方は全部で$6\times6\times6=216$(通り)あるから，a，b，cの組は216通りある。このうち，積abcが素数になるのは，a，b，cのうち2つが1で，残る1つが素数となるときである。$a=b=1$のとき，$c=2$，3，5の3通りある。$a=c=1$，$b=c=1$のときも同様に，それぞれ3通りあるから，積abcが素数となるa，b，cの組は$3\times3=9$(通り)ある。よって，求める確率は$\frac{9}{216}=\frac{1}{24}$となる。

(2)＜確率＞216通りのa，b，cの組のうち，積abcが素数の2，3，5になるとき，(1)より，合わせて9通りある。$abc=1$になるとき，$(a,\ b,\ c)=(1,\ 1,\ 1)$の1通りある。$abc=4$になるとき，(1，1，4)，(1，2，2)，(1，4，1)，(2，1，2)，(2，2，1)，(4，1，1)の6通りある。$abc=6$になるとき，(1，1，6)，(1，2，3)，(1，3，2)，(1，6，1)，(2，1，3)，(2，3，1)，(3，1，2)，(3，2，1)，(6，1，1)の9通りある。$abc=7$となることはない。$abc=8$になるとき，(1，2，4)，(1，4，2)，(2，1，4)，(2，2，2)，(2，4，1)，(4，1，2)，(4，2，1)の7通りある。$abc=9$になるとき，(1，3，3)，(3，1，3)，(3，3，1)の3通りある。以上より，積abcが1けたの整数となるのは$9+1+6+9+7+3=35$(通り)あるから，求める確率は$\frac{35}{216}$となる。

4　〔関数―関数$y=ax^2$と直線〕

≪基本方針の決定≫(3)　QR＝SQとなるときである。

(1)＜面積＞次ページの図で，線分OPの長さは毎秒2cmの割合で増加するので，3秒後，$OP=2\times3=6$である。これより，点Pのx座標は6だから，P(6，0)となる。PQはy軸に平行だから，点Qのx座標も6であり，点Qは放物線$y=\frac{1}{4}x^2$上にあるから，$y=\frac{1}{4}\times6^2=9$より，Q(6，9)となる。点Rのx座標も6であり，点Rは直線$y=x-5$上にあるから，$y=6-5=1$より，R(6，1)である。

また，放物線$y=\frac{1}{4}x^2$はy軸について対称なグラフでSQ // 〔x軸〕だから，点Sと点Qはy軸について対称な点となり，S$(-6,\ 9)$となる。よって，$\angle$SQR$=90°$で，QR$=9-1=8$，SQ$=6-(-6)=12$となるから，$\triangle$QSR$=\frac{1}{2}\times$QR$\times$SQ$=\frac{1}{2}\times8\times12=48$(cm^2)となる。

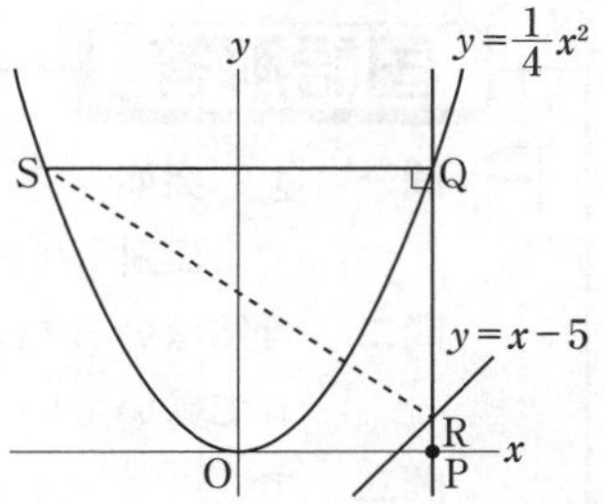

(2)＜長さ＞右図で，t秒後，OP$=2t$なので，P$(2t,\ 0)$となる。2点Q，Rのx座標は$2t$だから，点Qのy座標は$y=\frac{1}{4}\times(2t)^2=t^2$より，Q$(2t,\ t^2)$となり，点Rの$y$座標は$y=2t-5$より，R$(2t,\ 2t-5)$となる。よって，QR$=t^2-(2t-5)$$=t^2-2t+5$(cm)となる。

(3)＜時間＞右上図で，(2)より，QR$=t^2-2t+5$となる。また，点Sと点Qはy軸について対称だから，Q$(2t,\ t^2)$より，S$(-2t,\ t^2)$となり，SQ$=2t-(-2t)=4t$と表せる。$\angle$SQR$=90°$より，$\triangle$QSRが直角二等辺三角形になるとき，QR$=$SQだから，$t^2-2t+5=4t$が成り立つ。これを解くと，$t^2-6t+5=0$，$(t-1)(t-5)=0$より，$t=1$，5となる。$t>0$より，ともに適する。

5 〔平面図形—円〕

≪基本方針の決定≫(2)② 三角形の相似を利用する。

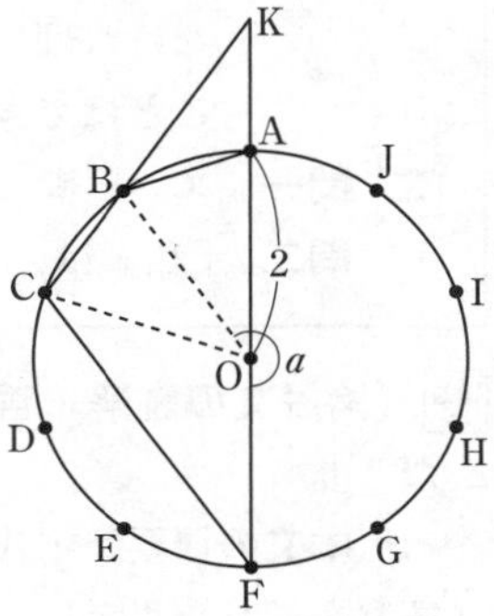

(1)＜角度＞①右図で，10点A～Jは円Oの周を10等分するので，点Aを含む$\overset{\frown}{\mathrm{BF}}$に対する中心角を$\angle a$とすると，$\angle a=360°\times\frac{6}{10}=216°$となる。よって，点Aを含む$\overset{\frown}{\mathrm{BF}}$に対する円周角と中心角の関係より，$\angle$BCF$=\frac{1}{2}\angle a=\frac{1}{2}\times216°=108°$となる。　②右図で，2点O，Cを結ぶ。$\angle$AOC$=360°\times\frac{2}{10}=72°$だから，$\overset{\frown}{\mathrm{AC}}$に対する円周角と中心角の関係より，$\angle$AFC$=\frac{1}{2}\angle$AOC$=\frac{1}{2}\times72°=36°$となる。よって，$\triangle$KCFの内角の和より，$\angle$AKB$=180°-(\angle$BCF$+\angle$AFC$)=180°-(108°+36°)=36°$となる。

(2)＜長さ＞①右上図で，2点O，Bを結ぶと，$\angle$AOB$=360°\times\frac{1}{10}=36°$となる。(1)②より$\angle$AKB$=36°$だから，$\angle$AOB$=\angle$AKB$=36°$となり，$\triangle$BOKはOB$=$BKの二等辺三角形となる。よって，BK$=OB=2$である。　②右上図で，$\triangle$OABはOA$=$OBの二等辺三角形だから，$\angle$OAB$=(180°-\angle$AOB$)\div2=(180°-36°)\div2=72°$となる。$\triangle$ABKで内角と外角の関係より，$\angle$ABK$=\angle$OAB$-\angle$AKB$=72°-36°=36°$となる。よって，$\angle$AKB$=\angle$ABK$=36°$となり，$\triangle$ABKはAK$=$ABの二等辺三角形である。また，$\triangle$ABK，$\triangle$BOKはともに二等辺三角形で，$\angle$AKB$=\angle$BKOだから，$\triangle$ABK$\backsim\triangle$BOKとなる。これより，AB：BO$=$BK：OKとなる。AK$=AB=x$とすると，OK$=OA+AK=2+x$だから，$x：2=2：(2+x)$が成り立ち，$x(2+x)=2\times2$，$x^2+2x-4=0$より，$x=\frac{-2\pm\sqrt{2^2-4\times1\times(-4)}}{2\times1}=\frac{-2\pm\sqrt{20}}{2}=\frac{-2\pm2\sqrt{5}}{2}=-1\pm\sqrt{5}$となる。$x>0$なので，$x=-1+\sqrt{5}$であり，AB$=-1+\sqrt{5}$である。

2021年度／成蹊高等学校

国語解答

一 問一 ① 突如 ② 大胆 ③ 分泌 ④ 農耕 ⑤ 極端

問二 自然はいったいどういうメカニズムで動いているのか，ということ。

問三 ア

問四 自然や世界から，人間について考えるようになった，という変革。

問五 ある事物に何らかの意味を見出す感覚。

問六 エ

問七 科学者の間で，恋とは何かという問いに対する答えが共有されていなければ，恋について研究をすることはできないから。

二 問一 エ 問二 A…オ B…イ

問三 「私」は，十五年間，自分が転んだせいで負けたと思っていたから。

問四 嫌なことは忘れて，意義のある経験として昇華されたもの。

問五 C…イ D…オ

問六 「私」を無表情に見下ろす奥山くんに衝撃を受けた心境。

問七 Ⅰ 自分のせいで「私」が転び，クラスが負けたという自責の念。

Ⅱ かつての思い出を引きずり，しこりを抱えながら生きてきた。

三 問一 a…ア b…イ c…ア

問二 ウ 問三 エ

問四 女は任県の 問五 イ

一〔**論説文の読解―哲学的分野―哲学**〕出典；苫野一徳『はじめての哲学的思考』「哲学ってなんだ？」。

≪本文の概要≫古代ギリシアの哲学者たちは，自然哲学者と呼ばれ，自然のメカニズムについて，観察を通した思考によって明らかにしようとした。彼らの哲学は，自然科学へと「進化」したが，科学とは別の方向にも進化していった。西洋哲学の父ソクラテスは，哲学は，「人間」自身について考えるべきだと主張した。科学が明らかにするのは，「事実の世界」のメカニズムであり，哲学のテーマは，人間的な「意味の世界」の本質なのである。人間は，「事実の世界」だけではなく，豊かな「意味の世界」もまた同時に生きている。さらにいえば，「意味の世界」は，「事実の世界」に原理的に先立つものである。「事実」が存在するのは，人間がそこに「意味」を見出しているからで，人間は，自分たちの「意味の世界」に照らし出されたかぎりにおいてしか，「事実の世界」を知ることはできない。「事実の世界」は，「意味の世界」を土台にして成り立っているということは，つまり，我々は，「意味の世界」のことを深く理解しないかぎり，「事実の世界」のこともちゃんと理解できないということである。

問一＜漢字＞①急に起こること。突然。 ②恐れずに，思い切ったことをすること。 ③腺細胞が，特殊な生産物をつくり出して排出すること。「ぶんぴ」ともいう。 ④田畑を耕して，農作物を育てること。 ⑤一般常識などから非常に隔たっていること。きわめて偏っていること。

問二＜文章内容＞古代ギリシアの自然哲学者たちは，「自然はいったいどういうメカニズムで動いているのか」という「世界の謎」を，「思考」によって明らかにしようとした。

問三＜文章内容＞古代ギリシアの自然哲学者たちは，「満足な実験道具も技術も」持たずに，「もっぱら〝考える〟ことに頼って世界の謎に取り組んだ」のだが，「今の科学から見れば」，そのような方法は，「ほとんど子どもだましみたいなもの」なのである。

問四＜文章内容＞自然哲学の進化として，人間は「〝外〟から〝内〟へと目を向けること」を始めたのである。「〝自然〟や〝世界〟」から，「この世界を問うているわたしたち〝人間〟自身」について考えるという発想の転換，つまり，「知の大革命」が起こったのである。

問五＜文章内容＞人間は，あるものやことに何らかの「意味」を見出しているからこそ，それらを「事実」として認識する。「僕たちの『意味の世界』のアンテナ」とは，あるものやことに「意味」があるととらえることである。

問六＜文章内容＞人間は，自分たちの「『意味の世界』に照らし出されたかぎりにおいてしか，『事実の世界』を知ることはできない」のである。「客観的な真理」としての「無色透明」な「事実の世界」など，人間は決して知りえない(…A)。人間の「事実の世界」はいつも，人間の「意味の世界」の色を帯びているのである(…B)。これが，「哲学が探究する『意味の世界』は，実は科学が探究する『事実の世界』に原理的に先立つ」ものである，ということの意味である(…C・D)。

問七＜文章内容＞「そもそも何をもって恋とするかにおいて，恋愛を研究している科学者たちの間」にズレがあると，「研究の成果にもいくらかばらつき」が生まれてしまう。恋とは何かという，哲学が探求する「意味の世界」の問いに対して，科学者たちの間で，ある程度の共通の認識がなければ，恋の研究をすることはできないのである。

二〔**小説の読解**〕出典；森絵都『むすびめ』(『出会いなおし』所収)。

問一＜文章内容＞予選の日，「私」が救護室に行っている間に，クラスメートの中には，予選で敗退したのは，「私」が転んだからだと言う人もいた。そのことを「私」に知られたくなかったので，内田とあっちんは，「私」の目を見ようとしなかったのである。

問二＜慣用句＞A.「業を煮やす」は，思うようにいかず，いらいらする，という意味。内田が，なかなかはっきりしたことを言わなかったので，あっちんは，いらいらして，会話に「割って入った」のである。　　B.「水を打ったよう」は，大勢の人が，しんと静まり返る様子。真梨江先生がすごい勢いで泣き出したことで，クラス全員が，「一気に泣きやんだ」のである。

問三＜心情＞「私」は，予選で自分が転んでしまったせいで，「私」のクラスが決勝に進出できなかったと思い込んで，十五年間，自分を責め続けていた。そのため，「私」が救護室にいる間に，何が起こっていたのかについての想像が，「ふくれにふくれていた」のである。

問四＜文章内容＞真梨江先生は，「いい思い出」をつくろうと思って，三十人三十一脚に出場することを提案した。予選で敗退したとき，真梨江先生は，「ここでケンカしたら六年二組の思い出がだいなし」と言って，号泣した。そして，負けたことは「悲しくてくやしい」が，「ここは笑顔で終わらせなきゃいい思い出にできない」のだと，先生は言った。しかし，そんな「真梨江先生の思惑とは関係なし」に，みんなは，三十人三十一脚のことについて，「敗退の痛みなどはとうに克服し，子ども時代のまたとない珍体験へと昇華」させ，予選での敗退を笑って語れるようになっていて，「本当に『いい思い出』」になっていた。「私」にとっての，「本当に『いい思い出』」とは，嫌な出来事や悔しい思いが，自分たちにとって意味のある経験として昇華されたものなのである。

問五＜表現＞C.「ぬっと」は，突然現れる様子。「言うだけ言って逃げようとした私を制するように」，奥山くんは，不意に，「掌を突きだし」た。　　D.「胸に落ちる」は，納得する，という意味。「すとん」は，物が落ちる音。「私」たちは「子どもだったんだ」という当然の事実に気づき，「私」は，すんなりと納得した。

問六＜心情＞奥山くんは，「いつも冷静で，おだやかで，大人びていた」のである。それなのに，予選で「私」が転んだときには，手を差し伸べようともせずに，「地べたに転がる私を無表情に見下ろして」いた。すっかり忘れていたが，当時の「私」は，いつもとは違う奥山くんの態度に驚き，衝撃を受けた。奥山くんから手汗の話を聞いたとき，「私」は，当時の気持ちを思い出したのである。

問七＜文章内容＞Ⅰ．予選の日，奥山くんは，緊張のために，手にびっしょりと汗をかいていた。そして，自分が汗を気にしていたせいで，「私」を転ばせてしまったのだと思い込み，奥山くんは，十五年間，自分を責め続けてきたのである。　Ⅱ．「私」は，自分が転んだせいで，予選に負けたと思い込んでいて，十五年間，後生大事に，そのしこりを抱え続けた。奥山くんも，自分のせいで「私」が転び，予選に負けたのだと思い込んで，自分を責め続けた。奥山くんも，「私」も，十五年前の経験を引きずり続け，悩み続けたのである。

三 **〔古文の読解―説話〕**出典；『日本霊異記』中巻ノ第二十。

≪現代語訳≫大和国添上郡山村の里に，一人の老母がいた。姓名はわからない。その母に娘がいた。嫁いで二人の子を産んだ。娘の夫である役人は，地方官として派遣され，そのため妻子を連れて，任命された国に行って，一年以上たった。しかし妻の母は，故郷にとどまって家を守っていた。突然娘について夢で悪い前兆を見た。すぐに驚き恐れて，(母は)娘のために僧に布施して読経を依頼しようと思ったが，貧しい家なので，どうしてもそうすることができなかった。心配に耐えられなくなり，自分が着ていた衣を脱いで，洗い清めて(それを布施として)ささげて(僧に)読経してもらった。ところが悪い夢の様子が，またそれでもやはり繰り返して現れた。母はますます恐れて，また着ていた下半身の衣を脱いで，清め洗って，これによって前のように読経してもらった。娘は任国の国司の館にいた。生んだ子どもたちは，館の庭の中で遊び，母親は屋内にいた。二人の子は，僧七人がいて，住んでいる建物の上に座り，経を読むのを見た。二人の子が，母親に申して言うことには，「屋根の上に法師が七人いて，経を読んでいます。すぐに出てきてご覧になるべきです」と言う。その経を読む声は，蜂が集まって音を立てているようだった。母親はそれを聞いて，不審に思って立ち上がって裏口から出ると，すぐにそれまでいた場所にあたる壁が倒れた。また七人の法師もすぐに見えなくなった。女はとても恐れ不思議に思い，自ら心の中で，天地が私を助けて，〈壁に押し倒されなかった〉と思った。

後に家を守っていた母は，使いをやって事情を尋ね，悪い夢の様子を述べ，経を読んだことを伝えた。娘は，母が伝えた事情を聞いて，とても畏怖して仏心を起こし，ますます三宝を信じ申し上げた。つまりは知ったのである，読経の力と三宝が信者を守ることを。

問一＜古文の内容理解＞ａ．役人の「妻の母」，つまり，「長母」は，故郷にとどまって，家を守った。　ｂ．国司の館で，子どもたちは，庭で遊び，その母である「女」は，屋内にいた。　ｃ．故郷で家を守っていた「母」，つまり，「長母」は，使いをやって事情を尋ねた。

問二＜古文の内容理解＞娘に関する悪い前兆を，夢で二回も見たので，母は，娘に何か悪いことが起こるのではないかと思い，恐れたのである。

問三＜古文の内容理解＞子どもたちが，屋根の上に法師たちがいて，経を読んでいると言ったので，女は，驚いて屋外へ出た。その直後に，自分がいた所の壁が倒れたので，女は，天地が助けて，自分が壁に押しつぶされるのを防いでくれたのだろうと，思ったのである。

問四＜古文の内容理解＞前の場面は，母が，娘に関する悪い夢を見て，僧に頼んで経を上げてもらっている場面である。後の場面では，娘が，夫の赴任した国で経験した，屋根の上に現れた法師によって災いから免れた，不思議な出来事が描かれている。

問五＜古文の内容理解＞「三宝」は，仏とその教えである法と僧のこと。母は，娘の身に悪いことが起こるのではないかと心配して，経を上げてもらった。その効果と仏の加護によって，娘は守られたのである。「七はしらの法師」は，経の力と仏の加護を表している。

2020年度 成蹊高等学校

【英　語】（60分）〈満点：100点〉

【注意】 ＊の語には（注）に訳語が与えられている。

I　A　放送問題

今からエレベーター（elevator）の中でのある出来事についての話を聞きます。１～４が内容と同じ場合はT，異なる場合はFを○で囲みなさい。最初に，１～４の英文をよく読みなさい。

1．A man got on the elevator to save a woman.
2．The man and the woman could not find any way to move the elevator.
3．The elevator did not move for more than a day.
4．The man and the woman promised to marry in the elevator.

B　放送問題

今からエイミーという少女が自分の家族についてのスピーチをします。スピーチの後に３つの質問が読まれます。それぞれの質問に対する答えとしてもっとも適切なものをア～エから１つ選び，記号を○で囲みなさい。最初に，選択肢をよく読みなさい。

1．She lives . . .
　ア．in Australia.　　イ．in India.
　ウ．with her parents.　　エ．with her grandparents.

2．He is . . .
　ア．living near Amy's house.
　イ．visiting Australia on holiday.
　ウ．working as a computer programmer.
　エ．studying at a university.

3．They . . .
　ア．write letters.　　イ．visit him.
　ウ．see each other.　　エ．study computer programming.

※＜**放送問題原稿**＞は英語の問題の終わりに付けてあります。

II　A　下の留学説明会向けに書かれたスピーチを読み，１～５が内容と同じ場合はT，異なる場合はFを○で囲みなさい。

1．In the Horizon Program, we can help people and talk to high school students.
2．Lisa took part in the Horizon Program because her teacher encouraged her.
3．Lisa's teacher said she should be very careful and not make mistakes.
4．Lisa became a very different person because of this program.
5．For her future dream, Lisa wants to be a teacher who helps poor children.

Good morning, everybody. My name is Lisa Fujita and I am very happy for this great chance to tell you about the Horizon Program. In this speech, I will tell you *basic information about the Horizon Program. Why did I join it? What did I learn from it? I also want to tell you about my future goal.

First of all, I'll tell you about this program. The Horizon Program is a two-week study abroad program for high school students in Japan. You can study English with wonderful teachers, visit a local high school and do volunteer work in a poor area. I will never forget any of these experiences.

Why did I take part in this program? The reason was my *interest in new cultures. It was not my parents' or teachers' idea. I wanted to go abroad, and learn new things. Also, I was interested in education and helping people. So, I thought this program was perfect for me.

Next, I'll tell you about the most important thing I learned. We shouldn't be afraid of making mistakes. At first, I had a very hard time in class. I couldn't say anything or even ask questions. I just sat there because I didn't want people to laugh at me. However, my teacher, Mr. Smith, gave me a chance. We had a small interview, and then, he told me that no one is perfect. After this interview, I was not afraid of anything. I decided to *express my feelings in class and talk to the people I met. I was no longer the same person.

For my future dream, I want to be a teacher who teaches students in *developing countries. In many poor areas, there are small children who are working all day. I believe that every child has the right to study. I know this is a difficult challenge, but I will never give up.

Though you can study English in Japan, I believe studying abroad will open doors to a new world. So, why don't you take a step and move forward? Thank you so much.

（注） basic：基本的な　interest：興味，関心　express：表現する
developing country：発展途上国

B　次の文章を読み，１～５の質問の答えとしてもっとも適切なものをア～エから選び，記号で答えなさい。

Sumo, a type of wrestling in Japan, has a problem. Some traditions may disappear if people want *sumo* to become a *major international sport. One of the necessary changes may be allowing women to *compete.

By tradition, women cannot enter a **sumo* ring. Because of this, there was a problem with the woman *governor of Osaka. She could not enter the ring to give prizes to the winners of a big *sumo* tournament in Osaka. In the end, her *assistant, a man, gave the prizes instead of her.

The governor of Osaka only wanted to stand in the ring to give prizes, but there are women who want to enter the *sumo* ring to compete! Some people think this should be a good thing for *sumo*. In fact, there is a rule that all sports in the Olympics must be open to men and women. If *sumo* does not open the ring to women, it will never become an Olympic sport.

Now, people in many other countries do *sumo*, not only in Japan. In fact, since the 1900s, women's *sumo* has become popular in Europe. Some women athletes from Europe are good at *sumo*! Here, there is another problem. Women athletes from outside Japan are winning more *sumo* tournaments than women athletes from Japan! At an international tournament in *Poland, only one Japanese athlete won a prize. All the other prizes went to women who were not from Japan.

（注） major：主要な　compete：競技に参加する　*sumo* ring：土俵
governor：知事　assistant：助手　Poland：ポーランド(国名)

1．Which is the best title？

ア．The Future of *Sumo*

イ．The Woman Governor's Trouble

ウ．*Sumo* in Europe

エ．*Sumo* and the Olympic Games

2．Which is true about the governor of Osaka？

ア．She enjoys women's *sumo* wrestling.

イ．She was a *sumo* wrestler.

ウ．She made a new rule about the *sumo* ring.

エ．She could not give prizes after a tournament.

3．What is a good thing about allowing women to compete in Japan？

ア．There will be different kinds of *sumo* rings.

イ．More people will watch tournaments.

ウ．Men athletes will not need to be as big as now.

エ．*Sumo* may become one of the Olympic sports.

4．Where is *sumo* becoming popular？

ア．In Europe　　イ．In Osaka

ウ．In South America　　エ．In China

5．How many Japanese *sumo* athletes won prizes at the tournament in Poland？

ア．zero　　イ．one　　ウ．three　　エ．all of them

C　次の文章を読み，１～５の英文に続くものとしてもっとも適切なものをア～ウから選び，記号で答えなさい。

For many centuries, the people of *the Amazon Basin have told stories about the curupira. Some say the curupira is a boy. Other people say it is a girl. However, everyone agrees that it is small, and it has wild red hair, and big pointed ears. The curupira has very special feet；its feet point *backwards！ Many people in Brazil believe the curupira takes care of all the plants and animals in the forest. The curupira has one important rule. A hunter should kill only enough to *feed his family, but no more.

Once upon a time, there lived a hunter called Carlos. Carlos went hunting in the forest to catch animals for his family, but he was not lucky. He could not catch any animals. Finally, he decided to ask the curupira for help. Everyone knows the curupira likes gifts. So, Carlos put *honey under a tree for the curupira. Suddenly, Carlos became very lucky. That day, he was able to get two birds. Carlos's family had a lot of food to eat.

Many times, Carlos put honey under a tree for the curupira to become lucky. One day, Carlos brought less honey for the curupira, but he could still take care of his family. After that, Carlos brought less and less honey.

A few months later, a man said to Carlos, "How many animals can you kill for me？ I will pay you a lot of money for the animals you catch." Carlos thought this was a good idea. He went into the forest, and *hunted for several days. He killed many animals such as birds, *pigs, and *deer to sell to the man.

While he was hunting, a bird without *feathers suddenly came out of the forest. "What are you doing？" the bird asked Carlos. Then, there was a voice from the forest. The voice called the bird, "Estefan! Are my animals there?" It was the curupira! "Yes, Curupira, they are all here!" the bird answered. "Then, bring them to me!" the curupira said. The bird touched each dead animal and said, "Wake up! Curupira wants to see you!" The animals all got up and walked into the forest.

Carlos was very afraid. The curupira said to Carlos, "If you do it again, I will never *forgive you." Carlos ran from the forest, and never again made the curupira angry.

（注） the Amazon Basin：アマゾン川流域の盆地　backwards：後ろ向きに
feed：食べ物を与える　honey：ハチミツ　hunt：狩りをする　pig：豚
deer：シカ　feather：羽　forgive：許す

1．The curupira helps ＿＿＿＿＿.
ア．the living things in the forest
イ．people to grow food
ウ．small boys and girls

2．Carlos asked the curupira for help because ＿＿＿＿＿.
ア．the curupira liked gifts
イ．his hunting didn't go very well
ウ．he wanted to help the birds

3．Carlos killed many animals because ＿＿＿＿＿.
ア．he wanted to improve his skills in hunting
イ．he wanted to give them to the curupira
ウ．he wanted to be rich

4．The bird with no feathers ＿＿＿＿＿.
ア．killed many animals
イ．hurt many animals
ウ．saved many animals

5．This story teaches us that ＿＿＿＿＿.
ア．it is dangerous to be greedy
イ．family love is important
ウ．we must work hard

D　次の文章を読み，空欄［１］～［５］に入る語句を解答欄に記入しなさい。

Cody and his sister April decide they want a dog. They go to the local pet store and look around. It is a very small pet store that doesn't have many animals. The *owner of the shop is a nice old man named Mr. Smith. He walks over and says hello to Cody and April. "How can I help you?" he asks. "We would like to buy a dog," April answers. "Ah, well, we are not a big pet shop," Mr. Smith tells her. "We have only two dogs."

Cody and April ask Mr. Smith to show them the dogs. Mr. Smith leads them to the back of the store. There, they find the two ［ 1 ］. One of them is a very big *bulldog named Buster. The other is a very small *chihuahua named Teacup.

Cody wants Buster. April wants Teacup. They walk outside to decide which dog to take. They can't agree which one to choose. April *suggests they *race home for it. The winner of the race chooses the dog. Cody agrees. Then he tells April, "Your *shoelace is *untied." When April looks down, he starts running. April runs after him. Cody runs as hard as he can. He really wants [2]. He looks back. April is far behind, so he can't even see her.

Cody finally arrives home. He is tired but he is happy. He knows he is the [3]. April arrives a few minutes after Cody. She *congratulates him. They return to the pet store to buy Buster, the bulldog. However, when they arrive, they only see Teacup, the chihuahua. They ask Mr. Smith where Buster is. Mr. Smith explains that a few minutes after April and Cody left, two boys walked in and bought the bulldog.

Cody looks at April, and she smiles back at him. Cody turns back to Mr. Smith. "Sometimes you win the [4], but not the prize!" Cody smiles *sadly. "We'll take [5], please."

（注） owner：店主　bulldog：ブルドッグ　chihuahua：チワワ
suggest：提案する　race：競争（する）　shoelace：靴ひも
untied：ほどけている　congratulate：おめでとうと言う　sadly：悲しげに

E　下の文章を読み，その内容と合うように，要約文中の1～7に適切な1語を入れなさい。ただし与えられた文字で始めること。

[要約文]

*Native people of *the North American Pacific Coast *passed their stories on from parents to children without using $_1$(w-　) language. They used totem poles. They cut a piece of wood to show $_2$(c-　) of a story on totem poles. Some stories tell *legends which give you useful information about life and nature. Some totem poles are made to show how $_3$(i-　) the family is. Many different symbols are *carved all over the totem poles, but you can find important symbols at the $_4$(l-　) part of the totem poles. Totem poles disappear after a long time because they are made of $_5$(w-　). So, the $_6$(h-　) of totem poles is mysterious. Still, it is interesting that the design of *modern totem poles and older ones are not very $_7$(d-　).

People tell stories in many ways. Today, we usually use the written word to pass our stories on. However, it was more common to tell stories to each other using spoken language. Stories were remembered because parents told them to their children. When these children grew up, they told their own children the same stories, just like their parents. In this way, the stories of native people of the North American Pacific Coast continued. They wanted people to remember the stories and tell the stories to their children. For this purpose, they used totem poles.

Totem poles are trees which have pictures carved into them and painted with different colors. These pictures are characters in a story. They are often animals, but sometimes they are people. A totem pole is sometimes used to tell a legend. It tells people important life *lessons. Some legends explain things in nature. For example, there is one legend that explains how light *appeared on Earth. Some totem poles are made to tell a true story or an important event that we should not forget. Maybe, some families had their own very old totem poles that tell about their family's histories. In this way, totem poles are used to show how rich or important the families are.

Have you ever heard the *expression, "a low man on the totem pole"? When people talk about a person who is not very important, they use this expression. However, people who use this expression do not understand totem poles. The place of the character on the pole does not show the importance the character has. For example, though the character is carved at the top of the totem pole, it does not mean that the character is the most important. In fact, the lower characters are more important because people can see them better. So, *carvers take special care when they carve the lower characters. It is more important for the lower characters to look nice because people will see them more easily.

Because totem poles are made of wood, they do not *last for a long time. So, we do not know when people began making totem poles or what the first totem poles looked like. However, *artwork made of *bones or stones lasts for a long time. We can see that more modern totem poles have a similar style seen in older ones. It is clear that the art of totem poles has not changed a lot over time.

（注） native people：先住民　the North American Pacific Coast：北米太平洋岸地域
pass ～ on：～を伝える　legend：伝説　carve：彫る　modern：現代の
lesson：教え　appear：出現する　expression：表現　carver：彫刻家
last：長持ちする　artwork：芸術作品　bone：骨

F　下の文章を読み，１～４の質問に英語で答えなさい。

1．Why did Peter and Anna sit together in class?
2．Who decided which movie to see?
3．What did Peter do for Anna when she didn't understand something in the movie?
4．Why did Anna say that she enjoyed the movie?

Today was the best day of Peter's life. He went to the movies with Anna. Anna moved to *San Francisco from *Mexico. On the first day at school, because Anna didn't have her own books, they sat together in class and Peter shared his books with her. They spent most weekends together. They watched TV, did homework and took Peter's dog to the park. Every week, they had a great time together. They talked about school, TV programs and their future dreams.

Peter is now 11 years old. One day, he had an idea. "Why don't we go to a movie together?" he asked Anna. "I'm not sure. I have never been to a movie theater in the United States," she answered. "Is it different from *renting a DVD and watching it at home?" Peter was very surprised to hear her question. "It's very different. First, the *screen is very big! The theater is dark so you can really *focus on the movie. You are also with other people who are enjoying the movie." Anna wasn't sure but she agreed to try it.

Anna couldn't decide which movie she should see, so she asked Peter to decide. Peter loved *Jackie Chan so he picked the movie "The Spy Next Door." It was a *comedy for kids. Anna agreed. Peter's mother drove them to the theater the next Saturday afternoon. She gave Peter money for the tickets and snacks and waited for them outside the theater.

The movie started. All the kids in the theater were laughing. When Anna didn't understand something, Peter explained it to her. They held hands during most of the movie. Peter was sure he liked her. He hoped that Anna felt the same way but he was too afraid to ask. When the movie was over, they walked out together. On the way out, Anna told him how much she enjoyed the movie. She thought that some parts of the movie were a little boring, but she wanted Peter to be happy.

On the way home, they stopped for pizza. They told Peter's mother all about the movie and decided that they must go to another one. However, the next time Anna will decide which movie to see. Peter was happy with this. He just had the best day of his life!

(注) San Francisco：サンフランシスコ　Mexico：メキシコ　rent：借りる　screen：スクリーン
focus：集中する　Jackie Chan：ジャッキー・チェン(俳優)　comedy：コメディ

G　あることに悩みを持つ中学生が，英字新聞の「人生相談」コーナーに投書をしました。それに対して，人生の達人からの回答が新聞に掲載されました。中学生の投書の空所部分を4～13語の英語で埋めなさい。

中学生の投書：

> I am a junior high school student. I have a problem. [ ] What can I do? I'd like to hear your advice.

人生の達人からの回答：

> Well, I think many people have experienced the same kind of trouble. It's not only you, so don't worry. Here is some advice.
>
> First, you should not think of yourself as the center of the world. It is important to see things from different *points of view. Perhaps you only think about yourself and push your way of thinking on other people without listening. If you only think about your own *interests, you may be *successful. However, this is very *selfish and you will be all alone because you are always helped by people around you. Without any help from other people, your life will be more difficult.
>
> Second, you need to understand the characters and the situations of other people. For example, when you work or talk with other people, you should put yourself in their *position or find a common *topic you can talk about. You should be interested in them and think about their feelings. Of course, you need to tell them about your situation if it is necessary. The balance of listening and speaking is important.
>
> Third, people have different ways of thinking and different ideas. This is called a *lifestyle. Different people have different lifestyles. Because of this, people sometimes do not agree with your way of thinking. We are all different. People have their own lifestyles. Your thinking and other people's way of thinking are different.
>
> Your problem is not easy to solve, but please don't give up. We are connected with each other. I know you will find a way.

(注) point of view：ものの見方　interest：利益　successful：成功した
selfish：自己中心的な　position：立場　topic：話題　lifestyle：生き方

III　A　次の文章を読み，下線部(1)～(3)のカッコ内の語句を全て，順番に使って英文を完成しなさい。

The Early Bird Catches the *Worm

In English, if you always get up early, you are called an "early bird." And, if you are always active at night, you are called a "night *owl." When people say "the early bird catches the worm," it means that (1)[people / early / many things]. People also say, "Early to bed and early to rise makes you healthy, *wealthy, and smart." Do you think this is true?

Some scientists tried to find out the difference between early birds and night owls. The scientists asked 38 people to take a test. The test *results showed that (2)[the early birds / the test / quickly / the night owls]. It was because the early birds were less sleepy and the night owls were sleepier during the test.

The scientists found that (3)[difficult / night owls / early]. That is why they cannot get up early enough for school or work. This happens because their *brains are different.

(注) worm：虫　owl：ふくろう　wealthy：裕福な　result：結果　brain：脳

B　次の文章を読み，主張に続く理由を２つ，15語以内の英語でそれぞれ書きなさい。２文以上になってもかまいません。コンマ，ピリオドなどの符号は語数に含めません。

There are many languages in the world. However, I believe that students in Japan should study English as a foreign language. I have two reasons.

C　次の質問に対して，あなたの経験を25～35語以内の英語で書きなさい。文の数はいくつでもかまいません。コンマ，ピリオドなどの符号は語数に含めません。解答欄に語数を記入すること。

What is an event you cannot forget in your life? Why can't you forget it?

＜放送問題原稿＞

これから放送問題を始めます。問題用紙の１ページ目を開いてください。問題はⅠＡとＢの２題です。メモを取ってもかまいません。それぞれの英文は２回読まれます。

では，始めます。

A　放送問題

今からエレベーター（elevator）の中でのある出来事についての話を聞きます。１～４が内容と同じ場合はT，異なる場合はFを○で囲みなさい。最初に，１～４の英文をよく読みなさい。

それでは話を聞いてもらいます。

A young man was on an elevator. The elevator went up. Suddenly, the elevator stopped. It didn't go up. It didn't go down either. It wasn't moving at all between floors. A young woman was also on the same elevator. The man and the woman didn't know each other, and no one else was there. They talked and talked about what to do but there was nothing they could do. After 25 hours, the elevator started to move. It went up. Then, it stopped and the door opened. The man and the woman walked out together. Both of them were very hungry, thirsty and tired. They enjoyed eating together. Three months later, they got married.

繰り返します。

B　放送問題

今からエイミーという少女が自分の家族についてのスピーチをします。スピーチの後に３つの質問が読まれます。それぞれの質問に対する答えとしてもっとも適切なものをア～エから１つ選び，記号を○で囲みなさい。最初に，選択肢をよく読みなさい。

それではスピーチを聞いてもらいます。

Hello. My name is Amy. I am 11. I live in India with my father, mother, two brothers and three sisters. My grandparents also live with us. In India, family is very important. It is common to live with grandparents in the same house. My aunts, uncles and cousins also live near my house. We see each other often. My older brother is a computer programmer. Right now, he is in Australia. His company sent him there for one year. We write him letters every week. I want him to come home soon.

Question 1. Where does Amy live?

Question 2. What is Amy's brother doing?

Question 3. What do Amy's family often do for her brother?

繰り返します。

これで放送問題を終わります。

【数　学】（60分）〈満点：100点〉

【注意】円周率をπとして計算すること。

1　次の各問いに答えよ。

(1) $\left(\dfrac{1}{\sqrt{2}}+\dfrac{\sqrt{3}}{2}\right)(\sqrt{3}-\sqrt{12})-\left(\dfrac{6}{\sqrt{24}}-2\right)$ を簡単にせよ。

(2) a^2+ac-b^2+bc を因数分解せよ。

(3) 方程式$(x-3)(x+1)=4(x+1)$を解け。

(4) 下の図１の円Oにおいて，$\angle\mathrm{BDC}=38^\circ$，$\overset{\frown}{\mathrm{AB}}=\overset{\frown}{\mathrm{BC}}$とする。このとき，$\angle\mathrm{CAO}$の大きさを求めよ。

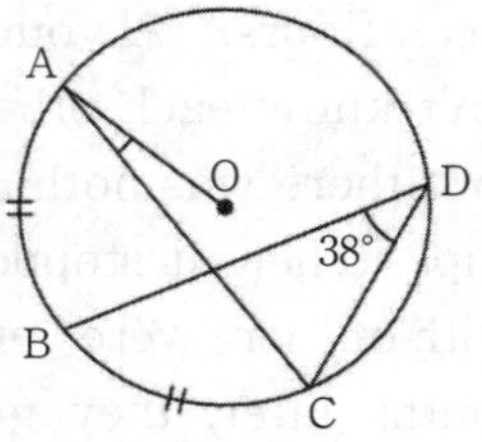

図１

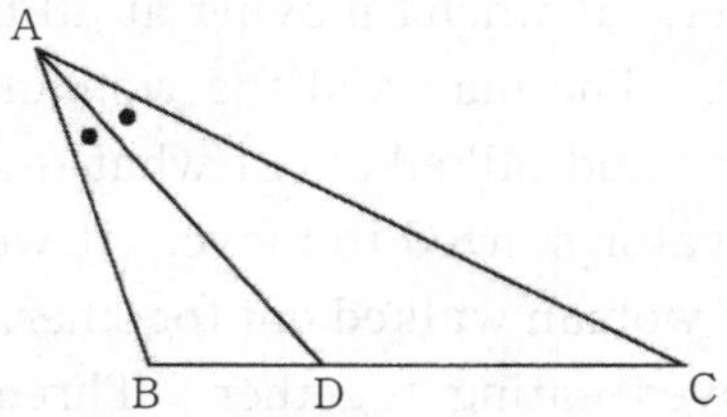

図２

(5) 上の図２において，ADは$\angle\mathrm{BAC}$の二等分線で，$\mathrm{AB}=3$，$\mathrm{AD}=\mathrm{CD}=4$である。$\mathrm{BD}=x$とするとき，$x$の値を求めよ。

2　白い砂xgと赤い砂ygを空の容器Aに入れて均一になるまでよくかき混ぜた。次に，容器Aから２割の砂を取り出して空の容器Bに移した。さらに，容器Aには容器Bに移した砂全体と同じ重さの赤い砂を入れ，容器Bには12gの赤い砂を入れた。次の各問いに答えよ。

(1) 上記の操作を行った後の，容器Aに入っている白い砂，赤い砂の重さをそれぞれx，yを用いて表せ。

(2) 上記の操作を行った後の，容器Bに入っている白い砂，赤い砂の重さをそれぞれx，yを用いて表せ。

(3) 上記の操作を行った結果，容器A，Bともにそれぞれの容器内で，赤い砂と白い砂の重さが等しくなったとする。このとき，x，yの値を求めよ。

3　１つのさいころを何回か投げて，次の規則により合計点が決まるゲームを行う。

〔規則〕
- 合計点は０点から始める。
- 「６」の目が出たら合計点に３点を加える。
- 「５」または「４」の目が出たら合計点に２点を加える。
- 「３」または「２」の目が出たら合計点に１点を加える。
- 「１」の目が出たらそれまでの経過に関係なく，合計点は０点となる。

例えば，さいころを２回投げたとき，１回目に「６」，２回目に「３」の目が出たときの合計点は４点である。また，さいころを３回投げたとき，１回目に「４」，２回目に「１」，３回目に「２」の目が出たときの合計点は１点である。次の各問いに答えよ。

(1) さいころを２回投げたとき，合計点が３点となる確率を求めよ。

(2) さいころを３回投げたとき，合計点が３点となる確率を求めよ。

4 放物線 $y=\frac{3}{4}x^2$……①上に点Aがある。ただし，Aの x 座標は負であり，y 座標は27である。

Aを通り x 軸と平行な直線と，y 軸および放物線 $y=ax^2$……②との交点を，図のようにそれぞれB，Cとすると，AB：BC＝2：3が成り立つ。さらに，放物線②上で x 座標が6である点をDとする。次の各問いに答えよ。

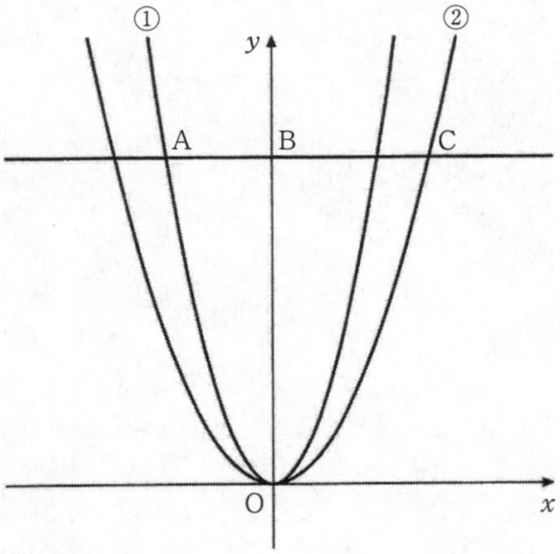

(1) Aの座標および a の値を求めよ。

(2) 直線ADの式を求めよ。

(3) △OADの面積を求めよ。

(4) 点Pは，放物線①上をAからOまで動く。△PADと△OADの面積が等しくなるときのPの座標を求めよ。ただし，このときPはOと異なる点とする。

5 図1のような円Oを底面とする円錐があり，OB＝2，AB＝6である。また，CはAB上の点で $AC=2\sqrt{3}$ である。次の各問いに答えよ。

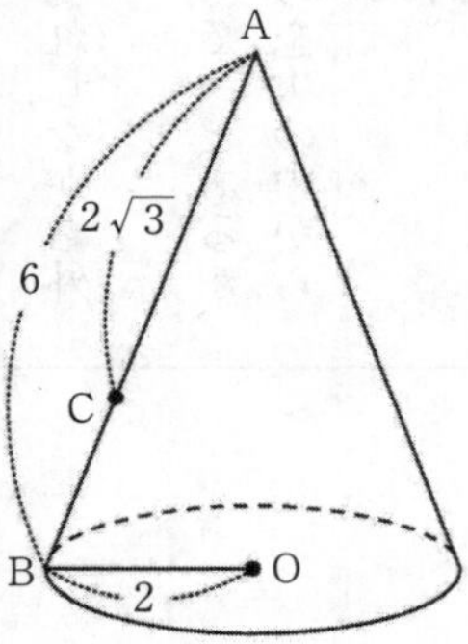

図1

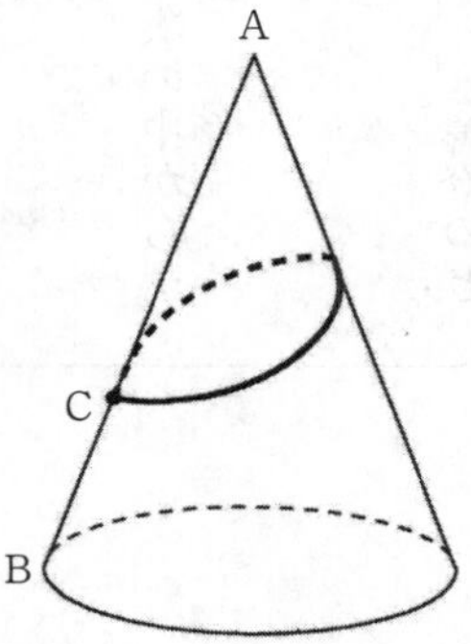

図2

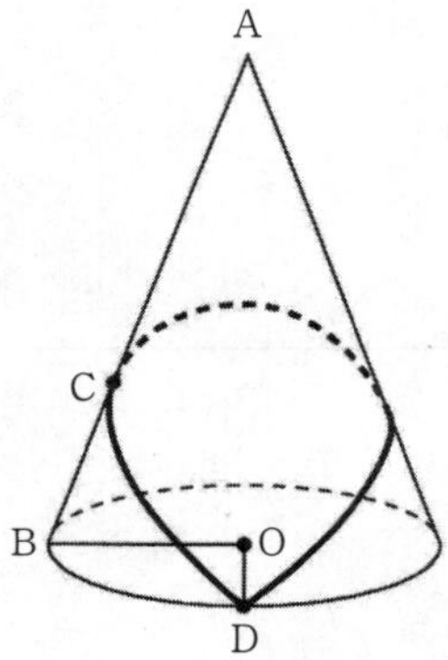

図3

(1) この円錐の側面積を求めよ。

(2) 図2のように，Cからこの円錐の側面をひと回りしてCに戻ってくるようにひもをかける。ひもの長さが最短になるようにかけたときのひもの長さを求めよ。

(3) 図3において点Dは底面の円周上の点で∠BOD＝90°である。CからDを通り，円錐の側面をひと回りしてCに戻ってくるようにひもをかける。ひもの長さが最短になるようにかけたときのひもの長さを求めよ。

(4) (3)のとき，ひものちょうど真ん中の点をEとする。AEの長さを求めよ。

出て行った。
エ　大切なものを全部取られたので、腹いせに大暴れしながら外へ出て行った。

問三　――線部3「盗人の出でぬる後に門に走り出でて」とあるが、なぜこのような行動をとったのか。最も適切なものを次の中から選び、記号で答えよ。
ア　強盗が恐ろしかったので早く家から逃げるため。
イ　強盗が立ち去ってしまう前に顔を見ておくため。
ウ　強盗に対してあまりに腹がたってしまったため。
エ　強盗の存在を周りの人たちに早く知らせるため。

問四　空欄 A に入る語句として最も適切なものを次の中から選び、記号で答えよ。
ア　盗人　　イ　善澄
ウ　古の博士　　エ　検非違使

問五　――線部4「かかる心幼きこと」とあるが、それは善澄のどのような行為を指しているか。説明せよ。

問三 ――線部2「同じ人物だとは、にわかには信じがたい」とあるが、その岩永の対照的な人物像について、それぞれ説明せよ。

問四 ――線部3「岩永と親しいということも、同級生たちは口々に言いたがった」とあるが、なぜ同級生たちはそのように「言いたがった」のか。説明せよ。

問五 ――線部4「乃里子は自分のからだが、すうっとこわばっていくのがわかった」とあるが、これはどういう心情の表れか。説明せよ。

問六 ――線部5「彼はもう後にはひけなかった」とあるが、それはなぜか。最も適切なものを次の中から選び記号で答えよ。

ア 自分はどうしてもかわいい女子の隣りに座りたかったから。
イ 自分から席決めでふざけ合う雰囲気をつくってしまったから。
ウ 自分の乃里子への秘めた思いを言い当てられてしまったから。
エ 自分のラグビー部でのスターの立場が奪われると思ったから。

問七 〜〜線部A「目から熱いものが吹き出してきそうだ」から〜〜線部B「ふっと乃里子は涙がこぼれそうになった」に至るまでの乃里子の心情の変化を説明せよ。

三

次の文章を読んで、後の問いに答えよ。

今は昔、*明法博士にて助教清原の善澄と云《い》ふ者ありけり。道の才は並びなくして、古《いにしへ》の博士にも劣らぬ者にてぞありける。年七十に余りて、世の中に用ゐられてなむありける。それが家いみじく貧しかりければ、よろづ叶《かな》はでぞ過ぐしける。

しかる間、居たる家に強盗入りけり。1賢く構へて、善澄、逃げて板敷の下に這《は》ひ入りにければ、盗人もえ見つけずなりぬ。盗人、入り立ちて心に任せて物を取りて、2物を破り打ちがはめかし踏み壊《こぼ》ち、ののしりて出でにけり。

その時に、善澄板敷の下よりいそぎ出でて、3盗人の出でぬる後に門に走り出でて、音《こゑ》をあげて、「や、おのれら、しや顔ども皆見つ。夜明けむままに、*検非違使の別当に申して、片端より捕へさせてむとす」と、いみじく妬くおぼえけるままに叫びて、門を叩きて云ひかけければ、盗人これを聞きて、「これ聞け、おのれら。いざ、返りてこれ打ち殺してむ」と云ひて、はらはらと走り返りければ、［ A ］手を迷はして、家に逃げ入りて、板敷の下にいそぎ入らむとするに、迷ひて入るほどに、額を*延に突きて急ともえ入りあへざりければ、盗人、走り来て、取りて引き出でて、大刀をもつて頭をさんざんに打ち破りて殺してけり。さて盗人は逃げにければ、云ふ甲斐《かひ》なくてやみにけり。

「善澄、才はめでたかりけれども、つゆ*和魂なかりける者にて、4かかる心幼きことを云ひて死ぬるなり」とぞ、聞きと聞く人に云ひ謗《そし》られける、となむ語り伝へたるとや。

（『今昔物語』による）

【注】 *明法博士＝律令（法律）を学ぶ学問の専門家。
*検非違使（けびいし）＝治安維持を目的とする役所の役人。
*延＝板敷の縁。
*和魂（やまとだましい）＝実務的な知恵・才能・胆力。

問一 ――線部1「賢く構へて」とあるが、何について言ったものか。最も適切なものを次の中から選び、記号で答えよ。

ア 盗人の強欲さ
イ 強盗の用心深さ
ウ 善澄の思慮深さ
エ 古の博士の勤勉さ

問二 ――線部2「物を破り打ちがはめかし踏み壊ち、ののしりて出でにけり」の意味として最も適切なものを次の中から選び、記号で答えよ。

ア 大きな音を立てて近所の人の助けを呼びながら、外へ出て行った。
イ たいした物が無いので、家主の貧乏さをけなしながら外へ出て行った。
ウ 家中の物を壊して大きな音を立て、大声でさわぎながら外へターになってから、女生徒はもちろん、男生徒からもこうした言葉を聞くことはなかったはずだ。とまどう岩永の顔は急に幼く見え、その幼さは素直さとなって彼をうなずかせた。

「ごめん」

意外なひと言がもれた。

「悪かったね、岡崎さん。オレ、ちょっと言いすぎたわ」

拍子ぬけするほどあっけなく、岩永は自分の非を認めた。しかし、乃里子がとっさにはそれを信用しなかったのは、彼の唇の端にまだ残っている微笑のせいだった。

「いいえ、私は許せない。こんな失礼なめに会って……」

「じゃ、こうすればいいずら」

乃里子の前に立ちふさがるようにしてあった、岩永の大きなからだが突然縮んだ。岩永は床の上に土下座したのである。

「岡崎さん、ごめんなさい。オレが悪うございました」

クラス中の者が息を呑《の》んで見つめていた。乃里子はうろたえた。こんなことまでは要求しなかったのだ。しかも、岩永のやり方は芝居がかりすぎている。皆の目を意識しすぎている。多少の不安はよぎったものの、激しい満足感が乃里子の胸におし寄せてきた。そして乃里子は少々、図に乗りすぎたのである。

「私はまだ許さないわよ。あんたはすごくひどいことを言っただから……」

こんな場面をどこかで見たことがあったっけ、と乃里子は思った。そうそう「赤毛のアン」の中で、アンとギルバートがケンカをする時のシーンのようだ。乃里子は満ちたりた思いの中に、甘い酔いさえしのびよってくるのを感じた。

「許さないわ。絶対に……」

あと一回、岩永があやまったら許してやろう。乃里子がそのために語調をどう変えようかと思案し始めた時だ。岩永が不意に顔を上げた。微笑は消えている。その代わり彼の表情にあったものは、乃里子が初めて見るような怒りであった。

「馬鹿にすんなよ」

岩永は立ち上がりながら言った。膝を大きな音をたててはたいた。

「男が手をついてあやまってんじゃねえかよ。それを今の言い方はねえだろ」

恐怖が乃里子を襲った。岩永の目は、苦しそうにも、痛そうにもみえた。グラウンドを走る時と同じ目だった。校庭の隅から隅まで全力疾走した後、荒い息をしながらよく岩永はこんな表情をしていた。

「オレはお前とこれから絶対に口をきかんぞ。卒業するまでだ。オレがきかんっていったら絶対にきかん。オレのやり方をようく見とけよ」

岩永はそう言うと、再び小川君の方へ顔を向けた。

「おい、十八番の席、どこだよ」

「ここ……」

小川君は窓ぎわから二列目の席をさした。ドスドスと床を踏みならすように岩永は歩いて行った。そしてどっかりと腰をおろした。それがきっかけのように、他の生徒たちも机や椅子の音をたてながら移動し始めた。

仕方なく乃里子もカバンを持って、席を移ることにした。もちろん岩永の隣りの席だ。彼は横顔を見せたまま、黙って黒板を見つめている。Bふっと乃里子は涙がこぼれそうになった。

（林　真理子『葡萄が目にしみる』による）

問一　空欄［X］・［Y］に入る語句として最も適切なものを下の中から選び、それぞれ記号で答えよ。

X　ア　尻ぬぐい　イ　足手まとい　ウ　腰ぎんちゃく　エ　目の上のたんこぶ

Y　ア　口を合わせる　イ　へそを曲げる　ウ　眉をひそめる　エ　目を奪われる

問二　――線部1「小川君は副ルーム長の女生徒が駆け寄るまでずっと無言だった」とあるが、この時の小川君の心情を説明せよ。

気の早いクラスメイトの中には、すでにカバンを小脇にかかえているものさえいる。岩永たちは、なかなか動こうとはしない。

「まだ、引いてない人は、早くしてくださあい」

小川君がもう一度声をはり上げた。

岩永たちは、大きな音をさせて机をどかすと、のろのろと立ち上がった。教壇の方へすすむ。大きな手をクジの入った帽子の中につっこむ。その一連の行為から、乃里子は目が離せなかった。なぜか嫌な予感がする。他の生徒たちも、なんとはなしに横目で岩永の動きを追っている。

「十八番、十八番、誰だよお」

黒板の前で、岩永は紙片を振りまわしながら怒鳴った。

4乃里子は自分のからだが、すうっとこわばっていくのがわかった。とんでもないことが起こったと思うのと同時に、そうなることがごく当然のことのように思われたのも本当だ。昔から、ごく子どもの頃から、いちばん悪い想像をしていくと、それに追いつめられるように、現実になってしまうということが乃里子にはよくあるのだった。

「だあれ、誰なのかしら」

岩永は女のような声で小首をかしげてみせた。

乃里子は不安を打ち消そうとしていた。この二年間、弘明館で自分は決して嫌われる存在ではなかったはずだ。平凡で、いつもぼんやりしている少女。まわりの人々は自分のことをきっとこう考えているはずだ。なにかしでかしたわけでもないのに揶揄《やゆ》や嘲笑の的になろうはずがない。

「私よ、私が十八番の紙を持ってるけど……」

できるだけ平静を装って言ったが、語尾がふるえていた。

「ヒエーッ」

と奇声を発したのは山口だった。

「ヒイ、ヒイーッ、こりゃいいわ。岩永、思ってたとおりの、いちばんいい女にあたったじゃねえか。ヒイー、こりゃいいわ」

岩永は一瞬、乃里子を見た。あきらかにどういう反応を示せばいいのか、彼は迷っていた。しかし、5彼はもう後にはひけなかった。山口をはじめとするラグビー部の男の子たちのひやかす声は、すでに岩永をとり囲んでいた。

「なんだよお」

ややあって彼は言った。

「こんなブスと隣りの席なのかよお、冗談じゃねえぜ。おい、小川君、悪いけど、オレだけもう一回クジ引きをしていいら？」

「そんなことは許されません」

小川君は遠くの席から声をはりあげた。

「わかった、じゃ、誰かオレの席と取り替えっこしらざあ。岡崎の隣りだぜ。こりゃいいぜ」

気まずい沈黙が教室に流れ始めた。祐子《ゆうこ》が困ったような顔をして乃里子を見つめている。

A目から熱いものが吹き出してきそうだ。しかし、それよりも怒りが徐々に乃里子を支配し始めてきた。中学生の頃、葡萄《ぶどう》畑で会って以来、好意とはいえないまでも懐しい感情をいつも乃里子は岩永に抱いてきたような気がする。他の女生徒たちが、岩永のことを口汚なくののしる時も、乃里子は言い添えることはしなかった。その岩永から、こんな裏切りをうけようとは、乃里子は思ってもみなかった。

「ちょっと、岩永君」

こうして人の目をはっきり見つめて物を喋《しゃべ》るというのは、乃里子の場合とても珍しい。自分の口が、熱い糸で操られているような気がする。

「あんた失礼だよ。私は今日、あんたのクラスメイトになったばかりで、あんたに対してなにも悪いことをしてないはずだよ。その私に、今みたいな言い方はないら？　バカ言うのも休み休みにしろし」

岩永は目を見張って、乃里子のタンカを聞いていた。弘明館のスその日クラスメイトになったばかりの生徒たちは、そんな彼らを黙って見つめていた。

「じゃ、クジ引きにします。それなら文句ないでしょう」

小川君は岩永たちの顔を見ずに、教壇を降りて行った。そして自分の学生カバンの中から一冊のノートを取り出した。何も書いていない真白なノートだ。そのページを、クジをつくるために一枚ずつ大きな音をたてて破り出した。ビリッ、ビリッ……。1小川君は副ルーム長の女生徒が駆け寄るまでずっと無言だった。

（中略）

冬のラグビー場で見た岩永の姿を、乃里子は今でも何かの拍子で思い出す。

胸厚で、ふつうの人の倍ほどの肩幅を持つ岩永が、まるで小ウサギのように敵の間をかいくぐるのを、驚嘆しながら乃里子は見つめていたものだ。そして敵にタックルをくらわす時の、猛獣のような強さ。力と敏捷《びんしょう》さは、なんの矛盾もなく彼の中にあった。それが「天才ラガー」とか「二十年に一人の逸材」とよばれる所以《ゆえん》なのだろう。

（中略）

「岩永さあーん」

あの時スタンド席の後ろの方で、下級生の女の子たちが声をふりしぼって叫んでいた。確かに岩永は弘明館《こうめいかん》のスターだった。

（中略）

大学へ進学しても、社会人となっても、おそらくスターであり続けるであろう基盤を、すでに岩永は高校時代に築きあげていたのだ。

「ラグビーは僕の人生です。ですからこれからも、ボールに触れることのない日々は考えられません」

そうインタビューに答える岩永には、すでに風格のようなものさえあって、その彼と、

「おい、美人の隣りにしろよな。そういうふうにクジを作れしな」

と怒鳴《どな》る岩永が2同じ人物だとは、にわかには信じがたい。

最近になって、岩永を敬遠する空気が、同級生の間に流れ始めているのも事実だった。ラグビー部の上級生が卒業し、岩永の知名度が増すたびに、皆が［　Y　］ような言動が多くなっているのだ。

「とにかく、授業中に堂々と居眠りしてたって先生がなんにも言わないだよ。化学の吉田先生だけが、おい、起きろって怒鳴ったらさあ、ぐいって顔を上げて『先生、オレはラグビーの練習で疲れてんだから』ってたったひと言。それで先生は黙っちゃうだよ」

以前、岩永と同じクラスだった放送部員の駒沢芙美子《ふみこ》がよくそんなことを言っていた。しかし、それと同時に、3岩永と親しいということも、同級生たちは口々に言いたがった。

「私、小学校の時から岩永君と同級生だっただから。あの頃のことなんか何でも知ってるだよ」

「オレさ、このあいだ堀田んちへ遊びに行ったら、岩永も来ててさ、あいつ、いつもちゃんと煙草《たばこ》を持ち歩いていやがんの」

岩永の名前はいつも口の端にのぼり、そしてその名前をキーワードのように口に出すことで、みんなは友人としての共通項を見つけ出そうとするかのようだった。

乃里子はそっと斜め向かいに座っている岩永を盗み見た。髪がえり足をおおっている。長髪が三年生の十月になるまで禁止されている弘明館で、これは明らかに校則違反だった。しかし、岩永にはそれが許されている。五月に出発する、カナダ遠征ラグビーチームの、彼は一員なのだ。外国へ行く時、坊主頭ではみっともないからという理由で、岩永は学校に長髪を許可してもらっていた。横に広い額の上に、横分けしてぴっちりと撫《な》でつけたその髪は、岩永の特権意識と傲慢さをあらわしているかのように見える。

乃里子は再び校庭の桜を見た。手のひらの中には、ひとつの紙片が握られている。「十八」と、そこにはサインペンでなぐり書きがしてあった。

「あたし、五番」

「おっと、運が悪いなァ」

問三 ――線部1「『良い子』に価値があると教えられるのだが、それは実に不思議といわざるをえない」とあるが、なぜ「不思議といわざるをえない」のか。その理由を説明せよ。

問四 ――線部2「幼稚園児は、オヤツをもらうために『良い子』になろうとするのではない」とあるが、では何のために「『良い子』になろうとする」のか答えよ。

問五 空欄 I に入れるのに最も適切なものを次の中から選び、記号で答えよ。

ア 復讐する
イ 役に立つ
ウ 攻撃される
エ 無視される

問六 ――線部3「年齢がさらに上がって、人生も半分以上を過ごした人になると、この『良い子』であろうとする感覚は、縮小し始めるようだ」とあるが、若い世代が、この「『良い子』であろうとする感覚」を持つのはなぜだと筆者は考えているか。筆者の考えを説明せよ。

問七 ――線部4「エラー」とあるが、ここで言う「エラー」とはどのようなものを指しているか。最も適切なものを次の中から選び、記号で答えよ。

ア 本心に従って行動すること
イ 本心が客観的には存在しないこと
ウ 本心そのままではない発言をすること
エ 本心をうまく伝える手段を持たないこと

問八 筆者は、人間が寂しさや孤独を感じるのはなぜだと考えているか。次にあげる語をすべて用いて筆者の考えを説明せよ。

「他者」「居場所」「価値」

二 次の文章を読んで、後の問いに答えよ。

乃里子《のりこ》や岩永が入ることになった三年四組というのは、私立大学の文科系コースだ。成績が優秀な生徒のために、国立系コースというのもあったが、乃里子はもちろんもれていた。

四組は岩永をはじめとするラグビー部のメンバー、美少女の今日子や、文学クラブの沢井など、どうもこのクラスは個性豊かなメンバーを集めたようなのだ。

その兆候は早くも、席をきめる時に現れた。選挙でルーム長に選ばれた小川君の、

「席のことですけど、当分、出席簿順でいいですねぇー」

という発言に、岩永たちが騒ぎ出したのだ。

「冗談じゃないよォ、小川君」

口元に意味のない笑いをうかべて岩永は言った。

「いい女の隣りに座ることだけが楽しみで、オレたちはよ、毎日学校に来てんだから。そんなこと勝手に決められちゃたまりませんよ」

「そうですよ、小川くぅーん」

岩永の横にぴったりと座っていた山口が、岩永がするとおりの、おかしな言いまわしで小川君をよんだ。ラグビー部に入ったものの、からだが小さく一度もレギュラーになれぬままマネージャーをしている山口は、岩永の「 X 」ともっぱらの評判だった。

「じゃ、どうすればいいんですか」

小川君は一瞬むっとしたような表情になった。

「だからさあ、小川君、公平にやらざあ。たとえばクジ引きにするとかさあ。ねえ、小川君」

岩永は甘ったれた口調で「小川君」を連発した。こうすれば彼がいらだつのがわかっているのだ。

小川君はほっそりとしていて、きちんと学生服を身につけているところは新入生のようにも見える。カラーをはずし、足を投げ出さんばかりにだらしなく座っている岩永や山口と同級生には見えない。

観なのである。

言葉というのは、人間が持っているコミュニケーション手段であり、これが人間の最大の④トクチョウだといっても良い。言葉によってコミュニケーションが取れない状態というのは、人間的な行為がほとんどできない状況に近い。しかし、それでも、その言葉は、それを発する人の本心だという保証はまったくないのである。故意に嘘《うそ》をつくこともできるし、また、言い間違える、ついうっかり発言してしまう、無意識に言ってしまう、売り言葉に買い言葉で返してしまう、などなど、多分に[4]エラーを含んだものである。しかし、これ以外に、相手の気持ちというのはなかなか認知できない。行動で判断できるのは、単に「好意的」か「敵対的」かといった雰囲気でしかない。

したがって、自分が認められていない、という判断は、多分に主観であるから、自分で自分の寂しさ、孤独感を⑤ユウハツすることになる。仲間の中に自分がいても、孤独を感じることになる。それは、たとえば、都会のような大勢の人々がいる場所でも孤独になれるということだ。孤独とは、基本的に主観が作るものなのである。

ただ、もちろん、主観とはいえないような状況も存在する。大人になれば、あからさまな危害というのは(法律で禁止されているわけだから)滅多に受けないが、子供のうちは、そうともいえない。突然暴力を振るってくる他者がすぐ近くにいるかもしれない。相手にも相手の理屈があって、「目つきが悪い」というような言いがかりをつけられることだってあるだろう(大人でも、不良ややくざならあるかも)。勝手な主観で、「敵対的」だと判断され、先制攻撃を受けるわけである。こういった物理的な被害があれば、誰でも、「自分はあいつにとっては良い子ではない」と判断するだろう。ようするに「気に入られていない」状況であり、つまりは、認められていないわけである。これなどは、客観に近いといえるかもしれない。

（中略）

他者に認められ、「凄《すご》い」と言われることが心地良く感じるのは、やはり自分の客観的な価値に目を向けている証拠である。自分の評価は、自分だけで勝手にできるものではない、つまり自己満足では不充分だ、ということがだんだんわかってくる。それに、親から褒められるよりも、赤の他人から褒められる方が嬉しい。それは家族よりも他者の方が、自分からは遠く、社会一般には近いからだ。無意識のうちに、社会という群れの中で、自分はみんなから「褒められる人」になりたいと願う。それが、その社会において居心地の良い居場所になる、という確かな予感からである。

このようにして、「凄い」ことで居場所を得られそうだ、という人間は、少なくとも、どん底の孤独に襲われることは少ないだろう。小さな範囲であっても、自分が認められているという確かなスペースがあれば、そこを拠り所にして立っていることができる。他者との関係が完全な「無」になることがない、といえる。また、どうすれば、その「凄さ」を維持することができるのか、どうすればもっと「凄い人」になれるのかが、はっきりとしている。たとえば、学業が優秀なことで「凄い奴」になった生徒は、学問に没頭することが自分の居場所を確保する道だと知る。スポーツで「凄い奴」になった子供は、さらに凄くなるために何をすれば良いのかを知っている。このように、「凄さ」というのは、特定の人間に対する「人間関係」ではなく、もっと客観的な評価であるため非常に単純でわかりやすい。上手くいかない、というジレンマは生じるかもしれないが、どうすれば良いのかわからない、ということはない。

（森　博嗣『孤独の価値』による）

問一　══線部①～⑤のカタカナを漢字に改めよ。

問二　空欄 A ～ C に入れるのに最も適切なものを次の中から選び、それぞれ記号で答えよ。

ア　つまり
イ　しだいに
ウ　たとえば
エ　もちろん

ある。

他者に自分を認めてほしい、という欲求は、「自分」というものの存在理由の基本的な要素となるもので、あるときはそれがすべてにもなる、と想像できる。アイデンティティとか自我とか、いろいろ呼び方はある。言葉だけだと、ただ自分を見つめること、自分の内だけで完結するもののような響きだが、そうではなく、他者を意識して初めて生じる自分、すなわち、「自分はみんなからどんなふうに見られているだろうか」という想像が出発点になっている。

周囲に自分を認めてくれる人間がいることは、「心強い」と感じられる状態といえる。それは、事実上生存とは無関係であっても、精神的な拠《よ》り所になる。

「良い子」というのは、最初からいきなり「社会における良い子」なのではなく、「あの人にとって良い子」というように、他者が限定されている。多くの場合は、それは両親であり、もう少し年齢が上がると、先生や友達と広がっていく。こうして、自分を「良い子」と認めてくれる対象を少しずつ広げていくことで、社会における自分の「居場所」を作る。これは、動物が巣を作る行為に似ている。それを足掛かりとして、テリトリィ(縄張)を広げ、自分の力が及ぶ範囲を拡大していく。そういった行為が、個人としての立派な生き方だ、といろいろなものが教えているからだし、また、そうすることで、自分の好きなことができる、という利益の確率(期待値)も増えてくる。

3年齢がさらに上がって、人生も半分以上を過ごした人になると、この「良い子」であろうとする感覚は、縮小し始めるようだ。それほど良い子を続けなくても、生きていけることを知るからだ。これはやはり、生存の危機感に関わっている証拠と思われる。つまり、十代などの若い世代には、「社会」というものの実体がまだよくわからない。自分の可能性も不明だし、なんとなく、他者は皆大人で、社会は恐ろしいところのように感じられる。だから、そういった恐ろしい大人や社会に逆らわないように、「良い子」であろうと防衛をするのである。そうしていなければ、社会から抹殺されるのではないか、それが自分の人生を台無しにするのではないか、という不安を持っている。

なかには、良い子になりそこねてしまい、そういった不安から逃れるために、「良い子になりそこねた」仲間の内に居場所を見つける子供もいる。これも、一人では反発できないが、仲間と団結をすれば、ゲリラ的な抵抗が可能だ、という戦略的なものといえる。一般の社会で「良い子」にならなくても、「悪い子」の仲間内でならば「良い子」になれるというわけだから、反発しているようで、実はまったく同じことをしている。その同じことというのは、すなわち「場の空気を読んで、群れを離れないようにする」ということだ。

さて、ここで再び、寂しさと孤独を考えると、以前よりは少し本質に近づけるように思える。つまり、仲間や友達の喪失というのは、結局は、自分を認めてくれる存在の喪失なのである。だから、仲間や友達がまだすぐ身近にいても(物理的に存在しても)、自分が認められていないことが判明したときに、それが失われる、ということになる。

おそらくこれは、人間の①ズノウが持っている想像力に②キインしているだろう。他の動物であれば、目の前に仲間がいて、友達がいて、家族がいれば、それで安心するのではないか。ところが人間は、周囲に大勢の他者がいても、その人たちが自分を認めていない、とわかれば、寂しく感じる。まるで、その人たちを失ったように感じるのである。

ここで大事なことは、他者が自分を認めていない、という判断は、自分の主観によって行われるということだ。もちろん、相手が「お前なんか認めないよ」と③メイリョウに言葉で宣言したのなら、多少は客観的な判断になるかもしれない。しかしその場合でも、その言葉が彼の本当の気持ちを表したものだと判断したのは、自分の主

二〇二〇年度 成蹊高等学校

【国 語】（六〇分）〈満点：一〇〇点〉

句読点も一字に数える。

一 次の文章を読んで、後の問いに答えよ。

孤独を嫌う本能的な感覚というのは、避けられないものだが、しかし、食欲などの生存に直結する欲望に比べると、それほど強いものではない。乳幼児のときには、それが支配的であっても、物心がつき、自分で考えるようになれば、しだいにそれ以外の、つまり経験による社会的な判断を重視するようになってくるはずだ。小さい子供は、自分の思いどおりにならないというだけで泣き喚《わめ》くわけだが、［A］、そんなことをしても利がない、ということがわかってくる。これと同じように、寂しさや孤独感も、本能的な不利、［B］生存の危機感ではないものによって判断されるようになる。それは何か？

仲間と力を合わせることが美しいことだ、という社会的な価値を、多くの人が子供のうちから学ぶ。幼稚園に通うようになれば、周囲に同じ年齢の子供たちがいて、みんなで同じことをする、という訓練を強いられる。人はばらばらでは大きなことができない。小さな力でも一致団結すれば可能になる、ということを教えられる。また、人の言うことを聞かなければならない。ルールに従わなければならない。みんなと歩調を合わせ、自分勝手なことを慎むことが、「良い子」の条件になる。

このとき、1「良い子」に価値があると教えられるのだが、それは実に不思議といわざるをえない。この感覚は、犬などにも認められる。それ以外の動物では、あまり見られないかもしれない。つまり、「良い子だね」と撫《な》でられるだけで、それがご褒美になる、というのは、自然ではあまりない珍しいことだ。そうではなく、普通は（つまり多くの動物は）なにかしらの利益（食べ物であったり、危機から逃れることであったりする）を得るために「良い子」になろうとする。餌をもらいたいから芸をする。鞭《むち》で打たれたくないから命令に従う、という動物はサーカスなどでも見ることができる。

2幼稚園児は、オヤツをもらうために「良い子」になろうとするのではない。もちろん、人間の子供が、「良い子」であることに価値を感じるのは、大人や、周囲の仲間たちから、「良い子だ」と認められるときだろう。ここで、重要なのは、自分が「認められる」という感覚であり、これも遡って考えれば、やはり群れを成す動物の本能にルーツがあるかもしれない。ただ、それだけで説明ができるレベルではないと思われる。何故《なぜ》なら、群れを成す動物は多いが、「良い子指向」のような価値観は、ペット以外では、つまり自然界ではあまり観察されないように思われるからだ。たぶん、猿などにはあるものだろうが、残念ながら猿を飼ったことがないし、猿の群れを観察した経験も僕にはない。

良い子であることに、ある種の快感を覚えるのは、自分の周囲（小さな社会）に自分の存在が認められている状態が、生存のために有利であるからだ。「存在が認められる」と書いたが、［C］、ただ認識されるだけではなく、グループの一員として「役に立つ」あるいは「役に立ちそうだ」と認められるという意味であって、敵対した存在として認められるのではない。

子供のうちによくあることだが、「認められる」の反対が「［Ⅰ］」ことであって、その最悪の状態から脱するために、どんな形であれとにかく「認められたい」という気持ちが先行することがある。これは、反抗期なども含まれるかもしれない。つまり、少々悪いことをしてでも存在を認められたい、という欲求である。また、さらにこれが暴走すると、世間が自分を無視するから悪い、そんな世間に復讐《ふくしゅう》してやりたい、といった感情にもなるようだ。振り向いてくれないから、暴力を振るった、といったメカニズムで

英語解答

Ⅰ A 1…F 2…T 3…T 4…F

B 1…イ 2…ウ 3…ア

Ⅱ A 1…T 2…F 3…F 4…T 5…T

B 1…ア 2…エ 3…エ 4…ア 5…イ

C 1…ア 2…イ 3…ウ 4…ウ 5…ア

D 1 dogs 2 Buster 3 winner 4 race 5 Teacup

E 1 written 2 characters 3 important 4 lower 5 wood 6 history 7 different

F 1 Because Anna didn't have her own books.

2 Peter did.

3 He explained it to her.

4 Because she wanted Peter to be happy.

G (例)I want a true friend, but no one seems to understand me.

Ⅲ A (1) people who get up early (can) get many things

(2) the early birds finished the test more quickly than the night owls

(3) it is difficult for night owls to go to bed early

B 理由① (例)First, it is spoken by many people around the world.

理由② (例)Second, it is very easy to access English learning materials in Japan.

C (例)I can't forget the school trip in junior high school. My friends and I talked all night about a lot of things. It was so much fun that I can't forget it. (32語)

Ⅰ 〔放送問題〕解説省略

Ⅱ－A 〔長文読解―内容真偽―スピーチ〕

≪全訳≫❶おはようございます，皆さん。私の名前はフジタ・リサで，皆さんにホライズン・プログラムについてお話しするこのすばらしい機会を持ててとてもうれしいです。このスピーチでは，ホライズン・プログラムの基本的な情報をお話しします。私がなぜそれに参加したか。そこから何を学んだか。また，私の将来の目標についてもお話ししたいと思います。❷まず，このプログラムについてお話しします。ホライズン・プログラムは，日本の高校生向けの２週間の海外留学プログラムです。すばらしい先生方と一緒に英語を勉強し，地元の高校を訪問し，貧しい地区でボランティア活動をすることができます。私はこれらの経験のどれも決して忘れないでしょう。❸私はなぜこのプログラムに参加したか。その理由は，新しい文化への関心でした。私の両親や先生方の考えではありませんでした。私は外国へ行って新しいことを学びたかったのです。また，教育や人々を助けることにも関心がありました。だから，私はこのプログラムが自分にとって最適だと思ったのです。❹次に，私が学んだ最も大切なことについてお話しします。私たちは間違えることを恐れてはいけません。はじめのうち，私はクラスでとても苦労しました。何も言えず，質問することさえできませんでした。人に笑われたくなかったので，ただそこに座っているだけでした。しかし，私の担当のスミス先生が私にチャンスをくれました。私たちは少し話し合い，そのとき，彼は完璧な人間はいないと言ってくれました。この面談の後，私は何も恐れなくなりました。私はクラスで自分の気持ちを表現したり，出会った人に話しかけたりしようと決めました。私はもう同じ人間ではありませんでした。❺将来の夢ですが，私は発展途上国の生徒たちを教える先生になりたいです。多くの貧しい地区では，一日中働いている小さな子どもたちがいます。私は，全ての子どもには勉強する権利があると信じています。難しい挑戦になることはわかっていますが，私は絶対に諦めません。❻皆さんは日本でも英語を勉強できますが，海外留学は新しい世界への扉を開けると思います。ですから，一歩踏み出して進んでみてはどうでしょう。ありがとうございました。

1．「ホライズン・プログラムでは，人々を助けたり，高校生と話したりできる」…○　第２段落第３文参照。You can ... visit a local high school and do volunteer work in a poor area. とある。　2．「リサは，先生が勧めたのでホライズン・プログラムに参加した」…×　第３段落第３文参照。It was not my ... teachers' idea. とある。　3．「リサの先生は，彼女はとにかく気をつけて間違えないようにすべきだと言った」…×　第４段落第７文参照。he（＝Lisa's teacher) told me that no one is perfect とある。完璧な人間などいないのだから，間違ってもいいということ。　4．「リサはこのプログラムのおかげで，まるっきり別人になった」…○　第４段落最終文参照。I was no longer the same person. とある。 no longer ～「もはや～ない」　5．「将来の夢については，リサは貧しい子どもたちを助ける先生になりたい」…○　第５段落第１文参照。

Ⅱ－B〔長文読解―英問英答―説明文〕

≪全訳≫❶相撲――日本でのレスリングの一種――は問題を抱えている。もし相撲を主要な国際競技にしたいと思ったら，いくつかの伝統が消えてしまうだろう。必要な変化の１つは，女性が競技に参加するのを認めることだろう。❷伝統によって，女性は土俵に上がれない。このため，大阪の女性知事に関してある問題が生じた。大阪での大きな相撲大会で，彼女は優勝者に賞を渡すために土俵に上がることができなかったのだ。結局，彼女の助手である男性が，彼女の代わりに賞を授与した。❸大阪府知事は賞の授与のために土俵に立ちたかっただけだが，競技に参加するために土俵に上がりたいと望む女性たちもいる。これは相撲にとって良いことだと考える人もいる。実際，オリンピックの全種目は男女に開かれていなくてはならないという規則がある。もし相撲が女性に土俵を開かなければ，絶対にオリンピック種目になることはない。❹今や，日本だけでなく多くの外国でも人々が相撲をする。実際，1900年代以降，ヨーロッパでは女性の相撲が人気になっている。ヨーロッパ出身の女性選手には，相撲が強い人もいるのだ。ここにもう１つの問題がある。日本以外の出身の女性選手たちは，日本出身の女性選手たちよりも多くの相撲大会で勝っているのだ。ポーランドでの国際大会では，賞を獲得した日本人選手は１人しかいなかった。他の全ての賞は，日本出身でない女性たちのものになった。

1．「最もふさわしいタイトルはどれか」―ア．「相撲の未来」　第１段落では，相撲を国際競技にしたければ女性の参加を認める必要があると述べ，第３段落では，女性を締め出したままでは相撲はオリンピック種目になれないとある。これらは相撲が将来的に国際競技やオリンピック種目になるために必要なことである。また，第４段落では日本出身の女性選手の成績が低迷していることにふれ，将来を憂いていることが読み取れる。　2．「大阪府知事について正しいものはどれか」―エ．「大会後，賞を授与できなかった」　第２段落第２，３文参照。　3．「日本で女性を競技に参加させることに関して良いことは何か」―エ．「相撲がオリンピック種目の１つになるかもしれない」　第３段落第３，４文参照。女性を参加させないとオリンピック種目にはなれないということは，女性を参加させれば，オリンピック種目になる可能性が出てくるということ。　４．「相撲はどこで人気になっているか」―ア．「ヨーロッパで」　第４段落第２文参照。　５．「ポーランドでの大会で，賞を獲得した日本人の相撲選手は何人か」―イ．「１人」　第４段落終わりから２文目参照。

Ⅱ－Ｃ〔長文読解―内容一致―物語〕

≪全訳≫❶何世紀にもわたって，アマゾン川流域の盆地の人々はクルピラについての話を語ってきた。クルピラは男の子だと言う人もいる。女の子だと言う人もいる。しかし，誰もが同意しているのは，それが小さく，もじゃもじゃの赤毛で，大きなとがった耳をしているということだ。クルピラは実に変わった足をしている。爪先が後ろを指しているのだ。ブラジルの多くの人々は，クルピラが森の動植物全ての世話をしていると信じている。クルピラには，重要なルールが１つある。狩人は家族に食べさせるのに十分な量だけを殺すべきで，それ以上はいけないというものだ。❷昔，カルロスという狩人がいた。カルロスは家族のために動物を捕まえるため，森に狩りに行ったが，ついていなかった。彼は動物を全く捕まえることができなかったのだ。最後には，クルピラに助けを求めることにした。クルピラが贈り物が好きなことは皆知っている。そこで，カルロスはクルピラのために木の下にハチミツを置いた。急に，カルロスは運がとても良くなった。その日，彼は鳥を２羽捕まえることができた。カルロスの家族には食べるものがたっぷりあった。❸運を良くするため，カルロスは木の下にクルピラのためのハチミツを何度も置いた。ある日，カルロスはクルピラのためのハチミツを少なめに持ってきたが，それでも家族に食べさせることはできた。その後，カルロスが持ってくるハチミツはますます少なくなっていった。❹数か月後，ある男がカルロスに「私のために何頭の動物を殺してくれるかね。お前が捕まえる動物に大金を払おう」と言った。カルロスはいい考えだと思った。彼は森に入っていき，数日間狩りをした。彼はその男に売るため，鳥，豚，鹿といった多くの動物を殺した。❺狩りをしていると，突然羽のない１羽の鳥が森から出てきた。「何をしている」と鳥はカルロスに尋ねた。すると，森から声が聞こえてきた。声は鳥を呼んだ。「エステファン！　私の動物たちはそこにいるか」　それはクルピラだった。「はい，クルピラ様，みんなここにいます」と鳥は答えた。「それなら私の所へ連れてきなさい！」とクルピラは言った。鳥は死んだ動物の一頭一頭に触れ，「起きなさい。クルピラ様が会いたがっているぞ」と言った。動物は皆起き上がり，森へ歩いていった。❻カルロスはとても恐ろしくなった。クルピラはカルロスに，「もしまたこんなことをしたら決して許さないぞ」と言った。カルロスは森から走って逃げ，二度とクルピラを怒らせることはなかった。

１．「クルピラは(　　)を助ける」―ア．「森の生き物」　第１段落第６文参照。　all the plants and animals ≒ the living things　２．「カルロスがクルピラに助けを求めたのは，(　　)からだ」―イ．「狩りがあまりうまくいかなかった」　第２段落第２～４文参照。　３．「カルロスが多くの動物を殺したのは，(　　)からだ」―ウ．「金持ちになりたかった」　第４段落第２，３文参照。ある男がカルロスの殺した動物に大金を払うと言っている。　４．「羽のない鳥は(　　)」―ウ．「多くの動物を助けた」　第５段落参照。鳥が死んだ動物に触れて声をかけると，皆生き返って森に戻った。　５．「この物語は私たちに(　　)ということを教えている」―ア．「欲張ると危険だ」　第６段落第２文で，クルピラは「またこんなことをしたら決して許さない」と言っている。「こんなこと」とは，家族が食べる以上の動物を金につられてたくさん殺すこと。　greedy「欲深い，強欲な」

Ⅱ－D 〔長文読解―適語(句)補充―物語〕

≪全訳≫❶コーディーと妹〔姉〕のエイプリルは，犬が欲しいと思っている。彼らは地元のペットショップへ行き，きょろきょろしている。動物があまり多くない，とても小さなペットショップだ。店主はスミスさんという親切な老人だ。彼はそばへやってきて，コーディーとエイプリルにこんにちはと言う。「何を探しているのかな」と彼は尋ねる。「犬を買いたいんです」とエイプリルが答える。「ああ，そうか，うちは大きなペットショップじゃないからな」とスミスさんは言う。「犬は２頭しかいないんだよ」❷コーディーとエイプリルは，その犬を見せてくれるようにスミスさんに頼む。スミスさんは彼らを店の裏へ連れていく。そこで，彼らは２頭の犬を見つける。そのうちの１頭はとても大きなブルドッグで，バスターという。もう１頭はとても小さなチワワで，ティーカップという。❸コーディーはバスターが欲しい。エイプリルはティーカップが欲しい。彼らはどちらの犬にするか決めるために外に出る。どちらを選ぶか，考えを一致させることはできない。エイプリルは，それを賭けて家まで競走しようと提案する。競走に勝った方が犬を選ぶのだ。コーディーは賛成する。それから，彼はエイプリルに「靴ひもがほどけているぞ」と言う。エイプリルが下を向くと，彼は走り出す。エイプリルは彼を走って追いかける。コーディーはできるかぎり必死に走る。彼は本当にバスターが欲しいのだ。彼は振り返る。エイプリルははるか後ろで，彼には見えもしない。❹ついにコーディーは家に着く。疲れているが，うれしい。自分が勝者だとわかっている。エイプリルは，コーディーの数分後に着く。彼女は彼におめでとうと言う。彼らは，ブルドッグのバスターを買うためにペットショップに戻る。しかし，到着すると，チワワのティーカップしか見当たらない。彼らは，バスターがどこにいるのかスミスさんに尋ねる。スミスさんは，エイプリルとコーディーが出ていった数分後，２人の少年が入ってきてブルドッグを買ったと説明する。❺コーディーはエイプリルを見て，彼女は彼にほほ笑み返す。コーディーはスミスさんの方を向く。「レースに勝っても賞をもらえないことがあるんだね」　コーディーは悲しげに笑みを浮かべる。「ティーカップをください」

１．第１段落最終文～第２段落第２文参照。店主が店の裏手へ行ったのは，店にいる２頭の犬を２人に見せるため。　２．第３段落第１文参照。Buster と同意の the bulldog でも可。あるいは to不定詞を使って to buy Buster〔the bulldog〕としてもよい。　３．第３段落第６文参照。レースの winner が犬を選べることになっていた。　４．race に勝てば prize として犬を選べることになっていたが，実際には race に勝ったものの欲しかった犬は売れてしまっていた。　５．２人は犬が欲しいという点では一致しているので，バスターが売れてしまった以上，ティーカップ〔チワワ〕を買うことになる。

Ⅱ－E 〔長文読解―要約文完成―説明文〕

≪全訳≫❶人々は多くの方法で物語を語る。今日，私たちは自分たちの物語を伝えるのに，普通は書き言葉を用いる。しかし，かつては話し言葉を使って互いに物語を語ることがより一般的だった。物語が記憶されるのは，親が子に語るからだった。その子たちは成長すると，ちょうど自分たちの親と同じように，子どもたちに同じ物語を語った。このようにして，北米太平洋岸地域の先住民の物語は続いていった。彼らは人々が物語を記憶し，子どもたちに話すことを望んだ。この目的のために，彼らはトーテムポールを使った。❷トーテムポールは，彫り込まれてさまざまな色に塗られた絵がついた木だ。これらの絵は物語の登場人物だ。動物であることが多いが，人間のときもある。トーテムポールは，伝説を語るために使われることもある。それは人々に重要な人生の教えを伝える。伝説には，自然界の事物を説明するものもある。例えば，光がどのようにして地球に出現したかを説明する伝説がある。トーテムポールには，私たちが忘れてはならない実話や重要な出来事を語るためにつくられるものもある。もしかすると，一家の歴史について物語るとても古いトーテムポールを持つ家族もいたかもしれない。このようにして，トーテムポールはその家族がどれほど裕福で重要であるかを示すために使われている。**3**「a low man on the totem pole『トーテムポールの低い人』」という表現を聞いたことがあるだろうか。あまり重要ではない人物について話すとき，人々はこの表現を使う。しかし，この表現を使う人はトーテムポールを理解していない。ポール上での人物の位置は，その人物の持つ重要性を示してはいない。例えば，人物がトーテムポールのてっぺんに彫られていても，それはその人物が最も重要だということを意味するわけではない。それどころか実際は，より下の方にいる人物の方が，人々からよく見えるので重要なのだ。だから，彫刻家たちは下の方の人物を彫るときにはとても注意を払う。見栄えがいいことは，下の方の人物にとってはより重要なのだ。というのは，人々がそれらをより目にしやすいからだ。**4**トーテムポールは木でできているので，長い間は持たない。そのため，私たちは人々がいつトーテムポールをつくり始めたのか，また最初のトーテムポールがどのようなものだったのかわからない。しかし，骨や石でつくられた芸術作品は長い間持つ。より現代のトーテムポールが，より古いものに見られるのによく似た様式を持っていることがわかる。トーテムポールの芸術性が時を経てもあまり変わっていないのは明らかだ。

≪要約文全訳≫北米太平洋岸地域の先住民は，自分たちの物語を，書き言葉を用いずに親から子へと伝えた。彼らはトーテムポールを使ったのだ。彼らは木片を削り，トーテムポール上に物語の登場人物たちを示した。物語には，命や自然に関する役立つ情報を与えてくれる伝説を伝えるものもある。トーテムポールには，その家族がどれほど重要かを示すためにつくられるものもある。トーテムポールの表面全体にいくつものさまざまな象徴が彫られるが，重要な象徴はトーテムポールの下部に見られる。トーテムポールは木でできているので，長い年月がたてばなくなる。だから，トーテムポールの歴史は謎に包まれている。それでも，現代のトーテムポールとより古いもののデザインがそれほど異なっていないのは興味深い。

1．第1段落第6文参照。In this way「このように」とは，この前で述べられている内容，つまり物語が親から子へ代々，書き言葉ではなく，話し言葉で語り継がれてきたということ。　2．第2段落第1，2文参照。トーテムポールに刻まれているのは，物語の登場人物。　3．第2段落最終文参照。　4．第3段落第6文参照。characters を symbols と言い換えている。　lower「下の方の，下部の」　5．第4段落第1文参照。　6．第4段落第2文参照。「人々がいつトーテムポールをつくり始めたのか，また最初のトーテムポールがどのようなものだったのか」を一語で表すと history「歴史」。　7．第4段落第4文参照。新旧のトーテムポールには a similar style があると述べられている。similar「似ている」を not very different「あまり異なっていない」と言い換える。

Ⅱ-F〔長文読解―英問英答―物語〕

≪全訳≫**1**今日はピーターの人生で最良の日だった。アナと一緒に映画に行ったのだ。アナはメキシコからサンフランシスコへ引っ越してきた。学校での初日，アナが自分の教科書を持っていなかったため，彼らは教室で一緒に座り，ピーターは自分の教科書を彼女と見た。彼らはほとんどの週末を一緒に過ごした。テレビを見て，宿題をし，ピーターの犬を公園へ連れていった。毎週，彼らは一緒にすばらしい時間を過ごした。学校やテレビ番組や将来の夢について話した。❷ピーターは今11歳だ。ある日，彼はあることを思いついた。「一緒に映画に行かない？」と彼はアナに尋ねた。「どうしようかな。アメリカでは映画館に行ったことがないの」と彼女は答えた。「DVDを借りて家で見るのとは違うの？」ピーターは彼女の質問を聞いてとても驚いた。「大違いだよ。まず，スクリーンがすごく大きいんだ。館内は暗いから，すごく映画に集中できるよ。それでいて，その映画を楽しんでいる他の人たちと一緒にいるんだ」 アナはよくわからなかったが，行ってみると言った。❸アナはどの映画を見たらいいか決められなかったので，決めてくれるようにピーターに頼んだ。ピーターはジャッキー・チェンが大好きなので，『ダブル・ミッション(The Spy Next Door)』という映画を選んだ。子ども向けのコメディだった。アナも賛成した。ピーターの母親が，次の土曜日の午後に彼らを映画館まで車で連れていった。彼女はピーターにチケット代とおやつ代を渡し，映画館の外で彼らを待っていた。❹映画が始まった。館内の子どもたちは皆笑っていた。アナに何かわからないことがあれば，ピーターが説明した。映画のほとんどの間，彼らは手をつないでいた。ピーターは，間違いなくアナが好きだと思った。アナも同じ気持ちだといいと思ったが，怖くてきけなかった。映画が終わると，一緒に歩いて出た。出口に向かいながら，アナはどれほど映画を楽しんだか彼に話した。映画には少し退屈な部分もあったが，ピーターに喜んでほしかったのだ。❺帰る途中，彼らはピザ屋に寄った。彼らはピーターの母親に映画についてあらゆることを話し，他の映画にも行かなくてはという結論になった。しかし，次回はアナがどの映画を見るか決めるつもりだ。ピーターはこのことに満足した。彼はまさに人生最良の日を過ごしたのだ。

1．「ピーターとアナはなぜ教室で一緒に座ったのか」―「アナが自分の教科書を持っていなかったから」 第1段落第4文参照。「教科書を一緒に見るため」と考え，To share Peter's books with Anna. などとしてもよい。 2．「どの映画を見るか誰が決めたか」―「ピーターが決めた」 第3段落第1，2文参照。この pick は「～を選ぶ」という意味。 3．「映画でアナにわからないことがあったとき，ピーターは彼女のために何をしたか」―「彼はそれを彼女に説明した」 第4段落第3文参照。 4．「アナはなぜ映画が楽しかったと言ったか」―「ピーターに喜んでほしかったから」 第4段落最終文参照。

Ⅱ-G〔長文読解―適文補充―説明文〕

≪全訳≫❶実のところ，多くの人が同じ種類の悩みを経験したことがあると思います。君だけではないので，心配しないで。いくつかアドバイスがあります。❷まず，自分が世界の中心だと思ってはいけません。物事はさまざまな見方で見ることが大切です。もしかすると，君は自分のことだけ考え，他の人の話を聞かずに自分の考え方を押しつけているのかもしれません。自分の利益のことだけ考えていても，成功はするかもしれません。しかし，これはとても自己中心的で，君はいずれ独りぼっちになるでしょう。というのは，いつも周りの人たちから助けてもらってばかりだからです。他の人たちからの助けが全くなければ，人生はより困難になります。❸次に，他の人たちの性格や状況を理解する必要があります。例えば，他の人たちと作業をしたり話したりするときは，自分を彼らの立場に置いたり，話せる共通の話題を見つけたりした方がいいということです。彼らに関心を持ち，彼らの気持ちを考えるべきなのです。もちろん，必要に応じて君の状況について彼らに話しましょう。聞くことと話すことのバランスが大切です。❹3つ目に，人々にはさまざまな考え方や，いろいろな意見があります。これは生き方と呼ばれます。人はそれぞれ別々の生き方をしています。このため，人々は君の考え方に同意しないことがあるのです。私たちは皆，違うのです。人にはそれぞれの生き方があります。君の考えと他の人々の考え方は違うのです。❺君の悩みは簡単に解決できませんが，諦めないでください。私たちは互いにつながっています。君は必ず道を見出すでしょう。

＜解説＞達人からの回答の要旨は，「自分のことばかり考えず，周りの気持ちや状況も考えなさい」「人は自分とは違うということを理解しなさい」ということ。このような回答に合う悩みは，「周りが自分をわかってくれない」「友達ができない」など。　（別解例）I can’t get along with my classmates very well.

Ⅲ－A〔長文読解―条件作文―説明文〕

≪全訳≫早起き鳥は虫を捕まえる〔早起きは三文の得〕❶英語では，いつも早起きしていれば「早起き鳥〔早起き〕」と呼ばれる。そしてもし，いつも夜に活動していれば「夜のふくろう〔夜ふかし〕」と呼ばれる。人々が「早起き鳥は虫を捕まえる」と言うとき，それは(1)早く起きる人たちは多くのものを得るという意味だ。人々はまた，「早寝早起きは人を健康，裕福，賢明にする」とも言う。あなたはこれを本当だと思うだろうか。❷科学者たちは，早起きと夜ふかしの違いを見つけ出そうとした。科学者たちは，38人にテストを受けるように頼んだ。テストの結果は，(2)早起きたちが夜ふかしたちよりも早くテストを終えたことを示した。これはなぜなら，テスト中，早起きたちはそれほど眠気を感じず，夜ふかしたちはより眠気を感じていたからだ。❸科学者たちは，(3)夜ふかしたちにとって早く寝ることが難しいことを発見した。だから，彼らは学校や仕事に間に合うほど早く起きることができない。これは彼らの脳に違いがあるために起きるのだ。

(1)同じ文の前半にあるthe early bird catches the worm「早起き鳥は虫を捕まえる」の言い換えとなる文をつくる。the early birdを，people who get up earlyに，catches the wormを，get many thingsと言い換える。　(2)次の文に，(2)に入る文の理由が述べられているので，その結果となる内容にする。quicklyという語が与えられていることと，夜ふかしたちはテスト中に眠気を感じていたが，早起きたちは彼らほど眠くなかったという内容から，その結果として考えられるのは，「早起きたちは夜ふかしたちより早くテストを終えた」ということ。比較級で表せばよい。　(3)次の文に，(3)に入る文の結果が述べられているので，その理由となる内容にする。夜ふかしたちが早く起きられないのは，早く寝ることが彼らにとって難しいからだと考えられる。‘It is ～ for … to ―’「…にとって〔が〕―するのは～だ」の形式主語構文で表せる。　That is why ～「だから～」

Ⅲ－B〔テーマ作文〕

「世界には多くの言語がある。しかし，私は日本の学生は外国語として英語を学ぶべきだと思う。理由は２つある」に続けて，２つの理由を書く。First「まず，第１に」，Second「次に，第２に」を使うとよい。　（別解例）First, you can easily travel around the world if you can speak English. Second, many text messages on social networking sites are written in English.

Ⅲ－C〔テーマ作文〕

これまでの人生で忘れられない出来事とその理由を書く。　（別解例）I can’t forget the day when our soccer team won the tournament. In the final, we beat last year’s champion. We were so excited and happy that some of us even cried.（32語）

2020年度／成蹊高等学校

数学解答

1 (1) $\frac{1}{2}-\sqrt{6}$　(2) $(a+b)(a-b+c)$

(3) $x=-1,\ 7$　(4) 14°

(5) $-2+\sqrt{13}$

2 (1) 白い砂…$\frac{4}{5}xg$　赤い砂…$\frac{1}{5}x+yg$

(2) 白い砂…$\frac{1}{5}xg$　赤い砂…$\frac{1}{5}y+12g$

(3) $x=150,\ y=90$

3 (1) $\frac{1}{4}$　(2) $\frac{11}{108}$

4 (1) A$(-6,\ 27)$，$a=\frac{1}{3}$

(2) $y=-\frac{5}{4}x+\frac{39}{2}$　(3) 117

(4) $\left(-\frac{5}{3},\ \frac{25}{12}\right)$

5 (1) 12π　(2) 6　(3) $6\sqrt{3}$

(4) $\sqrt{21}$

1〔独立小問集合題〕

(1)＜平方根の計算＞$\frac{1}{\sqrt{2}}=\frac{1\times\sqrt{2}}{\sqrt{2}\times\sqrt{2}}=\frac{\sqrt{2}}{2}$，$\sqrt{12}=\sqrt{2^2\times3}=2\sqrt{3}$，$\frac{6}{\sqrt{24}}=\frac{6}{\sqrt{2^2\times6}}=\frac{6}{2\sqrt{6}}=\frac{3}{\sqrt{6}}=\frac{3\times\sqrt{6}}{\sqrt{6}\times\sqrt{6}}=\frac{3\sqrt{6}}{6}=\frac{\sqrt{6}}{2}$より，与式$=\left(\frac{\sqrt{2}}{2}+\frac{\sqrt{3}}{2}\right)(\sqrt{3}-2\sqrt{3})-\left(\frac{\sqrt{6}}{2}-2\right)=\left(\frac{\sqrt{2}}{2}+\frac{\sqrt{3}}{2}\right)\times(-\sqrt{3})-\frac{\sqrt{6}}{2}+2=-\frac{\sqrt{6}}{2}-\frac{3}{2}-\frac{\sqrt{6}}{2}+2=\frac{1}{2}-\sqrt{6}$となる。

(2)＜因数分解＞与式$=a^2-b^2+ac+bc=(a+b)(a-b)+c(a+b)$とし，$a+b=X$とおくと，与式$=X(a-b)+cX=X(a-b+c)$となる。$X$をもとに戻して，与式$=(a+b)(a-b+c)$である。

(3)＜二次方程式＞$x^2-2x-3=4x+4$，$x^2-6x-7=0$，$(x+1)(x-7)=0$　∴$x=-1,\ 7$

(4)＜図形―角度＞右図1のように，点Oと点C，点Aと点Dをそれぞれ結ぶ。$\overset{\frown}{\mathrm{AB}}=\overset{\frown}{\mathrm{BC}}$より，∠ADB＝∠BDC＝38°だから，∠ADC＝38°＋38°＝76°である。よって，$\overset{\frown}{\mathrm{AC}}$に対する円周角と中心角の関係より，∠AOC＝2∠ADC＝2×76°＝152°となる。△OACはOA＝OCの二等辺三角形だから，∠CAO＝(180°－152°)÷2＝14°である。

図1

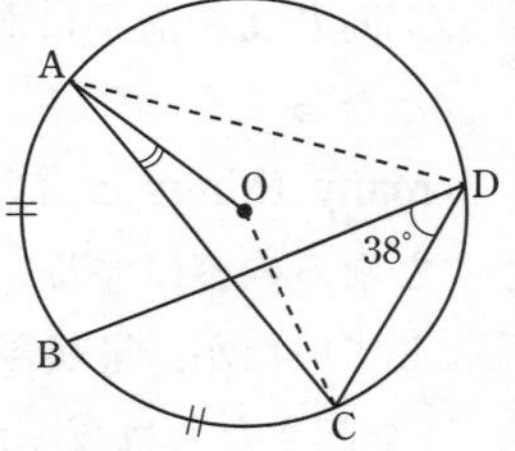

(5)＜図形―長さ＞右下図2で，∠BAD＝∠DACであり，AD＝CD＝4より，∠DAC＝∠BCAだから，∠BAD＝∠BCAとなる。また，∠ABD＝∠CBAだから，△ABD∽△CBAである。よって，BD：BA＝BA：BCとなるから，$x:3=3:(x+4)$が成り立ち，$x(x+4)=3\times3$，$x^2+4x-9=0$より，$x=\frac{-4\pm\sqrt{4^2-4\times1\times(-9)}}{2\times1}=\frac{-4\pm\sqrt{52}}{2}=\frac{-4\pm2\sqrt{13}}{2}=-2\pm\sqrt{13}$となる。$x>0$だから，$x=-2+\sqrt{13}$である。

図2

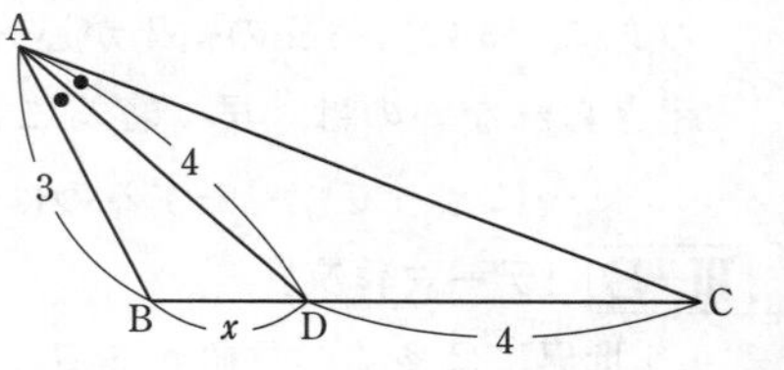

2〔方程式―連立方程式の応用〕

(1)＜重さ―文字式の利用＞はじめ，容器Aには白い砂xgと赤い砂ygが均一になって入っている。容器Aから2割の砂を取り出し容器Bに移すので，容器Aに残った砂は，白い砂が$x\times\left(1-\frac{2}{10}\right)=\frac{4}{5}x$(g)，赤い砂が$y\times\left(1-\frac{2}{10}\right)=\frac{4}{5}y$(g)となる。また，容器Bに移した砂の重さは，$x\times\frac{2}{10}+y\times\frac{2}{10}=\frac{1}{5}x+\frac{1}{5}y$(g)である。容器Aに，容器Bに移した砂全体の重さと同じ重さの赤い砂を入れるので，容器Aの白い砂の重さは$\frac{4}{5}xg$，赤い砂の重さは$\frac{4}{5}y+\left(\frac{1}{5}x+\frac{1}{5}y\right)=\frac{1}{5}x+y$(g)となる。

(2)＜重さ―文字式の利用＞白い砂$\frac{1}{5}xg$，赤い砂$\frac{1}{5}yg$が入っている容器Bに赤い砂を12g入れるので，容器Bの白い砂の重さは$\frac{1}{5}x$g，赤い砂の重さは$\frac{1}{5}y+12$gとなる。

(3)＜連立方程式の解＞それぞれの容器内で，赤い砂と白い砂の重さが等しくなったので，(1)，(2)より，$\frac{4}{5}x=\frac{1}{5}x+y$……①，$\frac{1}{5}x=\frac{1}{5}y+12$……②が成り立つ。①×5より，$4x=x+5y$，$3x-5y=0$……①′ ②×5より，$x=y+60$……②′ ②′を①′に代入して，$3(y+60)-5y=0$，$-2y=-180$，$y=90$となり，これを②′に代入して，$x=90+60$，$x=150$となる。

3 〔確率—さいころ〕

(1)＜確率＞さいころを2回投げたときの目の出方は全部で6×6＝36(通り)ある。まず，1の目が出ない場合，合計点が3点となるのは，㋐1回目に2点を加え2回目に1点を加えるときと，㋑1回目に1点を加え2回目に2点を加えるときである。㋐のとき，(1回目，2回目)＝(5，3)，(5，2)，(4，3)，(4，2)の4通りあり，㋑のとき，(3，5)，(3，4)，(2，5)，(2，4)の4通りある。また，1の目が出る場合で合計点が3点となるのは，(1，6)の1通りである。よって，合計点が3点となる目の出方は(4＋4)＋1＝9(通り)あるから，求める確率は$\frac{9}{36}=\frac{1}{4}$となる。

(2)＜確率＞さいころを3回投げたときの目の出方は全部で6×6×6＝216(通り)ある。まず，1の目が出ない場合，合計点が3点となるのは，1点を加えるのを3回行うときだから，目の出方は，1回目，2回目，3回目とも，3，2の2通りであり，2×2×2＝8(通り)ある。次に，1回目に1の目が出る場合，合計点が3点となる2回目，3回目の目の出方は，(1)で示した1回目，2回目の目の出方となるから，9通りある。1回目が1以外で，2回目に1の目が出る場合，合計点が3点になるのは3回目に6の目が出るときである。1回目は1以外の5通りで，2回目は1の1通り，3回目は6の1通りだから，5×1×1＝5(通り)ある。よって，合計点が3点となる目の出方は8＋9＋5＝22(通り)あるから，求める確率は$\frac{22}{216}=\frac{11}{108}$となる。

4 〔関数—関数 $y=ax^2$ と直線〕

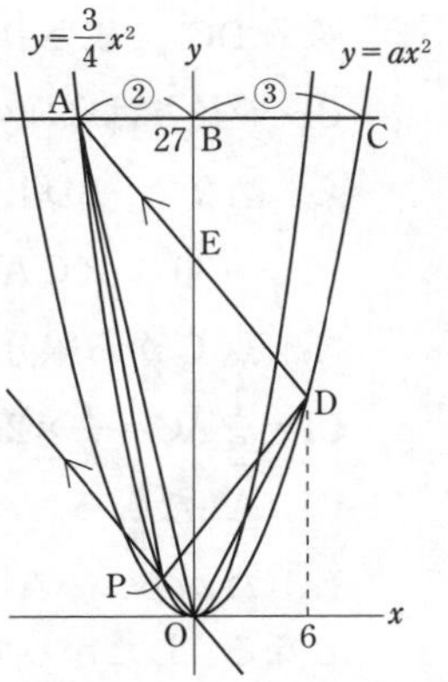

(1)＜座標，比例定数＞右図で，点Aは放物線$y=\frac{3}{4}x^2$上にあり，y座標は27なので，$27=\frac{3}{4}x^2$より，$x^2=36$　∴$x=\pm6$　点Aのx座標は負だから，A$(-6,\ 27)$となる。これより，AB＝$0-(-6)=6$であり，AB：BC＝2：3だから，BC＝$\frac{3}{2}$AB＝$\frac{3}{2}\times6=9$となる。よって，点Cのx座標は9なので，C$(9,\ 27)$となる。点Cは放物線$y=ax^2$上の点だから，$27=a\times9^2$より，$a=\frac{1}{3}$となる。

(2)＜直線の式＞右図で，点Dは放物線$y=\frac{1}{3}x^2$上にあり，x座標は6だから，$y=\frac{1}{3}\times6^2=12$より，D(6，12)である。A$(-6,\ 27)$だから，直線ADの傾きは$\frac{12-27}{6-(-6)}=-\frac{5}{4}$となり，その式は$y=-\frac{5}{4}x+b$とおける。点Dを通るから，$12=-\frac{5}{4}\times6+b$，$b=\frac{39}{2}$となり，直線ADの式は$y=-\frac{5}{4}x+\frac{39}{2}$である。

(3)＜面積＞右上図で，辺ADとy軸との交点をEとすると，△OAD＝△OEA＋△OEDである。(2)より，直線ADの切片が$\frac{39}{2}$だから，E$\left(0,\ \frac{39}{2}\right)$であり，OE＝$\frac{39}{2}$である。△OEA，△OEDの底辺を辺OEと見ると，2点A，Dのx座標より，高さはともに6となるから，△OEA＝△OED＝$\frac{1}{2}\times\frac{39}{2}\times6=\frac{117}{2}$となり，△OAD＝$\frac{117}{2}+\frac{117}{2}=117$である。

⑷＜座標＞前ページの図で，△PAD＝△OADのとき，AD∥POとなる。直線ADの傾きが$-\frac{5}{4}$より，直線OPの傾きは$-\frac{5}{4}$だから，直線OPの式は$y=-\frac{5}{4}x$となる。点Pは放物線$y=\frac{3}{4}x^2$と直線$y=-\frac{5}{4}x$の交点だから，$\frac{3}{4}x^2=-\frac{5}{4}x$より，$3x^2+5x=0$，$x(3x+5)=0$　$\therefore x=0,\ -\frac{5}{3}$　点Pのx座標は$-\frac{5}{3}$であり，$y=-\frac{5}{4}\times\left(-\frac{5}{3}\right)=\frac{25}{12}$だから，P$\left(-\frac{5}{3},\ \frac{25}{12}\right)$である。

5〔空間図形—円錐〕

⑴＜面積＞円錐をABで切り開いて展開すると，右図1のようになる。側面のおうぎ形ABB′の中心角をxとすると，$\overset{\frown}{BB'}$の長さは底面の円Oの周の長さに等しいから，$2\pi\times6\times\frac{x}{360^\circ}=2\pi\times2$が成り立つ。これより，$\frac{x}{360^\circ}=\frac{1}{3}$となるから，側面積は，〔おうぎ形ABB′〕$=\pi\times6^2\times\frac{x}{360^\circ}=\pi\times6^2\times\frac{1}{3}=12\pi$である。

図1

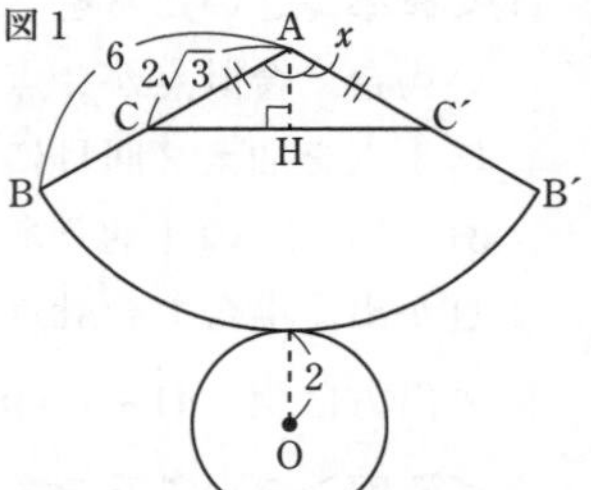

⑵＜長さ—特別な直角三角形＞円錐の側面を点Cからひと回りして点Cに戻ってくるようにかけた最短のひもは，右上図1では，線分CC′で表される。点Aから線分CC′に垂線AHを引く。$\frac{x}{360^\circ}=\frac{1}{3}$より，$x=120^\circ$となるから，$\angle$CAH$=\angle$C′AH$=\frac{1}{2}\angle$CAC′$=\frac{1}{2}\times120^\circ=60^\circ$となり，△ACHは3辺の比が$1:2:\sqrt{3}$の直角三角形となる。よって，CH$=\frac{\sqrt{3}}{2}AC=\frac{\sqrt{3}}{2}\times2\sqrt{3}=3$となり，CC′$=2CH=2\times3=6$となるから，求めるひもの長さは6である。

⑶＜長さ—特別な直角三角形＞円錐の側面を点Cから点Dを通り，ひと回りして点Cに戻ってくるようにかけた最短のひもは，右図2では，線分CDと線分DC′で表される。右図3で，$\angle$BOD$=90^\circ$より，$\overset{\frown}{BD}$の長さは底面の円Oの周の長さの$\frac{90^\circ}{360^\circ}=\frac{1}{4}$だから，図2で，$\overset{\frown}{BD}:\overset{\frown}{BB'}=1:4$となり，$\angle$CAD$=120^\circ\times\frac{1}{4}=30^\circ$，$\angle$C′AD$=120^\circ-30^\circ=90^\circ$となる。よって，点Cから線分ADに垂線CIを引くと，△ACIは3辺の比が$1:2:\sqrt{3}$の直角三角形だから，CI$=\frac{1}{2}$AC$=\frac{1}{2}\times2\sqrt{3}=\sqrt{3}$，AI$=\sqrt{3}CI=\sqrt{3}\times\sqrt{3}=3$であり，DI$=AD-AI=6-3=3$となる。DI$=$AIだから，△DCI≡△ACIであり，CD$=CA=2\sqrt{3}$となる。また，AC′：AD$=2\sqrt{3}:6=1:\sqrt{3}$だから，△ADC′も3辺の比が$1:2:\sqrt{3}$の直角三角形であり，DC′$=2$AC′$=2\times2\sqrt{3}=4\sqrt{3}$となる。したがって，CD＋DC′$=2\sqrt{3}+4\sqrt{3}=6\sqrt{3}$となるから，求めるひもの長さは$6\sqrt{3}$である。

図2

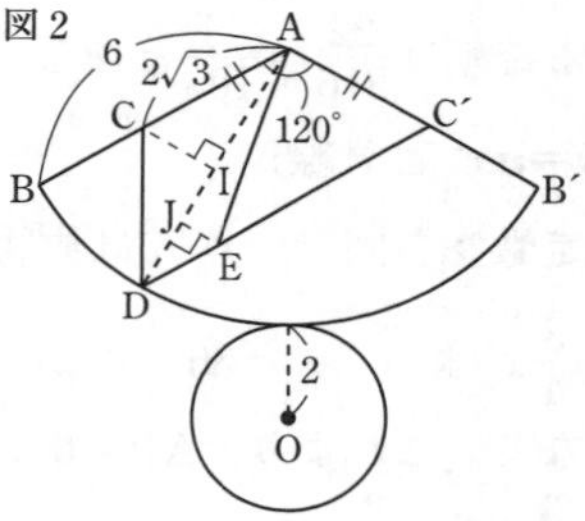

図3

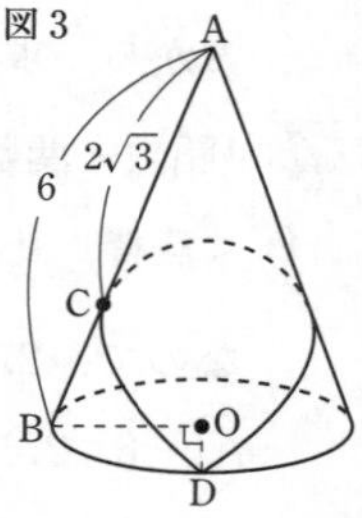

⑷＜長さ—三平方の定理＞⑶よりひもの長さは$6\sqrt{3}$だから，$6\sqrt{3}\times\frac{1}{2}=3\sqrt{3}$より，上図2で，EC′$=3\sqrt{3}$である。このとき，DE$=4\sqrt{3}-3\sqrt{3}=\sqrt{3}$である。点Eから線分ADに垂線EJを引くと，$\angle$EJD$=\angle$C′AD$=90^\circ$より，EJ∥C′Aとなるから，△JDE∽△ADC′となる。これより，EJ：C′A＝DE：DC′$=\sqrt{3}:4\sqrt{3}=1:4$となるから，EJ$=\frac{1}{4}$C′A$=\frac{1}{4}\times2\sqrt{3}=\frac{\sqrt{3}}{2}$となる。また，JA：DA＝EC′：DC′$=3\sqrt{3}:4\sqrt{3}=3:4$となるから，JA$=\frac{3}{4}DA=\frac{3}{4}\times6=\frac{9}{2}$である。よって，△AEJで三平方の定理より，AE$=\sqrt{\text{JA}^2+\text{EJ}^2}=\sqrt{\left(\frac{9}{2}\right)^2+\left(\frac{\sqrt{3}}{2}\right)^2}=\sqrt{21}$となる。

国語解答

一 問一 ① 頭脳 ② 起因〔基因〕 ③ 明瞭 ④ 特徴 ⑤ 誘発

問二 A…イ B…ア C…エ

問三 「良い子」であることには何の利益もないから。

問四 周囲に自分の存在を認めてもらうため。

問五 エ

問六 実体がよくわからない，恐ろしい社会から身を守るため。

問七 ウ

問八 人間は，他者に自分の価値を認められないと，社会の中に居場所がないと感じるものだから。

二 問一 X…ウ Y…ウ

問二 岩永や山口の自分をからかうような言動に腹を立てている。

問三 ・スターとしての風格が漂っている人物。
・言動がわがままで軽薄である，幼稚な人物。

問四 岩永と親しいことを自慢して，相手よりも上位に立ちたいから。

問五 嫌な予感が的中して，不安と緊張を感じている心情。

問六 イ

問七 岩永にブスと言われて泣きたくなったが，自分の思いが裏切られたように感じて，腹が立って抗議した。すると，岩永が土下座までして謝ったので，満足したあまり，調子に乗って非難し続けた結果，岩永を本気で怒らせてしまい，後悔して，泣きそうになった。

三 問一 ウ　問二 ウ　問三 ウ

問四 イ

問五 盗人に向かって，全員の顔を見たので，訴えて捕まえさせてやる，と言ったこと。

一〔論説文の読解―教育・心理学的分野―心理〕出典；森博嗣『孤独の価値』「何故孤独は寂しいのか」。

≪本文の概要≫子どもは，成長する過程で，「良い子」に価値があると教えられる。子どもは，周りから「良い子だ」と認められたときに，ある種の快感を覚える。他者に自分を認めてほしいという欲求は，「自分」というものの存在理由の基本的な要素となるもので，あるときは，それが全てにもなる。「良い子」というのは，最初は，「あの人にとって良い子」というように，他者が限定されている。多くの場合，それは両親であり，年齢が上がると，先生や友達へと広がっていく。こうして，人間は，社会における自分の「居場所」をつくっていく。だからこそ，自分を認めてくれる存在を失ったとき，人間は，寂しさと孤独を感じる。また，人間は，周囲に大勢の他者がいても，その人たちが自分を認めていないとわかれば，寂しく感じる。ここで大事なのは，他者が自分を認めていないという判断は，自分の主観によって行われるということである。孤独とは，基本的に主観がつくるものなのである。逆に，他者から見た客観的な評価が高い人は，孤独を感じることは少ないだろう。

問一＜漢字＞①物事を理解し，判断する力。知力。　②物事が起こる原因となること。　③はっきりとわかること。　④他のものと比べて，目立って違う点。他とははっきり違う，そのもの固有の点。　⑤ある物事やはたらきが原因となって，他の物事やはたらきを引き起こすこと。

問二＜表現＞A．「小さい子供は，自分の思いどおりにならないというだけで泣き喚く」が，時間がたつにつれて，「そんなことをしても利がない，ということがわかってくる」のである。　B．「食欲など」の本能的な欲望は，「生存に直結する欲望」であり，「本能的な不利」とは，すなわち，

「生存の危機感」のことである。　　C．自分の周囲に「自分の存在が認められている状態」というのは，言うまでもなく，「ただ認識されるだけではなく，グループの一員として『役に立つ』あるいは『役に立ちそうだ』と認められるという意味」である。

問三＜文章内容＞普通，多くの動物は「なにかしらの利益」を得るために「『良い子』になろうとする」のであり，人や犬などが持っている，何の利益にもならないのに，ただ「良い子」であることに価値があるという感覚は，「実に不思議といわざるをえない」のである。

問四＜文章内容＞「人間の子供が，『良い子』であることに価値を感じるのは，大人や，周囲の仲間たちから，『良い子だ』と認められるとき」だろう。幼稚園児は，「オヤツをもらうため」ではなく，「自分が『認められる』という感覚」を得るために，「良い子」になろうとするのである。

問五＜文章内容＞「存在が認められる」とは，「グループの一員として『役に立つ』あるいは『役に立ちそうだ』と認められるという意味」である。その反対は，「グループの一員として」存在の価値を認められない，つまり，存在しても，存在していないかのように扱われるということである。

問六＜文章内容＞「十代などの若い世代には，『社会』というものの実体がまだよくわから」ず，「なんとなく，他者は皆大人で，社会は恐ろしいところのように感じられる」のである。だから，彼らは，そんな恐ろしい大人や社会に逆らわないように，「『良い子』であろうと防衛をする」のである。

問七＜表現＞「言葉は，それを発する人の本心だという保証はまったくない」のである。言葉というものは，必ずしも，その言葉を発した人の本心をそのまま伝えるものではない。そういう意味で，言葉には，「エラー」が含まれているのである。

問八＜主題＞人間は，他者から自分の価値を認められることで，社会の中に自分の居場所をつくるので，他者から認められていないと感じたとき，人間は，自分には居場所がないと感じ，寂しさや孤独を感じるのである。

二〔小説の読解〕出典；林真理子『葡萄が目にしみる』。

問一＜慣用句＞X．「一度もレギュラーになれぬままマネージャーをしている山口」は，「岩永の横にぴったりと」座って，岩永のご機嫌取りをしていた。「腰ぎんちゃく（巾着）」は，目上の人や権勢のある人にいつも従って，離れない人のこと。　　Y．「ラグビー部の上級生が卒業し，岩永の知名度が増すたび」に，皆が不快に思うような「言動が多くなっている」ために，「岩永を敬遠する空気が，同級生の間に流れ始めて」いたのである。「眉をひそめる」は，不快なことや心配事があって眉間にしわを寄せる，という意味。

問二＜心情＞席決めに関して話し合いをしている間，岩永が「甘ったれた口調で『小川君』を連発した」のは，そうすれば，「彼がいらだつのがわかっている」からである。さんざんからかうような口調で話しかけられたうえに，岩永たちのクジ引きで決めろという要求を受け入れざるをえなくなったことに，小川君は，腹を立てていた。

問三＜文章内容＞岩永は，「『天才ラガー』とか『二十年に一人の逸材』とよばれる」ほどのラグビー選手であり，「弘明館のスターだった」のである。そして，インタビューに答える姿には，「すでに風格のようなものさえ」漂わせていた。一方で，岩永は，席決めのときに，ふざけた態度を取り続け，美人の隣に座らせろとか，そういうふうにクジをつくれと要求する，子どもっぽい人物でもあったのである。

問四＜文章内容＞いろいろと問題点はあるにせよ，「岩永は弘明館のスターだった」ので，同級生たちは，岩永と親しければ親しいほど，自分の仲間内での地位が上昇すると思って，自慢するために「岩永と親しいということ」を「口々に言いたがった」のである。

問五＜心情＞乃里子の「嫌な予感」が的中して，岩永が自分と同じ番号を引き当てたので，乃里子は，

「とんでもないことが起こった」と思って不安になり，緊張したのである。

問六＜心情＞岩永は，席決めのときに，ふざけた態度を取り続けていた。クジ引きの結果，隣に決まったのが，決して美人とはいえない乃里子だったことに，岩永は「どういう反応を示せばいいのか」迷ってしまったが，クラス内にふざけ合う雰囲気をつくってしまったのは自分自身であったので，岩永は，乃里子のことを茶化さざるをえなかったのである。

問七＜心情＞岩永に，こんなブスの隣の席は嫌だと言われてしまい，乃里子は，泣き出しそうになった。しかし，それ以上に腹が立ち，岩永に，そんなことを言われる筋合いはないと抗議した。乃里子は，岩永に「懐《なつか》しい感情」を抱いており，彼の陰口など言ったことがなかったからである。すると，岩永が，意外にも素直に自分の過ちを認めて謝罪したので，乃里子は，拍子抜けしたが，謝罪には余裕が見られたので，乃里子は，怒りが収まらずにいた。それを見て，岩永が土下座をしたので，乃里子は，うろたえたが，同時に，「激しい満足感」を覚えて，「少々，図に乗りすぎ」て，それでも許さないと言ってしまった。すると，岩永は，突然，態度を変えて，ここまで謝っても許さないと言うのなら，自分は卒業まで乃里子とは一言も口を利かないと宣言し，それを聞いた乃里子は，自分の発言を後悔し，「涙がこぼれそうになった」のである。

三〔古文の読解―説話〕出典；『今昔物語集』巻二十九ノ第二十話。

≪現代語訳≫今となっては昔のこと，明法博士で助教の清原の善澄という人がいた。(律令の)道での才能は他に比べる者がいないほどで，昔の博士にも劣らない人であった。年が七十を過ぎても，政治の世界で用いられていた。その家はとても貧しかったので，何かにつけて不自由に過ごしていた。／そうしているうちに，(善澄が)住んでいた家に強盗が入った。賢明に振る舞って，善澄は，逃げて板敷の下に潜り込んだので，盗人も見つけることはできなかった。盗人は，(家に)立ち入って心のままに物を奪って，家中の物を壊して大きな音を立て，大声で騒ぎながら外へ出ていった。／そのときに，善澄は板敷の下から急いで出て，盗人の出ていった後に門まで走っていって，声を上げて，「おい，お前たち，顔を全員見たぞ。夜が明けたら，検非違使の別当に申し上げて，かたっぱしから捕まえさせてやるぞ」と，とても腹が立つままに叫んで，門をたたいて呼びかけたところ，盗人はこれを聞いて，「今のを聞いたか，お前たち。さあ，引き返してあいつを殺してやろう」と言って，ばらばらと走って帰ってきたので，〈善澄は〉手を震わせながら，家に逃げ戻って，板敷の下に急いで入ろうとしたが，迷いながら入ろうとしたので，額を板敷の縁にぶつけて急いでも入れなかったので，盗人が，走ってきて，(善澄を)捕まえて引き出して，大刀で頭をさんざんに殴って殺してしまった。そして盗人は逃げてしまったので，取り返しがつかないまま終わってしまった。／「善澄は，才能はすばらしかったけれども，全く実務的な知恵がない人だったので，このような幼稚なことを言って死んでしまった」と，この話を聞いた全ての人に悪口を言われた，と語り伝えられたということである。

問一＜古文の内容理解＞強盗が家に入ったとき，善澄が，板敷の下に逃げ込んで隠れたのは，賢明な振る舞いだったのである。

問二＜現代語訳＞強盗たちは，家の中の物を壊して，大きな音を立て，踏みつぶして，騒ぎながら出ていったのである。「ののしる」は，大声を立てる，騒ぐ，という意味。

問三＜古文の内容理解＞善澄は，強盗に対して，とても怒っていたので，腹立ちまぎれに，検非違使に訴えて，捕まえさせてやるぞ，と呼びかけたのである。

問四＜古文の内容理解＞強盗たちが引き返してきたので，善澄は，慌てて家へと逃げ帰ったのである。

問五＜古文の内容理解＞うまく身を隠して，強盗に見つからずに済んだのに，強盗が出ていった後，善澄は，わざわざ門まで走っていって，強盗に向かって，全員の顔を見たので，検非違使に訴えて捕まえさせてやるぞ，と脅した。「心幼きこと」とは，善澄の，このような幼稚な行為のことである。

Memo

Memo

Memo

2019年度　成蹊高等学校

【英　語】　(60分)　〈満点：100点〉

【注意】　＊の語には(注)に訳語が与えられている。

I　A　放送問題

今からペットショップでトカゲ科の生き物(lizards)についての説明を聞いてもらいます。説明を聞き，1～5が内容と同じ場合はT，異なる場合はFを○で囲みなさい。

1．Lizards need to take a bath every day.
2．Bearded dragons are active at night.
3．Geckos like to stay in a warm place.
4．Iguanas are very safe for humans.
5．Chameleons live for about twenty years.

B　放送問題

今からある話を聞きます。下の質問に対する答えの空所に入る適切なものをア～エから1つ選び，記号を○で囲みなさい。質問と選択肢をよく読みなさい。

Question :　Why did John want to become a garbage worker?
Answer　:　Because he thought ＿＿＿＿＿＿＿＿＿＿.

ア．he had to work only in the morning
イ．he did not have to work every day
ウ．he did not have to finish school
エ．he hated his parents' job

※**＜放送問題原稿＞**は英語の問題の終わりに付けてあります。

II　A　下の文章は，高校生アプリコンテスト(Application Contest)の授賞式でJun Ohnoが行ったスピーチです。1～6がスピーチの内容と同じ場合はT，異なる場合はFを○で囲みなさい。

1．Jun and his teacher created "Mr. Study Supporter" together.
2．When you have something you don't understand, you can use "Mr. Study Supporter" and call your friends.
3．"Mr. Study Supporter" answers your questions on the website.
4．When you make plans to study, "Mr. Study Supporter" is useful.
5．Jun needs to spend more time studying history.
6．Jun's dream is to create applications to help students study harder.

Thank you, thank you so much for inviting me to this wonderful party.　I am Jun Ohno, a student from Keyaki High School.　I am proud of this new application that I've made.　I asked my science teacher for advice, but I made this application without help.　Why did I decide to invent this application, "Mr. Study Supporter"?　There were two reasons.

First, I have always wanted a friend to help me when I was studying.　Studying is sometimes hard.　You may feel that you want to give up.　However, this application will solve this problem.　When you are bored of studying, *tap the special pencil on the *screen.

Then you will see a character called "Mr. Study" and he will encourage you. If you use this application and become friends with students from other schools, they can encourage you, too. In this way, I'm sure that you can enjoy studying.

Second, I created this application to help students when they make plans for studying. You can *record how long you studied and the subject you studied, too. Look at the *graph on the screen. It shows "Mr. Study Supporter" on my *smartphone. This graph shows how long I studied for each subject in different colors. For example, English is in red, math is in blue and history is in green. By looking at this graph, it is easy to understand that I study English a lot, but I don't spend much time on history. Then, "Mr. Study" will send me a message that I should study history more. I believe that this will be helpful for students who are busy or are not good at making plans for studying.

Now I hope you understand why I decided to create this application. Finally, I am not a special student, just an ordinary one like you. However, this contest changed my life. It gave me the chance to make something new. I am really proud of myself and learned something very important, to never give up. Now, my future dream is to study hard and create applications which will attract people all over the world. I would like to thank my family and friends for their support.

(注) tap：軽くたたく　　screen：スクリーン　　record：記録する
　　graph：グラフ　　smartphone：スマートフォン

B　次の(1)～(5)はひと続きの文章です。文章を読み，A～Dの空所に入る適切なものをア～エからそれぞれ一つ選びなさい。

(1) Almost all cultures celebrate the end of one year and the start of the next year in some way. Different cultures celebrate the start of a new year in different ways, and at different times on the calendar.

(2) In Western countries, people usually celebrate New Year at *midnight on January 1st. People may go to parties in *formal clothes and drink *champagne at midnight. During the first minutes of the new year, people cheer and wish each other happiness for the next year, but in some cultures people celebrate the new year by waking up early to watch the *sunrise. They welcome the new year when they see the first light of the sunrise.

(3) It is also common in Western customs to make *a New Year's promise. People usually promise to try something new or change a bad *habit in the new year.

(4) Many cultures also do special things to change bad luck to good luck at the start of a new year. For example, in *Ecuador, families make a big doll from old clothes. The doll is filled with old newspapers and *firecrackers. At midnight, these dolls are burned to show that the bad things from the year before have disappeared. In other traditions, for the same purpose, people throw things into rivers or the ocean, or say special words on the first day of the new year.

(5) Other New Year's traditions are followed to bring good luck in the new year. In Spain, there is a famous tradition for good luck. They eat *grapes on New Year's Day. If a person eats more grapes, the person will receive more good luck. In the United States, some people eat *black-eyed peas for good luck—but to get good luck for a whole year, you have to eat 365 of them.

（注） midnight：夜中　formal clothes：正装　champagne：シャンパン
sunrise：日の出　a New Year's promise：新年の誓い　habit：習慣
Ecuador：エクアドル(国名)　firecracker：爆竹
grape：ぶどう　black-eyed pea：ささげ(豆の一種)

A. The culture which celebrates New Year early in the morning is ＿＿＿＿.
ア. Ecuador
イ. Spain
ウ. The United States
エ. not answered in the story

B. The topic of (4) is ＿＿＿＿.
ア. bringing good luck
イ. planning for the next year
ウ. cleaning the house
エ. remembering the past

C. People eat black-eyed peas because they think ＿＿＿＿.
ア. the peas taste good
イ. one pea brings one day of luck
ウ. the peas are very easy to eat
エ. it is good for their health to eat a lot of peas

D. The title of this story is ＿＿＿＿.
ア. The Meaning of "Happy New Year!"
イ. Different Kinds of New Year's Traditions
ウ. The History of New Year's Traditions
エ. A New Year's Promise

C　次の文章を読み，空欄[1]～[6]に入る英文として最も適切なものをA～Dから一つ選び，その記号を答えなさい。

*Chicago, Illinois is next to a big, beautiful lake, *Lake Michigan. In the summer, Lake Michigan is warm and blue. People lie on the beaches and swim in the water. In the winter, Lake Michigan is cold and gray. Snow covers the beaches and ice covers the water.

On a cold January day, a little boy and his father were playing in the snow on a Chicago beach. The boy was Jimmy. He was four years old. Jimmy was playing with a *sled. He pushed the sled down a small hill. The sled went on the ice of Lake Michigan. Jimmy ran and followed the sled. He ran on to the ice. Suddenly the ice broke, and [1]

Jimmy's father jumped into the water. He couldn't find Jimmy. Minutes passed. He still couldn't find Jimmy. [2], he cried.

Men from *the Chicago Fire Department arrived. Twenty minutes later, they found Jimmy and pulled him out of the water. Jimmy was not *breathing, and his heart was not *beating. [3]

At the beach *paramedics tried to help Jimmy. After an hour, something amazing happened. [4] The paramedics quickly took Jimmy to the hospital. Doctors at the hospital put Jimmy on a cold bed. They tried to make Jimmy's body warmer little by little. They also gave him some medicine.

Jimmy kept sleeping. After eight days in the hospital, Jimmy woke up. He stayed in the hospital for six weeks. Every day he got better. Then he went to another hospital. He stayed there for seven weeks. Jimmy began to walk, talk and play again. Jimmy was in the water for over 20 minutes. He couldn't breathe in the water. He couldn't get any *oxygen. [5] How was it possible?

Jimmy is *alive because the water was ice cold. Usually the *brain needs a lot of oxygen. [6] It does not need much oxygen. So the ice cold water saved Jimmy. Jimmy's father has another reason. He says, "Jimmy is alive today because he is a *fighter. He is a strong little boy."

（注） Chicago, Illinois：イリノイ州シカゴ　Lake Michigan：ミシガン湖
sled：そり　the Chicago Fire Department：シカゴ消防署
breathe：呼吸をする　beat：鼓動する　paramedic：救急救命士
oxygen：酸素　alive：生きている　brain：脳　fighter：闘争心のある人

[1] A．Jimmy fell into the cold water.
B．Jimmy's father fell into the cold water.
C．Jimmy stopped and dropped the sled.
D．Jimmy's father got off the sled.

[2] A．"Don't swim in the river!"
B．"Oh, no! My son is dead!"
C．"It is very cold in the water!"
D．"What a great swimmer!"

[3] A．He was dead.
B．He was shocked.
C．He was surprised.
D．He was disappointed.

[4] A．He didn't say anything.
B．He didn't move at all and finally he died.
C．He drank a glass of water because he was thirsty.
D．He began to breathe and his heart began to beat again.

[5] A．However, he became worse.
B．So his body was damaged.
C．But he survived and is healthy today.
D．Because he was not good at swimming.

[6] A．Even when it's very cold, the brain works in the same way.
B．But when it's very cold, the brain works more slowly.
C．But in the cold water, the brain needs more oxygen.
D．Even when the brain works slowly, it needs a lot of oxygen.

D　下の文章を読み，(1)～(4)の文の空所に適する英語を指定された語数で書きなさい。

(1) Judy didn't see her grandparents often because ＿（3～6語）＿.
(2) After a while, there were no tall buildings around because Judy's family ＿（4～5語）＿.
(3) Judy looked out the car windows *carefully because she wanted to ＿（2～7語）＿.
(4) By visiting their grandparents, Judy's family hoped their grandmother ＿（2～5語）＿.

Judy usually liked to sleep late on Saturdays. But this Saturday she jumped out of bed when her mother came to wake her. She washed her face and *dressed quickly. Then she went into the kitchen to help her mother to make breakfast. Judy knew that after everything was ready, they had to leave home very early in the morning. Judy and her family were going to visit her grandparents today. She didn't see them very often. But this Saturday was special.

Judy ate her breakfast, then helped her father to wash the dishes. The family left soon after that. First, they stopped to get something to drink. Then they were on their way.

After about a half hour, they couldn't see any tall buildings. Then Judy knew it was time for the game she and her family played on these trips. She started to look carefully out of the car windows. Suddenly Judy shouted, "There it is!" She pointed at something on the side of the road. "I win. I saw the first horse."

After that, they saw more horses along the road. Judy enjoyed watching the things along the way. But after a while she became bored of it. She did some work in a picture book she had. Then she went to sleep. Before she knew it, her mother woke her. "We're almost there," she said. "We'll arrive just before lunch."

A few minutes later, their car stopped in front of Judy's grandparents' house. "Who is it?" asked Judy's grandmother when she heard the sound of the car.

"I don't know," said Judy's grandfather. "Let's go and see."

Before Judy and her parents got out of the car, her grandparents were standing at the front door. "Surprise," called Judy's family. "Happy birthday, Grandma!"

（注） carefully：注意して　　dress：服を着る

E　下の文章を読み，質問に<u>5～12語程度</u>の英語の文で答えなさい。

Question: What is the main problem for *alligators in this story?

You may think alligators are not afraid of anything. Maybe so. But alligators have problems that start soon after they are born.

Baby alligators come out of eggs. The mother uses grass to cover the eggs. When babies are born, they make a loud sound. Their mother removes the grass from them. The babies leave their mother.

But some baby alligators may never become adult alligators. They are always in *danger. Other animals can eat them *at any time. Young alligators are very small so fish or birds may eat them. They are also eaten by bigger alligators. Imagine that you are a small alligator. When your mother calls you to lunch, you should run. You may be the lunch!

Baby alligators are in danger from people, too. No, we don't eat them. We keep them as pets. Some baby alligators never reach the pet store. They die on the way. And many people don't take care of their pets. A small alligator is cute. But what do you do when it grows up? Before you know, it will be too big for the bath!

Young alligators usually eat insects. As they get bigger, they eat bigger things. *Frogs, *ducks, and *snakes are afraid of them. They even pull *deer into the water and kill them. So people say big alligators are very dangerous.

But even the largest alligator needs to protect itself from danger. People are its *enemy. Alligators are killed for their skin. The skin is strong and beautiful. It is used for bags and shoes. And sometimes alligators are killed for sport. There are some laws now to protect them. But in some places, the alligators are still disappearing.

（注） alligator：ワニ　danger：危険　at any time：いつでも　frog：カエル
duck：鴨　snake：ヘビ　deer：鹿　enemy：敵

III　A　次の文章を読み，１～６の語を１語で適切な形に変えなさい。変える必要のないものはそのまま解答欄に書くこと。

In the 1950s, people thought television had a good *effect on family life. It $_{1}$(bring) the whole family together in one room. It also $_{2}$(put) an end to the usual family *arguments because everyone stayed quiet and watched TV. These days, however, scientists think that $_{3}$(watch) TV may not be so good for family life. They believe that it should be better for the family to $_{4}$(have) arguments sometimes. They think that communicating $_{5}$(be) better than having no communication in front of the TV set. When the TV is on, in fact, almost no communication happens among the family members. Most of the communication $_{6}$(happen) in the family is one way: from the TV program to each family member.

（注） effect：効果　argument：議論・口論

B　次の文章を読み，下線部(1)～(3)のカッコ内の語句を並べ替え，文を完成しなさい。

My mother was a nurse and she often took me to visit her *patients. There was one woman who was very sick and stayed in bed all day.

$_{(1)}$One afternoon, my mom told me that we needed to visit [give / medicine / to / her / the woman] at her home. On the way, we stopped at a department store. I thought my mother was going to get some medicine, but she went inside and bought an expensive bottle of *perfume and a beautiful hat. I said to my mother, "Why did you get them?" Then she said that they were for the sick woman. My mother said, "This woman is old and sick, but she is still a lady. So, we should *treat her in a kind way." $_{(2)}$She said that it was [care / to / without / of / important / take / patients] seeing the *sickness. We needed to look at their hearts *carefully to understand them. $_{(3)}$I soon understood that my mother's greatest power was *caring for young people and old people who could [help / needed / and / not / themselves] to *trust someone.

When I was a high school student, I knew that I would become a doctor. Today, I work as a *psychologist, and I'm not surprised that most of my patients are very young and very old.

（注） patient：患者　perfume：香水　treat：扱う　sickness：病気
carefully：注意して　care for：～を大事に思う　trust：信用する
psychologist：心理学者

IV　A　次の文章を読み，下線部(1)，(2)の英文をカッコ内の語を使って完成しなさい。

On the last day before Christmas, I hurried to the department store to buy the gifts I couldn't buy earlier. When I saw all the people there, I thought "This is going to take forever. There's always too much to do at Christmas time. $_{(1)}$＿＿＿＿ [difficult / find] ＿＿＿＿ something good. All the stores are crowded and I have to wait *in line forever to pay for my things."

While I was looking at toys for my children, I found a small boy who was holding a doll to his *chest. He kept touching the doll's hair and looked sad. I didn't have time to worry about him, so I kept shopping.

When I came back to the toy *section, the little boy was still holding the doll. Finally, I went to him. (2)I ［asked / wanted］ the doll so much. He said, "My little sister, Kelly, loved this doll and wanted it for Christmas. She believed that Santa Claus would give it to her." I answered, "Maybe Santa Claus will bring it to her, so don't worry."

（注） in line：列になって　　chest：胸　　section：売り場

B　あなたは高校入学試験の受験生です。面接で次のような英語の質問をされたとします。英語でどのように答えますか。コンマ，ピリオドなどの符号を含めず15～25語で答えなさい。文の数はいくつでもかまいません。解答欄に語数を記入すること。

You study seven or more subjects at school. What subject do you like best? Why do you like it?

C　次の質問に対してあなたの意見を書きなさい。コンマ，ピリオドなどの符号を含めず25～35語で書くこと。文の数はいくつでもかまいません。解答欄に語数を記入すること。

Which season do you like better, summer or winter? Why do you think so?

＜放送問題原稿＞

これから放送問題を始めます。問題用紙の１ページ目を開いてください。問題は I AとBの２題です。メモを取ってもかまいません。それぞれの英文は２回読まれます。

では，始めます。

A　放送問題

今からペットショップでトカゲ科の生き物(lizards)についての説明を聞いてもらいます。説明を聞き，１～５が内容と同じ場合はT，異なる場合はFを○で囲みなさい。

今から１～５を読み上げます。

1．Lizards need to take a bath every day.
2．Bearded dragons are active at night.
3．Geckos like to stay in a warm place.
4．Iguanas are very safe for humans.
5．Chameleons live for about twenty years.

それでは，説明を聞いてください。

Good afternoon. Welcome to ABC Pet Shop. I heard you are interested in lizards as pets. OK, I will explain about lizards.

First, lizards may be good pets because most of them are small and easy to take care of. They are usually quiet, and they do not need to go for walks or take baths.

Next, I will tell you about two popular lizards. One of them is the bearded dragon. Bearded dragons are active during the day. The other one is the gecko. Geckos are a little more difficult to take care of because they are active at night and need a warm place to live. Both of these lizards can live for ten years or more and you can hold them.

Finally, I will tell you two bad choices for pets. They are the iguana and the chameleon. Iguanas usually become almost two meters long, so they need a big space to live in. They may also hurt people. Iguanas can live for about twenty years, but chameleons do not live more than five years.

So, what do you think? Please think for a while and decide which lizard you want to have.

もう１度，説明を繰り返します。

B　放送問題

今からある話を聞きます。下の質問に対する答えの空所に入る適切なものをア～エから１つ選び，記号を○で囲みなさい。質問と選択肢をよく読みなさい。

それでは話を聞いてもらいます。

John was ten years old, and he was not the kind of boy who worked or studied very hard. He had to go to school, of course, but he was not interested in school and didn't work very hard. His father and mother were both doctors and they hoped that he would become a doctor, too, when he grew up. But one day John said to his mother, "When I finish school, I want to become a man who collects garbage."

"A man who collects garbage ?" his mother asked. She was very surprised. "That's not an easy job. Why do you want to become a garbage worker ?"

"Because then, I can work only one day a week," John answered.

"Only one day a week ?" his mother said. "What do you mean ?"

"Well," John answered, "I know that the men who come to our house work only on Wednesdays, because I see them only on that day."

繰り返します。

これで放送問題を終わります。

【数　学】（60分）〈満点：100点〉

【注意】 円周率は π として計算すること。

1 　次の各問いに答えよ。

(1)　$(\sqrt{2}+\sqrt{3})(\sqrt{2}-\sqrt{15})-\dfrac{\sqrt{12}-2\sqrt{15}}{\sqrt{2}}$ を簡単にせよ。

(2)　$(b-1)a^2+(a+6)(1-b)$ を因数分解せよ。

(3)　2次関数 $y=-\dfrac{1}{6}x^2$ において，x の変域が $-3\leqq x\leqq 2$ であるとき，y の変域を求めよ。

(4)　円周を20等分した点に1から20までの番号をつけてある。[図1]の $\angle x$ の大きさを求めよ。

(5)　下の[図2]で，四角形ABCDは面積が18の平行四辺形である。点E，Fはそれぞれ辺AB，辺ADの中点である。四角形APQFの面積を求めよ。

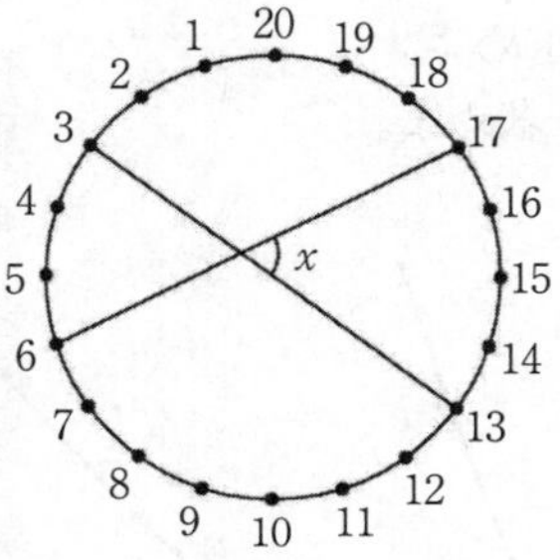

[図1]

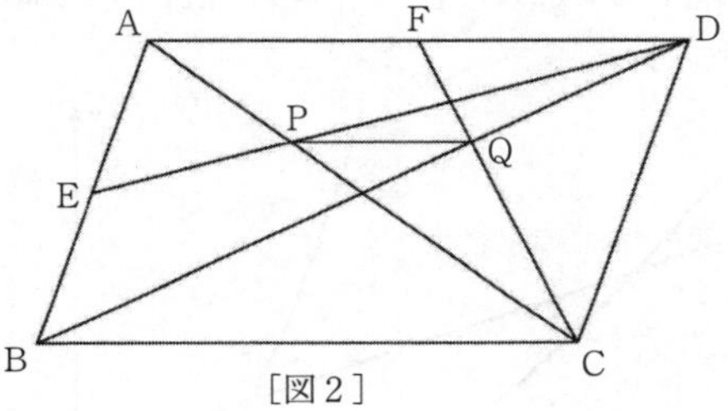

[図2]

2 　あるイベントをA，B，Cの3会場で同時に行った。受付は1か所で，受付の案内員は来場した x 人の観客を，左の通路に行く人と右の通路に行く人の人数の比が3：2になるように誘導した。左の通路の先にあるP地点にいる案内員は，左の通路に行く人と右の通路に行く人の人数の比が3：1になるように誘導した。右の通路の先にあるQ地点にいる案内員は，左の通路に行く人と右の通路に行く人の人数の比が2：1になるように誘導した。図のように，A会場には左の通路，左の通路と進んだ人が入り，C会場には右の通路，右の通路と進んだ人が入り，B会場にはそれ以外の進み方をした人が入った。その後，A会場とC会場からそれぞれ y 人ずつB会場に移動させて，イベントを開始した。次の各問いに答えよ。

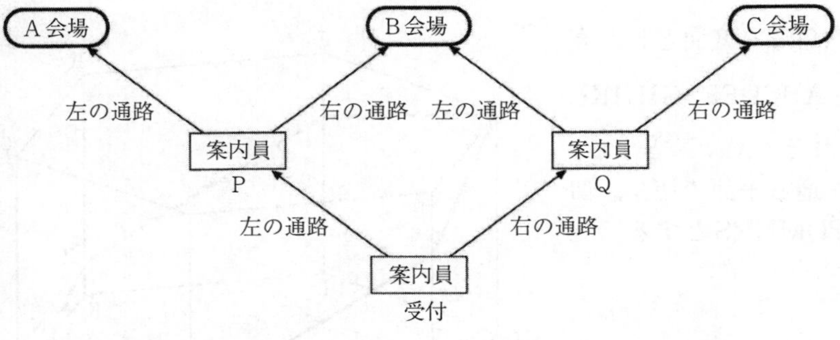

(1)　イベントを開始したとき，A会場，B会場，C会場に入っている観客の人数をそれぞれ x，y を用いて表せ。

(2)　イベントを開始したとき，B会場の観客の人数は580人であり，A会場とC会場の観客の人数の比は25：6であった。x と y の値を求めよ。

3　立方体のさいころがあり，6つの面にはそれぞれ-3，-2，-1，1，2，3の整数が1つずつ書いてある。このさいころを何回か投げて，点Pが次の規則に従って数直線上を移動していく。

〔規則〕
1．最初は0の位置にある。
2．さいころを投げて出た整数の分だけ数直線上を移動する。

例えば，このさいころを2回投げて1回目に「-2」，2回目に「3」が出たとき，点Pは$0\to-2\to1$と移動する。次の各問いに答えよ。

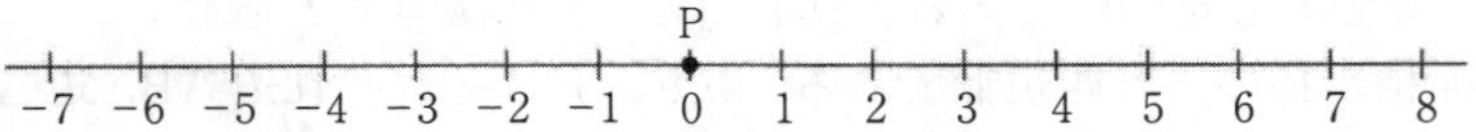

(1)　さいころを2回投げたとき，点Pが数直線上の0の位置にある確率を求めよ。

(2)　さいころを3回投げたとき，点Pが数直線上の6の位置にある確率を求めよ。

(3)　さいころを3回投げたとき，点Pが数直線上の-4の位置にある確率を求めよ。

4　図のように，2つの放物線$y=\frac{1}{4}x^2$，$y=ax^2\left(ただし a>\frac{1}{4}\right)$と，直線$y=-\frac{1}{6}x+b$（ただし$b>0$）がある。点A，B，C，D，Eは，この直線と$x$軸，$y$軸，放物線との交点である。AB＝BC＝CDのとき，次の各問いに答えよ。

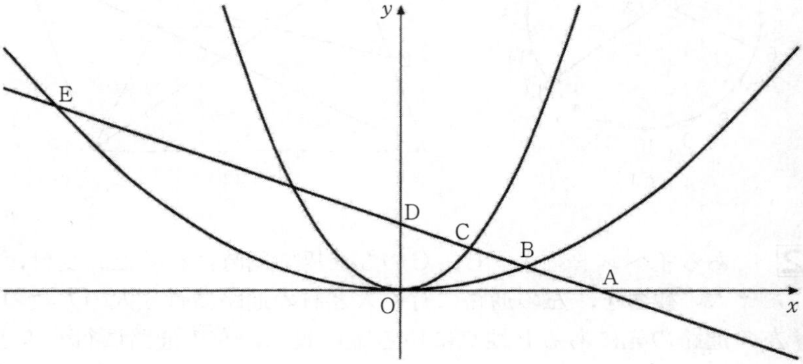

(1)　点Aのx座標をbを用いて表せ。

(2)　bの値を求めよ。

(3)　aの値を求めよ。

(4)　△ODEと△OBCの面積の比を最も簡単な整数の比で表せ。

5　1辺の長さが2である正六角形を底面とし，高さ$AG=\frac{\sqrt{15}}{2}$である正六角柱ABCDEF-GHIJKLがある。辺IJ，JKの中点をそれぞれM，Nとする。この六角柱を3点A，M，Nを通る平面で切り，切り口の七角形を図のようにAPQMNRSとする。次の各問いに答えよ。

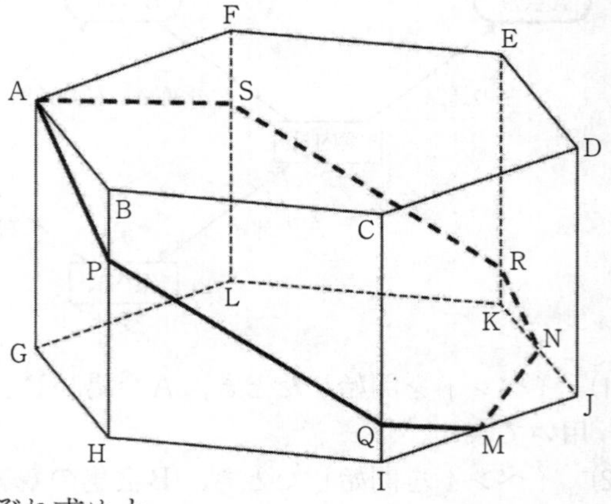

(1)　線分MNの長さを求めよ。

(2)　線分MNの中点をTとする。線分GT，ATの長さをそれぞれ求めよ。

(3)　線分PQの長さを求めよ。

(4)　△APSの面積と，七角形APQMNRSの面積をそれぞれ求めよ。

に、鬼同丸、＊究竟《くつきやう》のものにて、いましめたる縄・金鏁ふみ切りてのがれ出でぬ。＊狐戸より入りて、頼光の寝たるうへの天井にあり。この天井ひきはなちて落ちかかりなば、勝負すべき事、異義あらじと思ひためらふほどに、頼光も直人《ただびと》にあらねば、3早くさとりにけり。落ちかかりなば大事なりと思ひて、「天井に、いたちよりも大きに、貂《てん》よりも小さきものの音こそすれ」といひて、「誰か候」と呼びければ、＊綱、なのりて参りたりけり。「明日は鞍馬《くらま》へ参るべし。いまだ夜を籠めて、これよりやがて参らんずるぞ。某《それがし》々供すべし」といはれければ、綱、奉《うけたまは》りて、「皆これに候」と申してゐたり。鬼同丸この事を聞きて、4ここにては今は叶ふまじ、酔ひ臥したらばとこそ思ひつれ、＊なまさかしき事しいでては悪《あ》しかりなん、と思ひて、5明日の鞍馬の道にてこそ、と思ひかへして、天井をのがれ出でて、鞍馬のかたへ向きて、市原野の辺にて、＊便宜の所を求むるに、立ち隠るべき所なし。

（『古今著聞集』による）

【注】
＊盃酌数献＝酒を数杯飲むこと。
＊究竟＝「屈強」に同じ。
＊狐戸＝屋根についている格子戸。
＊綱＝渡辺綱。頼光の家来。
＊なまさかしき＝中途半端な。
＊便宜＝好都合であること。

問一 ――線部1「驚きて」とあるが、頼光が驚いた理由として最も適切なものを次の中から選び、記号で答えよ。
ア 犯罪者なのにいい加減に縛ってあったから。
イ 犯罪を防ぐために万全の策をとっていたから。
ウ 犯罪者と確定していないのに縛ってあったから。
エ 縛られてはいるが、犯罪者には見えなかったから。

問二 ――線部2「この恨み」とあるが、どのようなことに対する恨みか。簡潔に答えよ。

問三 ――線部3「早くさとりにけり」とあるが、頼光は何に気づいたのか。簡潔に答えよ。

問四 ――線部4「ここにては今は叶ふまじ」について、後の問いに答えよ。
Ⅰ 何ができないと考えたのか。簡潔に説明せよ。
Ⅱ なぜできないと考えたのか。最も適切なものを次の中から選び、記号で答えよ。
ア すでに夜が明けて明るくなってしまったから。
イ 頼光が目を覚まして家来を呼び集めているから。
ウ 鬼同丸ですら天井から落ちると大けがをするから。
エ 狐やいたちなどを追い払わなければならないから。

問五 鬼同丸は、――線部5「明日の鞍馬の道にてこそ」と考えるが、結局そこで討たれてしまう。この話から読み取ることができる、頼光の優れている点を説明せよ。

かまいはしない。

泣くより他に何もできない。

「円藤……」

背後で名前を呼ばれた。

振り向かなかった。

振り向かなくても、光一くんが立っているとわかった。

光一くんは、わたしの横に来て、わたしと同じように金網に指をかけた。そして、同じように目を凝らした。一生懸命に捜せば、どこからかコースケが現れると信じているみたいに、見詰めていた。

光一くんが何も言わないのがありがたかった。

わたしは黙って、立っていた。

光一くんも黙って、立っていた。

（あさのあつこ「下野原光一くんについて」による）

問一　――線部1「最初、がっかりした」とあるが、それはなぜか。このときの「わたし」の気持ちを説明せよ。

問二　――線部2「びっくりしただけ」とあるが、なぜ「びっくりした」のか。その理由を説明した文章として最も適切なものを次の中から選び、記号で答えよ。

ア　自分は男子との距離の取り方に迷っている時期だったのに、光一くんと初めて目が合ってしまったから。

イ　自分は動物の生命を無視できず世話をしているだけだったが、光一くんに誤解されているとわかったから。

ウ　自分は飼育委員を押し付けられても黙っているような性格なのに、光一くんに向かって大声を上げていたから。

エ　自分は不器用で生真面目で融通がきかない人間だと思い込んでいたが、光一くんに正反対の評価をされたから。

問三　空欄 A ～ C に入れるのに、最も適切なものを次の中から選び、それぞれ記号で答えよ。

ア　あっさりと　　イ　いらいらと

ウ　はっきりと　　エ　ぼそぼそと

問四　――線部3「わたしの心は、ほわりと軽くも温かくなって行く」とあるが、光一くんの言動が「わたし」にとってどういう意味を持つものだったから、「軽くも温かくなって」行ったのか。説明せよ。

問五　――線部4「自分が歯痒い」とあるが、これは「わたし」のどのような気持ちの表れか。最も適切なものを次の中から選び、記号で答えよ。

ア　これまでの自分にあきれ返り、信じられない気持ち。

イ　これからの自分に期待をかけ、楽しみに思う気持ち。

ウ　これからの自分が思いやられ、逃げたいという気持ち。

エ　これまでの自分がもどかしく、変わりたいという気持ち。

問六　――線部5「わたしは今でも、小学校の飼育小屋を鮮明に思い出すことができる」とあるが、ここから読み取ることのできる「わたし」の気持ちを説明せよ。

問七　――線部6「わたしはわたしがコースケをとても好きだったんだと気がついた」とあるが、「わたし」にとって「コースケ」とはどのような存在だったと言えるか。説明せよ。

三

次の文章は、源頼光が立ち寄った弟の頼信の屋敷で、縛られている鬼同丸を見たことから始まる話である。読んで、後の問いに答えよ。

頼光1驚きて、「いかに鬼同丸などを、あれ体《てい》にはいましめ置き給ひたるぞ。犯しあるものならば、かくほどあだにはあるまじきものを」といはれければ、頼信、「実にさることに候」とて、郎等を呼びて、なほしたたかにいましめさせければ、金鏁《かなぐさり》を取り出して、よく逃げぬ様にしたためてけり。鬼同丸、頼光ののたまふ事を聞くより、「口惜しきものかな。何ともあれ、今夜のうちに、2この恨みをば報はんずるものを」と思ひゐたりけり。*盃酌《はいしやく》数《す》献《こん》になりて、頼光も酔ひて臥しぬ。頼信も入りにけり。夜の中しづまるほどけて飼育委員を押し付けられただけ……とは言えなかった。

「あ、うん。家にも猫と犬がいるし……」

「ほんとに？　猫も犬もいるわけ。すげえな」

「あっ、そんな。どっちも雑種だよ。犬は近所からもらってきたの。猫は二匹とも捨て猫。真っ白とミケ」

「えーっ、猫が二匹もいるんだ。すげえすげえ」

「だから、雑種なんだって」

「雑種でもすげえよ。いいなぁ、猫と犬かぁ」

「ペット、いないの？」

光一くんがうなずく。それから、小さく息を吐き出した。

「妹が喘息《ぜんそく》ぎみなんだ。動物の毛にすごい反応しちゃうから、家ではペット、飼えないんだよな」

「妹、いるんだ」

「うん、いる。一人ね」

「いくつ？」

「今年一年生になった。でも、けっこう、休むこと多いかな」

「そう……、じゃあ飼育委員とかできないね」

「うん、おれが飼育委員になったって言ったら、いいなぁってすごく羨ましがってた」

「何て、名前」

「あかり。平仮名であ、か、り」

「かわいい名前だね」

光一くんが動物を好きなこと、四つ違いのあかりちゃんをかわいがっていることを、わたしは知った。

飼育小屋の中で、わたしと光一くんは［B］、会話を交わした。その度に、わたしは光一くんのことを知っていく。わたしの中に光一くんが溜《た》まってくる。積み重なってくる。

5わたしは今でも、小学校の飼育小屋を鮮明に思い出すことができる。緑色の円錐形《えんすいけい》の屋根を、亀の甲羅模様みたいな金網の目を、ウサギやニワトリの糞の臭いを、コースケの紅色の鶏冠《とさか》を、ウサギたちの白い前歯を、光を浴びて輝いていたペットボトルの水を、ちゃんと思い出すことができるのだ。

コースケたち三羽のニワトリは、わたしたちが六年生になって間もなく、死んだ。新たに飼育委員になった五年生が、戸の鍵を閉め忘れてしまったのだ。戸を開けて、野良猫か野良犬か、あるいは裏山から狐《きつね》が小屋に忍び込んだらしい。

ニワトリたちは無残に殺された。その中でも、コースケは特にひどく、ほとんど頭が食い千切られていたそうだ。わたしがニワトリ小屋に駆け付けたとき、小屋には何もいなかった。血の跡と白い羽毛が地面に散っているだけだった。光一くんの作った水飲み場は壊れ、ペットボトルが斜めに傾《かし》いでいた。

何もいなかった。

からっぽだった。

「コースケ」

金網に指をかけて、呼んでみる。

糞の臭いはまだ残っているのに、コースケたちはいない。

消えてしまった。

「コッコとクックを守ろうとして、戦ったんだよね」

消えてしまったコースケに話しかける。

目の奥が熱くなった。

6わたしはわたしがコースケをとても好きだったんだと気がついた。

いなくなって、やっと気がついた。

コースケが好きだったんだ。

紅色の鶏冠を揺らして堂々と歩く姿も、年をとって元気のなかったクックに寄り添っていた優しさも、止まり木に摑《つか》まり損ねてしょっちゅう落っこちていたお馬鹿な格好も、好きだった。

コースケ。

額を金網に押し付けて、泣いた。跡が［C］残るだろう。みっともない顔になるだろう。

ごほっ、ごほごほ。

「円藤、だいじょうぶか?」

「うん……だいじょうぶ。ちょっと……2びっくりしただけ」

「びっくりするようなこと、言ったっけ?」

「言ったよ」

わたしは臭いにむせて、また、咳いていた。

光一くんが片手でわたしの背中を叩《たた》く。これにも、驚いた。もう五年生だ。男子と女子の距離が何となく開いていく時期だった。距離の取り方をみんな、手探りしている時期だった。

こんなに[A]背中を叩いてくれるなんて、叩けるなんて不思議だ。

「何を言ったかなぁ」

背中を叩きながら、光一くんが呟《つぶや》く。妙にのんびりした口調だった。光一くんに合わせるように、隣のニワトリ小屋で雄鶏《おんどり》のコースケがのんびりと鳴いた。

コケー、コケーッコー。

おかしい。

おかしくてたまらない。

噴き出してしまった。笑いが止まらない。

「えー、今度は笑うわけかぁ。どうしたらいいんだろうなぁ」

光一くんの一言に、わたしはさらに笑いを誘われる。

おかしい、おかしい。ほんと、おかしい。

何て、おもしろい人だろう。

何て、ヘンテコで愉快な人だろう。

知らなかった。

下野原光一くんて、こんな人だったんだ。

笑いながら、3わたしの心は、ほわりと軽くも温かくもなって行く。

心地よかった。

光一くんは、飼育委員の仕事を怠けなかった。いいかげんに済ますことも手を抜くこともしなかった。むしろ、わたしより熱心に取り組んでいた。

夏休みには、ちゃんと当番表をこしらえて、友だちや先生にも協力してもらって、毎日、登校しなくていいように工夫した。ニワトリ小屋に新しい餌場や水飲み場も作った(プラスチックの桶《おけ》とペットボトルを組み合わせた簡単なものだったけれど、とてもりっぱに見えた)。学校近くの農家を回って、野菜の屑《くず》を分けてもらい餌に混ぜたりもした。野菜屑とはいえ新鮮で、ニワトリもウサギも餌箱に入れたとたん、夢中でついばみ、かぶりついた。

光一くんが自分から飼育委員に立候補したと聞いたのは、水飲み場を作っている最中だった。

ずっとやりたかったんだと光一くんは言った。

「五年生になったら、絶対立候補するって決めてたんだ」

飼育委員は五年生だけの役目だ。五年生しか、なれない。

「飼育委員の仕事……好きなの」

ペットボトルを光一くんに渡す。光一くんは、それを針金で作った輪っかに差し込み、水の出方を調べる。うなじを幾筋もの汗が伝っていた。

「動物、好きなんだ。犬でも猫でもウサギでも」

「ニワトリも?」

「あ……ニワトリのことは、あんまり考えてなかった。でも、コースケやコッコやクックはかわいい。飼育委員になってから、ニワトリがかわいいって思えるようになった」

わたしは嬉しかった。三羽の白色レグホーンのことをかわいいと言ってくれる人が傍《そば》にいることが嬉しかった。

光一くんともっといろんな話がしたかった。でも、何をどう話したらいいのか見当がつかない。軽やかに、適当におしゃべりする技術をわたしは、ほとんど持ち合わせていなかった。

4自分が歯痒《はがゆ》い。痛いほど歯痒い。

「円藤も、動物好きだよな」

光一くんが顔を上げ、額の汗を拭う。わたしは、じゃんけんで負ていいと思います」とあるが、筆者は「対話の体力」が組織のどのような変革につながると述べているか。二点説明せよ。

二　次の文章を読んで、後の問いに答えよ。

五年生の一年間、一緒に飼育委員をやった。

小学校で飼っているウサギとニワトリの世話をするのだ。

ウサギは三羽、ニワトリも三羽いた。

飼育委員は毎年、なり手のない役だ。

毎日水替え餌やり、飼育小屋の掃除の仕事があるし、連休や夏休みといった長期の休みでも毎日のように、登校しなければならないからだ。

わたしは、じゃんけんで負けて飼育委員を押し付けられた。生き物は好きで、家にも猫二匹と犬が一匹いるから世話自体はそんなに苦痛ではなかったけれど、これで、お休みが潰れちゃうなと考えると少し憂鬱な気分にはなった。

五年生は二クラスしかなくて、飼育委員は各クラス一名ずつ。

わたしと光一くんだった。

1最初、がっかりした。

落胆なんて言葉をまだ知らなかったけれど、本当に身体の力が抜けるような気がした。

飼育委員で、しかも相手が男の子なんて、最低、最悪だ。動物の世話を真面目にしてくれる男子なんているわけがない、と、わたしは思い込んでいたのだ。

光一くんも、じゃんけんかくじ引きで無理やり押し付けられた口だろう。きっと、すごくいいかげんで、無責任で、途中で仕事を放棄することだって十分に考えられる。

覚悟しなくちゃ。

わたしは覚悟した。

ウサギもニワトリも、世話をしてやる者がいなければ死んでしまう。殺すわけにはいかない。自分に預けられた生命を無視できるほど、わたしは図太くはなかった。優しいわけではない。『わたしのせいで殺してしまった』なんて思いを引き摺《ず》りたくないのだ。図太くないうえに、誰かに上手に責任転嫁できるほど器用でもなかったのだ。

不器用で、生真面目で、融通がきかない。

付き合い難《にく》い人だ、可愛《かわい》げのない子だと言われていた。でも、しようがない。これが、わたしだ。

不器用でも、生真面目でも、融通がきかなくても、わたしはわたしを生きるしかない。

わたしは、開き直ったように、でもどこか頑《かたく》なに十一歳を生きていた。今でもまだ、そういうところはあるけれど、思い込みの強い性質《たち》なのだ。

光一くんに会って、変わった。

光一くんが変えてくれた。

「円藤って、飄々《ひょうひょう》としてるね」

ウサギ小屋の掃除をしながら光一くんに言われたことがある。

飄々の意味がわからなかった。

糞《ふん》を掃き集めていた手を止め、わたしは振り向く。光一くんがわたしを見上げていた。

目が合った。

柔らかな淡い眸《ひとみ》だ。

光一くんと目を合わせたのは、このときが初めてだった。

「飄々って？」

わたしが尋ねる。光一くんが首を傾《かし》げる。

「うーん。大らかってことかなぁ。あんまり、ごちゃごちゃこだわらない、みたいな……感じかな」

「そんなことないよ」

大声で否定していた。

自分で自分の声に驚いてしまった。

ウサギの糞の臭いが鼻孔に広がって、咳《せ》き込《こ》む。

全く意味を成さなくなってしまった。これからは、若い世代から出てきた豊かな発想、新しい発想を有機的に取り込んでいかないと、国際市場では勝てないのです。

また、ものづくりの技術を高度化していけば絶対に他国に追いつかれないという神話がありましたが、もはやそれが嘘《うそ》だということは明白で、中国だって東南アジアだってすぐに追いつきます。

ですから、真似《まね》ができないこと、真似がしにくいことは何かを考える必要があります。要するに同じ土俵で競うのではなく、全く違うアイデアやサービスの質で勝負するのです。そうすると、十年、二十年はもつわけです。それが付加価値です。

アイデアを生んで、それを活《い》かすことが非常に重要になります。企業としても、若い人の、ちょっと聞いただけでは理解できないようなアイデアを、対話の体力で合意を形成して、形にしていく必要があるのです。世代によって③ズイブンライフスタイルが違うから、そこから出てきたアイデアを活かしていかないと、企業として生き残れません。重層性のある対等なコミュニケーションを常に保てるような組織論を作っていかないと、企業に未来は無いでしょう。

企業に対話力が必要になる理由は、もちろんアイデアを生むためだけではありません。

これまでは国内市場に特化した企業がたくさんあったわけですが、これからは、あらゆる企業が国際化しないと話にならない。外国人労働者も増えていきますから、国内の職場も多国籍化していきます。ということは外国人の消費者だって、国内で増えていくわけです。従業員としても顧客としても、異文化コミュニケーションを積み重ねていくことが求められるのです。

そしてもう一つ。対話を行うことで、組織自体が変わります。「　　」ことを恐れないことが一番大事なのですが、そこを日本人はとても恐れる。だから、三十年前に造ったダムの計画をそのまま実行したりするでしょう？　計画を変えると、「誰がこれを決めたんだ」と責任を問うような社会だから。そこを組織論として変えていかない限りだめでしょうね。

零細企業・中小企業でも、社内のコミュニケーションを④エンカツにして、組織が変革し続けることが可能であれば、新たなビジネスチャンスを掘り起こすことができます。

それは、営利企業に限らず、行政や教育、医療や⑤フクシ、NPOといった、あらゆる組織に当てはまると思います。

結論的にいえば、5これからの時代に必要になってくるコミュニケーション能力とは、組織の変革につながる「対話の体力」といっていいと思います。「キレない」、「諦めない」ことが大事なのです。

（平田オリザ／蓮行『コミュニケーション力を引き出す
演劇ワークショップのすすめ』による、傍点を一部省いてある）

問一　‖線部①～⑤のカタカナを漢字に書き改めよ。

問二　――線部1「機転を利かせる」の意味として最も適切なものを次の中から選び、記号で答えよ。

ア　物事に応じて、相手を利用すること。
イ　物事に応じて、機敏に心が動くこと。
ウ　物事に応じて、考え方を否定すること。
エ　物事に応じて、機械的に処理すること。

問三　――線部2「二人で出した結論だ」とあるが、どういうことを意味している表現か。説明せよ。

問四　――線部3「どんどん国力が衰退していきます」とあるが、なぜ「国力が衰退して」いくと筆者は考えているのか。説明せよ。

問五　――線部4「その二つ」とあるが、日本の企業論理が意味を成さなくなってしまった「二つ」の要因を説明せよ。

問六　空欄　　に入れるのに、最も適切なものを次の中から選び、記号で答えよ。

ア　問う　　イ　変わる　　ウ　決める
エ　実行する　　オ　対話する

問七　――線部5「これからの時代に必要になってくるコミュニケーション能力とは、組織の変革につながる『対話の体力』といっ

二〇一九年度 成蹊高等学校

【国語】（六〇分）〈満点：一〇〇点〉

一 次の文章を読んで、後の問いに答えよ。
句読点も一字に数える。

今の時代、そしてこれからのサイバーコミュニケーション全盛の時代では、異なる価値観や異なる文化背景を持った人と出会ったときに「どうにかする力」が重要になります。それも、1機転を利かせるという「①シュンパツリョク」よりは、「粘り強い」コミュニケーション能力です。そのような状況に耐えて切り抜ける力を、私は「対話力」と呼ぶこともあります。

よく「対話とディベートはどう違うか」と訊《き》かれます。ディベートでは、AとBが議論をして、どちらかが勝ってどちらかが負けます。Aが勝った場合は、AはAのままで、BがAに変わる。それに対し対話では、お互いが歩み寄ってお互いが変わるのです。AもBも変わるということを前提として議論を進めるのです。

ヨーロッパでの仕事の際に、三十分ないし一時間ほど議論する場合、大体日本人のほうが計画性があるから、こちらに近い意見に落ち着くことが多い。その際、例えば「それ、三十分前に私が言ったこととほとんど同じだ」と言うと、ヨーロッパの演出家は必ず、「いや、これは二人で出した結論だ」と言う。その、2二人で出した結論だということが大事なんです。

逆に、日本人との混成チームで議論を行うと、日本人サイドには、その三十分が耐えられないのですね。「もういいじゃん、これで。こっちのほうが絶対合理的じゃん」と議論を切ってしまう。多くの日本人は、なぜ彼らがそういう主張をしているのかということを考えようとしないのです。

日本人は議論を続けると、諦めるか、キレちゃうか、どちらかになってしまう。国際社会で生きていくには、その三十分の体力が必要になります。私はこれを「対話のための体力」と呼んでいます。

コミュニケーションの技術は後からでも身につけることができます。大学生や大学院生でも、社会人でも。でも、対話のための②キソ体力は、小学校のときから対話を延々行うといった訓練をしないと、なかなか身につかないと思います。

これからは、日本人同士でも価値観が大きく異なっていくので、「日本人ならわかってよ」「日本人なら察してよ」という暗黙の要求は通用しなくなります。そのような状態で対話する体力も無くなると、なあなあで終わってしまうから、3どんどん国力が衰退していきます。今の国会みたいな感じですね。対話の体力が、国力に直結する時代なのではないでしょうか。

だいたい一九八〇年代の中盤までは、労働力を集約して資源を効率良く何かの製品に変えれば儲《もう》かった時代でした。組織力・効率において、日本企業は非常に強かった。日本の半導体工場では、九九・九九九%まで不良品が出ないそうです。

ところがIT革命が起こった。ITの一つの大きな特徴は、コピーフリーということです。コピーにコストがかからない。つまり、九九・九九九%じゃなくて常に一〇〇%全く同じコピーが可能で、しかもそこにコストがかからない。そうなると、過去の技術を非常に高い精度で継承させる、上意下達・終身雇用の徒弟制度のような会社構造は意味を成さなくなります。

でもそうはいっても、人間がやらなければいけない仕事はまだまだあります。ロボットが取って代わるのにあと二十年、三十年かかる作業もたくさんある。しかしそのような単純作業の部分では、労働市場が底抜けしています。ソビエトが崩壊しベルリンの壁が無くなり中国が資本主義化してしまって、約一五億から二〇億人の単純労働人口が資本主義社会になだれ込んできてしまったために、労働力がいくらでも安く手に入るようになってしまったのです。

4その二つが重なったために、日本の一致団結型の企業論理が、

英語解答

Ⅰ A　1…F　2…F　3…T　4…F
5…F
B　イ

Ⅱ A　1…F　2…F　3…F　4…T
5…T　6…F
B　A…エ　B…ア　C…イ　D…イ
C　1…A　2…B　3…A　4…D
5…C　6…B
D　⑴　(例) they lived far from each other
⑵　(例) were driving in the country
⑶　(例) find the first horse
⑷　(例) would be surprised and happy
E　(例) They are always in danger of death during their lives.

Ⅲ A　1　brought　2　put
3　watching　4　have　5　is
6　happening
B　⑴　the woman to give her medicine
⑵　important to take care of patients without
⑶　not help themselves and needed

Ⅳ A　⑴　It is difficult to find
⑵　asked him (the reason) why he wanted
B　(例) I like science best.　I want to be an engineer and make a rocket in the future. (17語)
C　(例) I like summer better.　I like outdoor activities such as playing soccer or baseball, and swimming in the sea.　In winter, we can't enjoy these activities because of the heavy snow. (31語)

Ⅰ〔放送問題〕解説省略

Ⅱ-A〔長文読解―内容真偽―スピーチ〕

≪全訳≫❶このすばらしいパーティーにお招きいただき，本当にありがとうございます。僕はオオノ・ジュン，ケヤキ高校の生徒です。僕は自分がつくったこの新しいアプリを誇りに思います。理科の先生に助言は求めましたが，このアプリは手伝ってもらわずにつくりました。僕がなぜこのアプリ「スタディ・サポーター先生」を発明しようとしたのか。２つの理由がありました。❷まず，僕は勉強しているときにいつも，助けてくれる友達が欲しいと思っていました。勉強はつらいときがあります。投げ出したいと感じるかもしれません。でも，このアプリはこの問題を解決してくれるでしょう。勉強に飽きてしまったら，スクリーン上にある特別な鉛筆をタップしてください。すると「スタディ先生」というキャラクターが現れてあなたを励ましてくれるでしょう。このアプリを使って他の学校の生徒と友達になれば，彼らもあなたを励ましてくれます。このようにして，皆さんが勉強を楽しむことができると僕は確信しています。❸次に，僕はこのアプリを，学習計画を立てる際に生徒たちを助けるためにつくりました。皆さんがどれだけの時間勉強したかと，勉強した科目を記録することもできるのです。スクリーン上のグラフを見てください。それは僕のスマートフォン上の「スタディ・サポーター先生」を示しています。グラフは，僕が各科目のためにどれだけの時間勉強したかを別々の色で表しています。例えば，英語は赤，数学は青，歴史は緑です。このグラフを見ることによって，僕が英語は長時間勉強しているけれど歴史にはあまり時間をかけていないことが簡単にわかります。すると，「スタディ先生」

は，もっと歴史を勉強すべきだというメッセージを僕に送ってくれるのです。僕はこれが，忙しかったり学習計画を立てるのが得意ではなかったりする生徒たちの役に立つと考えています。❹さて，僕がなぜこのアプリをつくろうとしたのかをおわかりいただけたと思います。最後に，僕は特別な生徒ではなく，皆さんと同じような普通の生徒にすぎません。でも，このコンテストが僕の人生を変えてくれました。それは僕に，新しいものをつくる機会を与えてくれたのです。自分を本当に誇りに思いますし，決して諦めないというとても大切なことを学びました。今では，僕の将来の夢は，がんばって勉強して世界中の人々を魅了するアプリをつくることです。家族と友人たちの支えに感謝したいと思います。

1．「ジュンと先生はともに『スタディ・サポーター先生』をつくった」…×　第1段落第4文参照。助言はしてもらったが，アプリはwithout helpでつくった。　2．「わからないことがあるときは，『スタディ・サポーター先生』を使って友達を呼び出すことができる」…×　第2段落第5～7文参照。「スタディ・サポーター先生」は，勉強に飽きたときに励ましてくれるアプリ。　3．「『スタディ・サポーター先生』はウェブサイトで質問に答えてくれる」…×　第2段落第5～7文参照。　4．「学習計画を立てるとき，『スタディ・サポーター先生』は役に立つ」…○　第3段落の第1，2文と最終文参照。　5．「ジュンはもっと歴史の勉強に時間をかける必要がある」…○　第3段落第7，8文参照。　6．「ジュンの夢は生徒たちがもっと勉強をがんばれるように助けるアプリをつくることだ」…×　第4段落第6文参照。もっと勉強をがんばるのはジュン自身。

Ⅱ－B〔長文読解─内容一致─説明文〕

≪全訳≫❶ほぼ全ての文化が，1年の終わりと次の年の始まりを何らかの方法で祝う。文化が異なれば，新年の始まりを祝う方法や暦の上での時期も異なる。❷西洋諸国では，人々は普通新年を1月1日の夜中に祝う。正装してパーティーへ行き，夜中にシャンパンを飲むこともある。新年最初の数分間，人々は盛り上がって互いに新しい年の幸せを願い合うが，他の文化では人々は日の出を見るために早起きして新年を祝う。彼らは日の出の最初の光を見たときに新年を迎えるのだ。❸西洋の習慣では，新年の誓いを立てることも一般的だ。人々はたいてい，新年には何か新しいことに挑戦するとか悪い習慣を改めるといったことを約束する。❹新年の始まりにあたって，悪運を幸運に変えるために特別なことをする文化も多い。例えば，エクアドルでは家族は古着で大きな人形をつくる。その人形には古い新聞紙や爆竹が詰められる。夜中に，それらの人形は前年からの悪い物事が消え去ったことを示すために燃やされるのだ。他の伝統では，同じ目的のために，人々は新年最初の日に川や海に物を投げたり，特別な言葉を言ったりする。❺新年に幸運をもたらすために，他にも新年の伝統が守られている。スペインでは，幸運のための有名な伝統がある。彼らは元日にブドウを食べるのだ。より多くのブドウを食べれば，より多くの幸運を受け取れる。アメリカでは，幸運のためにささげを食べる人もいる──しかし，年間を通して幸運を得るためには，365粒食べなくてはならない。

A．「早朝に新年を祝う文化は(　　)」─エ．「話の中では答えられていない」　第2段落第3文後半～第4文に，早朝に新年を祝う文化について言及されているが，in some culturesとあるだけで国名の特定はされていない。　B．「(4)の話題は(　　)だ」─ア．「幸運をもたらすこと」　第4段落第2～4文にあるエクアドルの例，第5文にあるその他の文化の例は，いずれも第1文にあるspecial things to change bad luck to good luckの例。　C．「人々がささげを食べるのは，(　　)と考えているからだ」─イ．「1粒が1日分の幸運をもたらす」　第5段落最終文参照。「年間を通して幸運を得るためには，365粒食べなくてはならない」とある。　D．「この話のタイトルは(　　)だ」─イ．「さまざまな種類の新年の伝統」　第1段落第2文に「文化が異なれば，新年の始まりを祝う方法や暦の上での時期も異なる」とあり，第２段落以降で，各国の新年の伝統が紹介されている。

Ⅱ－C〔長文読解―適文補充―物語〕

≪全訳≫❶イリノイ州シカゴは，大きく美しい湖であるミシガン湖に接している。夏には，ミシガン湖は温かく青い。人々は浜辺に寝そべり，水の中で泳ぐ。冬には，ミシガン湖は冷たく灰色をしている。雪が浜辺を覆い，氷が水を覆う。❷１月のある寒い日，シカゴの浜辺の雪の中で１人の幼い男の子とその父親が遊んでいた。男の子はジミーといった。彼は４歳だった。ジミーはそりで遊んでいた。彼はそりを押して小さな丘を下りていた。そりはミシガン湖の氷の上に乗った。ジミーは走ってそりを追いかけた。彼は走って氷の上に乗ってしまった。突然氷が割れて，1ジミーは冷たい水の中に落ちた。❸ジミーの父親は水に飛び込んだ。彼はジミーを見つけることができなかった。数分が経過した。彼はまだジミーを見つけられなかった。「2なんてことだ！　息子が死んでしまった！」と彼は叫んだ。❹シカゴ消防署から署員たちが到着した。20分後，彼らはジミーを見つけ，水から引き上げた。ジミーは呼吸をしておらず，彼の心臓は動いていなかった。3彼は死んだようになっていた。❺岸辺では救急救命士たちがジミーを救おうとしていた。１時間後，驚くべきことが起きた。4彼が呼吸を始め，彼の心臓が再び動き始めたのだ。救急救命士たちはすぐにジミーを病院へ搬送した。病院の医師たちは，ジミーを冷たいベッドに寝かせた。ジミーの体を少しずつ温めていこうとしたのだ。彼らはまた，彼に薬も投与した。❻ジミーは眠り続けた。病院で８日間が過ぎると，ジミーは目を覚ました。彼は６週間入院していた。彼は日に日に回復した。その後彼は転院した。彼はそこで７週間過ごした。ジミーは再び歩き，話し，遊び始めた。ジミーは水の中に20分間以上いた。水の中では呼吸ができなかった。彼は酸素を取り入れることができなかった。5しかし彼は生き延び，今では健康だ。どのようにしてそんなことが可能だったのか。❼ジミーは，水が氷のように冷たかったために生きているのだ。ふだん，脳は大量の酸素を必要とする。6しかし非常に寒いときには，脳はよりゆっくりとはたらく。それはあまり多くの酸素を必要としない。だから，氷のように冷たい水がジミーを救ったのだ。ジミーの父親にはもう１つの理由がある。彼は「ジミーが今日生きているのは闘争心があるからだ。彼は強い少年なんだ」と言っている。

１．ジミーが駆け下りた先の氷が割れたらどうなるかを考える。この後，ジミーの父親が水の中に飛び込んでジミーを捜している。　２．氷が割れて水中に落ちた息子が何分も見つからないという状況で，父親が言うと考えられる言葉を選ぶ。　３．前文の「呼吸をしておらず，心臓も動いていない」は，言い方を変えれば「死んでいる」ということ。　４．前文の「驚くべきこと」の内容が入る。前の段落の「呼吸をしておらず，心臓も動いていない」状態から回復したと考えるのが自然。　５．直前の３文で普通なら助からない状況が説明されているが，空所の後には「どのようにしてそんなことが可能だったのか」とあるため，実際には助かったとわかる。How was it possible? の it は，彼が生き延びたことを指す。　６．空所の前の「ふだん，脳は大量の酸素を必要とする」と，後の「それ(＝脳)はあまり多くの酸素を必要としない」の両方に矛盾しないのは，B。その他の選択肢は，それぞれ下線部が矛盾するため不適。A.「非常に寒いときでさえ，脳は同じようにはたらく」，C.「しかし冷たい水の中では，脳はより多くの酸素を必要とする」，D.「脳がゆっくりはたらいているときでも，大量の酸素を必要とする」。

Ⅱ－D〔長文読解―内容一致―物語〕

≪全訳≫❶ジュディはふだん，土曜日には遅くまで寝ているのが好きだった。しかしこの土曜日に母親が起こしに来たとき，彼女はベッドから飛び出した。彼女は顔を洗うとすばやく服を着た。それから彼女は台所へ行き，母親が朝食をつくるのを手伝った。ジュディには，全ての準備ができたら，彼女たちが朝とても早くに家を出なくてはならないことがわかっていた。今日，ジュディと家族は祖父母を訪ねるのだった。彼女は彼らにあまり頻繁に会っていなかった。しかしこの土曜日は特別だった。❷ジュディは朝食を食べ，父親が皿を洗うのを手伝った。一家はその後すぐに出発した。まず，彼らは飲み物を買うために止まった。それから彼らは進んでいった。❸約半時間後，高い建物は全く見えなくなった。やがてジュディは，このようなちょっとした旅のときに彼女と家族がするゲームの時間がきたと知った。彼女は車の窓から外を注意深く見始めた。不意にジュディは叫んだ。「あそこにいるわ！」　彼女は道端にいる何かを指さした。「私の勝ちね。最初の馬を見つけたわ」❹その後，彼らは道沿いにもっと多くの馬を見つけた。ジュディは道中，いろいろなものを見て楽しんだ。しかししばらくすると，彼女はそれに飽きてしまった。彼女は持ってきた絵本にちょっと取り組んだ。それから眠ってしまった。寝てしまったことに気づく前に，母親が彼女を起こした。「もうすぐ着くわよ」と彼女は言った。「ちょうど昼食前に着くわ」❺数分後，彼らの車はジュディの祖父母の家の前に止まった。「誰かしら？」　車の音が聞こえたとき，ジュディの祖母は尋ねた。❻「さあね」とジュディの祖父が言った。「見に行ってみよう」❼ジュディと両親が車から降りる前に，祖父母は玄関前に立っていた。「サプライズ」とジュディの家族は声を上げた。「誕生日おめでとう，おばあちゃん！」

(1)「ジュディは祖父母にあまり頻繁に会っていなかったのは，(　　)からだ」　朝とても早く出発して着いたのはちょうど昼食前だったので，「遠く離れて暮らしている」などとするとよい。　(別解例) they lived far from her family　(2)「しばらくすると，周りには高い建物がなくなった。なぜなら，ジュディの家族は(　　)からだ」　車で走っているうちに高い建物がなくなったのは「田舎を車で走っていた」からと考えられる。　(別解例) were driving into the countryside　(3)「ジュディは車の窓から注意深く外を見たのは，彼女は(　　)たかったからだ」　第3段落参照。最終文の“I win. I saw the first horse.”から，「誰が最初に馬を見つけるか」というゲームをしているとわかるので，「最初に馬を見つけ(たかった)」とすればよい。　(別解例) find a horse first　(4)「祖父母を訪ねることによって，ジュディの家族は祖母に(　　)してほしいと思った」　第7段落最後の2文参照。“Surprise”，“Happy birthday”という言葉から，「驚いてほしかった」「喜んでほしかった」などが考えられる。時制の一致で助動詞 will は would にすることに注意する。(別解例) would be delighted

Ⅱ-E 〔長文読解―英問英答―説明文〕

≪全訳≫❶ワニは何も恐れていないとあなたは思うかもしれない。そうかもしれない。しかし，ワニには生後すぐに始まる問題があるのだ。❷赤ちゃんワニは卵から出てくる。母親は卵を覆うのに草を使う。赤ちゃんは，生まれるとき大きな音を立てる。母親は赤ちゃんから草を取り除く。赤ちゃんたちは母親のもとを離れる。❸しかし，赤ちゃんワニの中には大人のワニになれないであろうものもいる。彼らはいつも危険にさらされている。他の動物がいつでも彼らを食べる可能性があるのだ。幼いワニはとても小さいので，魚や鳥が彼らを食べるかもしれない。より大きなワニに食べられることもある。あなたが小さなワニだと想像してみてほしい。母親があなたを昼食のために呼んだら，逃げた方がいい。自分が昼食になってしまうかもしれないのだ。❹赤ちゃんワニは，人間からも危険にさらされている。いや，私たちは彼らを食べはしない。私たちは彼らをペットとして飼うのだ。赤ちゃんワニの中には，ペットショップにたどり着かないものもいる。途中で死んでしまうのだ。それに，ペットの世話をしない人は多い。小さなワニはかわいい。しかし，それが成長したらあなたはどうするだろうか。いつの間にか，それは浴室に入らないほど大きくなるのだ。❺幼いワニはたいてい虫を食べる。大きくなるにつれて，彼らはより大きなものを食べるようになる。カエルやカモ，ヘビは彼らを恐れている。ワニはシカを水の中に引き込んで殺すことさえある。だから，人々は大きなワニはとても危険だという。❻しかし，最大のワニでさえ，危険から自分を守る必要がある。人間が彼らの敵だ。ワニはその革のために殺される。その革は丈夫で美しい。それは鞄《かばん》や靴に使われる。さらに，ワニは狩りで殺されることもある。今では彼らを保護するための法律がある。しかし，いくつかの地域では，ワニはそれでも絶滅しかかっているのだ。

＜解説＞Q：「この話では，ワニの主な問題は何か」　第３段落以降に，ワニにとって問題になることが具体的に書かれている。第３段落第２文，第４段落第１文のin dangerや，第６段落第１文のprotect itself from dangerという表現に注目する。ワニは生まれた後すぐに他の生物，あるいは大きなワニによって生命の危機に直面し，大きくなった後も人間という敵によって常に死の危険にあると述べられている。つまり，この文章から読み取れるワニにとっての問題とは，生まれた後は常に死の危機にあるということである。

Ⅲ－A〔長文読解―語形変化―説明文〕

≪全訳≫1950年代，テレビは家庭生活に良い影響があると人々は考えていた。それは家族全員を１つの部屋に集めた。それはまた，いつもの家族内の口論を終わらせた。というのは，皆黙ってテレビを見ていたからだ。しかし最近，テレビを見ることは家庭生活にとってそれほど良くないのではないかと科学者たちは考えている。彼らは，家族はときどき口論をした方がいいと考えている。コミュニケーションをとることは，テレビの前で何もコミュニケーションをとらずにいるよりもいいと考えているのだ。実際，テレビがついているときは，家族間のコミュニケーションはほとんどない。家庭で起こるコミュニケーションの大部分は一方通行，つまりテレビ番組から家族一人ひとりへ，である。

１．1950年代の話なので過去形にする。　bring－brought－brought　２．１と同様，1950年代の話なので過去形にする。　put an end to ～「～を終わらせる」　put－put－put　３．that節中の動詞may not beに対応する主語が３を含む部分になるので，動名詞(～ing)にして「テレビを見ること」とする。　４．that節の中は，'it should be ～ for … to —'「…にとって—することは～だろう」の形式主語構文になっている。この構文ではtoの後は動詞の原形が続く。　５．They thinkで始まる現在時制の文。that節内の主語はcommunicatingという動名詞(～ing)。これは３人称単数なので，be動詞はisになる。　６．(　) in the familyはcommunicationを後ろから修飾していると考えられる。動詞が「～する，～している」という意味で名詞を修飾するときは現在分詞になる(現在分詞の形容詞的用法)。

Ⅲ－B〔長文読解―整序結合―エッセー〕

≪全訳≫❶私の母は看護師で，患者を訪問するのによく私を連れていった。とても具合が悪くて１日中ベッドに入っている高齢女性がいた。❷(1)ある午後，母は私に，私たちは彼女の自宅でその女性に薬を渡すために彼女を訪ねていく必要があると言った。途中で，私たちはデパートに立ち寄った。私は母が何か薬を買うのだろうと思ったが，彼女は中に入っていくと高価な香水１瓶と美しい帽子を買った。私は母に「どうしてそんなものを買ったの」と尋ねた。すると彼女は，それらは病気の女性のためだと言った。母はこう言った。「この女性は高齢で病気だけれど，それでもレディーなのよ。だから，私たちは思いやりを持って彼女を扱うべきなの」　(2)彼女は，病気を見ることなく患者の世話をすることが大切だと言った。彼らを理解するためには，彼らの心を注意して見る必要があるのだった。(3)私はすぐに，母の最大の強みは，自立できずに誰かを信用する必要がある若い人や高齢者を大事に思うことなのだと理解した。❸私は高校生のとき，自分は医師になるのだと思った。今日，私は心理学者として働いており，患者の大部分が非常に若いか非常に高齢であることに驚いていない。

(1)直前にvisitがあるので，目的語となるthe womanを続ける。語群から「薬を与えるために」という意味だと推測し，to give「与えるために」(‘目的’を表す副詞的用法のto不定詞)を続け，最後をher medicineとすると‘give＋人＋物’「〈人〉に〈物〉を与える」の形になる。　(2)語群からtake care of patientsというまとまりをつくると，前にあるit wasと残りの語からit was important to ～「～することは大切だ」という形式主語構文ができる。余ったwithoutは，後ろにあるseeingの前に置きwithout ～ing「～することなしに，～せずに」の形にする。　(3)前のcouldの後に置けるのは，helpかnot help。看護師の訪問を受ける患者がどのような状況か考え，could not help themselvesとまとめる。残りはand neededの順にすると，後のto trustと正しくつながる。

Ⅳ－A〔長文読解─条件作文─エッセー〕

≪全訳≫❶クリスマス前の最後の日，私は早めに買えなかった贈り物を買うためにデパートへ急いだ。そこにいる全ての人々を見たとき，私はこう思った。「これは永遠にかかるぞ。クリスマスの時期はいつもやることが多すぎる。(1)いい物を見つけることは難しい。店はどこも混んでいて，自分の(買った)物の支払いをするために，列になって永遠に待たなくてはならないんだ」❷子どもたちのためのおもちゃを見ているとき，私は胸に人形を抱いている幼い少年に気づいた。彼は人形の髪をずっと触っていて，悲しそうだった。彼の心配をしている時間はなかったので，私は買い物を続けた。❸おもちゃ売り場に戻ってきたとき，小さな少年はまだその人形を抱いていた。とうとう私は彼に近づいた。(2)私は彼に，なぜその人形がそんなに欲しいのか尋ねた。彼はこう言った。「僕の妹のケリーがこの人形が大好きでクリスマスに欲しがっていたんだ。サンタクロースがこの人形をくれるだろうと信じていたんだよ」　私は「たぶんサンタクロースは妹さんにそれを持ってきてくれるよ，だから心配しないで」と答えた。

(1)クリスマスシーズンの売り場はどこも混んでいるうえに，この時期はすることがたくさんありすぎるという文脈。「(いい物)を見つけるのは難しい」とすると文脈に合う。　(2)男の子がずっと人形を抱いているという状況を見て，筆者がかけた言葉を考える。男の子の返答は，その人形を欲しがる理由になっている。

Ⅳ－B〔テーマ作文〕

一番好きな科目を１つ挙げ，その理由を書く。interesting，funなどの単語を使ったり，その科目を勉強することによってできるようになること，将来の夢や進路との関係などを書いたりするとよい。　(別解例) I like English best. If I study English hard, I will be able to communicate with people from around the world. (21語)

Ⅳ－C〔テーマ作文〕

夏か冬を選び，その理由を書く。２択なので，春や秋には言及しない。　(別解例) I like winter better. In winter, we can enjoy events such as Christmas, New Year holidays and St. Valentine’s Day. It is a lot of fun to see relatives or exchange gifts. (32語)

2019年度／成蹊高等学校

数学解答

1 (1) $2-3\sqrt{5}$　(2) $(a+2)(a-3)(b-1)$
(3) $-\dfrac{3}{2}\leqq y\leqq 0$　(4) 63°　(5) $\dfrac{5}{2}$

2 (1) A…$\dfrac{9}{20}x-y$ 人　B…$\dfrac{5}{12}x+2y$ 人
C…$\dfrac{2}{15}x-y$ 人
(2) $x=1200$, $y=40$

3 (1) $\dfrac{1}{6}$　(2) $\dfrac{7}{216}$　(3) $\dfrac{1}{18}$

4 (1) $6b$　(2) $\dfrac{1}{12}$　(3) 2
(4) 6：1

5 (1) $\sqrt{3}$　(2) GT$=\dfrac{7}{2}$, AT$=4$
(3) $\dfrac{16}{7}$
(4) △APS…$\dfrac{8\sqrt{3}}{7}$
七角形 APQMNRS…$\dfrac{46\sqrt{3}}{7}$

1〔独立小問集合題〕

(1)＜平方根の計算＞与式$=2-\sqrt{30}+\sqrt{6}-\sqrt{45}-\dfrac{2\sqrt{3}-2\sqrt{15}}{\sqrt{2}}=2-\sqrt{30}+\sqrt{6}-3\sqrt{5}-\dfrac{(2\sqrt{3}-2\sqrt{15})\times\sqrt{2}}{\sqrt{2}\times\sqrt{2}}=2-\sqrt{30}+\sqrt{6}-3\sqrt{5}-\dfrac{2\sqrt{6}-2\sqrt{30}}{2}=2-\sqrt{30}+\sqrt{6}-3\sqrt{5}-\sqrt{6}+\sqrt{30}=2-3\sqrt{5}$

(2)＜因数分解＞与式$=(b-1)a^2+(a+6)\{-(b-1)\}=(b-1)a^2-(a+6)(b-1)$として，$b-1=B$とおくと，与式$=Ba^2-(a+6)B=\{a^2-(a+6)\}B=(a^2-a-6)B=(a+2)(a-3)B=(a+2)(a-3)(b-1)$となる。

(3)＜関数—変域＞関数$y=-\dfrac{1}{6}x^2$のグラフは下に開く放物線だから，xの変域$-3\leqq x\leqq 2$においては，xの絶対値が最大である$x=-3$のときyは最小，xの絶対値が最小である$x=0$のときyは最大となる。$x=-3$のとき$y=-\dfrac{1}{6}\times(-3)^2=-\dfrac{3}{2}$，$x=0$のとき$y=0$だから，$y$の変域は，$-\dfrac{3}{2}\leqq y\leqq 0$となる。

(4)＜図形—角度—円周角＞右図1のように，円の中心をO，3，6，13，17の点をそれぞれA，B，C，Dとし，ACとBDの交点をEとする。円周上の点は周を20等分しているので，$\angle$AOB$=360°\times\dfrac{3}{20}=54°$，$\angle$COD$=360°\times\dfrac{4}{20}=72°$である。よって，$\overset{\frown}{\mathrm{AB}}$，$\overset{\frown}{\mathrm{CD}}$に対する円周角と中心角の関係より，$\angle$ADE$=\dfrac{1}{2}\angle$AOB$=\dfrac{1}{2}\times54°=27°$，$\angle$EAD$=\dfrac{1}{2}\angle$COD$=\dfrac{1}{2}\times72°=36°$となる。△ADEで内角と外角の関係より，$\angle x=\angle$ADE$+\angle$EAD$=27°+36°=63°$となる。

図1

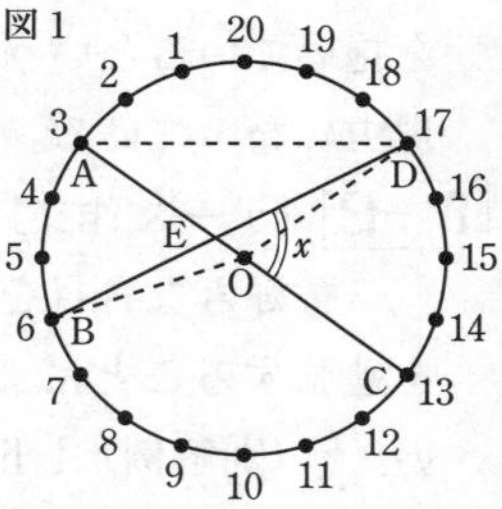

(5)＜図形—面積—相似＞右図2で，AD∥BCより，△DFQ∽△BCQだから，FQ：CQ＝DF：BC$=\dfrac{1}{2}$AD：AD＝1：2である。同様に，△AEP∽△CDPだから，AP：CP＝AE：CD$=\dfrac{1}{2}$AB：AB＝1：2である。これより，QC：FC＝2：(1＋2)＝2：3，PC：AC＝2：(1＋2)＝2：3となるから，QC：FC＝PC：ACであり，$\angle$PCQ$=\angle$ACFだから，△CPQ∽△CAFとなる。相似比は2：3だから，面積比は△CPQ：△CAF$=2^2:3^2=4:9$となり，四角形APQFの面積は，$\dfrac{9-4}{9}$△CAF$=\dfrac{5}{9}$△CAFとなる。AF＝FDより，△CAF＝△CFD$=\dfrac{1}{2}$△ACD$=\dfrac{1}{2}\times\dfrac{1}{2}$▱ABCD

図2

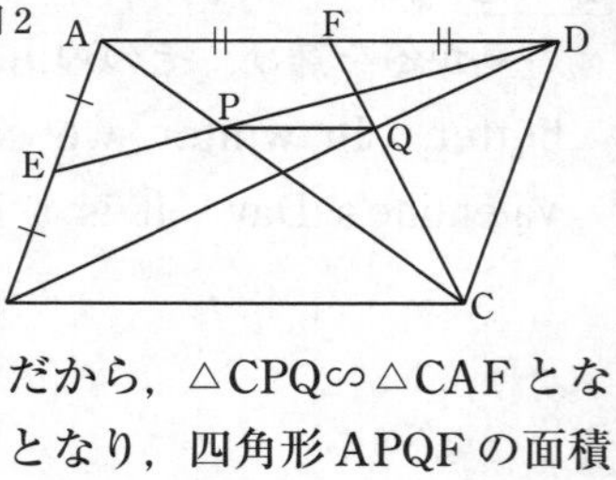

$=\frac{1}{2}\times\frac{1}{2}\times18=\frac{9}{2}$だから，〔四角形APQF〕$=\frac{5}{9}\times\frac{9}{2}=\frac{5}{2}$となる。

2〔方程式—連立方程式の応用〕

(1)＜人数—文字式＞受付の案内人は，x人の来場者を，左の通路と右の通路に行く人が3：2になるように案内したので，P地点に移動する人は$\frac{3}{3+2}x=\frac{3}{5}x$(人)，Q地点に移動する人は$\frac{2}{3+2}x=\frac{2}{5}x$(人)となる。また，P地点の案内人は，$\frac{3}{5}x$人の来場者を，左の通路と右の通路に行く人が3：1になるように案内したので，A会場に移動する人は$\frac{3}{3+1}\times\frac{3}{5}x=\frac{9}{20}x$(人)，B会場に移動する人は$\frac{1}{3+1}\times\frac{3}{5}x=\frac{3}{20}x$(人)となる。Q地点の案内人は，$\frac{2}{5}x$人の来場者を，左の通路と右の通路に行く人が2：1になるように案内したので，B会場に移動する人は$\frac{2}{2+1}\times\frac{2}{5}x=\frac{4}{15}x$(人)，C会場に移動する人は$\frac{1}{2+1}\times\frac{2}{5}x=\frac{2}{15}x$(人)となる。さらに，A会場とC会場からそれぞれ$y$人がB会場に移動したので，観客数は，A会場が$\frac{9}{20}x-y$人，B会場が$\frac{3}{20}x+\frac{4}{15}x+2y=\frac{5}{12}x+2y$(人)，C会場が$\frac{2}{15}x-y$人と表せる。

(2)＜連立方程式の応用＞B会場の観客数が580人だから，(1)より，$\frac{5}{12}x+2y=580$……①が成り立つ。また，A会場とC会場の観客数の比が25：6だから，$\left(\frac{9}{20}x-y\right):\left(\frac{2}{15}x-y\right)=25:6$……②が成り立つ。①，②の連立方程式を解くと，②より，$25\left(\frac{2}{15}x-y\right)=6\left(\frac{9}{20}x-y\right)$，$\frac{10}{3}x-25y=\frac{27}{10}x-6y$，$100x-750y=81x-180y$，$19x=570y$，$x=30y$……②′とし，②′を①に代入して，$\frac{5}{12}\times30y+2y=580$，$\frac{25}{2}y+2y=580$，$25y+4y=1160$，$29y=1160$，$y=40$(人)，これを②′に代入して，$x=30\times40$，$x=1200$(人)となる。

3〔確率—さいころ〕

(1)＜確率＞さいころを投げるとき，数の出方は6通りあるから，2回投げたときの数の出方は全部で，$6\times6=36$(通り)ある。このうち，点Pが数直線上の0の位置にあるのは，さいころの出た数の和が0となるときだから，(1回目，2回目)$=(-3,\ 3)$，$(-2,\ 2)$，$(-1,\ 1)$，$(1,\ -1)$，$(2,\ -2)$，$(3,\ -3)$の6通りある。よって，求める確率は$\frac{6}{36}=\frac{1}{6}$となる。

(2)＜確率＞さいころを3回投げたとき，数の出方は全部で，$6\times6\times6=216$(通り)ある。このうち，点Pが数直線上の6の位置にあるのは，3回の出た数の和が6のときだから，1と2と3，2と2と2が出るときである。よって，(1回目，2回目，3回目)$=(1,\ 2,\ 3)$，$(1,\ 3,\ 2)$，$(2,\ 1,\ 3)$，$(2,\ 3,\ 1)$，$(3,\ 1,\ 2)$，$(3,\ 2,\ 1)$，$(2,\ 2,\ 2)$の7通りだから，求める確率は$\frac{7}{216}$となる。

(3)＜確率＞点Pが数直線上の-4の位置にあるのは，3回の出た数の和が-4のときだから，-3と-3と2，-3と-2と1，-2と-1と-1が出るときである。-3と-3と2が出るとき，(1回目，2回目，3回目)$=(-3,\ -3,\ 2)$，$(-3,\ 2,\ -3)$，$(2,\ -3,\ -3)$の3通りあり，-2と-1と-1が出るときも同様に3通りある。-3と-2と1が出るとき，$(-3,\ -2,\ 1)$，$(-3,\ 1,\ -2)$，$(-2,\ -3,\ 1)$，$(-2,\ 1,\ -3)$，$(1,\ -3,\ -2)$，$(1,\ -2,\ -3)$の6通りある。よって，216通りの数の出方のうち，点Pが数直線上の-4の位置にあるのは$3\times2+6=12$(通り)だから，求める確率は$\frac{12}{216}=\frac{1}{18}$となる。

4 〔関数―関数 $y=ax^2$ と直線〕

≪基本方針の決定≫(2)　点Bの座標を b を用いて表す。　(3)　点Cの座標がわかる。

(1)＜点の座標＞右図で，点Aは直線 $y=-\frac{1}{6}x+b$ と x 軸との交点なので，$y=0$ を代入して，$0=-\frac{1}{6}x+b$，$\frac{1}{6}x=b$，$x=6b$ となる。よって，点Aの x 座標は，$6b$ と表せる。

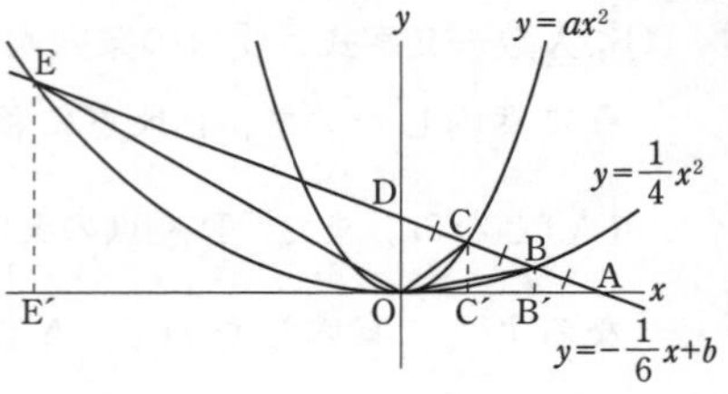

(2)＜切片＞右図で，$a>\frac{1}{4}$ より，点Bを通る放物線の式が $y=\frac{1}{4}x^2$，点Cを通る放物線の式が $y=ax^2$ である。2点B，Cから x 軸に垂線BB′，CC′を引くと，AB＝BC＝CDより，AB′＝B′C′＝C′O＝$\frac{1}{3}$OA＝$\frac{1}{3}\times 6b=2b$ となるので，OB′＝$2\times 2b=4b$ となり，点Bの x 座標は $4b$ である。点Bは直線 $y=-\frac{1}{6}x+b$ 上の点だから，$y=-\frac{1}{6}\times 4b+b=\frac{1}{3}b$ より，B$\left(4b,\ \frac{1}{3}b\right)$と表せる。点Bは放物線 $y=\frac{1}{4}x^2$ 上の点でもあるから，$\frac{1}{3}b=\frac{1}{4}\times(4b)^2$ が成り立ち，$12b^2-b=0$，$b(12b-1)=0$ より，$b=0$，$\frac{1}{12}$となる。$b>0$ だから，$b=\frac{1}{12}$である。

(3)＜比例定数＞右上図で，(2)より，C′O＝$2b=2\times\frac{1}{12}=\frac{1}{6}$だから，点Cの x 座標は$\frac{1}{6}$である。点Cは直線 $y=-\frac{1}{6}x+\frac{1}{12}$上の点だから，$y=-\frac{1}{6}\times\frac{1}{6}+\frac{1}{12}=\frac{1}{18}$より，C$\left(\frac{1}{6},\ \frac{1}{18}\right)$となる。さらに，点Cは放物線 $y=ax^2$ 上の点でもあるので，$\frac{1}{18}=a\times\left(\frac{1}{6}\right)^2$ が成り立ち，$a=2$ となる。

(4)＜面積比＞右上図で，△ODEと△OBCは，底辺をそれぞれDE，BCとしたときの高さが等しいので，面積比は底辺の長さの比と等しく，△ODE：△OBC＝DE：BCである。点Eから x 軸に垂線EE′を引くと，EE′∥DO∥CC′∥BB′より，DE：BC＝OE′：B′C′である。点Eは放物線 $y=\frac{1}{4}x^2$ と直線 $y=-\frac{1}{6}x+\frac{1}{12}$の交点だから，$\frac{1}{4}x^2=-\frac{1}{6}x+\frac{1}{12}$，$3x^2+2x-1=0$ より，$x=\frac{-2\pm\sqrt{2^2-4\times3\times(-1)}}{2\times3}=\frac{-2\pm\sqrt{16}}{6}=\frac{-2\pm4}{6}$となり，$x=\frac{1}{3}$，$-1$ である。よって，点Eの x 座標は -1 だから，OE′＝$0-(-1)=1$，B′C′＝C′O＝$\frac{1}{6}$となり，△ODE：△OBC＝DE：BC＝OE′：B′C′＝$1:\frac{1}{6}=6:1$ である。

5 〔空間図形―正六角柱〕

≪基本方針の決定≫(4)　いくつかの図形に分ける。

(1)＜長さ―特別な直角三角形＞右図で，正六角形GHIJKLは対角線GJ，HK，ILによって，6つの合同な正三角形に分けられる。これらの対角線の交点をO，線分OJと線分IKの交点をVとすると，OJ⊥KI，∠OJK＝60°より，△JKVは3辺の比が $1:2:\sqrt{3}$ の直角三角形となる。よって，KV＝$\frac{\sqrt{3}}{2}$JK＝$\frac{\sqrt{3}}{2}\times2=\sqrt{3}$ となり，IV＝KV＝$\sqrt{3}$ より，IK＝2KV＝$2\sqrt{3}$ となる。また，2点M，Nはそれぞれ辺IJ，JKの中点だから，△IJKで中点連結定理より，MN＝$\frac{1}{2}$IK

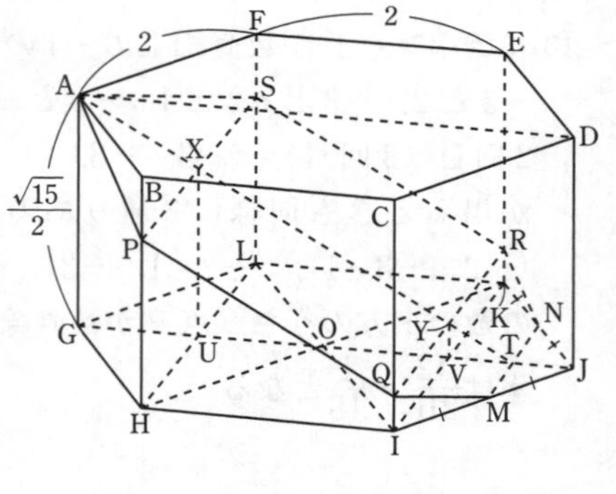

$=\dfrac{1}{2}\times2\sqrt{3}=\sqrt{3}$ となる。

(2)＜長さ—三平方の定理＞前ページの図で，図形の対称性から，点Tは，線分GJと線分MNの交点となる。(1)より，$JV=\dfrac{1}{2}JK=\dfrac{1}{2}\times2=1$ となる。また，MN∥IKとなるから，JM＝IMより，$JT=VT=\dfrac{1}{2}JV=\dfrac{1}{2}\times1=\dfrac{1}{2}$ となる。GO＝JO＝IJ＝2だから，$GT=GJ-JT=2\times2-\dfrac{1}{2}=\dfrac{7}{2}$ となる。さらに，△AGTは∠AGT＝90°の直角三角形だから，三平方の定理より，$AT=\sqrt{AG^2+GT^2}=\sqrt{\left(\dfrac{\sqrt{15}}{2}\right)^2+\left(\dfrac{7}{2}\right)^2}=\sqrt{16}=4$ となる。

(3)＜長さ＞前ページの図で，線分PS，QRと線分ATとの交点をそれぞれX，Yとすると，四角形PQRSは長方形であり，X，Yはそれぞれ線分PS，QRの中点となるから，PQ＝XYである。点Xから面GHIJKLに垂線XUを引くと，点Uは線分GJと線分HLの交点と一致する。また，点Yから面GHIJKLに垂線を引くと，交点は点Vとなる。XU∥YVだから，AX：XY：YT＝GU：UV：VTとなる。GU＝JV＝1，$VT=\dfrac{1}{2}$，$UV=GT-GU-VT=\dfrac{7}{2}-1-\dfrac{1}{2}=2$ となるので，GU：UV：VT＝$1:2:\dfrac{1}{2}=2:4:1$ となる。よって，AX：XY：YT＝2：4：1となり，(2)よりAT＝4なので，$XY=\dfrac{4}{2+4+1}AT=\dfrac{4}{7}\times4=\dfrac{16}{7}$ となる。したがって，$PQ=XY=\dfrac{16}{7}$ である。

(4)＜面積＞前ページの図で，(1)より $IK=2\sqrt{3}$ だから，$PS=HL=IK=2\sqrt{3}$ であり，(3)より，$AX=\dfrac{2}{2+4+1}AT=\dfrac{2}{7}\times4=\dfrac{8}{7}$ である。また，AX⊥PSだから，$\triangle APS=\dfrac{1}{2}\times PS\times AX=\dfrac{1}{2}\times2\sqrt{3}\times\dfrac{8}{7}=\dfrac{8\sqrt{3}}{7}$ となる。次に，四角形PQRSは長方形だから，$PQ=\dfrac{16}{7}$ より，〔長方形PQRS〕＝$PS\times PQ=2\sqrt{3}\times\dfrac{16}{7}=\dfrac{32\sqrt{3}}{7}$ となる。四角形QMNRはQR∥MNの台形であり，$QR=IK=2\sqrt{3}$，$MN=\sqrt{3}$，$YT=\dfrac{1}{2+4+1}AT=\dfrac{1}{7}\times4=\dfrac{4}{7}$ なので，〔台形QMNR〕＝$\dfrac{1}{2}\times(QR+MN)\times YT=\dfrac{1}{2}\times(2\sqrt{3}+\sqrt{3})\times\dfrac{4}{7}=\dfrac{6\sqrt{3}}{7}$ となる。以上より，〔七角形APQMNRS〕＝△APS＋〔長方形PQRS〕＋〔台形QMNR〕＝$\dfrac{8\sqrt{3}}{7}+\dfrac{32\sqrt{3}}{7}+\dfrac{6\sqrt{3}}{7}=\dfrac{46\sqrt{3}}{7}$ となる。

国語解答

一 問一 ① 瞬発力 ② 基礎 ③ 随分
④ 円滑 ⑤ 福祉

問二 イ

問三 お互いに歩み寄って合意に達した結論だ，ということ。

問四 価値観が異なる相手と対話しなければならない時代なのに，安易に妥協してしまうから。

問五 ・IT 革命が起こり，コピーフリーになったために，過去の技術を継承させる会社構造が無意味になったこと。
・共産圏が崩壊し，中国が資本主義化したために，労働力がいくらでも安く手に入るようになったこと。

問六 イ

問七 ・若い世代と対等にコミュニケーションを取れるようになる。
・国際化し，異文化コミュニケーションを取れるようになる。

二 問一 男子は動物の世話をしないと思っていたので，失望したから。

問二 エ

問三 A…ア B…エ C…ウ

問四 「わたし」のかたくなな性格を解きほぐしてくれる，という意味。

問五 エ

問六 光一くんとともに過ごした大切な時間を懐かしむ気持ち。

問七 愉快で優しい光一くんを思い起こさせるような存在。

三 問一 ア

問二 より厳重に縛られたこと。

問三 天井裏から鬼同丸が自分を狙っていること。

問四 Ⅰ 頼光に仕返しをすること。
Ⅱ…イ

問五 常に用心深く，判断がすばやくて的確な点。

一〔論説文の読解―社会学的分野―コミュニケーション〕出典；平田オリザ／蓮行『コミュニケーション力を引き出す　演劇ワークショップのすすめ』「コミュニケーション力と演劇」。

≪本文の概要≫現代においては，異なる価値観や文化的背景を持った人と出会ったときに，粘り強くコミュニケーションを取る能力，つまり「対話力」が重要になる。他者と三十分から一時間ほど議論する力を，「私」は「対話のための体力」と呼んでいる。日本人は，「対話のための体力」をあまり身につけていないが，このままではどんどん国力が衰退していく。一九八〇年代の中盤までは，労働力を集約して，資源を効率よく何かの製品に変えればもうかった。しかし，IT 革命が起こり，過去の技術を継承させる会社制度は意味をなさなくなった。さらに，ソビエトの崩壊や中国の資本主義化によって，膨大な単純労働人口が資本主義社会になだれ込んできた結果，労働力が安く手に入るようになった。こうして，日本の従来の企業論理は，通用しなくなった。これからは，日本企業は，全く違うアイデアやサービスの質で勝負しなければならないし，あらゆる企業は，国際化しなければならない。そのためには，対話が必要である。対話をすることで，組織も変わる。これからの時代に必要なのは，組織の変革につながる「対話の体力」である。

問一＜漢字＞①瞬間的に出すことができる，人間の能力のこと。　②物事が成り立つうえで，土台となるもののこと。　③かなり，相当，という意味。　④物事がすらすらと運ぶさま。　⑤国家などが，人々に幸福で安定した生活をもたらそうとすること。また，その取り組みのこと。

問二＜語句＞「機転」は，その場の状況に応じて，すばやく適切に対応する心のはたらきのこと。

問三＜文章内容＞議論の後の結果が，実際に，三十分前に一方が「言ったこととほとんど同じ」結論であったとしても，その結論は，両方で話し合い「お互いが歩み寄ってお互いが変わる」ことによって得られた結論なのである。一方の意見に他方が同調したというわけではないので，「二人で出した結論」ということになる。

問四＜文章内容＞これからの時代は，「異なる価値観や異なる文化背景を持った人と出会ったときに『どうにかする力』が重要」になる。国際社会だけでなく，「日本人同士でも価値観が大きく異なっていく」ので，日本人どうしの暗黙の要求は通用しなくなる。そのような状態で対話する体力もなくなると，お互いに妥協して，いい加減に済ませてしまうので，「どんどん国力が衰退して」いく。

問五＜文章内容＞IT 革命が起こった結果，「常に一〇〇％全く同じコピーが可能で，しかもそこにコストがかからない」という状態が生まれた。そうなると，日本の強みである「過去の技術を非常に高い精度で継承させる」会社構造は意味をなさなくなる。また，ソビエトの崩壊や中国の資本主義化によって，「労働力がいくらでも安く手に入るようになってしまった」のである。「その二つが重なったために，日本の一致団結型の企業論理が，全く意味を成さなくなってしまった」のである。

問六＜文章内容＞日本社会は，「計画を変えると，『誰がこれを決めたんだ』と責任を問うような社会」なので，物事を「変える」ことをとても恐れるが，それを「恐れないことが一番大事」である。

問七＜文章内容＞「上意下達・終身雇用の徒弟制度のような会社構造」は，もはや通用しない。これから国際市場で勝つためには，若い世代から出てきた新しいアイデアを，「対話の体力で合意を形成して，形にしていく必要」がある。そのためには，「重層性のある対等なコミュニケーションを常に保てるような組織論」をつくっていかなければならない。また，「これからは，あらゆる企業が国際化しないと話にならない」ので，「異文化コミュニケーションを積み重ねていくこと」が求められる。異なる文化的背景を持った人々との対話を積み重ねることで，組織は変わっていく。

二〔小説の読解〕出典；あさのあつこ『下野原光一くんについて』。

問一＜心情＞「わたし」は，「じゃんけんで負けて」飼育委員を押しつけられただけでも，「少し憂鬱な気分」だったのに，相手が男の子だったので，さらに「がっかりした」のである。「わたし」は，「動物の世話を真面目にしてくれる男子なんているわけがない」と思い込んでいたのである。

問二＜心情＞「わたし」は，自分のことを，「不器用で，生真面目で，融通がきかない」と思っていたが，光一くんには，「大らか」で，「あんまり，ごちゃごちゃこだわらない」性格だと言われた。自分が思う自分自身の性格とは正反対だったので，「わたし」は，驚いたのである。

問三＜表現＞A．五年生は，「男子と女子の距離が何となく開いていく時期」であり，「距離の取り方をみんな，手探りしている時期」だった。それなのに，光一くんは，取り立てて意識する様子もなく，淡々と背中を叩いてくれたので，「わたし」は不思議に感じたのである。　B．「飼育小屋の中で，わたしと光一くん」は，小声で，言葉少なく，「会話を交わした」のである。　C．「わたし」は，「額を金網に押し付けて，泣いた」ので，額には，金網の跡がくっきりと残るに違いない。

問四＜文章内容＞「わたし」は，「付き合い難い人だ，可愛げのない子だと言われていた」が，「わたしはわたしを生きるしかない」と「開き直ったように，でもどこか頑なに十一歳を生きていた」のである。一方，光一くんは，おもしろくて，「ヘンテコで愉快な人」だった。そんな光一くんと一緒の時間を過ごすうちに，その影響を受けて，「わたし」は，意固地な性格がほぐれていき，少しは融通がきくようになった。光一くんが，その言動で，「わたし」を「変えてくれた」のである。

問五＜心情＞「光一くんともっといろんな話がしたかった」が，「わたし」には，「何をどう話したらいいのか」見当がつかなかった。「軽やかに，適当におしゃべりをする技術をわたしは，ほとんど持ち合わせていなかった」のである。「わたし」は，自分の「不器用で，生真面目で，融通がきかない」性格にいらだち，自分を変えたいと思ったのである。

問六＜心情＞年月を経た今でも，「わたし」は，光一くんと過ごした時間を「鮮明に思い出すことができる」のである。その頃のことを思うと，「わたし」は，懐かしさを感じ，自分が小学校五年生で，飼育委員だった当時に戻ったような気持ちになるのである。

問七＜文章内容＞「わたし」は，コースケの「堂々と歩く姿」や年を取った仲間に寄り添う優しさや止まり木から落ちるお馬鹿な格好が好きだった。コースケのそうした性質は，全て，おもしろくて，「ヘンテコで愉快」な光一くんと共通している。「わたし」が好きだったのは光一くんであり，光一くんを連想させる存在だから，コースケが好きだったのである。

三〔古文の読解―説話〕出典；『古今著聞集』巻第九，三三五。

≪現代語訳≫頼光は驚いて，「どうして鬼同丸ほどの者を，あの程度に縛っているのですか。罪があるものならば，あんなふうにいい加減に縛るべきではない」とおっしゃったので，頼信は，「本当にそのとおりです」と答えて，家来を呼んで，よりしっかりと縛るように命じたので，(家来は)金属製の鎖を取り出して，逃げないようにしっかりと縛りつけた。鬼同丸は，頼光がおっしゃったことを聞いたときから，「くやしいぞ。何としてでも，今夜のうちに，この恨みを晴らさずにはおくものか」と思っていた。酒を数杯飲むうちに，頼光も酔って寝てしまった。頼信も寝室に入った。夜中に(人々が)寝静まったとき，鬼同丸は，屈強な者だったので，(自分を)縛っていた縄と金鎖を引きちぎって逃げ出した。狐戸から入って，頼光が寝ている上の天井に来た。この天井を引きはがして(頼光へと)飛び降りれば，勝ち負けを決めるのは，間違いないと思いつつためらっていたところ，頼光もただ者ではないので，すぐに気がついた。(鬼同丸が)上から襲ってくると危険だと思って，「天井に，イタチよりも大きく，テンよりは小さい生き物の音がする」と言って，「誰かいるか」と呼ぶと，綱が，名乗って参上した。「明日は鞍馬寺へ参詣しよう。まだ夜に包まれているが，今からすぐに参ろうと思う。誰それは供をせよ」とおっしゃったので，綱は拝聴して，「皆ここにおります」と申し上げた。鬼同丸はこのことを聞いて，ここでは今は実行できない，酔って寝ていれば(頼光を殺せる)と思ったが，中途半端なことをしてはうまくいかない，と思って，明日の鞍馬への道で(頼光を殺そう)，と考え直して，天井から抜け出して，鞍馬の方へ向かって，市原野の辺りで，(襲撃に)好都合な場所を探したが，身を隠せそうなところがなかった。

問一＜古文の内容理解＞頼信が，屈強な犯罪者として有名な鬼同丸を，いい加減に縛っているのを見て，頼光は，驚いたのである。

問二＜古文の内容理解＞頼光が警告したので，頼信は，家来に命じて，鬼同丸を，それまでよりも厳重に縛らせた。鬼同丸は，余計な口出しをしたことで，頼光を恨んだのである。

問三＜古文の内容理解＞天井裏の物音を聞いて，頼光は，人の気配を感じ取り，縛られていた鬼同丸が逃げ出して，自分を襲うために，天井裏に潜んでいることに気がついたのである。

問四＜古文の内容理解＞Ⅰ．鬼同丸は，余計な口出しをした頼光に恨みを抱き，天井裏から襲って殺そうと考えていたが，ここでは無理だと考え直したのである。　Ⅱ．鬼同丸は，頼光が酔って眠っているところを襲おうと思っていたが，頼光が目を覚まして家来たちを呼び集めたので，今ここで襲撃しても頼光を殺せないと考えたのである。

問五＜古文の内容理解＞頼信が鬼同丸をいい加減に縛っているのを見て，頼光は，もっとしっかり縛るように命じている。また，天井裏の気配から，鬼同丸が自分を襲おうとしていることを感じ取り，家来を呼び集めている。さらに，鞍馬に向かうことを鬼同丸に聞こえるように言ったのは，鬼同丸にそこで自分を待ち伏せさせるためである。鞍馬で襲ってくるならば，鬼同丸を返り討ちにできると，頼光は判断したのである。このように，頼光は，常に用心を怠らず，わずかな物音にも気がつくほど敏感で，すばやく適切な判断ができるという点で，優れているのである。

Memo

Memo

2018年度 成蹊高等学校

【英　語】（60分）〈満点：100点〉

【注意】 ＊の語には（注）に訳語が与えられている。

I　A　放送問題

今からミツバチ（bee）に関する説明を聞きます。内容と一致するように，１～５の文の空所に入る一語を答えなさい。与えられた文字から始まる語を答えること。

1．Worker bees know the other bees need to (e　　) to work hard.

2．Bees use their (b　　) for words when they talk.

3．Worker bees carry their food to their (h　　) for other bees.

4．Worker bees may say, “The (f　　) are just over that hill.”

5．Worker bees (t　　) the other bees where to get the food.

B　放送問題

今からあるサマーコースの初日の説明を聞きます。それぞれの内容として正しいものをア～エから１つ選び，記号を○で囲みなさい。

1．What is the name of the course？

ア．International Language

イ．Culture and Language

ウ．International Communication

エ．Culture and Communication

2．What time do the students meet？

ア．from 10:50 to 12:55　イ．from 10:15 to 11:50

ウ．from 10:50 to 11:50　エ．from 10:15 to 12:15

3．When will the students meet in the research room during the course？

ア．once a week

イ．twice a week

ウ．the last two weeks

エ．the first two weeks

4．If today is Tuesday, when can the students buy their textbooks at the bookstore？

ア．today after class

イ．on Wednesday

ウ．on Thursday

エ．on Friday

5．Which is NOT part of the students’ grades for the course？

ア．class activities

イ．small quizzes

ウ．a research project

エ．an interview with the teacher

※<**放送問題原稿**>は英語の問題の終わりに付けてあります。

II　A　次の文章において，枠内の文それぞれは文章中(ア)～(エ)のどこかに入ります。もっとも適する場所を選び，その記号を答えなさい。

1．Some believe that it is wrong to kill animals.

Vegetarians are people who never eat meat for various reasons. Sometimes they just don't like meat, so they don't eat it. (ア) Some vegetarians believe that eating meat is not healthy. (イ) They feel that animals are living things just like people so we shouldn't hurt them. (ウ) Some vegetarians feel that if people eat less meat and more *grains, such as *corn, *wheat, and *oats, food will be less expensive and fewer people in the world will be hungry. (エ)

（注） grain：穀物　corn：トウモロコシ　wheat：小麦　oat：オート麦

2．But this is not the real reason.

In the United States, many people who were born during the "Baby Boom" of the 1950s and 1960s are choosing to have no children. Scientists say that more than one in five women who were born in the 1950s in the United States may never have children. (ア) Some people say this is because young people now want to do more things for themselves. They do not want to follow the way of life of their parents. (イ) In the past, children were needed to help the family by working and earning money. (ウ) When family life changed in the 1980s, people no longer had the *economic need for children. (エ) So, now more and more people choose to have no children.

（注） economic：家計上の

3．If an older person is afraid to go out at night, the Guardian Angels will go with that person.

The Guardian Angels was started in 1979 in New York City by a man named Curtis Sliwa. It is a group of people that walk around the streets to help stop *crime before it happens. (ア) The group also helps older people. (イ) The Guardian Angels work in groups of eight members. (ウ) They all wear special red caps and T-shirts so people know who they are. (エ) Guardian Angels must work with other members for 10 hours every week, but they do not receive any money. Today there are Guardian Angels in many big cities in the United States.

（注） crime：犯罪

B　下の文章を読み，1～6の文がその内容と合う場合は○を，そうでない場合は×を解答欄に書きなさい。

1．Sophie liked to study math like many other friends around her.
2．Sophie always studied math late at night and her parents couldn't stop her.
3．Sophie used a different name because the school *professors told her to do so.
4．Sophie met a professor once and surprised him because she called herself *Monsieur LeBlanc.
5．Sophie studied math problems that even *mathematicians could not easily understand.
6．Sophie was respected more than any other mathematician in her time.

Sophie Germain loved math. When she was 13 years old, she found a book about *Archimedes in her father's library. Then she read all the books about math she could find and decided to become a mathematician.

There were two problems. First, Sophie was born in 18th century France. Second, Sophie was a girl from a *middle-class family. It was not common for girls from the middle class to study math in the early 18th century in France.

Sophie's parents wanted her to be like other girls. When she studied math, they tried to stop her. Sophie didn't want to stop. She studied *secretly at night, by candlelight, while her parents were sleeping. Sophie's parents found out, and they took away her candles. That didn't stop Sophie. She found more candles. Finally, her parents gave up and thought Sophie should keep studying. It was too hard to stop her!

When Sophie was 18 years old, a school for mathematicians opened in Paris. Sophie couldn't take classes there because it was for men only. So she decided to send letters when she had questions about math problems. She didn't sign her own name on the letters. She used a man's name, Monsieur LeBlanc, a student at the school at one time. This idea worked, and professors answered her letters. After a while, one professor wanted to meet the bright Monsieur LeBlanc. Imagine his surprise! Monsieur LeBlanc was a woman. The professor didn't tell anyone. He kept Sophie's *secret.

Sophie continued to write to other mathematicians. She always signed her letters Monsieur LeBlanc. She met some of these *experts, but they usually stopped helping her after a short time. Was it because she was a woman? No one is sure. However, we know one thing. There was strong *prejudice against *educated women in Sophie's time. This made things difficult, but it didn't stop her.

Sophie continued to study. She taught herself other kinds of math, such as *algebra and *calculus. She is famous for her excellent work on a difficult math problem that was even difficult for many other mathematicians.

Sophie is also famous for her studies of *metal as a building *material. Many years later, her ideas were used to build tall buildings, such as *the Eiffel Tower in Paris, Sophie's hometown.

Today, on the *base of the Eiffel Tower, there are 72 names of great French scientists and mathematicians. However, there is one important name that is not there: Sophie Germain.

(注) professor：教授　Monsieur：フランス語のMr.のこと　mathematician：数学者
Archimedes：アルキメデス（ギリシアの数学者）　middle-class：中流階級の　secretly：こっそりと
secret：秘密　expert：専門家　prejudice：偏見　educated：教養のある
algebra：代数学　calculus：微積分学　metal：金属
material：材料　the Eiffel Tower：エッフェル塔　base：土台

C　次の文章を読み，１～５の文に続く適当なものをア～ウからそれぞれ選びなさい。

Is there a relationship between music and language? New research shows the answer, yes. Music improves *certain language *abilities in the *brain. Here, we will look at two examples.

New research by scientist Nina Kraus shows that playing a *musical instrument can improve a person's hearing ability. As a part of the research, two groups of people listened to a person who was talking in a noisy room. The people in the first group were musicians. The people in the second group had no musical training. The musicians were able to hear the talking person more *clearly.

Musicians hear better, says Kraus, because they learn how to be careful with certain sounds. Think about violin players in an *orchestra. When the violin players play with the group, they hear their own instrument and many other instruments, too. But the violin players must listen carefully to the sounds they are making, and *ignore the other sounds. In this way, musicians are able to listen only to certain sounds, even in a room with a lot of noise.

Gottfried Schlaug, a doctor at *Harvard Medical School, works with *stroke *patients. Because of their stroke, these people cannot say their names, addresses, or other information. However, they can still sing. Dr. Schlaug was surprised to find that singing words helped his patients to speak. Why does this happen? Schlaug isn't sure. He thinks that different parts of the brain, including the parts that had the stroke, became active because of music. This somehow helps patients to use that part of the brain again.

Music improves *concentration, memory, listening skills, and our language abilities. It can even help sick people to get better. Playing an instrument or singing, says Nina Kraus, can help us to do better in school and keep our brain active as we get older. Music, she adds, is not only fun, but also good for us in many other ways.

(注) certain：ある種の　ability：能力　brain：脳　musical instrument：楽器
clearly：はっきりと　orchestra：オーケストラ　ignore：無視する
Harvard Medical School：ハーバード大学医科大学院　stroke：脳卒中(の)
patient：患者　concentration：集中力

1. Scientist Nina Kraus compared two groups to find that . . .
ア. musicians are good at listening to different sounds.
イ. music is a good way to improve a person's hearing ability.
ウ. playing a musical instrument may influence a person's peace of mind.

2. Nina Kraus found that musicians hear better because . . .
ア. musicians learn to listen only to certain sounds.
イ. musicians can hear all the sounds mixed in the orchestra.
ウ. musicians are trained to ignore their sounds when others are playing.

3. Dr. Schlaug was surprised because he discovered that . . .
ア. singing a song encouraged his patients to speak.
イ. his patients who had a stroke were never able to sing again.
ウ. music could help to increase his patients' activities.

4. Nina Kraus says that . . .
ア. music is useful for us to improve different kinds of abilities.
イ. music is fun in many ways because we can play it with other people.
ウ. music is important for us because it helps us to stay young.

5. The new brain research shows that . . .
ア. there is no relationship between music and language.
イ. music has a strong impact only on the language part of the brain.
ウ. music has a relationship with the activities of the brain, including language.

D　下の文章を読み，その内容と合うように，要約文中の１～５に適切な１語を入れなさい。ただし与えられた文字で始めること。

[要約文]

> Reginald and Robert believed that poor boys should $_{1}$(f　　) good examples, and started a program. The name of the program comes from the idea of elephants that $_{2}$(p　　) their family members. In one program, they play sports to build friendships. Young boys also clean the city and get money to $_{3}$(p　　) for school. The boys have to be $_{4}$(g　　) in school to join the program. Reginald and Robert feel happy to know that the boys $_{5}$(s　　) the money on their studies and for their future.

The Elephant Men Program was created by Reginald Caster and Robert Harris. They are two friends who grew up together in a poor neighborhood in *Tennessee. They grew up, moved away, and became *successful. They remained friends and shared a goal. It was to help boys aged 9 to 13 in their old neighborhood. They wanted to act as *role models for young boys and to stop them from getting into trouble as they got older.

They called their program The Elephant Men after reading how elephant families in Africa get together and protect their young when they are in *danger. Reginald and Robert's program supports the young men in *inner cities who might lose their lives because of *drugs and *crime. Their *slogan is, 'Protecting our young people with the *strength and *conviction of the elephant.'

They look for different ways for the young men to respect themselves and others. One way is to use sports, especially basketball, to bring the boys together. Another successful project is a four-week summer work program. More than 100 young boys take part in this program. The boys collect garbage across the city. If they do this, they can receive a $200 gift card to buy things they need for school. To take part in the program, the boys have to get a letter from an adult at their school who writes something good about them. This gives the boys a reason to do well in school.

"We know our program works," says Reginald. "We have some kids in college now. On the weekend before school starts, our boys buy their clothes and books for school in the shops. This is the best day of the year for us."

（注） Tennessee：テネシー（アメリカの州）　successful：成功した　role model：模範となる人
danger：危険　inner city：スラム街　drug：薬物　crime：犯罪　slogan：標語
strength：強さ　conviction：信念

E　次の文章を読み，下の１，２に答えなさい。

Today is April seventeenth, the first day of my new diary. I'd like to write about the reason for starting it. I've started it because something special happened today. When I was taking our dog, Shalom, for his afternoon walk down in the old farm field, suddenly he smelled something interesting, ran to a *log, and began to *dig around it. I picked up one end of the log and looked under it. There was a small snake. I knew that it was a safe one.

I picked it up. It only moved a little. It just stayed in my hand, and looked weak after its long winter's sleep.

I've seen snakes before. I've even caught them, but (1)<u>somehow this one was different.</u> Why was it different? Because I suddenly found something *alive after the silence of winter, I think. Anyway, I decided to take it home.

On the way home, I thought of a plan. I thought I would start a study of snakes and write down what I found.

I opened the door of my house and met my first problem. It was my mother. "Why are you bringing *that* into the house?" she asked.

"It's all right," I said. "This snake is safe."

Mother didn't believe me. I was afraid my great plan was going wrong. I put the snake in a glass pot and explained to her that keeping the snake was important to me. I said that most snakes are safe. I also said that only a few dangerous kinds live in the United States. Then I said how useful snakes are. I said to her, "We have to thank snakes. The number of *rats is controlled by snakes that eat the rats' children. We don't want rats to fill the fields." Mother didn't look happy with my talk. She said she would be glad to leave (2)that problem to the cats. Then I took the next step. I held the snake out to her. "Just touch it," I said. "You'll see. It feels *smooth and cool."

She touched it. "You're right," she said. She looked surprised. Finally she said I could have it in my room. I promised that I would keep the snake in a *tank. I also promised that I would keep the tank covered *tightly.

Now the tank is in my room. Each day I hope to add a new page to this diary.

（注） log：丸太　dig：掘る　alive：生きている　rat：ネズミ
smooth：滑らかな　tank：水槽　tightly：しっかりと

1．なぜ主人公は下線部(1)のように思ったのか日本語で説明しなさい。(15～25字以内，句読点を含む)

2．下線部(2)の内容を具体的に日本語で説明しなさい。(10～15字以内，句読点を含む)

Ⅲ　A　次の文章を読み，1と2の中で与えられた語句を並べ替え，文を完成させなさい。

To many people, the tiger is one of the most beautiful animals on earth. It is the largest of the big cats, and some tigers are more than three meters long. It is also a powerful animal, full of life. In some Asian countries, people think that 1 [gives / powers / special / the tiger / them]. In China, people believe that pictures of tigers can help to make children strong and well, so they give children hats 2 [have / of / on / a picture / a tiger's head / which] them to wear. The hats became very popular among children. In 1988, the tiger was the symbol of the Olympic Games in *Seoul, South Korea.

（注） Seoul：ソウル(韓国の首都)

B　次の文章を読み，1と2の中で与えられた語を順番に使って，文を完成させなさい。

Florence Nightingale was born on May 12, 1820, in Italy. When she was 17 years old, she said to her father, "I will be a nurse. I will visit hospitals in England and other countries."

Her father didn't like that idea. Her family was rich and he thought 1 [need / work / hard]. He didn't respect nurses and he thought it was a job for poor people. But Florence didn't change her mind. Finally her father supported her.

Florence went to a school for nurses and later she worked in England and also in other countries. In 1854, a war happened between England and Russia. Then Florence gathered a group of nurses and went to the *front as their leader. When they arrived in *Crimea, there were a large number of soldiers who were hurt. Some of them died from *wounds, but more of them died from fever. Florence helped those soldiers. She worked fourteen hours a day without a break. Because of her hard work, $_{2}$[many / able / live]. They thanked her.

Her health broke because of her hard work. She caught a fever and almost died, but she did not return to England. She stayed in Crimea until she got well again.

When the war was over, she came back to England and opened a school for nurses in 1860. She died on August 13, 1910, at the age of ninety.

（注） front：（戦争の）前線　Crimea：クリミア地方
wound：傷

C　次の文章中の1～6の語を必要に応じて，適切な形に変えなさい。必要なら語を加えること。

Rita has a dog named Sam. Most people like Sam, but not Mr. Stone. Mr. Stone lives alone in the house next door to Rita. She has never $_{1}$(see) his smile. Mr. Stone always looks unhappy. He says Sam always makes too much *noise.

Every morning Rita goes to school. Sam $_{2}$(leave) home alone. One afternoon, when Rita came home, Sam $_{3}$(play) outside. "Bad dog!" Rita shouted. "You should stay inside the house. How did you get out?"

Mr. Stone was watching Rita and Sam. "The dog jumped out of the open window," Mr. Stone said. "He's not bad. He's just lonely." Rita looked at Mr. Stone. She had an idea. "Could you keep Sam with you while I am at school?" She asked. "When I $_{4}$(come) back from school, I will look after him." She added. Mr. Stone looked $_{5}$(surprise), but showed his smile and said, "It's not too difficult to do so." When Rita heard this, she $_{6}$(feel) happy.

（注） noise：騒音

D　次の対話は海外留学プログラムのための面接で行われたものです。面接者になったつもりで，プログラム参加希望者のRikaに対して適切な質問文を英語で書きなさい。

Interviewer：Hi, Rika. It's my pleasure to meet you. Today, I would like to ask you what you think about the study abroad program. Can I ask you the first question?
①＿＿＿＿＿＿＿＿＿＿?

Rika：Yes, I have.

Interviewer：Where? When?

Rika：In Singapore from 2013 to 2015.

Interviewer：How did you like living in Singapore?

Rika：It was great. That's why I decided to spend my summer abroad.

Interviewer：②＿＿＿＿＿＿?

Rika：I enjoyed talking with people from different cultures.

Interviewer：Great. If you have a chance to study abroad, ③＿＿＿＿＿＿＿＿＿?

Rika：I want to study in Spain.

Interviewer：④＿＿＿＿＿＿＿＿?

Rika：I want to stay there for a year.

Interviewer：OK. ⑤＿＿＿＿＿＿＿＿?

Rika：Because I'm interested in Spanish. Also, my future dream is to become an architect, so I want to see a lot of beautiful Spanish buildings.

Interviewer：I see. Well, thank you. That is all for today.

Rika：Thank you.

E　あなたが学校で気に入っている場所を，外国人の先生にわかってもらえるように英語で説明しなさい。場所は，次のア～カから１つ選択し，記号を書きなさい。また，理由を２つ添え，それぞれ７～15語で書くこと。文の数は問いません。

ア．職員室 (staff room ; teachers' room)　　イ．教室 (schoolroom ; classroom)
ウ．体育館 (gymnasium ; gym)　　エ．音楽室 (music room)
オ．校庭 (schoolyard ; school yard ; school grounds)　　カ．図書室 (library)

The place I like best in school is ________________. I have two reasons.
First, ① ____
Second, ② ____

＜放送問題原稿＞

A　放送問題

今からミツバチ(bee)に関する説明を聞きます。内容と一致するように，１～５の文の空所に入る一語を答えなさい。与えられた文字から始まる語を答えること。

When you know something wonderful, you want to talk about it. But if you can't use words, what do you do? You may try using your body like bees.

Bees talk. But their language has no words. What do they do? The worker bee looks for food. The food is called nectar. It comes from flowers. The bee finds flowers. It eats some nectar and takes some home.

The bee gives the nectar to others so they can work. They want more. How can the bee tell them where it came from? It can't use words. So it uses its body. It dances. The dance tells the bees which way to go. It tells them how far.

Soon the bees understand the information. They soon leave their home and fly to the flowers to get their food.

B　放送問題

今からあるサマーコースの初日の説明を聞きます。それぞれの内容として正しいものをア～エから１つ選び，記号を○で囲みなさい。

Hello, everyone. My name is Sarah Roberts, and I'll be your teacher for this summer course, Culture and Communication. We are going to study together for four weeks this summer. Nice to meet you.

First, please look at the paper on your desk. You should all have one now, I think. This course will be on Tuesdays and Thursdays from 10:15 to 11:50. We will meet in this room for the first half of the course, but we will use Research Room 405 for the last two weeks.

This is the textbook for the course, "Culture and Language." I'm sorry but the books for you haven't arrived yet. The books will be at the bookstore the day after tomorrow. So, remember to buy one for yourself. Please look again at your course paper. During this course, you will have tests, small quizzes, one research project and classroom activities. At the end of this course, with the results of your work, we will decide your grade. Do you have any questions? OK. Let's start.

【数　学】 (60分) 〈満点：100点〉

【注意】 円周率は π として計算すること。

1 　次の各問いに答えよ。

(1) $\dfrac{(2\sqrt{3}-3\sqrt{2})^2}{6}-\dfrac{\sqrt{50}-\sqrt{75}}{\sqrt{2}}$ を計算せよ。

(2) $2a^2-4ab-2bc+ac$ を因数分解せよ。

(3) 次の2次方程式を解け。

$$\left(x-\frac{1}{2}\right)^2-\frac{1}{4}x(x+1)=0$$

(4) 図において，AB∥DE∥FG，AB＝28，DE＝12，BE＝CG である。FGの長さを求めよ。

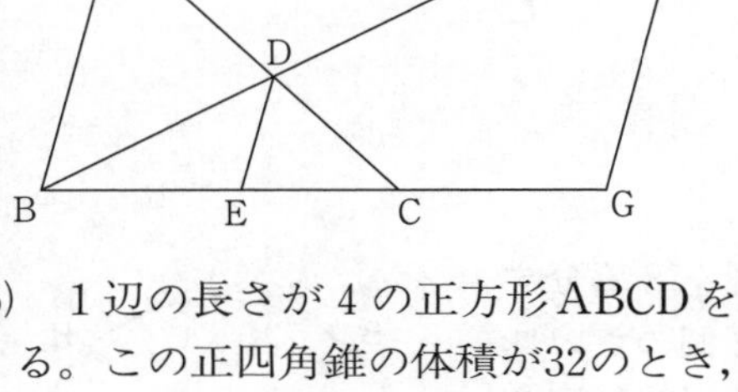

(5) 1辺の長さが4の正方形ABCDを底面とし，OA＝OB＝OC＝OD である正四角錐OABCDがある。この正四角錐の体積が32のとき，OAの長さを求めよ。

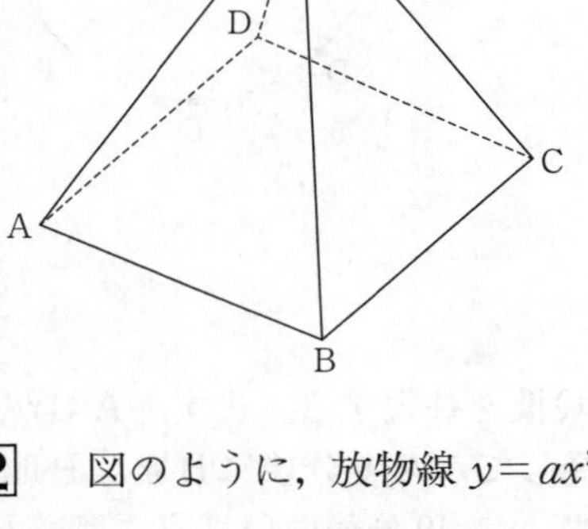

2 　図のように，放物線 $y=ax^2$ と傾き $\dfrac{1}{3}$ の直線 l が2点A，Bで交わっている。A，Bの x 座標はそれぞれ -1，2である。また，点Cを y 軸上にとり，点Dを放物線 $y=ax^2$ 上にとったとき，四角形ABCDが平行四辺形になった。

このとき，次の各問いに答えよ。

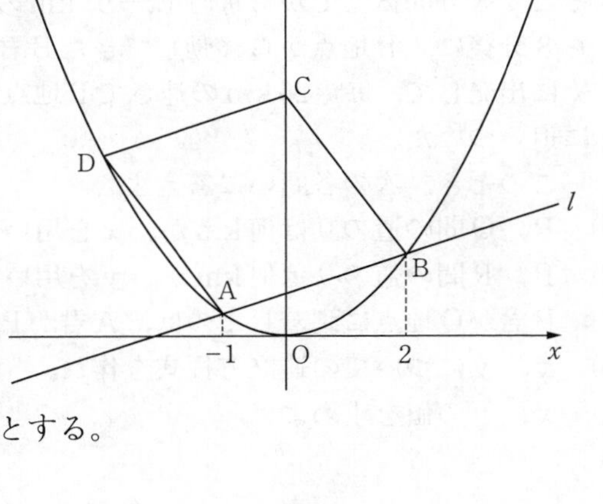

(1) a の値を求めよ。

(2) 点Dの x 座標を求めよ。

(3) 点Cの座標を求めよ。

(4) 放物線 $y=ax^2$ 上に点Eを，△BCDと△BEDの面積が等しくなるようにとるとき，Eの座標を求めよ。ただし，Eの x 座標はDの x 座標より小さいものとする。

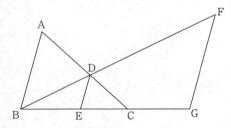

3　点Oを中心とし線分ABを直径とする半円に対し，図のように線分BC，CDを引いた。ただし，AB＝2，BC＝$\sqrt{3}$，∠ABC＝90°であり，CDは半円の弧に点Dで接している。

このとき，次の各問いに答えよ。

(1)　線分BC，CDと弧DBのすべてに接する円の半径を求めよ。

(2)　3本の線分AB，BC，CDと弧DAで囲まれた図形の面積を求めよ。

(3)　直線ABを軸として，四角形OBCDを1回転してできる回転体の体積を求めよ。

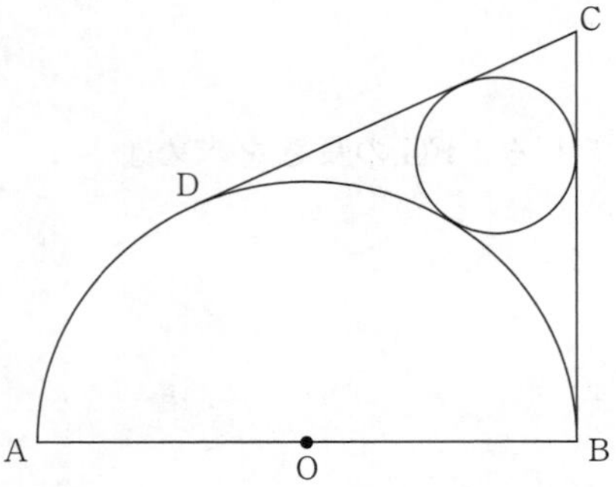

4　図において，点A，B，C，D，E，F，G，Hは円周を8等分する点である。2点P，Qは，はじめAの位置にある。大小2個のさいころを同時に1回投げ，Pは大きいさいころの出た目の数だけ反時計回りに進み，Qは小さいさいころの出た目の数だけ時計回りに進む。

例えば，大きいさいころ，小さいさいころの出た目の数がそれぞれ3，4であるとき，PはDの位置に，QはEの位置に進む。

次の各問いに答えよ。

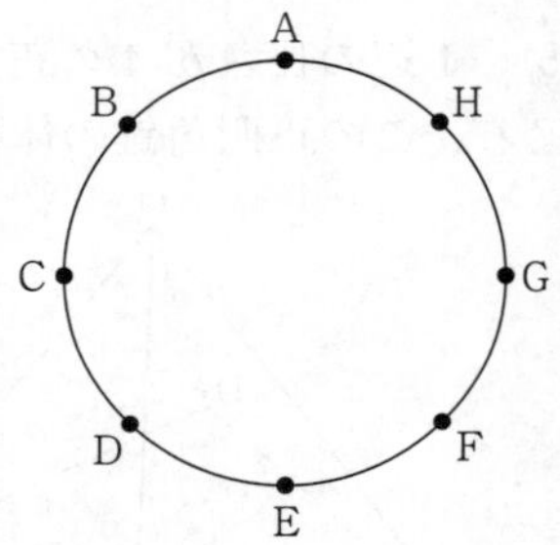

(1)　2点P，Qが同じ位置に進む確率を求めよ。

(2)　△APQが直角三角形になる確率を求めよ。

(3)　△APQが二等辺三角形になる確率を求めよ。

5　P地点とQ地点を結ぶ道があり，A君，B君は自転車でP，Q間を往復する。まず，A君がP地点を出発し，毎時$x$kmの速さでQ地点に向かった。A君が出発してからy分後にB君はP地点を出発し，毎時20kmの速さでQ地点に向かった。A君は出発してから40分後にQ地点に到着し，そこで8分間休んでから毎時$(x-9)$kmの速さでP地点に向かった。A君は，Q地点を出発してから8分後に，P地点から移動してきたB君とR地点ですれ違った。また，B君はQ地点に到着後すぐに出発して，毎時25kmの速さでP地点に向かったところ，2人がすれ違ってから27分後にA君に追いついた。

このとき，次の各問いに答えよ。

(1)　P，Q間の道のりは何kmか。xを用いて表せ。

(2)　P，R間の道のりは何kmか。yを用いて表せ。

(3)　B君がQ地点に到着したのは，A君がP地点を出発してから何時間後か。x，yを用いて表せ。

(4)　x，yについての連立方程式を作れ。

(5)　x，yの値を求めよ。

三　次の文章を読んで、後の問いに答えよ。

〔輔親《すけちか》は、庭に毎朝やってくる鶯《うぐいす》の鳴き声を聞かせようと歌人たちを招く計画を立てた。そのため、家来には鶯を逃がさないようにと注意しておいた。本文はその続きである。〕

*辰の時ばかりに、時の歌よみども集まり来て、いまや鶯鳴くと、*うめきすめきしあひたるに、さきざきは*巳の時ばかり、必ず鳴くが、*午の刻の下がりまで1見えねば、「いかならむ」と思ひて、*この男を呼びて、「いかに、鶯のまだ見えぬは。今朝はいまだ来ざりつるか」と問へば、「鶯のやつは、さきざきよりも*とく参りて侍《はべ》りつるを、*帰りげに候《さうら》ひつるあひだ、召しとどめて」といふ。「召しとどむとは、いかん」と問へば、「取りて参らむ」とて2立ちぬ。「3心も得ぬことかな」と思ふほどに、木の枝に鶯を結ひつけて、持て来たれり。おほかたあさましともいふはかりなし。「こは、いかにかくはしたるぞ」と問へば、「昨日の仰せに、鶯やるなと候ひしかば、いふかひなく逃し候ひなば、弓箭《ゆみや》とる身に心憂《う》くて、*神頭《じんどう》をはげて、射落して侍り」と申しければ、輔親も居集まれる人々も、あさましと思ひて、この男の顔を見れば、4脇かいとりて、いきまへ、ひざまづきたり。*祭主《さいしゅ》、「5とく立ちね」といひけり。人々をかしかりけれども、この男の気色におそれて、え笑はず。一人立ち、二人立ちて、みな帰りにけり。興さむるなどは、こともおろかなり。

（『十訓抄』による）

【注】*辰の時＝午前八時頃。
*うめきすめき＝歌を詠もうとして苦心する。
*巳の時＝午前十時頃。
*午の刻の下がり＝正午過ぎ。
*この男＝ここでは、「家来」をさす。
*とく＝はやく。
*帰りげに候ひつるあひだ＝帰ってしまいそうな様子をしておりましたので。
*神頭をはげて＝神頭（先のとがっていない矢）を弓にあてて。
*祭主＝ここでは、「輔親」をさす。

問一　――線部1「見えねば」とあるが、この日は何を見ることができなかったのか。最も適切なものを次の中から選び、記号で答えよ。

ア　鶯　　イ　輔親

ウ　この男（家来）　　エ　歌よみども

問二　――線部2「立ちぬ」とあるが、この動作の主語は誰か。最も適切なものを次の中から選び、記号で答えよ。

ア　鶯　　イ　輔親

ウ　この男（家来）　エ　歌よみども

問三　――線部3「心も得ぬことかな」とあるが、どうして輔親は不思議に思っているのか。その理由を説明せよ。

問四　――線部4「脇かいとりて、いきまへ、ひざまづきたり」とは、得意げな態度を表しているが、家来は、なぜこのような態度を取っているのか。その理由を説明せよ。

問五　――線部5「とく立ちね」とあるが、この時の輔親の気持ちとして、最も適切なものを次の中から選び、記号で答えよ。

ア　気の利いた歌を詠めない歌人たちにいらだちを覚えている。

イ　自分の言い付け通り鶯を逃さなかった家来を褒めてあげたい。

ウ　状況を理解していない家来の顔を見ておかしくてたまらない。

エ　歌人たちの集まりを台無しにした家来に怒りがこみあげている。

うなんて。これから合唱部に入ろうなんて。そういう気持ち、すごいと思う。余生じゃないんだ。

今も現役でぐるぐるどろどろがつがつしている人が、なんだか光って見える。6自分は降りてしまったはずなのに、そういう人の匂いを嗅ぎ分けてはむかついていた。

認めなくてはいけない。余生ではない、本道を生きている人に嫉妬していたことを。

（宮下奈都『よろこびの歌』による）

【注】＊ボーズ＝ソフトボール部の顧問。
＊コールユーなんとか＝「コールユーブンゲン」。合唱練習曲。

問一 ――線部1「母はあの頃のままだ」とあるが、「私」は母のどのような点を「あの頃のままだ」と感じているのか。最も適切なものを次の中から選び、記号で答えよ。

ア 「私」の高校生活が、輝かしいものになると信じて疑わないこと。

イ 「私」の気持ちに関係なく、母自身が思うようにしか理解しないこと。

ウ 「私」の気持ちを思いやりすぎて、過保護なくらい気を遣っていること。

エ 「私」の高校生活は、「私」の思うようにすればいいとあきらめていること。

問二 ――線部2「思いがけず強い口調で否定した自分に自分で驚いていた」とあるが、それはなぜか。最も適切なものを次の中から選び、記号で答えよ。

ア 今は余生だと思っていたが、その本心を予想外の他人からも指摘されたから。

イ 今は余生だと思っていたが、それを認めたくない自分がいたことに気付いたから。

ウ 今は余生だと思っていたが、改めてやはりその通りだということを確認できたから。

エ 今は余生だと思っていたが、まったく周囲からはそう思われていないと知ったから。

問三 空欄[A]～[C]に入れるのに最も適切なものを次の中から選び、それぞれ記号で答えよ。

ア 肩　イ 口　ウ 腰
エ 耳　オ 胸　カ 目
キ 苦笑　ク 失笑　ケ 微笑

問四 ――線部3「彼女は初めてこちらを振り返った」とあるが、これは「御木元玲」がどのように変化したことを表しているか。説明せよ。

問五 ――線部4「音楽室に来る理由」とあるが、「音楽室に来る」本当の理由は何であったのか。説明せよ。

問六 ――線部5「千夏のあんまりうまくない歌が私を誘う」とあるが、「あんまりうまくない歌」なのに「私を誘う」のはなぜか。その理由を説明せよ。

問七 ――線部6「自分は降りてしまったはずなのに、そういう人の匂いを嗅ぎ分けてはむかついていた」とあるが、その理由を「そういう人」とはどのような人かを明らかにして説明せよ。

のかなと思って。吹奏楽の子とかときどき楽器取りに来たりするから」
「そんなんでいちいちドア開けに来るの。もっと堂々としていればいいじゃない」
「あ、そうだね、ごめん」
なぜか千夏が謝っている。私の態度がそれだけ偉そうだということだろう。偉そうついでにいった。
「練習、見ていってもいい？」
千夏はピアノのほうを振り返った。そこで私は千夏以外にも人がいたのかと初めて気がついたふうに顔を向けた。御木元玲はピアノの前の椅子にすわっていた。彼女は立ち上がり、そのまままっすぐ私の前まで歩いてきた。
「見ていくだけじゃなくて、一緒に歌っていけばいいのに」
べ、と私は口籠もった。べつに、歌いたいわけじゃない。でも、べ、しかいえずに口を噤《つぐ》んだ。御木元玲の口調はあまりにも自然だった。
何もいえずに立っていると、彼女はまたピアノのところへ戻っていく。千夏が弾むような足取りで後を追った。どうしようかと思っているうちに、ピアノが鳴り始めた。これが、＊コールユーなんとかだろうか。ドアを閉め、ゆっくりとピアノのほうへ近づいた。聞いたことのある曲だと耳を傾けていると、やがて千夏が歌い出した。のびのびと楽しそうに。どんな名曲かと思えば、うちの校歌じゃないか。へえ、と思う。退屈な歌だと思っていたけど、こうして聴くと案外いい。
校歌を歌うことがどんな勉強になるのか知らない。御木元玲は千夏の歌いたいように歌わせて、自分は流暢《りゅうちょう》にピアノを弾いているだけだ。それなのに、ちょっと楽しそうだった。5千夏のあんまりうまくない歌が私を誘う。なんとなく私まで歌い出したくなる感じなのだ。
やがて歌が終わると御木元玲のピアノも鳴りやんだ。校歌の余韻が音楽室に残っている。
「私、歌を歌おうにも楽譜も読めないから。声の出し方も知らないし。そしたら御木元さんが、まずは好きな歌を歌おうって」
千夏が小声で説明してくれる。
「それで校歌？」
「うん。この学校に来てよかったな、って思うから」
そうか。そんな人もいるのか。この特に取り柄のないような学校に来てよかったと愛着を感じる人を間近に見て、驚くと同時にちょっと恥ずかしくなった。成り行きで入っただけだから、もう余生だから、学校は適当に出ておけばいいと思っていた。
「週に一度、御木元さんに教えてもらって、あとは自分でなんとか――」
「教えてないよ」
御木元玲がきっぱりという。
「伴奏するだけ。ときどき一緒に歌うだけ」
「でもそれだけですっごく歌いやすくなるんだ」
千夏が熱っぽく語るのを、質問で遮った。
「あとは自分でなんとか、どうするつもりなの」
「だからさ、自分でも練習して、もしちゃんと歌えるようになったら、合唱部に入ろうかなって」
照れくさそうに千夏はちょっと俯《うつむ》いた。おいおい。声に出しそうになって危うく言葉を飲み込む。ずいぶん小さい目標じゃないの。しかももう二年の冬だっていうのに今から入部するつもりなのか、このおめでたい同級生は。
あきれているはずなのに、胸がじんとしている。千夏の素直なパワーはどこから来るんだろう。もしかして、この子にはぐるぐるはないんだろうか。いや、と私はブレーキを踏む。たぶん、ぐるぐるのない人なんていない。それを忘れちゃいけない。ぐるぐるぐるぐる、きっと悩んでいる。楽譜が読めないというのがほんとうだとしたら、ずいぶん勇気が要ったことだろう。同級生に初歩から歌を習関わりのある子じゃないし、それほど嫌な子でもない、はずだ。人に歩み寄ろうという姿勢のない、鈍感で、幼くて、傲慢で、気取ってて、いけすかないやつではあるけれど。

母親は有名なヴァイオリニストだそうで、御木元響？ それ誰？ と聞いた私は［B］を買った。自分でいうのもなんだけど、私にはおかしいほど一般教養みたいなものがない。朝から晩まで白球を握っていて、そんなものを身につける暇——といったら怒られそうだけど——がなかった。

彼女はきっと父親が外国人なんだろうと思わせるエキゾチックな顔立ちをして、長い黒髪を後ろでひとつに束ね、つねに不機嫌な顔をしている。ほとんど喋《しゃべ》らず、笑いもせず、いつも独りでいる。私がむかつこうがどうしようがきっと気にもしていないだろう。

ただ、合唱コンクールで何かが変わった。指揮に指名されて3彼女は初めてこちらを振り返った。同じクラスになって半年余り経ったあのときになってようやくその目にクラスメイトの顔が映ったみたいだった。私も、彼女の不機嫌じゃない顔を初めて見た気がする。不機嫌ではなく——なんというか、ぐるぐるとかがつがつとか、そういういろんな感情をむきだしにしたような、生々しい顔だった。

「……そうか」

コリエが私を見て、ちょっと首を傾《かし》げる。

「早希、ヘン。何ひとりで納得してるの、むかついたのはどうしたのよ」

「なんとなく、むかつく理由がわかった気がする」

「あたしにはわかんないよそれじゃ」

私にもよくはわからない。

なんでこんなことをやってるんだろ。そう思ったけれど、ついつい足が向いてしまった。気づくと私は音楽室の前で息を殺していた。

ひとつには、グラウンドを避けたいという気持ちもあった。いつのまにかソフトボール部を見ていたなんて、さらにそれをボーズなんかに見破られていたかもしれないなんて、ほんとにかっこわるい。寄っていかないかと誘われて、それをまるで気にしないかのようにグラウンドの脇を通って帰るのはむずかしそうだった。無視して通り過ぎることとならできる。だけど、ボーズに、おーい、と声をかけられたら、昼間みたいにムキにならずに断ることができるだろうか。スポーツに興味はありませんと穏やかに笑って話せる自信はあまりなかった。

だからといって4音楽室に来る理由にはならない。

千夏、だろうか。それもある。千夏がおずおずと、でも明らかに［C］を弾ませて紙袋から出して見せた肌色のテキストが、目に焼きついている。それを使って何が行われるのか、ひとりの同級生をあんなふうに夢中にさせるのは何なのか、見てみたい。そう思ったのはほんとうだ。——わかっていた。わざわざ音楽室を覗《のぞ》くようなことをしているのは御木元玲のせいに違いなかった。千夏を音楽室に引き寄せているのも彼女だ。私の中でぐるぐるが渦を巻いている。御木元玲の正体をこの目で見たい。その欲求を抑えられなかった。

音楽室の中からは何も聞こえてこなかった。合唱部の練習が講堂で行われる水曜日に、浅原の許可を得て音楽室を使わせてもらっている、と千夏は史香に話していたそうだ。そして今日、放課後に千夏がいそいそと音楽室のほうへ向かうのを見た。この中にいるのは確かなはずだった。何をしているのだろう。どうして何も聞こえないのだろう。

そう思ってもう一歩ドアに近づいたときだった。内側から、すっとドアが開いた。

あれ、と声がした。驚いたような顔の千夏が立っている。

「どうしたの」

先に私が聞いた。千夏のほうこそ余程そう聞きたかったことだろう。

「今、練習始めようと思ったらこっちで物音がしたから、誰か来た

二　次の文章を読んで、後の問いに答えよ。

高校生の「私」（中溝早希）は中学時代ソフトボール部のエースで、強豪校への推薦が決まっていたが、肩を壊して辞退し、この高校に入学した。「御木元《みきもと》玲」は音大附属校の受験に失敗し、やはりこの高校に進学した。それぞれがそうした経緯はだれにも話さずに高校生活をおくっていた。

私の肩が壊れたとき、母は泣きに泣いた。そんなに泣かれたら私の立場はどうなるのか、母はやはり考えもしないようだった。自分が泣きたいばかりで、当の娘には泣かせてもくれない。結局のところ、私のソフトボールも自分が楽しむ道具でしかなかったのだろう。高校に入っても、1母はあの頃のままだ。私に過剰な期待をかけていた母、それを忘れられない母、娘を気遣っているつもりの母。あなたはまだ若いんだから、と理解あるようなことをいう母。彼女はさんざん泣いた後で、さっぱりと晴れやかな顔でいったのだ。

「あなたは若いんだから。まだまだこれからなんだから」

あぜんとした。励ましているつもりだったらしい。でも、これから何だというのだろう。これからはもうない。母にとっては楽しみのひとつでしかなくても、ソフトボールは私のすべてだったのだ。そんな言葉はなぐさめにもならないってことがこの人にはわからないのかと思ったら、気持ちは冷え切った。

「まだまだこれからもこんな人生がずっと続いていくのかと思うと、ここらで降りたくなるね」

吐き捨てるようにいうと、母は息を呑《の》んだだけで何もいい返せなかった。まだまだこれから鬼が出るか蛇が出るか。娘にそれぐらいのことがいえないでどうする。

翌日、家庭科室へ移動する途中で*ボーズに呼びとめられた。

「中溝、今日、ちょっと寄っていかないか」

大きな声だった。まわりの子が怪訝《けげん》そうな顔で振り返っていく。私だって怪訝だ。このボーズは古典の教師のくせにはんなりもしんみりもしておらず、現れればいつでもこちらの都合などおかまいなしにいいたいことをいう。

「寄るってどこにですか」

彼はにやりと笑った。

「グラウンドに決まってるじゃないか」

「どうして」

聞き返したとき、はっとした。ボーズは何か知っているのではないか。

「中溝、いつもグラウンド見てるよな。堂々と寄っていけばいいんだよ。おまえ足速いし、走りたいんだろ」

「見てません」

何いってるんですか、と笑ってはぐらかしたってよかった。それなのに、2思いがけず強い口調で否定した自分に自分で驚いていた。ボーズは人懐っこい笑顔を崩さず、うんうんと何やらうなずいて歩いていってしまった。

まったく大人げないと自分でも思う。何が余生だ。余生ならもっと穏やかに対応できたはずだ。級友たちが何も見なかったみたいにさざめきながら歩いていくほうに目を遣《や》ると、御木元玲がはっきりとこちらを見ていた。一瞬合った視線を外し、後ろから追いついてきたコリエに私は耳打ちした。

「むかつく」

ボーズが、なのか、御木元玲が、なのか。もしかするとこんなことで揺さぶられる自分にいちばんむかついているのかもしれない。コリエはさっと御木元玲に視線を走らせてから、

「どうしたの、なんかあったの」

と面白そうに聞いた。

どうして御木元玲にむかつかなくちゃならないのか自分でもわからない。わざわざ A の敵にするほどの子ではない。それほど

「すみません」と口にすることの方が多いのではないか。

それに対して、感謝の気持ちをあらわしているのだから、謝罪のときと同じ「すみません」というのはおかしい、「ありがとう」というべきだ、などという人がいる。英語でも、感謝の気持ちをあらわすのに「エクスキューズ・ミー」や「ソーリー」といった謝罪の言葉は使わずに、「サンキュー」という。だから、日本語でも「ありがとう」というべきだ、というのである。

［D］何という見当違いなことをいい出すのかと呆《あき》れざるを得ない。日本で日本語を使って暮らしていながら、日常用語のもつ文化的含意をまったく理解していない。

私たち日本人の場合、感謝の気持ちをあらわす際にも、なぜ「すみません」という言葉が自然に口をついて出るのか。そこには気遣いの心が作用しているのである。

「ありがたい」というのは、あくまでも自分の都合である。自分が「ありがたい」というだけで、相手が労をとってくれたことや負担を負ってくれたことに対する気遣いは、そこにはない。あくまでも「ありがたい」という自分の立場でものをいっているのであり、自分中心の発想である。

それに対して、「すみません」という言葉には、「ほんとうに申し訳ない」という、相手の立場に対する思いが凝縮されている。「すみません」は、労をとってくれたことや負担を負ってくれたことに対する気遣いにより発せられる言葉であり、相手に対する思いやりに満ちた言葉なのである。

ゆえに、7感謝の意をあらわすのに、「自己中心の文化」なら「ありがとう」で足りるが、「間柄の文化」では相手を気遣うことが必要であり、「ありがとう」では足りない。そこで「すみません」が用いられるのである。

（榎本博明『「おもてなし」という残酷社会　過剰・感情労働とどう向き合うか』による）

問一　===線部①～⑤のカタカナを漢字に改めよ。

問二　空欄［A］～［D］に入れるのに最も適切なものを次の中から選び、それぞれ記号で答えよ。

ア　さらに　　イ　まさに　　ウ　いったい　　エ　たとえば

問三　――線部1「閉じておらず」とあるが、この「閉じる」は、ここではどういう意味で用いられているか。これより前の本文中の語を用いて五字以内で答えよ。

問四　――線部2「言語表現の習慣」とあるが、具体的にどのような「言語表現」を指しているか。答えよ。

問五　――線部3「学校でディベート教育が取り入れられ、自己主張的なコミュニケーションの練習をさせられている今の若者たちでさえ、話し合いの場で自分の意見を主張するのが苦手な者が多い」とあるが、筆者は、その理由を何だと考えているか。答えよ。

問六　――線部4、5にみられるような、日本語の「かも」にはどのような意味が込められていると筆者は考えているか。説明せよ。

問七　――線部6「アノ、これ、違うんですか？」とあるが、なぜこのような言い方になったのか。筆者の考える、その原因に当たる部分を本文中に七十字以内で探し、初めと終わりの五字ずつを抜き出して答えよ。

問八　――線部7「感謝の意をあらわすのに、『自己中心の文化』なら『ありがとう』で足りるが、『間柄の文化』では相手を気遣うことが必要であり、『ありがとう』では足りない」とあるが、筆者の考える「ありがとう」と「すみません」の意味をそれぞれ説明せよ。

といわずに、

「私、それ好き4かも」

とぼかすような表現を使ったりするのも、それが嫌いだったり、別の曲やアーティストが好きだったりする友だちを配慮してのことである。

日曜日に何をして遊ぼうかという話をしているときに、

「映画を観《み》たい」

とはっきりいわずに、

「映画とか観たい5かも」

といったりするのも、他のことをしたい友だちがいるかもしれないからである。

日本語を学ぶ外国人を悩ます婉曲表現にこそ、いかにも日本らしい気遣いの心が反映されているのである。

日本語論を専門とする芳《は》賀綏《がやすし》は、つぎのような事例を用いて、日本人の言語表現の微妙なニュアンスを描写している。

「バスの中で、旅行者らしい中年女性と土地の人らしい青年が並んで掛けていた。考え事でもしていたのか、女性は乗り過ごしそうになり、気づくやあわてて降りようとした。その背中へ、後に残った青年がちょっとためらいながら声をかけた。

『6アノ、これ、違うんですか？』

女性は席にカバンを一つ置き忘れて降りようとしたのだった。

――青年の発話に、相手の呼称も、代名詞も、出現していないのがおもしろい。『小母《おば》さん！』とも『あなた！』とも呼べず、『アノ、』となった。そして『小母さんのカバン』でも『あなたのカバン』でも落ち着かない。『これ』ですますことにした。英語ならyour bagと言うのに何の迷いもあるはずがない」

（芳賀綏『日本語の社会心理』人間の科学社）

芳賀は、年齢・性別・親疎など、いくつもの条件を考え合わせたあげく、使う語句を決定しかねると、このような結果になる、そして、どの語句を選んでも、照れ臭さが絡んで口に出せないという心理の微妙さこそ、日本人の対人行動を描くのに欠かせないとしている。

［　C　］、そこにこそ日本語とそれを用いる日本人の心の微妙な③センサイさがある。このような描写は、日本語を学ぶ外国人の頭を大いに④コンランさせるに違いない。でも、日本人ならこの青年がこのようないい方をせざるを得なかった気持ちがよくわかるはずだ。

丁寧語とはいえ、年長者に「あなた」と呼びかけるのは失礼に当たるといった感受性が広く共有されている。そうかといって「君」とか「お前」などというのは、あまりに不適切である。

知っている相手なら「○○さん」と呼びかければよいのだが、名前を知らない相手に対して呼びかけるのに適切な代名詞がない。そこで、「小母さん」という表現が頭に浮かぶが、もしかしたら気分を害するかもしれない。そうかといって「お姉さん」というには年を取りすぎていて嫌味になる。こうした葛藤を経て出てきた言葉が、「アノ、」だったというわけだ。

考えてみれば、私たちはよく知らない人に声を掛けるとき、「あの……」とか「すみません……」と呼びかけることが多いが、そのようなちょっとした呼びかけの⑤ハイゴで、こんな葛藤が渦巻いているのである。

そこにあるのは、相手がどう感じるだろうか、うっかり傷つけないだろうか、気分を害さないだろうか、失礼にならないだろうか、といった相手の気持ちを気遣う心なのである。

日本語の「すみません」には、謝罪の意味だけでなく、感謝の意味も含まれている。だから、人に謝るときだけでなく、何か親切にしてもらったときも、私たちは「すみません」と口にする。

実際、日常生活では、謝るよりも感謝の気持ちをあらわすために、

二〇一八年度 成蹊高等学校

【国 語】（六〇分）〈満点：一〇〇点〉

句読点も一字に数える。

一　次の文章を読んで、後の問いに答えよ。

私は、欧米の文化を「自己中心の文化」、日本の文化を「間柄の文化」と名づけて対比させている（榎本《えのもと》博明《ひろあき》『「みっともない」と日本人』日経プレミアシリーズ）。

「自己中心の文化」とは、自分が思うことを思う存分主張すればよい、ある事柄を持ち出すか持ち出さないかは自分の意見を①キジュンに判断すればよい、とする文化のことである。常に自分自身の気持ちや意見に従って判断することになる。

欧米の文化は、まさに「自己中心の文化」といってよい。そのような文化のもとで自己形成してきた欧米人の自己は、個として独立しており、他者から切り離されている。

一方、「間柄の文化」というのは、一方的な自己主張で人を困らせたり嫌な思いをさせたりしてはいけない、ある事柄を持ち出すか持ち出さないかは相手の気持ちや立場を配慮して判断すべき、とする文化のことである。常に相手の気持ちや立場を配慮しながら判断することになる。

日本の文化は、まさに「間柄の文化」といえる。そのような文化のもとで自己形成してきた日本人の自己は、個として1閉じておらず、他者に対して開かれている。

こうした日本的な自己のあり方に対して、欧米かぶれの人たちは主体性がないなどと批判的なことをいう。だが、自己主張を適度に抑え、相手を②ソンチョウしようという、個として凝り固まらず、他者に対して開かれた姿勢が、争い事の少ない調和的な社会を生み出しているのである。

そして、そうした姿勢こそが「『おもてなし』の精神」につながっているのである。

このように、私たち日本人は、どんなときも自分本位にならずに、相手の立場や気持ちを考えないといけない。そのように文化的に条件づけられている。それが2言語表現の習慣にもあらわれているのだ。

日本語を学ぶ外国人からよくいわれるのは、日本語には曖昧な表現があるから難しい、ということである。

欧米人もアラブ人も、自分の思うことをはっきりいい、自分の要求をはっきり主張することに慣れているため、当然のように、そういった表現をするのだが、それは日本語にすると失礼な物いいになったり、相手にとってきついいい方になったり、ずうずうしいいい方になったりする。

3学校でディベート教育が取り入れられ、自己主張的なコミュニケーションの練習をさせられている今の若者たちでさえ、話し合いの場で自分の意見を主張するのが苦手な者が多い。

学生に聞いても、グループで話し合うワークを取り入れる授業で、よく知らない人たちに対して自分の意見をいうのは難しくて、ごく一部の人が話しているだけで、他の人は適当にお茶を濁している感じだという。

なぜ、よく知らない人に対して意見をいうのが苦手なのか。それは、相手の考えや感受性がよくわからないため、配慮するのに失敗するかもしれないからだろう。

［A］、自己主張の教育を受けている昨今の若者でさえ、若者特有の今風の婉曲表現を用いることで、相手のことを配慮し、傷つけたり衝突したりするのを避けようとしている。

友だち相手の場合でも、日常的に相手を配慮して、ぼかした表現を使う。［B］、音楽の話をしているとき、

「私、それ好き」

2018年度／成蹊高等学校

英語解答

Ⅰ A 1 eat 2 body 3 home
4 flowers 5 tell
B 1…エ 2…イ 3…ウ 4…ウ
5…エ

Ⅱ A 1…イ 2…イ 3…イ
B 1…× 2…○ 3…× 4…○
5…○ 6…×
C 1…イ 2…ア 3…ア 4…ア
5…ウ
D 1 follow 2 protect
3 prepare 4 good
5 spend
E 1 (例)冬の沈黙の後で，突然生きているものを見つけたから。(25字)
2 (例)畑がネズミだらけになること。(14字)

Ⅲ A 1 the tiger gives them special powers
2 which have a picture of a tiger's head on
B 1 (例)she didn't need to work hard
2 (例)many soldiers were able to live
C 1 seen 2 is left
3 was playing 4 come
5 surprised 6 felt
D ① (例)Have you ever lived abroad
② (例)What did you do in Singapore
③ (例)where do you want to go
④ (例)How long do you want to stay there
⑤ (例)Why do you want to study in Spain
E (例) エ
① (例)there are a lot of interesting instruments in the music room.
② (例)I like to play the piano there after school.

Ⅰ〔放送問題〕解説省略

Ⅱ－A〔長文読解―適所補充―説明文〕

1≪全訳≫ベジタリアンとは，さまざまな理由によって肉をいっさい食べない人たちである。その中には単に肉が嫌いなので肉を食べない人もいる。肉を食べるのは健康に良くないと信じる人もいる。動物を殺すのは間違っていると考える人もいる。彼らは，動物は人間と同様の生き物であり，彼らを傷つけるべきでないと思っている。もし人々が肉を食べるのを減らし，とうもろこしや小麦，オート麦のような穀物をもっと多く食べれば食料は安価になり，世界中で飢える人は減るだろうと思っているベジタリアンもいる。

＜解説＞本文はベジタリアンが肉を食べない理由のいくつかを列挙している。脱落文はその理由の1つ。イの直後に脱落文と似た内容の文があり，その主語 They が脱落文の主語 Some を指すと考えてイに入れると，文が自然につながる。

2≪全訳≫アメリカでは，1950年代と1960年代の「ベビーブーム」に生まれた人の多くが子どもを持たないことを選択している。科学者たちは，アメリカで1950年代に生まれた女性の５人に１人以上が子どもを持つことがないだろうと言う。これは，現代の若い人々が自分たちのために多くのことをしたがるからだと言う人もいる。彼らは両親が生きてきたように生きることを望まないと。しかし，これは本当の理由ではない。昔は，働いて金を稼ぐことで家族を助けるために子どもが必要だった。1980年代に家庭生活が変化すると，人々はもはや子どもを持つ家計上の必要性がなくなった。だから現在，子どもを持たないことを選ぶ人がますます増えているのだ。

＜解説＞子どもを持たない理由と考えられる内容がイの前後にそれぞれ述べられているが，エの直後のSo「だから」から，イの直後からエの直前までの内容が本当の理由だと読み取れるので，イに入れると話がつながる。脱落文のThisは，前の２文の内容を指す。

３≪全訳≫ガーディアン・エンジェルスは1979年，ニューヨーク市でカーティス・スリワという男性によって始められた。それは，起こる前に犯罪を防ぐために通りを歩く人々の集団である。この集団は高齢者の手助けもする。高齢者が夜間に外出するのを怖がれば，ガーディアン・エンジェルスはその人物につき添う。ガーディアン・エンジェルスは８人組で活動する。彼らは，自分たちが誰だか人々にわかるように，全員特別な赤い帽子とＴシャツを着用する。ガーディアン・エンジェルスは毎週10時間，他のメンバーと一緒に活動しなければならないが，金銭は受け取らない。現在，アメリカの大都市の多くにガーディアン・エンジェルスはある。

＜解説＞脱落文にある「高齢者」に関する記述を探すと，イの前に「高齢者の手助けもする」とあるので，この直後に「手助け」の具体例として脱落文を入れるのが適切。

Ⅱ－Ｂ〔長文読解─内容真偽─伝記〕

≪全訳≫❶ソフィー・ジェルマンは数学が大好きだった。13歳のとき，彼女は父の書斎でアルキメデスに関する本を見つけた。それから彼女は見つけた数学の本を全部読み，数学者になると決意した。❷問題が２つあった。まず，ソフィーは18世紀のフランスに生まれた。次に，ソフィーは中流階級出身の娘だった。18世紀前半のフランスで中流階級の娘が数学を勉強するのは一般的ではなかった。❸ソフィーの両親は，彼女が他の女の子と同じようであることを望んだ。彼女が数学を勉強すると，彼らはやめさせようとした。ソフィーはやめたくなかった。彼女は夜，両親が眠っている間にろうそくの明かりでこっそり勉強した。ソフィーの両親はそれを見つけてろうそくを取り上げた。それでもソフィーはやめなかった。彼女はさらにろうそくを探し出した。とうとう，両親は諦め，ソフィーは勉強を続けるべきだと思った。彼女をやめさせるのは難しすぎたのだ。❹ソフィーが18歳のとき，数学者のための学校がパリにできた。その学校は男性しか入れなかったので，ソフィーはそこの授業を受けることができなかった。そこで彼女は，数学の問題について疑問があるときは手紙を書くことに決めた。彼女は自分自身の名前を手紙に書かなかった。彼女は，以前その学校の生徒だったムシュー・ルブランという男性の名前を使った。この思いつきはうまくいき，教授たちは彼女の手紙に返事をくれた。しばらく後に，一人の教授が優秀なムシュー・ルブランに会いたいと考えた。彼の驚きを想像してみてほしい。ムシュー・ルブランは女性だったのだ。その教授は誰にも言わなかった。彼はソフィーの秘密を守った。❺ソフィーは他の数学者に手紙を書き続けた。彼女はいつも手紙にムシュー・ルブランとサインした。彼女はこれらの専門家の何人かに会ったが，たいてい彼らはすぐに彼女を助けるのをやめてしまった。それは彼女が女性だったからだろうか。誰にもわからない。しかし，私たちは一つのことを知っている。

ソフィーの時代には教養のある女性に対する強い偏見があったということだ。これが状況を困難にしたが，彼女はそれでやめることはなかった。❻ソフィーは勉強を続けた。彼女は代数や微積分など，他の種類の数学を独学した。彼女は，他の多くの数学者にも難しかった数学の難問に関する優れた業績で有名である。❼ソフィーはまた，建築材としての金属の研究でも知られている。ずっと後に，彼女の案は高い建築物，例えばソフィーの出身地であるパリのエッフェル塔などを建てるのに用いられた。❽現在，エッフェル塔の土台には，72人の偉大なフランス人科学者と数学者の名前が記されている。しかし，そこにはある重要な名前がない。ソフィー・ジェルマンという名前が。

1．「ソフィーは周囲の友達と同じように数学の勉強が好きだった」…×　第2段落最終文参照。当時数学が好きな娘は一般的ではなかった。　2．「ソフィーはいつも夜遅く数学を勉強し，彼女の両親は彼女をやめさせることができなかった」…○　第3段落第4～最終文参照。　3．「ソフィーは違う名前を使ったが，それは学校の教授が彼女にそうするように言ったからだ」…×　第4段落第4～6文参照。女性であることを教授たちに隠すために自分で考えた。　4．「ソフィーは一度教授に会い，自分のことをムシュー・ルブランと称していたので彼を驚かせた」…○　第4段落参照。　5．「ソフィーは，数学者たちでさえ簡単に理解できない数学の問題を研究した」…○　第6段落最終文参照。　6．「ソフィーは同時代の他の数学者の誰よりも尊敬された」…×　第8段落参照。エッフェル塔に名前が記されていないことから，尊敬されていたとはいえない。

Ⅱ－C〔長文読解―内容一致―説明文〕

≪全訳≫❶音楽と言語の間に関係はあるのだろうか。新しい研究は「ある」という答えを示している。音楽は脳のある種の言語能力を高めるのだと。以下，2つの例を見てみよう。❷科学者ニナ・クラウスによる新しい研究によると，楽器の演奏は人の聴力を高めることができる。その研究の一環として，2つのグループが騒がしい部屋で話している人の声を聞いた。1つ目のグループは音楽家たちだった。2つ目のグループの人たちは音楽的な訓練は受けていなかった。音楽家たちは話している人の声をよりはっきりと聞き取ることができた。❸音楽家は他の人々よりよく聞こえる，とクラウスは言う。なぜなら音楽家はある特定の音にどのように注意を払うかを学ぶからだ。オーケストラのバイオリン奏者を考えてみよう。バイオリン奏者が集団と演奏するとき，彼らには自分自身の楽器とともに他の多くの楽器の音も聞こえる。しかし，バイオリン奏者は自分たちが出す音を注意深く聴き，他の音を無視しなくてはならない。このようにして，雑音の多い部屋の中でも，音楽家たちは特定の音だけを聴くことができる。❹ハーバードメディカルスクールのゴットフリード・シュラーグは脳卒中の患者について研究している。脳卒中のせいで，これらの人々は自分の名前や住所といった情報を言うことができない。しかし，彼らはまだ歌うことができる。シュラーグ博士は，言葉を歌うことが患者が話すのに役立っているのを知って驚いた。どうしてそんなことが起こるのだろうか。シュラーグには確信がない。脳のさまざまな部分が，卒中に襲われた部分も含めて，音楽によって活性化したのではないかと彼は考えている。このことが，何らかの理由で，患者が脳のその部分を再度使うことを助けるのだ。❺音楽は集中力や記憶，聴力，そして私たちの言語能力を高める。それは，病気の人が良くなるのにも役立つ。楽器を演奏することや歌うことは，学校での成績アップや年を取っていくときに脳を活発に保つのに役立つ，とニナ・クラウスは言う。音楽は楽しいだけではなく他の多くの面で私たちに役立つものだ，と彼女はつけ加える。

1．「科学者のニナ・クラウスは２つのグループを比べて(　　)と発見した」―イ．「音楽は人の聴力を高めるのに良い方法である」　第２段落第１文参照。第２文以下は第１文の具体的な説明で，音楽家と普通の人々を比べた実験の概要とその結果が述べられている。　２．「ニナ・クラウスは，(　　)ので音楽家はよりよく聞こえることを発見した」―ア．「音楽家はある特定の音だけを聞くことを学ぶ」　第３段落第１文参照。第２段落の実験結果を受けて，第３段落ではその理由が考察されている。　３．「シュラーグ博士は(　　)ということを発見して驚いた」―ア．「歌を歌うことが彼の患者が話すのを助ける」　第４段落第４文参照。脳卒中のせいで話せなくなった患者が，歌うと言葉が出ることに驚いた。　４．「ニナ・クラウスは(　　)と言っている」―ア．「音楽は私たちがさまざまな能力を高めるのに役立つ」　第５段落参照。単に若く保つだけではないのでウは不適切。

５．「新しい脳の研究は(　　)ことを示している」―ウ．「音楽が，言語を含む脳の活動に関係がある」　第４段落の終わりから２文目参照。「卒中に襲われた部分」とは，そこまでの記述から言語に関する部分を指すことがわかる。

Ⅱ－Ｄ〔長文読解―要約文完成―説明文〕

≪全訳≫❶エレファント・メン・プログラムはレジナルド・キャスターとロバート・ハリスによってつくり出された。彼らはテネシー州の貧しい地域で一緒に育った友人どうしだ。彼らは成長してそこを出ていき，成功した。彼らはずっと友達で，同じ目標を持っていた。それは，彼らが昔暮らした地域の９歳から13歳の少年たちを援助することだった。彼らは少年たちの良き模範として行動し，彼らが大きくなってトラブルを起こすのを防ぎたかった。❷アフリカのゾウの家族が，危険に遭遇したときどのように団結して子どもを守るかを読んでから，彼らは自分たちのプログラムをエレファント・メンと呼んだ。レジナルドとロバートのプログラムは，薬物と犯罪で生命を失うかもしれないスラム街の若者を支援するものだ。彼らのスローガンは「ゾウの強さと信念を持って若者を守る」だ。❸彼らは，若者が自分と他人を大切にするためのさまざまな方法を探している。一つの方法は，少年たちを団結させるのにスポーツ，特にバスケットボールを使うことだ。別の成功した企画は，４週間の夏の労働プログラムだ。100人以上の少年たちがこのプログラムに参加している。少年たちは街中のごみを集める。それをすれば，彼らは学校で必要な物を買うための200ドルのギフトカードをもらえる。このプログラムに参加するためには，彼らについて何かいいことを書いてくれる学校の大人の手紙を手に入れることが必要だ。これは少年たちが学校で良い成績を取る動機になっている。❹「私たちのプログラムはうまくいっている」とレジナルドは言う。「今では大学に行っている子もいる。学校が始まる前の週末に，子どもたちは店で，学校に行くための服と本を買う。それは私たちにとって一年で最高の日だ」

≪要約文全訳≫レジナルドとロバートは，貧しい少年たちは良い例にならうべきだと考え，プログラムを始めた。プログラムの名前は，家族を守るゾウという概念に由来する。あるプログラムでは，少年たちは友情を築くためにスポーツをする。少年たちはまた，街を掃除して学校の準備をするためのお金をもらう。そのプログラムに参加するためには，少年たちは学校で良い成績を取らなくてはならない。レジナルドとロバートは少年たちが，勉強と将来のためにそのお金を使うことを知って喜びを感じている。

＜解説＞1．第１段落最終文前半「少年たちの良き模範として行動し」が手がかりになる。follow には，「(例など)にならう」という意味がある。　２．第２段落第１文参照。　３．第３段落第６

文参照。「学校で必要な物を買う」＝「学校の準備をする」と考える。　４．第３段落終わりの２文参照。良い成績を取って推薦状をもらうことが必要だった。　５．第４段落第３，４文参照。空所の直後のthe moneyは，少年たちが街の清掃のプログラムで得たお金を指す。

Ⅱ－E〔長文読解総合―エッセー〕

≪全訳≫❶今日は４月17日，僕の新しい日記の初日だ。これを始めた理由について書きたい。これを始めたのは，今日特別なことが起こったからだ。うちのイヌのシャロームに昔の畑で午後の散歩をさせていると，彼は何か興味を引かれるにおいをかいで，一本の丸太に駆け寄り，その周りを掘り始めた。僕は丸太の一方の端を持ち上げてその下をのぞいた。そこには小さなヘビがいた。それは毒のないヘビだった。❷僕はそれを拾い上げた。それはかすかにしか動かなかった。ただ僕の手の上でじっとしていて，長い冬眠の後で弱っているように見えた。❸僕は今までにヘビを見たことがある。捕まえたこともある，しかし，どういうわけかこの一匹は違った。どうして違ったのだろう？　もしかすると，静まり返った冬の後に，突然生きているものを見つけたからかもしれない。とにかく僕はそれを家に持って帰ることにした。❹帰る途中で僕はある計画を思いついた。ヘビの観察を始めて，発見したことを書きとめようと考えたのだ。❺家のドアを開けると，最初の問題にぶつかった。それは母だった。「なんでそんなものを家に持ち込むの？」と母はきいた。❻「大丈夫だよ」と僕は言った。「このヘビは毒がないから」❼母は僕を信じなかった。僕は自分のすばらしい計画が失敗するかと思った。僕はヘビをガラスの瓶に入れ，そのヘビを飼うことが自分にとって大切なのだと母に説明した。ほとんどのヘビは安全なんだ，と僕は言った。アメリカには危険な種類はほんのちょっとしかいないとも言った。❽それから僕は，ヘビはすごく役に立つんだと言った。僕は母に「僕たちはヘビに感謝しなくちゃならない。ネズミの数は，ネズミの子を食べるヘビによって抑えられているんだ。畑をネズミだらけにしたくないよね」　母は僕の話を聞いて満足したようには見えなかった。その問題はネコに任せておくのがいい，と彼女は言った。そこで僕は次の段階に進んだ。僕はヘビを彼女に差し出した。「ちょっと触ってみて」と僕は言った。「ほらね。すべすべして冷たいでしょう」❾母はヘビに触った。「ほんとね」と母は言った。母は驚いているように見えた。とうとう母は，僕がヘビを部屋で飼ってもいいと言った。僕はヘビを水槽に入れておくと約束した。水槽の蓋をしっかり閉めておくとも約束した。❿今，その水槽は僕の部屋にある。毎日，この日記に新しいページが加わればいいなと思っている。

1＜文脈把握＞下線部(1)の直後で，主人公が自分自身に理由を問いかけており，それに続く文がその答えになる。

2＜指示語＞下線部(2)の「その問題」が指すのは，その前の筆者の発言の内容(ネズミの問題)だが，より具体的にはrats to fill the fieldsの部分と考えられる。「ネズミが畑を満たす」＝「畑がネズミでいっぱいになる」。

Ⅲ－A〔長文読解―整序結合―説明文〕

≪全訳≫多くの人にとってトラは地球上で最も美しい動物の１つである。それは大型のネコの中でも最大で，中には体長３メートルを超えるものもいる。それはまた，生命力にあふれた力強い動物でもある。アジアのいくつかの国では，人々は，$_1$トラは彼らに特別な力を与えてくれると考えている。中国では，トラの絵は子どもたちを強く健康にしてくれると信じられているので，$_2$トラの頭の絵がついた帽子を子どもにあげる。この帽子は子どもたちの間でたいそう人気になった。1988年，韓国のソウルで開かれたオリンピックではトラがシンボルだった。

1．thinkの目的語になるthat節の中なので‘主語＋動詞...’の形にする。主語をthe tigerとし，残りは‘give＋人＋物’「〈人〉に〈物〉を与える」の形にまとめる。‘物’に当たるのがspecial powersとなる。　　2．文脈と語群から，「トラの頭の絵がついた(帽子)」という意味が推測できる。hatsの後にwhichを主格の関係代名詞として用い，その後に動詞のhaveを置く。haveの目的語はa picture of a tiger's headとまとまる。最後にonを置くと，直後のthem(hatsを指す)につながる。

Ⅲ－B〔長文読解―条件作文―伝記〕

≪全訳≫❶フローレンス・ナイチンゲールは1820年5月12日にイタリアで生まれた。17歳のとき彼女は父に言った。「私は看護師になります。イギリスや他の国の病院に行きます」❷彼女の父はこの考えが気に入らなかった。彼女の家族は裕福で，父は1彼女が懸命に働く必要はないと考えた。彼は看護師を尊敬しておらず，それは貧しい人の仕事だと思っていた。しかしフローレンスは気持ちを変えなかった。とうとう父親は彼女を応援した。❸フローレンスは看護学校に行き，その後イギリスや他の国でも働いた。1854年，イギリスとロシアの間に戦争が起こった。そのときフローレンスは看護師を集め，そのリーダーとして前線に向かった。クリミアに着くと，そこには多数の傷ついた兵士がいた。一部は傷のために死んだが，それ以上に熱病で死ぬ者が多かった。フローレンスはこれらの兵士を救った。彼女は1日14時間，休まずに働いた。彼女の懸命な働きによって，2多くの兵士が生きることができた。彼らは彼女に感謝した。❹激務がたたって彼女は健康を害した。熱病にかかり死ぬところだったが，彼女はイギリスに戻らなかった。回復するまで彼女はクリミアにとどまった。❺戦争が終わって彼女はイギリスに戻り，1860年に看護学校を開いた。彼女は1910年8月13日に90歳で亡くなった。

1．看護師として働こうという娘に反対する父親の考えを表す。裕福だとあるので，娘は働く必要がない，という内容にすればよい。時制の一致により動詞は過去形になることに注意。主語のsheはhis daughterに置き換えてもよい。　　2．与えられた語よりwere able to live「生きることができた」は推測がつく。主語をどうするかは，直後のTheyに着目し，それが指すものとしてmany soldiersとすればよい。

Ⅲ－C〔長文読解―語形変化―物語〕

≪全訳≫❶リタはサムという名のイヌを飼っていた。ほとんどの人はサムが好きだったが，ストーンさんは違った。ストーンさんはリタの隣の家に一人で住んでいる。彼女は彼がにこりとしたのを見たことがない。ストーンさんはいつも不機嫌に見える。彼はサムがいつもうるさすぎると言う。❷毎朝リタは学校に行く。サムは家に一人で残される。ある午後，リタが帰ってくるとサムは外で遊んでいた。「悪い子！」とリタは叫んだ。「家の中にいなきゃだめじゃない。どうやって外に出たの？」❸ストーンさんがリタとサムを見ていた。「そのイヌは開いている窓から飛び出したんだ」とストーンさんは言った。「イヌは悪くない。寂しかっただけだ」　リタはストーンさんを見つめた。彼女にある考えが浮かんだ。「私が学校にいる間，サムを預かっていただけませんか？」と彼女はきいた。「学校から帰ってきたら，私が彼の面倒を見ます」と彼女はつけ加えた。ストーンさんはびっくりしたようだったが，笑顔になってこう言った。「そうするのはそんなに難しいことじゃない」　これを聞いてリタはうれしかった。

1．現在完了(‘経験’用法)の文なので過去分詞にする。　　2．leaveはここでは「～を置いていく」の意味。サムは家に「置いていかれる」側なので受け身形にする。　leave－left－left　　3．when節の動詞がcameと過去形なので，過去のある時のことを書いた文とわかる。「遊んでいた」となる過去進行形が適切。　　4．主節I will look ... は未来形だが，whenやifで始まる副詞節では未来のことも現在形で表す。　　5．‘look＋形容詞・分詞’で「～に見える」。surpriseは「～を驚かせる」の意味なので，「(人が)驚いた」は過去分詞surprisedで表す。　　6．過去の文なので過去形にする。　feel－felt－felt

Ⅲ－D〔条件作文―対話文〕

≪全訳≫❶インタビュアー(Ｉ)：こんにちは，リカ。会えてうれしいです。今日は，留学プログラムについてあなたがどう思うかをききたいと思います。最初の質問をしてもいいですか？　①あなたは今までに海外で暮らしたことがありますか？❷リカ(Ｒ)：はい，あります。❸Ｉ：どこで？　いつ？❹Ｒ：2013年から2015年まで，シンガポールで。❺Ｉ：シンガポールでの生活はどうでしたか？❻Ｒ：最高でした。それで夏を海外で過ごすことに決めたんです。❼Ｉ：②シンガポールで何をしましたか？❽Ｒ：さまざまな文化の人たちと話すのを楽しみました。❾Ｉ：よかったですね。もし海外で学ぶ機会があったら，③どこに行きたいですか？❿Ｒ：スペインで勉強したいです。⓫Ｉ：④そこにどのくらい滞在したいですか？⓬Ｒ：１年間滞在したいです。⓭Ｉ：わかりました。⑤あなたはどうしてスペインで勉強したいのですか？⓮Ｒ：スペイン語に興味があるからです。それに，私の将来の夢は建築家になることなので，スペインの美しい建築をたくさん見たいのです。⓯Ｉ：なるほど。では，お疲れ様でした。今日はこれで終わりです。⓰Ｒ：ありがとうございました。

①この後のリカの返答から現在完了の疑問文にするとわかる。後でインタビュアーが場所と時をきいているので，①では海外で暮らした経験があるかと尋ねるのが適切。abroadの代わりにin a foreign countryなども可。have been abroadは「海外に行ったことがある」の意味になるので注意。

②これに対するリカの答えが過去形であることに着目。シンガポールで何をしたか尋ねる文にする。What did you enjoy ...？としてもよい。in Singaporeはthereでも可。　③留学したい国を尋ねる。in what country do you want to study？／what country will you choose？なども可。

④これに対してリカがfor a yearと答えているので，‘期間’を尋ねる疑問文にする。　⑤スペインで勉強したい理由を尋ねる。

Ⅲ－E〔テーマ作文〕

その場所に誰がいるか〔何があるか〕，そこで自分は何をするか，そこはどういう雰囲気か(例：広い，明るい，静かだ)などのうち，プラスになる要素を理由として挙げる。like to ～，enjoy ～ing，have a good timeなどの動詞句，friendly，nice，interesting，happy，funなどの形容詞を使うと「好きだ」という理由が表せる。becauseやthat’s whyなどを使う必要はない。

数学解答

1 (1) $\dfrac{\sqrt{6}}{2}$　(2) $(a-2b)(2a+c)$

(3) $x=\dfrac{5\pm\sqrt{13}}{6}$　(4) 33

(5) $2\sqrt{11}$

2 (1) $\dfrac{1}{3}$　(2) -3　(3) $(0,\ 4)$

(4) $\left(-4,\ \dfrac{16}{3}\right)$

3 (1) $\dfrac{1}{3}$　(2) $\sqrt{3}+\dfrac{1}{6}\pi$　(3) $\dfrac{5}{2}\pi$

4 (1) $\dfrac{5}{36}$　(2) $\dfrac{7}{18}$　(3) $\dfrac{5}{12}$

5 (1) $\dfrac{2}{3}x$ km　(2) $\dfrac{56-y}{3}$ km

(3) $\dfrac{1}{30}x+\dfrac{1}{60}y$ 時間後

(4) (例) $\begin{cases}(x-9)\times\dfrac{8}{60}+20\times\dfrac{56-y}{60}=\dfrac{2}{3}x\\(x-9)\times\dfrac{35}{60}=25\times\left(\dfrac{83}{60}-\dfrac{1}{30}x-\dfrac{1}{60}y\right)\end{cases}$

(5) $x=24$, $y=14$

1 〔独立小問集合題〕

(1)＜平方根の計算＞与式$=\dfrac{12-12\sqrt{6}+18}{6}-\dfrac{(5\sqrt{2}-5\sqrt{3})\times\sqrt{2}}{\sqrt{2}\times\sqrt{2}}=\dfrac{30-12\sqrt{6}}{6}-\dfrac{10-5\sqrt{6}}{2}=5-2\sqrt{6}-\left(5-\dfrac{5\sqrt{6}}{2}\right)=5-2\sqrt{6}-5+\dfrac{5\sqrt{6}}{2}=\dfrac{\sqrt{6}}{2}$

(2)＜因数分解＞与式$=2a^2-4ab+ac-2bc=2a(a-2b)+c(a-2b)$として，$a-2b=A$とおくと，与式$=2aA+cA=A(2a+c)$となる。$A$をもとに戻して，与式$=(a-2b)(2a+c)$である。

(3)＜二次方程式＞展開して整理すると，$x^2-x+\dfrac{1}{4}-\dfrac{1}{4}x^2-\dfrac{1}{4}x=0$，$\dfrac{3}{4}x^2-\dfrac{5}{4}x+\dfrac{1}{4}=0$，$3x^2-5x+1=0$となるから，解の公式より，$x=\dfrac{-(-5)\pm\sqrt{(-5)^2-4\times3\times1}}{2\times3}=\dfrac{5\pm\sqrt{13}}{6}$である。

(4)＜図形―長さ＞右図1で，AB∥DEより，△ABC∽△DECとなるから，BC：EC＝AB：DE＝28：12＝7：3となり，BE：EC＝(7－3)：3＝4：3である。BE＝CGだから，BE：EC：CG＝4：3：4となる。また，DE∥FGより，△BDE∽△BFGだから，DE：FG＝BE：BG＝4：(4＋3＋4)＝4：11となり，FG$=\dfrac{11}{4}$DE$=\dfrac{11}{4}\times12=33$である。

図1

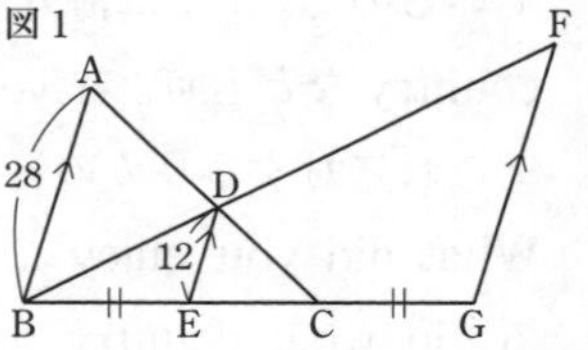

(5)＜図形―長さ＞右図2で，点Oから面ABCDに垂線OHを引くと，点Hは底面の対角線AC，BDの交点と一致する。正四角錐OABCDの体積が32だから，$\dfrac{1}{3}\times4^2\times$OH$=32$が成り立ち，OH＝6となる。また，△ABHは直角二等辺三角形だから，AH$=\dfrac{1}{\sqrt{2}}$AB$=\dfrac{1}{\sqrt{2}}\times4=2\sqrt{2}$となる。よって，△OAHで，OA$=\sqrt{(2\sqrt{2})^2+6^2}=\sqrt{44}=2\sqrt{11}$である。

図2

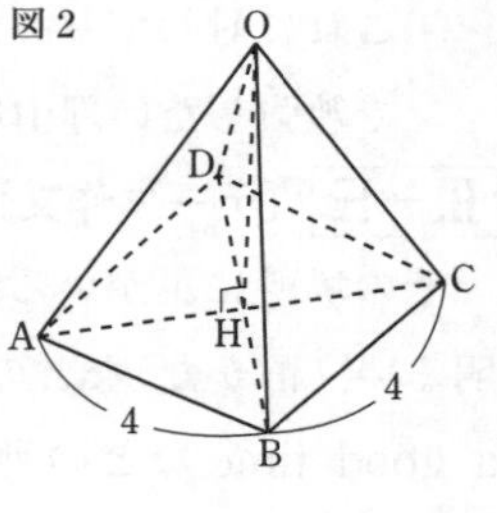

2 〔関数―関数 $y=ax^2$ と直線〕

(1)＜比例定数＞右図1で，2点A，Bは放物線$y=ax^2$上にあり，x座標はそれぞれ-1，2だから，$y=a\times(-1)^2=a$，$y=a\times2^2=4a$より，A$(-1,\ a)$，B$(2,\ 4a)$となる。よって，直線lの傾きについて，$\dfrac{4a-a}{2-(-1)}=\dfrac{1}{3}$が成り立ち，$a=\dfrac{1}{3}$となる。

図1

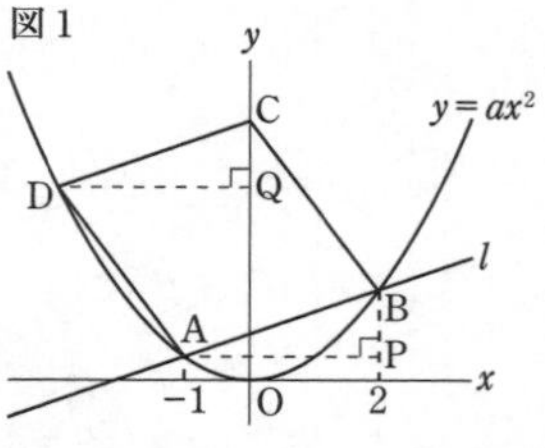

(2)＜x座標＞右図1のように，線分AB，線分DCを斜辺とし他の2辺がx軸，y軸と平行な直角三角形ABP，DCQをつくる。四角形ABCDが平行四辺形より，△ABP≡

△DCQである。よって，DQ＝AP＝2－(－1)＝3より，点Dのx座標は－3となる。

(3)＜座標＞前ページの図1で，(1)より，$a=\frac{1}{3}$，$4a=4\times\frac{1}{3}=\frac{4}{3}$だから，$A\left(-1,\ \frac{1}{3}\right)$，$B\left(2,\ \frac{4}{3}\right)$である。よって，$CQ=BP=\frac{4}{3}-\frac{1}{3}=1$である。また，(2)より点Dの$x$座標は－3だから，$y$座標は$y=\frac{1}{3}\times(-3)^2=3$である。点Cの$y$座標は3＋1＝4となるので，C(0，4)である。

(4)＜座標＞右図2で，△BCD＝△BEDより，BD∥CEとなる。$B\left(2,\ \frac{4}{3}\right)$，D(－3，3)だから，直線BDの傾きは$\left(\frac{4}{3}-3\right)\div\{2-(-3)\}=-\frac{1}{3}$であり，直線CEの傾きも$-\frac{1}{3}$となる。点Cの$y$座標が4なので，直線CEの式は$y=-\frac{1}{3}x+4$である。放物線の式は$y=\frac{1}{3}x^2$だから，この2式より，$\frac{1}{3}x^2=-\frac{1}{3}x+4$，$x^2+x-12=0$，$(x+4)(x-3)=0$　$\therefore x=-4,\ 3$　よって，点Eのx座標は－4であり，$y=\frac{1}{3}\times(-4)^2=\frac{16}{3}$だから，$E\left(-4,\ \frac{16}{3}\right)$となる。

図2

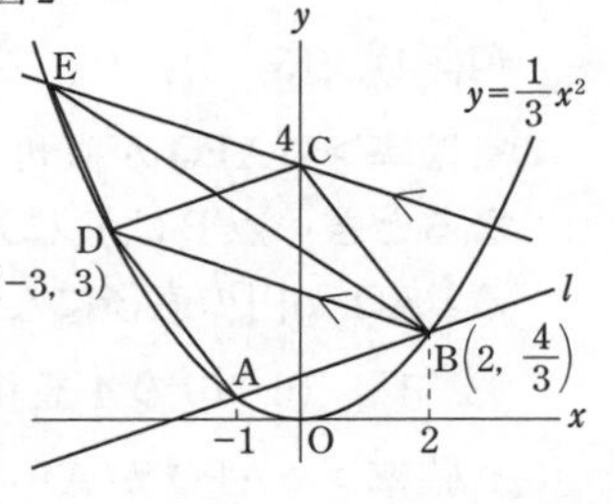

3 〔平面図形―半円〕

(1)＜長さ―特別な直角三角形＞右図1で，線分BC，CD，$\overset{\frown}{DB}$の全てに接する円の中心をO′とすると，点O′は線分OC上にある。円O′の半径をr，線分BCと円O′の接点をE，円O′と半円の接点をPとする。$OB=\frac{1}{2}AB=\frac{1}{2}\times2=1$，$BC=\sqrt{3}$，∠ABC＝90°より，△OBCの3辺の比は$1:2:\sqrt{3}$だから，OC＝2OB＝2×1＝2となり，OP＝OB＝1より，PC＝2－1＝1となる。∠O′EC＝90°より，△O′ECも3辺の比が$1:2:\sqrt{3}$の直角三角形だから，O′C＝2O′E＝$2r$となり，PC＝O′P＋O′C＝$r+2r=3r$となる。よって，$3r=1$より，$r=\frac{1}{3}$となる。

図1

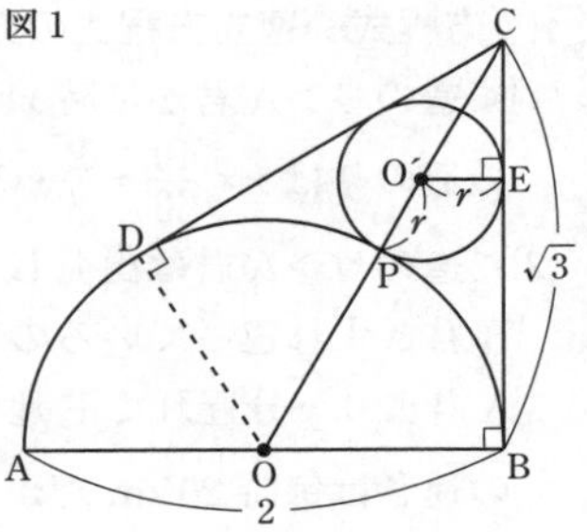

(2)＜面積＞右上図1で，2点O，Dを結ぶと，求める面積は，△OBC＋△ODC＋〔おうぎ形OAD〕である。△OBC≡△ODCとなるから，$\triangle ODC=\triangle OBC=\frac{1}{2}\times1\times\sqrt{3}=\frac{\sqrt{3}}{2}$である。(1)より，∠DOC＝∠BOC＝60°だから，∠AOD＝180°－60°×2＝60°となり，$[\text{おうぎ形}OAD]=\pi\times1^2\times\frac{60^\circ}{360^\circ}=\frac{1}{6}\pi$である。よって，求める面積は$\frac{\sqrt{3}}{2}+\frac{\sqrt{3}}{2}+\frac{1}{6}\pi=\sqrt{3}+\frac{1}{6}\pi$となる。

(3)＜体積―回転体＞右図2で，点DからABに垂線DQを引き，直線ABと直線CDの交点をRとする。四角形OBCDを直線ABを軸として1回転してできる立体は，△RCBがつくる円錐から，△RDQ，△ODQがつくる円錐を除いた立体である。∠BCR＝30°×2＝60°より，△RCBは3辺の比が$1:2:\sqrt{3}$の直角三角形だから，$RB=\sqrt{3}BC=\sqrt{3}\times\sqrt{3}=3$である。△RDQ，△ODQも3辺の比が$1:2:\sqrt{3}$の直角三角形だから，$OQ=\frac{1}{2}OD=\frac{1}{2}\times1=\frac{1}{2}$，$QD=\sqrt{3}OQ=\sqrt{3}\times\frac{1}{2}=\frac{\sqrt{3}}{2}$，$RQ=\sqrt{3}QD=\sqrt{3}\times\frac{\sqrt{3}}{2}=\frac{3}{2}$となる。

図2

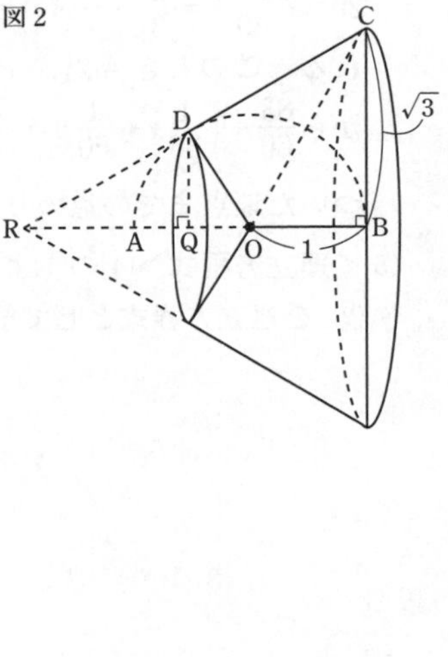

よって，求める立体の体積は，$\frac{1}{3}\times\pi\times(\sqrt{3})^2\times3-\left\{\frac{1}{3}\times\pi\times\left(\frac{\sqrt{3}}{2}\right)^2\times\frac{3}{2}+\frac{1}{3}\times\pi\times\left(\frac{\sqrt{3}}{2}\right)^2\times\frac{1}{2}\right\}$
$=\frac{5}{2}\pi$となる。

4〔確率―さいころ〕

(1)＜確率＞大小2個のさいころを1回投げたとき，目の出方は，全部で$6\times6=36$(通り)ある。このうち，2点P，Qが同じ位置に進むのは，出た目の和が8になるときで，(大，小)＝(2，6)，(3，5)，(4，4)，(5，3)，(6，2)の5通りある。よって，求める確率は$\frac{5}{36}$となる。

(2)＜確率＞△APQが直角三角形になるとき，3辺のうちの1辺が円の直径となる。APが円の直径となるとき，点PはEに進むので，(大，小)＝(4，1)，(4，2)，(4，3)，(4，5)，(4，6)の5通りある。AQが円の直径になるときも同様に5通りある。PQが円の直径になるときは，(1，3)，(2，2)，(3，1)，(6，6)の4通りある。よって，$5+5+4=14$(通り)だから，求める確率は$\frac{14}{36}=\frac{7}{18}$となる。

(3)＜確率＞△APQがAP＝AQの二等辺三角形になるとき，(大，小)＝(1，1)，(2，2)，(3，3)，(5，5)，(6，6)の5通りある。AP＝PQの二等辺三角形になるとき，(1，6)，(2，4)，(3，2)，(5，6)，(6，4)の5通りある。PQ＝AQの二等辺三角形になるときも，AP＝PQの二等辺三角形になるときと同様5通りある。よって，$5+5+5=15$(通り)だから，求める確率は$\frac{15}{36}=\frac{5}{12}$となる。

5〔方程式―連立方程式の応用〕

(1)＜道のり＞A君が毎時$x$kmの速さでP地点を出発して，40分後にQ地点に到着するから，P，Q間の道のりは$x\times\frac{40}{60}=\frac{2}{3}x$(km)である。

(2)＜道のり＞A君は出発して40分後にQ地点に到着し，Q地点で8分休み，その8分後にR地点でB君とすれ違っているので，B君とすれ違うのは出発してから$40+8+8=56$(分)後である。B君はA君よりy分遅れてP地点を出発したので，B君がR地点までかかる時間は$56-y$分である。B君の速さは毎時20kmだから，P，R間の道のりは$20\times\frac{56-y}{60}=\frac{56-y}{3}$(km)となる。

(3)＜時間＞(1)より，P，Q間の道のりは$\frac{2}{3}x$kmで，B君の速さは毎時20kmなので，B君がP地点からQ地点までかかる時間は$\frac{2}{3}x\div20=\frac{1}{30}x$(時間)である。B君はA君より$\frac{1}{60}y$時間遅れて出発したので，B君がQ地点に到着したのはA君がP地点を出発してから$\frac{1}{30}x+\frac{1}{60}y$時間後である。

(4)＜連立方程式の応用＞A君はQ地点からR地点まで毎時$x-9$kmの速さで8分，B君はP地点からR地点まで毎時20kmの速さで$56-y$分かかったので，P，Q間の道のりについて，$(x-9)\times\frac{8}{60}+20\times\frac{56-y}{60}=\frac{2}{3}x$……①となる。また，A君はQ地点を出発して$8+27=35$(分)後にB君に追いつかれる。このときA君がP地点を出発してから$56+27=83$(分)後だから，B君がQ地点を出発してから$\frac{83}{60}-\left(\frac{1}{30}x+\frac{1}{60}y\right)=\frac{83}{60}-\frac{1}{30}x-\frac{1}{60}y$(時間)後である。よって，Q地点から，B君がA君に追いついた地点までの道のりについて，$(x-9)\times\frac{35}{60}=25\times\left(\frac{83}{60}-\frac{1}{30}x-\frac{1}{60}y\right)$……②となる。

(5)＜連立方程式＞(4)の①より，$8x+5y=262$……①′となり，②より，$17x+5y=478$……②′となる。①′，②′を連立方程式として解くと，$x=24$，$y=14$となる。

国語解答

一 問一 ① 基準 ② 尊重 ③ 繊細 ④ 混乱 ⑤ 背後

問二 A…ア B…エ C…イ D…ウ

問三 独立する

問四 (相手を配慮した)婉曲表現〔曖昧な表現，ぼかした表現〕

問五 相手のことをよく知らないため，相手の気持ちや立場の配慮に失敗するかもしれない，と恐れること。

問六 意見の一致しない相手のことを配慮し，相手を傷つけたり衝突したりするのを避ける意味。

問七 相手がどう～を気遣う心

問八 ありがとう あくまでも自分が「ありがたい」というだけで，相手の労や負担に対する気遣いはない。

すみません 相手の労や負担に対する気遣いから発せられ，相手に対する思いやりに満ちている。

二 問一 イ 問二 イ

問三 A…カ B…ク C…オ

問四 以前はクラスメイトと関わろうとしなかったが，自分から向き合うようになった。

問五 生々しい顔を見せ始めた御木元玲の正体を見たいという欲求。

問六 千夏も玲もちょっと楽しそうだったから。

問七 自分の人生は「余生」だと言っているが，本当に諦めたわけではなく，悩みながらも積極的に生きている人に嫉妬していたから。

三 問一 ア 問二 ウ

問三 男が鶯を召しとどめたと言い，その意味を問われると，取ってくると言ったから。

問四 輔親に言われたとおりに鶯を逃がさずにおいたことを，弓を扱う者として誇らしく思っているから。

問五 エ

一〔論説文の読解―文化人類学的分野―日本文化〕出典；榎本博明『「おもてなし」という残酷社会』「なぜ，過剰な『お客様扱い』が当たり前となったのか」。

≪本文の概要≫欧米の文化は「自己中心の文化」，日本の文化は「間柄の文化」である。「自己中心の文化」では，常に自分自身の気持ちや意見に従って判断する。一方，「間柄の文化」では，常に相手の気持ちや立場を配慮しながら判断する。このことは，言語表現の習慣にも表れている。自己主張の教育を受けている今日の若者でさえ，相手に配慮するのに失敗するかもしれないと思って，自分の意見を主張するのを苦手とする者が多いし，婉曲表現を用いることで，相手のことを配慮し，傷つけたり衝突したりするのを避けようともしている。この婉曲表現にこそ，いかにも日本らしい気遣いの心が反映されている。さらに，日本語の「すみません」には，謝罪の意味だけでなく，感謝の意味も含まれている。「ありがとう」は，自分が「ありがたい」というだけであるが，「すみません」は，相手の労や負担に対する気遣いから発せられる言葉である。したがって，感謝の意を表すのに，「間柄の文化」では，「ありがとう」では足りず，「すみません」が用いられるのである。

問一＜漢字＞①物事を比較して考えるときによりどころとなる標準のこと。 ②尊いものとして重んじる，という意味。 ③わずかなことにも感じやすいこと。 ④秩序なく入り乱れること。 ⑤物事の表面には現れない裏のこと。

問二．A＜接続語＞「自己主張的なコミュニケーションの練習をさせられている今の若者たち」でも「話し合いの場で自分の意見を主張するのが苦手な者が多い」うえに，そういう「自己主張の教育を受けている昨今の若者でさえ，若者特有の今風の婉曲表現を用いることで，相手のことを配慮し，傷つけたり衝突したりするのを避けようとしている」のである。　B＜接続語＞「友だち相手の場合でも，日常的に相手を配慮して，ぼかした表現を使う」ことの例として，「音楽の話をしているとき」に「『私，それ好きかも』とぼかすような表現」を使うということが挙げられる。　C＜表現＞まさしくそこに，「日本語とそれを用いる日本人の心の微妙な繊細さ」がある。　D＜表現＞本当に「何という見当違いなことをいい出すのか」とあきれてしまう。

問三＜文章内容＞「日本人の自己」は個として「閉じて」おらず「他者に対して開かれて」いるが，「欧米人の自己」は「個として独立しており，他者から切り離されて」いる。

問四＜文章内容＞常に「相手の立場や気持ち」を考えるよう「文化的に条件づけられている」日本人は，「自分の思うことをはっきりいい，自分の要求をはっきり主張すること」は避け，「相手のことを配慮し，傷つけたり衝突したりするのを避けよう」として「婉曲表現」を用いる。友達相手の場合でも，「日常的に相手を配慮」して「ぼかした表現」を使う。この相手への配慮に基づいた「婉曲表現」「ぼかした表現」が，外国人には「曖昧な表現」で「難しい」と感じられる。

問五＜文章内容＞「話し合いの場で自分の意見を主張するのが苦手」とは，「よく知らない人たちに対して意見をいう」のが「難し」く感じられるということである。「よく知らない人に対して意見をいうのが苦手」なのは，「相手の考えや感受性がよくわからないため，配慮するのに失敗するかもしれないから」だろう。

問六＜文章内容＞音楽の話で「私，それ好きかも」と「ぼかすような表現」を使うのは，「それが嫌いだったり，別の曲やアーティストが好きだったりする友だちを配慮してのこと」である。日曜日に何をしようかという話で「映画とか観たいかも」と言うのも，「他のことをしたい友だちがいるかもしれないから」である。そのように，若者は，「若者特有の今風の婉曲表現を用いること」で「相手のことを配慮し，傷つけたり衝突したりするのを避けようとしている」のである。

問七＜文章内容＞「アノ，これ，違うんですか？」と言うとき，その背後には，「小母さん」と言えば相手は「気分を害するかもしれない」し，「お姉さん」では「嫌味になる」という「葛藤」がある。そこにあるのは，「相手がどう感じるだろうか，うっかり傷つけないだろうか，気分を害さないだろうか，失礼にならないだろうか，といった相手の気持ちを気遣う心」である。

問八＜文章内容＞「ありがとう」は，「自分が『ありがたい』というだけ」で，「相手が労をとってくれたことや負担を負ってくれたことに対する気遣い」は含まない。「すみません」は，「相手の立場に対する思いが凝縮されて」おり，「労をとってくれたことや負担を負ってくれたことに対する気遣い」から発せられた，「相手に対する思いやりに満ちた言葉」である。

二〔小説の読解〕出典；宮下奈都『よろこびの歌』「No.1」。

問一＜文章内容＞「私」の肩が壊れたとき，母は泣きに泣いた。「自分が泣きたいばかりで，当の娘には泣かせてもくれない」のは，母にとっては「私」のソフトボールも「自分が楽しむ道具でしかなかった」からだろう。そして，「私」が高校に入ってからも，母は変わらない。

問二＜心情＞ソフトボールを自分の「すべて」だと思っていた「私」は，今の生活はもう「余生」だと考えている。しかし，グラウンドに寄っていくようにと言われたときに，それを「強い口調で否定」したのは，自分でも意外だった。「余生ならもっと穏やかに対応できたはず」だったのに，そうできなかったからである。このとき，「私」は，本当に「余生」だと思っているわけではなく，ただ無理に「余生」だと思おうとしているだけであることに気づかされたのである。

問三＜慣用句＞A．何かにつけて憎く思うことを，「目の敵にする」という。　B．愚かな言動のために人から笑われることを，「失笑を買う」という。　C．期待や喜びでわくわくすることを，

「胸が弾む」「胸を弾ませる」という。

問四＜文章内容＞御木元玲は，「つねに不機嫌な顔をして」いて，「ほとんど喋らず，笑いもせず，いつも独りでいる」生徒である。彼女は，クラスメイトと関わろうとしていなかったのである。それが，指揮に指名されると，クラスメイトに向き合おうという姿勢を見せ始めた。

問五＜文章内容＞千夏は，音楽室で「生々しい顔」を見せ始めた御木元玲と何かしている。しかも，千夏はそれに「夢中」になっている。千夏をそうさせているのが玲であることはわかるので，「私」は「御木元玲の正体をこの目で見たい」という欲求から，二人のいる音楽室をのぞいてみようと思った。

問六＜心情＞「御木元玲は千夏の歌いたいように歌わせて，自分は流暢にピアノを弾いているだけ」だったが，二人とも「ちょっと楽しそうだった」のである。それは，「なんとなく私まで歌い出したくなる感じ」なのである。

問七＜心情＞「私」は肩を壊して自分の「すべて」だったソフトボールができなくなったために，もう自分の人生は終わって今は「余生」を生きているだけだと思っていた。しかし，本当に人生を諦めていたわけではない。だから，「今も現役でぐるぐるどろどろがつがつしている」ような「余生ではない，本道を生きている人」を見ると自分が惨めに見えて「むかついて」しまう。それは，実は「私」が「本道を生きている人に嫉妬していた」ということである。

三〔古文の読解―説話〕出典；『十訓抄』七ノ三十。

≪現代語訳≫午前八時頃に，当時の歌人たちが集まってきて，今こそ鶯が鳴くと思って，歌を詠み合おうと苦心していたときに，これまでは，午前十時頃には，必ず鳴いていたのに，正午過ぎまで見ることができないので，「どうしたのだろう」と思って，この男を呼んで，「どういうことか，鶯がまだ見えないのは。今朝はまだ来ていないのか」と尋ねると，「鶯のやつは，これまでよりも早く参りましたが，帰ってしまいそうな様子をしておりましたので，召しとどめました」と言った。「召しとどめたとは，どういうことか」と尋ねると，「取って参りましょう」と言って立っていった。「不思議なことだ」と思ううちに，木の枝に鶯を結びつけて，持ってきた。およそあきれたことだというほかない。「これは，どうしてこのようにしたのか」と尋ねると，「昨日，鶯を逃がすなとおっしゃいましたので，ふがいなく逃がしてしまいましたら，弓矢を取る身として情けないことですので，神頭を弓に当てて，射落としました」と申したので，輔親もそこに集まっていた人々も，あきれたことだと思って，この男の顔を見ると，着物の脇をつまみ上げて，息を吐き，ひざまずいている。祭主は，「もう行ってしまえ」と言った。人々はおかしかったが，この男の表情に恐れて，笑うこともできない。一人立ち，二人立ちして，皆帰ってしまった。興ざめしたなどということでは，言い足りないことだった。

問一＜古文の内容理解＞人々は，鶯を見ようとして集まっていたが，見ることはできなかった。

問二＜古文の内容理解＞輔親が家来の男に「召しとどむとは，いかん」と尋ねると，この男は，「取りて参らむ」と答えて立ち去った。

問三＜古文の内容理解＞家来の男が鶯を「召しとどめ」たと言うので，輔親は「召しとどむ」とはどういうことかと尋ねた。すると，男はそれには答えず，取ってくると言って立ち去った。輔親は，この男が何を言っているのかわからなかった。

問四＜古文の内容理解＞家来の男は，鶯を逃がすなと言われたのに従って鶯を「召しとどめ」たと言う。男は，言われたとおりに鶯を弓で射落としとどめ置いたことを，誇らしく思っているのである。

問五＜古文の内容理解＞家来の男は，鶯を逃がすなという命令に従って鶯を射落としたと得意になっている。輔親は，鶯の声を聞かせようと思って歌人たちを呼び集めたのに，その輔親の意向をこの男は全く理解していないのである。

Memo

Memo

Memo

2025年度用

高校スーパー過去問

■編集人 声の教育社・編集部
■発行所 株式会社 声の教育社
〒162-0814 東京都新宿区新小川町8-15
☎03-5261-5061㈹ FAX03-5261-5062
https://www.koenokyoikusha.co.jp

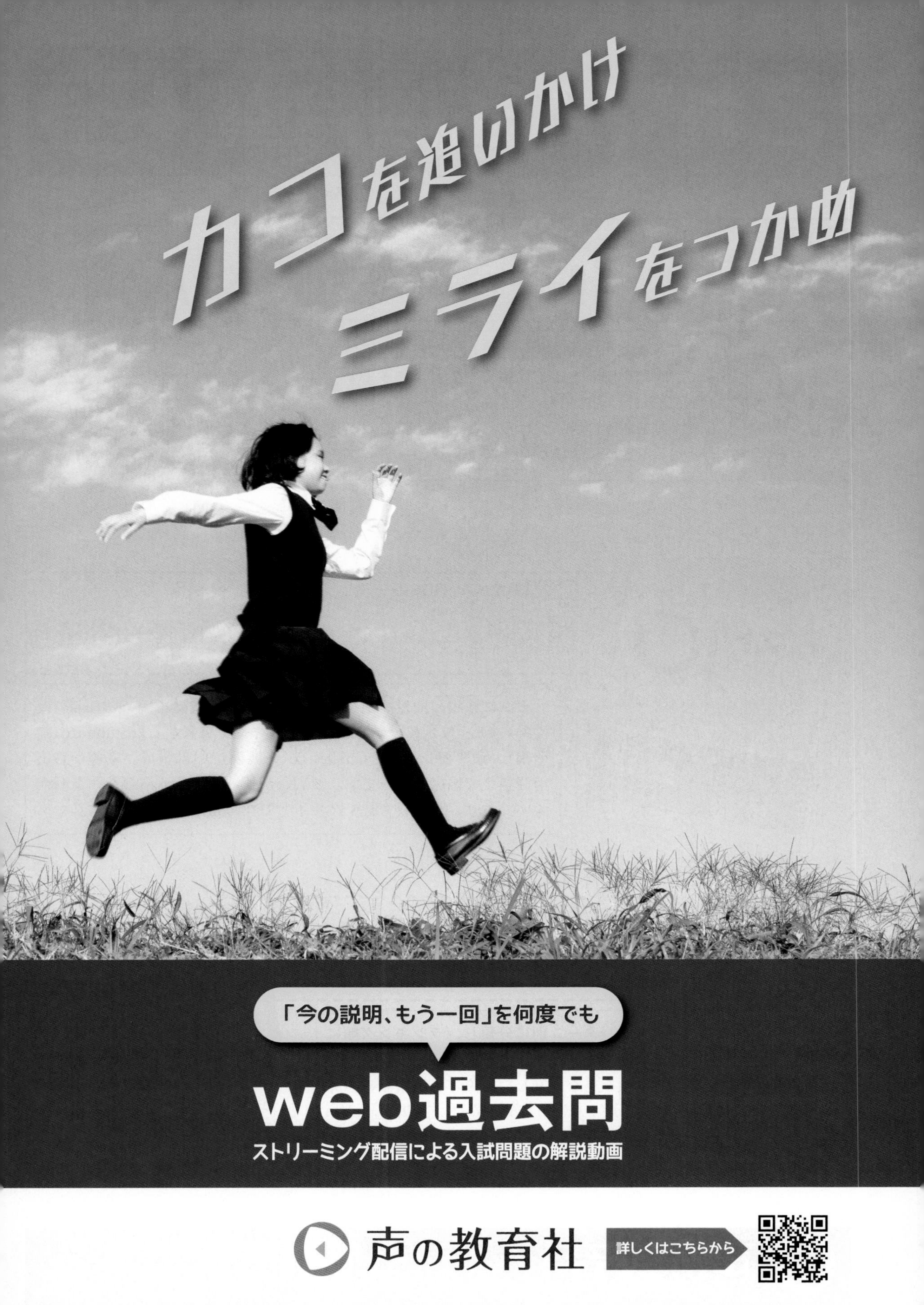
カコを追いかけ
ミライをつかめ
「今の説明、もう一回」を何度でも
web過去問
ストリーミング配信による入試問題の解説動画
声の教育社
詳しくはこちらから

成蹊高等学校

別冊解答用紙

丁寧に抜きとって、別冊としてご使用ください。

★教科別合格者平均点＆合格者最低点

年度		英語	数学	国語	合格者最低点
2024		70.9	77.9	63.5	男 196 女 181
2023	男	67.5	70.9	70.4	男 196
	女	79.5	74.2	75.9	女 211
2022	男	82.4	70.3	58.5	男 183
	女	87.2	73.9	66.5	女 201
2021	男	74.1	80.8	64.9	男 186
	女	79.7	80.4	68.3	女 203
2020		75.1	69.5	67.4	男 176 女 168
2019	男	76.9	63.0	61.8	男 174
	女	83.5	61.6	65.1	女 181
2018		70.2	64.6	74.1	男 170 女 194

注意

○ 解答用紙は、収録の都合により縮小したものや、小社独自に作成したものもあります。
○ 学校配点は学校発表のもの、推定配点は小社で作成したものです。
○ 無断転載を禁じます。
○ 解答用紙を拡大コピーする場合、表示した拡大率に対応する用紙サイズは以下のとおりです。
101%～102%＝B5　103%～118%＝A4　119%～144%＝B4　145%～167%＝A3
（タイトルと配点表は含みません）

2024年度　成蹊高等学校

英語解答用紙　No. 1

番号		氏名		評点	／100

I A	1	T・F	2	T・F	3	T・F	4	T・F	5	T・F
I B	1	ア・イ・ウ・エ			2	ア・イ・ウ・エ				

II A	1	T・F	2	T・F	3	T・F	4	T・F	5	T・F
II B		（ア）→（　）→（　）→（　）→（　）→（カ）								
II C	1		2		3		4			
II D	1		2		3		4		5	

III A	1	
	2	
III B	Billy wanted to say, "____________________."	
	But Kevin thought Billy wanted to say, "____________________."	
III C	(1)	So, (　　　　　) is often the mother of (　　　　　).
	(2)	(　　　　　) comes first and (　　　　　) follows.

英語解答用紙　No.２

Ⅳ A	(1)	A small pet is [ ].
	(2)	If a bird is too noisy, [ ] mice or hamsters.
	(3)	So, the owner [ ].
Ⅳ B		First, .
		Second, .
Ⅳ C		(Spring ・ Fall) is the better season to spend in Japan.
		(語)

(注) この解答用紙は実物を縮小してあります。Ｂ４用紙に135％拡大コピーすると、ほぼ実物大で使用できます。(タイトルと配点表は含みません)

推定配点		計
	Ⅰ 各２点×７ Ⅱ Ａ 各２点×５ Ｂ ４点 Ｃ，Ｄ 各３点×９ Ⅲ 各４点×６ Ⅳ Ａ 各２点×３ Ｂ 各４点×２ Ｃ ７点	100点

２０２４年度　　成蹊高等学校

数学解答用紙

番号		氏名		評点	／100

1	(1)		(2)	
	(3)	$x =$	(4)	$\angle \mathrm{BED} =$
	(5)	AD ＝	(6)	
2	(1)	$\{$	(2)	$\begin{cases} x = \\ y = \end{cases}$
3	(1)	C(　　　,　　　)	(2)	A(　　　,　　　)
4	(1)	BC ＝	(2)	$r =$
5	(1)		(2)	① ML ＝　　　② CP ＝

（注）この解答用紙は実物を縮小してあります。Ｂ４用紙に135%拡大コピーすると、ほぼ実物大で使用できます。（タイトルと配点表は含みません）

推定配点		計
	1, 2　各６点×８　　3, 4　各７点×４　　5　各８点×３	100点

二〇二四年度　成蹊高等学校

国語解答用紙

番号　　氏名　　評点　/100

一

問一　①　②　③　④　⑤

問二

問三　A　B　C

問四

問五

問六

問七

問八

二

問一

問二

問三

問四

問五　A　B

問六

問七

問八

三

問一

問二

問三

問四

(注)　この解答用紙は実物を縮小してあります。Ａ３用紙に147%拡大コピーすると、ほぼ実物大で使用できます。（タイトルと配点表は含みません）

推定配点	計
一　問一　各２点×５　問二　４点　問三　各２点×３ 問四、問五　各４点×２　問六、問七　各５点×２　問八　６点 二　問一～問七　各４点×８　問八　６点 三　問一～問三　各４点×３　問四　６点	100点

２０２３年度　成蹊高等学校

英語解答用紙　No.1

番号		氏名		評点	／100

I A	1	T・F	2	T・F	3	T・F	4	T・F
I B	1	ア・イ・ウ	2	ア・イ・ウ	3	ア・イ・ウ		

II A	1		2		3		4		5	
II B	1	T・F	2	T・F	3	T・F	4	T・F	5	T・F
II C	1		2		3		4		5	
II D	1		2		3					

III A	1	
	2	
	3	
	4	
	5	
III B	cause	
	effect	
III C		

英語解答用紙　No. 2

IV A	(1)	Fishermen [ ]
	(2)	...fishermen saw [ ]
	(3)	They usually live in [ ]
IV B	There are some things that we can enjoy in Komichi Park. First, Second,	
IV C	 (　　語)	

(注) この解答用紙は実物を縮小してあります。Ｂ４用紙に135%拡大コピーすると、ほぼ実物大で使用できます。(タイトルと配点表は含みません)

推定配点	I　各２点×７ II　A～C　各２点×15　D　各３点×３ III　A，B　各３点×７　C　５点 IV　A　各２点×３　B　各４点×２　C　７点	計 100点

２０２３年度　成蹊高等学校

数学解答用紙

番号		氏名	

評点	／100

1	(1)		(2)	
	(3)	$x=$	(4)	$\angle x=$
	(5)		(6)	

2	(1)	$a=$	(2)	B(,)
	(3)		(4)	

3	(1)	g	(2)	$x=$	$y=$

4	(1)		(2)	

5	(1)		(2)	
	(3)	△AGH：△AEF＝ ：	(4)	

(注) この解答用紙は実物を縮小してあります。Ｂ４用紙に132％拡大コピーすると、ほぼ実物大で使用できます。(タイトルと配点表は含みません)

推定配点		計
	1 各５点×６　2 各６点×４ 3 各５点×２　4, 5 各６点×６	100点

二〇二三年度　成蹊高等学校

国語解答用紙

番号		氏名		評点	/100

一

問一　①　②　③　④　⑤

問二

問三

問四　Ⅰ　Ⅱ　Ⅲ　Ⅳ

問五

問六

問七

問八

二

問一　Ⅰ　Ⅱ　Ⅲ　Ⅳ

問二

問三

問四

問五

問六

問七

三

問一

問二

問三

問四

(注) この解答用紙は実物を縮小してあります。B４用紙に143%拡大コピーすると、ほぼ実物大で使用できます。(タイトルと配点表は含みません)

推定配点		計
	一 問一 各2点×5 問二 5点 問三 4点 問四 各2点×4 問五、問六 各4点×2 問七 5点 問八 6点 二 問一 各2点×4 問二 5点 問三 4点 問四 5点 問五 4点 問六 5点 問七 6点 三 問一、問二 各4点×2 問三 3点 問四 6点	100点

2022年度　成蹊高等学校

英語解答用紙　No.1

番号		氏名		評点	／100

I A	1	ア・イ・ウ	2	ア・イ・ウ						
I B	1	A・B・C・D	2	A・B・C・D	3	ア・イ・ウ				

II A	①		②		③					
II B	1	T・F	2	T・F	3	T・F	4	T・F	5	T・F
II C	①		②		③					
II D	①		②		③		④			
II E	1		2		3		4		5	

III A	(1)	
	(2)	
	(3)	
III B		

(注)　この解答用紙は実物を縮小してあります。Ｂ４用紙に135%拡大コピーすると、ほぼ実物大で使用できます。(タイトルと配点表は含みません)

英語解答用紙　No. 2

Ⅳ A	(1)	
	(2)	
Ⅳ B	Dear Mr. Brown, Thank you for making plans for me. Here are the answers to your questions. In the morning, In the afternoon, I'm excited to visit you soon! Yours, Sho	
Ⅳ C	(　　　語)	

推定配点		計
	Ⅰ　A　各２点×２　B　各３点×３ Ⅱ　A，B　各２点×８　C～E　各３点×12 Ⅲ　各３点×４ Ⅳ　A　各３点×２　B　各５点×２　C　７点	100点

２０２２年度　成蹊高等学校

数学解答用紙

番号		氏名		評点	／100

1	(1)		(2)			
	(3)	$x =$	(4)	$\angle \mathrm{BDC} =$	(5)	

2	(1)	kg	(2)	L
	(3)	$x =$　　　　，$y =$		

3	(1)	$a =$	(2)	C(　　　，　　　)
	(3)		(4)	$t =$

4	(1)		(2)		(3)	

5	(1)		(2)		(3)	

(注) この解答用紙は実物を縮小してあります。Ｂ４用紙に135％拡大コピーすると、ほぼ実物大で使用できます。(タイトルと配点表は含みません)

推定配点		計
	1, 2 各５点×８　　3～5 各６点×10	100点

二〇二二年度　成蹊高等学校

国語解答用紙

番号
氏名
評点　/100

一

問一　①　②　③　④　⑤

問二

問三　A　B　C

問四

問五

問六

問七

二

問一

問二

問三

問四

問五

問六

問七

三

問一

問二

問三

問四

問五

（注）この解答用紙は実物を縮小してあります。Ａ３用紙に147%拡大コピーすると、ほぼ実物大で使用できます。（タイトルと配点表は含みません）

推定配点	計
一 問一　各２点×５　問二　４点　問三　各３点×３ 問四～問六　各５点×３　問七　６点 二 問一～問三　各５点×３　問四、問五　各４点×２ 問六　６点　問七　５点 三 問一～問四　各４点×４　問五　各３点×２	100点

２０２１年度　　成蹊高等学校

英語解答用紙 No.1

番号		氏名		評点	／100

I A	1	A・B・C・D	2	A・B・C・D	3	A・B・C・D	4	A・B・C・D
I B	ア・イ・ウ・エ							

II A	1	T・F	2	T・F	3	T・F	4	T・F	5	T・F
II B	1		2		3		4		5	
II C	(ア) → (　　) → (　　) → (　　) → (　　) → (カ)									
II D	1		2		3		4			
II E	1									
	2									
	3									
	4									
II F	20　30									
II G	The writer hated herself because she									

(注) この解答用紙は実物を縮小してあります。Ｂ４用紙に135%拡大コピーすると、ほぼ実物大で使用できます。(タイトルと配点表は含みません)

英語解答用紙　No. 2

[III] A	(1)	However, … Roald.
	(2)	She … .
[III] B		…I have three reasons.
		理由①
		理由②
		理由③
[III] C		（　　　語）

推定配点		計
	[I] A　各２点×４　B　４点 [II] A，B　各２点×10　C～G　各４点×11 [III] 各４点×６	100点

２０２１年度　　成蹊高等学校

数学解答用紙

番号		氏名		評点	／100

1

(1)		(2)	
(3)		(4)	
(5)	△PBQ：△PDR＝		

2

(1)		個
(2)	①	個
	②	x＝　　　　，y＝

3

(1)		(2)	

4

(1)	△QSR＝　　　　cm^2	(2)	QR＝　　　　cm
(3)	t＝		

5

(1)	①	∠BCF＝	②	∠AKB＝
(2)	①	BK＝	②	AB＝

（注）この解答用紙は実物を縮小してあります。Ａ３用紙に145％拡大コピーすると、ほぼ実物大で使用できます。（タイトルと配点表は含みません）

推定配点		計
	1　各６点×５　2 (1) ６点 (2) 各５点×２　3～5　各６点×９	100点

二〇二二年度　成蹊高等学校

国語解答用紙

番号　　氏名　　評点 /100

一
問一 ①　②　③　④　⑤
問二
問三
問四
問五
問六
問七

二
問一
問二 A　B
問三
問四
問五 C　D
問六
問七 I　II

三
問一 a　b　c
問二
問三
問四
問五

(注) この解答用紙は実物を縮小してあります。A３用紙に145%拡大コピーすると、ほぼ実物大で使用できます。(タイトルと配点表は含みません)

推定配点

一 問一　各２点×５　問二～問六　各４点×５　問七　５点
二 問一、問二　各３点×３　問三、問四　各５点×２
問五　各３点×２　問六、問七　各４点×３
三 各４点×７

計 100点

２０２０年度　　成蹊高等学校

英語解答用紙　No.1

番号		氏名		評点	／100

I A	1	T・F	2	T・F	3	T・F	4	T・F

I B	1	ア・イ・ウ・エ	2	ア・イ・ウ・エ	3	ア・イ・ウ・エ

II A	1	T・F	2	T・F	3	T・F	4	T・F	5	T・F
II B	1		2		3		4		5	
II C	1		2		3		4		5	

II D	1		2		3	
	4		5			
II E	1	w	2	c	3	i
	4	l	5	w	6	h
	7	d				

II F	1	
	2	
	3	
	4	
II G		

２０２０年度　成蹊高等学校

英語解答用紙　No. 2

III A	(1)	...it means that .
	(2)	The test results showed that .
	(3)	The scientists found that .
III B	理由①	
	理由②	
III C	(語)	

(注)　この解答用紙は実物を縮小してあります。Ｂ４用紙に135％拡大コピーすると、ほぼ実物大で使用できます。（タイトルと配点表は含みません）

推定配点		計
	I　各２点×７ II　Ａ～Ｅ　各２点×27　Ｆ，Ｇ　各３点×５ III　Ａ　各２点×３　Ｂ　各３点×２　Ｃ　５点	100点

２０２０年度　成蹊高等学校

数学解答用紙

番号		氏名		評点	／100

1	(1)		(2)			
	(3)		(4)		(5)	

2	(1)	白い砂	g	赤い砂	g
	(2)	白い砂	g	赤い砂	g
	(3)	$x =$ ， $y =$			

3	(1)		(2)	

4	(1)	A(，)	$a =$	(2)	
	(3)		(4)	P(，)	

5	(1)		(2)	
	(3)		(4)	

(注)　この解答用紙は実物を縮小してあります。Ｂ４用紙に141%拡大コピーすると、ほぼ実物大で使用できます。(タイトルと配点表は含みません)

推定配点		計
	1, 2　各５点×８　　3　各６点×２ 4　(1)　各３点×２　(2)～(4)　各６点×３ 5　各６点×４	100点

二〇二〇年度　成蹊高等学校

国語解答用紙

番号　氏名　評点 /100

一
問一 ① ② ③ ④ ⑤
問二 A B C
問三
問四
問五
問六
問七
問八

二
問一 X Y
問二
問三
問四
問五
問六
問七

三
問一
問二
問三
問四
問五

(注) この解答用紙は実物を縮小してあります。Ｂ４用紙に141%拡大コピーすると、ほぼ実物大で使用できます。(タイトルと配点表は含みません)

推定配点	
一 問一、問二　各2点×8　問三～問七　各4点×5　問八　8点 二 問一　各3点×2　問二　4点　問三　各3点×2 問四～問六　各4点×3　問七　8点 三 各4点×5	
計	100点

2019年度　成蹊高等学校

英語解答用紙　No.1

番号		氏名		評点	／100

I A	1	T・F	2	T・F	3	T・F	4	T・F	5	T・F		
I B	ア・イ・ウ・エ											

II A	1	T・F	2	T・F	3	T・F	4	T・F	5	T・F	6	T・F
II B	A		B		C		D					
II C	1		2		3		4		5		6	
II D	1	...because										
	2	...because Judy's family										
	3	...because she wanted to										
	4	...their grandmother										
II E												

III A	1		2		3	
	4		5		6	
III B	1	...to visit　　at her home.				
	2	...it was　　seeing...				
	3	...people who could　　to trust...				

２０１９年度　　　成蹊高等学校

英語解答用紙　No.２

Ⅳ A	1	something good.
	2	I　　　　the doll so much.
Ⅳ B		（　　語）
Ⅳ C		（　　語）

（注）この解答用紙は実物を縮小してあります。Ｂ４用紙に135％拡大コピーすると、ほぼ実物大で使用できます。（タイトルと配点表は含みません）

推定配点		計
	Ⅰ　各２点×６　　Ⅱ　Ａ～Ｄ　各２点×20　Ｅ　10点 Ⅲ　各２点×９　　Ⅳ　Ａ　各３点×２　Ｂ　６点　Ｃ　８点	100点

２０１９年度　成蹊高等学校

数学解答用紙

番号		氏名	

評点	／100

1	(1)		(2)		
	(3)		(4)		(5)

2	(1)	A	B	C
	(2)	$x=$　　　，$y=$		

3	(1)		(2)		(3)	

4	(1)		(2)	$b=$	(3)	$a=$
	(4)	△ODE：△OBC ＝				

5	(1)	MN ＝	(2)	GT ＝	AT ＝
	(3)	PQ ＝	(4)	△APS ＝	七角形 APQMNRS ＝

（注）この解答用紙は実物を縮小してあります。Ｂ４用紙に135％拡大コピーすると、ほぼ実物大で使用できます。（タイトルと配点表は含みません）

推定配点		計
	1　各４点×５ 2　(1)　各４点×３　(2)　５点 3，4　各５点×７ 5　(1)　５点　(2)　各４点×２　(3)，(4)　各５点×３	100点

二〇一九年度　成蹊高等学校

国語解答用紙

番号		氏名		評点	/100

一

問一 ① ② ③ ④ ⑤

問二

問三

問四

問五 1 2

問六

問七 1 2

二

問一

問二

問三 A B C

問四

問五

問六

問七

三

問一

問二

問三

問四 I II

問五

(注) この解答用紙は実物を縮小してあります。Ａ３用紙に145%拡大コピーすると、ほぼ実物大で使用できます。(タイトルと配点表は含みません)

推定配点	計
一 問一 各2点×5　問二、問三 各4点×2　問四 5点 問五 各3点×2　問六 4点　問七 各3点×2 二 問一 4点　問二 5点　問三 各3点×3　問四 5点 問五 4点　問六、問七 各5点×2 三 各4点×6	100点

2018年度　成蹊高等学校

英語解答用紙 No.1

番号		氏名		評点	／100

I A	1	e	2	b	3	h
	4	f	5	t		
I B	1	ア・イ・ウ・エ	2	ア・イ・ウ・エ		
	3	ア・イ・ウ・エ	4	ア・イ・ウ・エ		
	5	ア・イ・ウ・エ				

II A	1		2		3							
II B	1		2		3		4		5		6	
II C	1		2		3		4		5			
II D	1	f	2	p	3	p						
	4	g	5	s								
II E	1	15 / 25										
	2	10 / 15										

III A	1	…people think that
	2	…they give children hats them to wear.

(注) この解答用紙は実物を縮小してあります。Ｂ４用紙に135%拡大コピーすると、ほぼ実物大で使用できます。(タイトルと配点表は含みません)

２０１８年度　　成蹊高等学校

英語解答用紙　No.２

Ⅲ B	1					
	2					
Ⅲ C	1		2		3	
	4		5		6	
Ⅲ D	①					?
	②					?
	③					?
	④					?
	⑤					?
Ⅲ E	選択した場所					
	①					
	②					

推定配点		計
	Ⅰ　各２点×10 Ⅱ　A～D　各２点×19　E　各３点×２ Ⅲ　A～D　各２点×15　E　各３点×２	100点

2018年度　成蹊高等学校

数学解答用紙

番号		氏名		評点	／100

1	(1)		(2)			
	(3)	$x=$	(4)	FG $=$	(5)	OA $=$
2	(1)	$a=$	(2)			
	(3)	C(　　,　　)	(4)	E(　　,　　)		
3	(1)		(2)		(3)	
4	(1)		(2)		(3)	
5	(1)	km	(2)	km	(3)	時間後
	(4)		(5)	$x=$ / $y=$		

推定配点		計
	1～5　各5点×20	100点

二〇一八年度　成蹊高等学校

国語解答用紙

番号		氏名		評点	／100

一
問一　①　②　③　④ さ　⑤
問二　A　B　C　D　　問三
問四
問五
問六
問七　～
問八　ありがとう
すみません

二
問一　問二　問三　A　B　C
問四
問五
問六
問七

三
問一　問二
問三
問四　問五

推定配点		計
	一　問一　各2点×5　問二　各3点×4　問三～問八　各4点×7 二　問一、問二　各4点×2　問三　各2点×3　問四～問七　各4点×4 三　各4点×5	100点

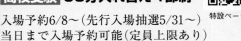

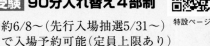

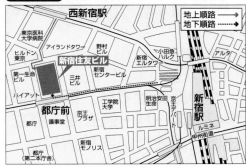

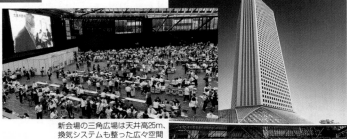

スーパー過去問をお買い上げいただいた方に

声教からのお知らせ

どうしても使ってほしい３冊!!

声の教育社では，高校入試のスタンダード（定番）として，高校受験案内／学校別スーパー過去問／都立・公立高校スーパー過去問をご用意しています。知っておきたい学校情報や，解いておきたい珠玉の頻出問題が満載です!!

東京都高校受験案内：定価2310円（税込）
東京都立高校スーパー過去問：定価1100円（税込）
3～10年間スーパー過去問：定価2200～2530円（税込）

充実のラインアップ!!

受験案内＋公立過去問＋私立過去問

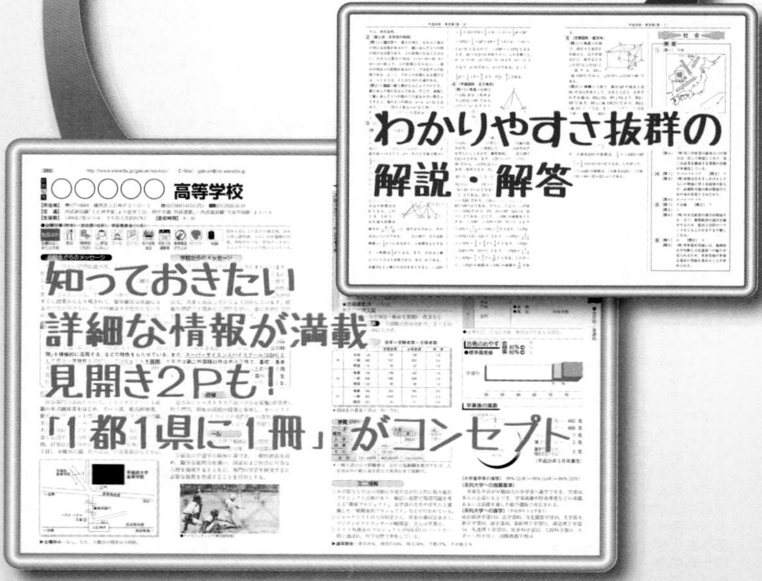

各県高校受験案内：定価2310円（税込）（茨城県は定価1650円（税
各県公立高校スーパー過去問：定価1100円（税込）
3～10年間スーパー過去問：定価2200～2530円（税込）

声の教育社
〒162-0814 東京都新宿区新小川町8-15
TEL 03（5261）5061 FAX 03（5261）5062
https://www.koenokyoikusha.co.jp